国家出版基金项目
NATIONAL PUBLICATION FOUNDATION

淮海战役史料汇编 5

支 前 卷 下

淮海战役纪念馆 编
国家图书馆出版社

第二篇

人民支前的历史功勋永载史册

　　淮海战役中，华东、中原、华北解放区亿万人民在党的领导下，"要人有人，要粮有粮"，"部队打到哪里，就支援到哪里"，男女老少齐上阵，家家户户忙支前，浩浩荡荡的支前大军，千里远征，随军转战，他们积极生产，筹集物资，加工军粮，赶做被服，生产弹药，筹措副食；他们抢修铁路、公路、桥梁，架设电话线路；他们父送子、妻送郎，踊跃参军参战，兄弟相争上战场；他们押解俘虏，捕捉散兵，护送弹药，打扫战场，拥军优属，慰问子弟兵；他们忍饥耐寒，长途跋涉，日夜兼程，奋战在运输线上，前运粮弹，后送伤员……淮海大地上呈现出一幅车轮滚滚、担架如流、磨碾飞转、人欢马叫的人民支前的宏伟画卷。据不完全统计，战役中共出动民工543万人、大小车88万余辆、担架20.6万副、挑子30.5万副、船只8000余只、牲畜76.7万头，筹集粮食9.6亿斤，赶做军鞋数百万双，运送弹药300多万吨，转送伤员12万名，另有10余万青年参军参战，解放区人民为淮海战役的胜利作出了不可磨灭的贡献。

　　人民群众全力以赴支援淮海战役的历史证明："战争的伟力之最深厚的根源，存在于民众之中。"

　　淮海战役人民支前的历史功勋永载史册！

第六章　积极生产　筹集物资

　　淮海战役是中国人民解放战争史上规模最大的战役，物资需求巨大，仅粮食一项，前方吃粮人数最多时达 150 万人，每天需 500 万斤粮食供应。为此，华东、中原、华北三大解放区亿万人民，提出"要人有人，要粮有粮，要物有物，全力支援前线"的口号，积极生产，筹集物资。工人开展劳动竞赛，农民组织劳动互助，广大群众踊跃缴粮献粮、筹措油盐菜蔬，昼夜碾米磨面、赶做军衣军鞋，保证了淮海前线的物资供应。

第一节　筹集粮食

淮海战役粮食消耗巨大，战役发起时每天需原粮 300 万斤，后增至 500 万斤。对此，华野曾指出，根据目前全国形势与部队的思想情绪，均有胜利条件与信心。所感困难者唯有粮食问题。为保障前线粮食供应，各地纷纷制定粮食征借政策和办法以及粮食供应计划，积极筹粮。解放区人民节衣缩食，踊跃缴粮献粮。在长期遭受掠夺、连年灾荒，粮食负担力极其薄弱的地区，人民群众吃糠咽菜，把节省下的粮食一碗一瓢送到征收点。筹集来的粮食需要加工，由于仅有一些陆续解放的大中城市有粮食加工厂，繁重紧迫的加工任务就落在了后方人民身上。广大解放区人民用碾、磨等简陋落后的工具，夜以继日加工军粮。缺乏工具，就琢磨新办法，创造新工具；劳力不足，就动员妇女儿童一起参与。据不完全统计，解放区人民共筹集粮食 9.6 亿斤，解放军实用粮食 4.3 亿斤。

解放区筹集粮食统计表

地　区	筹集粮食（斤）
鲁中南	28000 万
渤海	11000 万
苏北	5773 万
江淮	8000 万
豫西	2740 万
豫皖苏	26408 万
冀鲁豫	14285 万
共计	96206 万

根据淮海战役纪念馆馆藏资料整理

一、征粮借粮

文件精选

粮食供应计划

1948 年 9 月 28 日，中央军委指示华东做好粮秣用品的准备工作

战役时间包括打黄兵团，打东海，打两淮在内，须有一个月至一个半月，战后休整一个月，故你们须准备两个月至两个半月的粮秣用品。

摘自毛泽东为中共中央军委起草的给饶漱石、粟裕、谭震林，并告刘伯承、陈毅和中共中央华东局的电报（1948 年 9 月 28 日），见《毛泽东军事文集》第五卷，军事科学出版社、中央文献出版社 1993 年，第 26 页

1948 年 10 月 13 日，华东支前委员会制订粮食供应计划

数十万部队之开进，均经过我二、四、五地委各县，同时因山区粮食缺少，部队前进时，必须每人各自带粮三天。保证前进之饱食，此为我各地党政及支前机关，对此一战役的首要任务，因此应遵照下列具体布置确实做到，万不得有所贻误。

……

（一）各地应有对战争高度负责的精神，按时调运，及时供应，保证部队吃上饭。

（二）各地应以精细深入的工作作风，从运送保管加工各个环节上，对群众与工作干部，进行教育组织工作，并进行有系统的检查，保证军粮干净根绝沙子，去掉糠秕。

摘自《华支办对华野秋季第二战役支前工作计划》，1948 年 10 月 13 日

1948 年 10 月 25 日，华东支前委员会制订粮食供应补充计划

根据最近的检查，四、五、六各分区粮食供应数量准备时间和干部条件，大体上可以保证原计划实现，兹就力量组织与工作方法上，作如下补充：

一、第一线供应：目前部队住地，虽未最后确定，但已有大体方向，因此，应

作如下准备工作。（略）

二、第二线运输：后方向接近战区送粮，必须健全运粮组织，规定手续，联系民站工作。（略）

三、麦子兑面标准：在战区规定每百斤麦群众交面 76 斤，但须保证无沙净面，粮库发给部队，仍按八折面，其亏耗由经手磨面之村政府具证明条，交区粮库报销。

四、运粮中之各种具体规定及经费系统，见华东支前委员会及华东财办《关于支前财粮、民站等供给制与办法的联合决定（草案）》。

摘自华东支前委员会《关于淮海战役粮食供应补充计划的决议》，1948 年 10 月 25 日

1948 年 11 月 19 日，华中支前司令部下发筹借粮食指示

一、因部队迅速进入江淮作战，山东民力粮食一时接济不上，江淮未及充分准备，组织不健全，粮食分散，远离战区，造成前方部队粮食缺乏，大批伤员无法后运，前后方脱节现象，兹根据华东支前委员会所交任务及华野刘瑞龙同志的传达指示及目前情况特作初步布置如下：

二、粮食调度，此次战役第一步决定由华中调度粮食 5500 万斤，每天保持运到前方 80 万到 100 万斤。……

三、华中支前司令部第一步暂住睢宁城西之宋楼，并在房村设立前方办事处，派万金培同志为主任，李干臣及三地委书记为副主任，负责与前方各部队联系、前线粮食、民工调度、供应及战区民工之动员与粮食筹借等（筹借办法根据华东局指示），以上初步计划请华东支前委员会给予指示。

摘自《华中对淮海战役的支前布置》，1948 年 11 月 19 日

1948 年 11 月 22 日，中央军委指示豫皖苏区、冀鲁豫区筹粮运粮

现据华东局皓① 电报告：在这 6 个月中，前线参战部队和民工近百万人，每月需粮约 1 亿斤。从 11 月份起，华东、华中已筹粮 2 亿 5000 万斤，但用到前线上的，因距离远，只有 2 亿斤。今后仍将继续筹粮南运。惟距离 6 个月需要，相差甚大，需要中原、华北分担这一大量粮食的供应等语。据此，现决定中原局应速令豫皖

---

① 编者注：皓，19 日。

苏分局立即动手筹集和保证中原野战部队及华野转入豫皖苏地区作战部队的粮食，并应从豫西运粮食去。华北局应速令冀鲁豫区调集 1 亿斤至 1 亿 5000 万斤粮食，供给华野部队需要。两局对此如何布置，统望电告我们及华东局。

摘自中央军委《关于速调粮食供应前线致中原局、华北局、华东局电》，1948 年 11 月 22 日

1948 年 11 月 24 日，华东支前委员会制订淮海战役第二阶段工作计划

除部队于战区就地借粮与利用缴获敌粮外，另转运 5600 万斤粮食至古邳土山窑湾运河站台儿庄一线，以古邳窑湾运河站为重点计。

摘自华东支前委员会《淮海战役第二阶段支前工作计划》，1948 年 11 月 24 日

1948 年 11 月，华东支前委员会第二次全面进行粮食部署

消灭黄百韬兵团后部队有新的调动和增加，俘虏的增加及何基沣、张克侠的起义部队，后备兵团也开到前边来，后边准备的民工也大部调到前边，吃粮数目比战役开始时增加不少。……根据军事形势粮食供应作第二次部署……山东、华中第二次部署粮食共 2.93 亿斤。

摘自华东支前委员会《淮海战役第二阶段粮食部署》，1948 年 11 月

1948 年 11 月 25 日，华北局指示冀鲁豫区紧急调拨粮食 1 亿斤

奉中央戌养[①]电，淮海战役正在胜利开展。准备在徐蚌地区再歼灭敌军四五十个师，以利今后突破长江防线，进兵江南，彻底摧毁蒋介石统治的中心。因此需要筹足大量粮秣，指定由华北区拨给华野粮食 1 亿至 1 亿 5000 万斤。

摘自华北局《关于拨运小米支援华野部队给冀鲁豫区党委的指示》，1948 年 11 月 25 日

1948 年 11 月 27 日，华中工委向华东局报告粮食供应情况

照目前江淮及淮海存粮加工临时筹借部分，担负南线部队及民工之食粮，每日以 80 万至 100 万斤加工粮计算，仅可维持至 12 月底，正月一日起部队地方均无粮

---

① 编者注：戌养，11 月 22 日。

食，今秋江淮、淮海部分遭水灾，民间存粮无多，估计最高限度可再借 1500 斤。

摘自华中工委《关于粮食供应情况向华东局的报告》，1948 年 11 月 27 日

1948 年 12 月 15 日，华野向中央军委汇报粮食供应情况

战役第二阶段，中野及华野全军进入豫皖苏三分区战场，吃粮人数约计 120 万：中野主力及地方部队 20 万，我方随军民工 5 万，后方临时转运民工 15 万，华野本身新兵及俘虏共 50 万，随军民工 20 万，后方转运民工 20 万，马匹 4 万抵 10 万人消耗，再加 10 万人，预吃借粮共 140 万人。每日每人以 2 斤加工粮计，每日共需加工粮 280 万。据报一个月共需加工粮 8400 万斤，合毛粮 1 亿 1000 万斤，5 个月需加工粮 4 亿 2000 万斤，合毛粮 5 亿 5000 万斤。战役已过去一个半月，今后可以 5 个半月计，尚需加工粮 2 亿 9400 万斤，合毛粮 3 亿 8850 万斤。至各地供应能力：山东计划可动员 2 亿斤，现在韩庄至运河、窑湾一线有 5000 万斤；华中可动员 1 亿斤，大部在运东一、二、九、五分区，江淮存粮不多，拟在五分区借粮 1500 万斤，二分区现已可筹千余万；豫皖苏可动员 1 亿 5000 万斤，但运力不足，加工迟缓；冀鲁豫 1 亿斤，约需两个月始能全部运达战区；豫西供应能力不详。

摘自粟（裕）陈（士榘）张（震）《关于战区粮食供应情况和意见向邓（小平）李（达）并刘（伯承）陈（毅）邓（小平）、华东局、军委的报告》，1948 年 12 月 15 日

支前总结

华东野战军淮海战役第一阶段吃粮人数统计表（华支总委会）

单　　位	人数	每日需用粮			每日原粮合计	备　　考
		加工粮	折原粮	马料		
一纵	35000	70000	100000	25000	125000	（1）三、广纵在鲁西未列入此表；（2）韦兵团项内包括二、十二纵；（3）野卫项内已按 36000 名伤员
四纵	32500	65000	90000	18000	108000	
六纵	32500	65000	90000	18000	108000	
七纵	32500	65000	90000	20000	110000	
八纵	35000	70000	100000	20000	120000	

（续表）

单 位	人数	每日需用粮			每日原粮合计	备 考
		加工粮	折原粮	马料		
九纵	40000	80000	110000	25000	135000	计加本部干什及民工；（4）民管处项内包括二线向一线运粮民工及机动担架；（5）俘训处项内包括鲁中南渤海滨北华野四处；（6）加工粮折原粮是七折上至八折下之间。
十纵	32500	65000	90000	15000	105000	
十一纵	25000	50000	70000	20000	90000	
十三纵	40000	80000	110000	25000	135000	
鲁纵	32500	65000	90000	8000	98000	
特纵	17500	35000	50000	18000	68000	
韦兵团	70000	140000	200000	25000	225000	
总直	40000	80000	110000	15000	125000	
军值	32500	65000	90000	15000	105000	
野卫	50000	100000	140000	10000	150000	
三个民管处	105000	210000	300000		300000	
支前人员	9000	18000	25000		25000	
俘训处	50000	100000	140000		140000	
合计	711500	1423000	1995000	277000	2272000	

摘自华支总委会《淮海战役第一阶段吃粮人数统计表》

资料选编

战前的粮食筹备

从［1948 年］9 月下旬开始，华野中野分别提出了初步计划，要求各地支前机关一面沿途布置行军吃粮，一面开始突击征收粮食，组织加工，以作大规模淮海战役粮食供应的准备。

战场吃粮人数，华野将近 60 万人（部队 42 万，民工 18 万），中野将近 30 万人（部队 18 万，民工 12 万）。按军委规定，两个月至两个半月的时间计算，共需加工粮：华野 1 亿 2200 万至 1 亿 5250 万斤，中野为 5400 万至 6750 万斤。

当时，考虑到作战地区长期被敌人劫掠，又连年遭受水灾，群众生活贫苦，粮食负担能力薄弱，如此巨大数量的粮食要完全采取就地供应是不可能的，必须依靠后方调运解决。但后方调运，距离很远（千里内外），困难很多（主要靠小车、挑子运输），因此，决定采取后方调运与就地取给相结合的方针，按战区分布进行粮食部署。部署的原则是：以靠近战区的现地粮食为基础，由远及近，逐步向战区集中调运。规定部队行动，自带 3 天粮食，3 天以内无粮由部队负责，3 天以外无粮由地方负责。地方保证将粮食运到师（旅）一级粮站，师（旅）以下粮食运输由部队负责。

根据上述原则粮食和粮站布置如下：

中原地区，由豫皖苏就地征集中野所需的粮食 1 亿 9000 万斤，并在兰封、民权、杞县、睢县、宁陵、柘城、亳县等地设置粮站，负责供应一、三、四、九各纵队；在漯河、上蔡、商水、项城、槐店等地设置粮站，负责供应二、六纵队。同时从豫西后方积极向战区运粮。

苏北地区，从江边向涟水、沭阳等地运粮 2300 万斤，以负责华野南下各纵队之粮食供应。

山东地区第一步布粮 1 亿 6300 万斤，其中第一线粮食 1 亿斤，由鲁中南四、五、六分区组织运输。在邹县、城前、梁邱、驼驿、朱陈、巡会、朱范等地设置粮站，直接供应华野直属各纵队；第二线粮食 6300 万斤，由鲁中南一、二、三分区组织运力，在兖州、平邑、费县、临沂、汤头、古城等地设置粮站，供应华野山东兵团各纵队。

冀鲁豫地区筹粮 1 亿斤，并在菏泽、定陶、曹县、城武、郓城、金乡等地设置粮站。负责冀一、三旅及华野三纵、两广纵队的粮食供应。

除粮食外，部队所需的油盐副食，则主要由各地支前机关各地工商部门统一布置任务，由工商部门抽调干部，设立供应站，每站经常保持油盐 3000 至 5000 斤，按当地市价低 10% 至 15% 售给部队。蔬菜等副食品主要依靠部队就地采购。柴草则采取就地兑换办法，即统一由地方支前机关在布置粮食的同时布置柴草供应任务，部队在各地取用柴草后，按照规定价格折成现粮，由团以上单位出具领粮凭证，战后由政府凭以偿还。

摘自中国人民解放军总后勤部军政干部学校训练部编印《淮海战役后勤工作》，1976 年 3 月

战役实施阶段的粮食供应

第一阶段（1948 年 11 月 6 日—11 月 22 日）

粮食的供应方面，因部队进度的快，原随军运粮之大小车掉了队，后方供应曾一度发生灾荒，但由于部队携带了 3—5 天的粮食，再加上筹粮队就地筹借，所以问题也不大。

第二阶段（1948 年 11 月 23 日—12 月 15 日）

开始以部队自带，就地筹借，缴获为主，后根据新的情况变化，作了第二次部署：在山东方面紧急运粮 6100 万斤，二线粮食也组织船只前运。华中方面紧急运粮 7500 万斤，二线粮食也由后方前调。

第三阶段（1948 年 12 月 16 日—1949 年 1 月 10 日）

由于当时参战人员达 150 万人，而且大部集中于豫皖苏地区，为解决粮食供应问题，在徐州召开了山东、华中、冀鲁豫、豫皖苏四个大战略区联席会议，划分了供应区域，在战场东南方向部队由华中负责供给，在战场东北方向部队，由山东负责供给，西面和西南方向由豫皖苏负责供给，另由冀鲁豫调小米 1 亿斤拨给华东。因当时徐州解放，运粮有利条件增加了，后方粮食可以用火车运到徐州，并在城市中动员了商家汽车 250 多辆，从徐州向前赶运粮食，由于各个战略区共同协力进行供给，而且又增加了新的运输力量，故使第三阶段中的粮食供给得到了解决。

摘自北京后勤学院编印《淮海战役后勤工作》，1965 年 5 月

文件精选

山东的秋季征粮政策

夏征工作，已胜利的完成了任务，各级政府，应根据夏征各种文件及秋征指示，很好的接受夏征经验，布置秋征工作。兹特就秋征工作几个比较重要的问题，作如下指示：

（一）秋征工作的方针与步骤

各级政府须集中力量于 10、11 两月份大力突击保证完成秋征工作以利支援战

争。政府中各部门工作，亦须围绕秋征工作给予干部力量的协助及工作的配合。在目前大规模支前工作中，应将征收工作视为支前工作中的重要任务，在支前任务比较繁重的地区，应将干部力量适当调整配备，不能互为对立及有所偏废。

在工作步骤上应该是：

一、9月底至10月20日前后，为秋征布置与准备工作时间。各级政府，应召集会议布置秋征，并进行各种准备工作（如修仓、修秤、印收据、聘请与训练助征人员等）。

二、10月下旬至11月10日，为进行宣传动员、折算、审查地亩人口、造册、填串及其他征收准备等工作时间。

三、11月中旬至月底，为入仓时间（秋粮及豆子一次入仓）。

四、12月初至12月半，为总结工作时间。县、行署分别进行总结工作，从征收布置到总结前后共两个半月的时间。以上仅是大体步骤，各地可根据具体情况，渗透进行，防止工作中的阶段论，并应尽量争取先期完成。

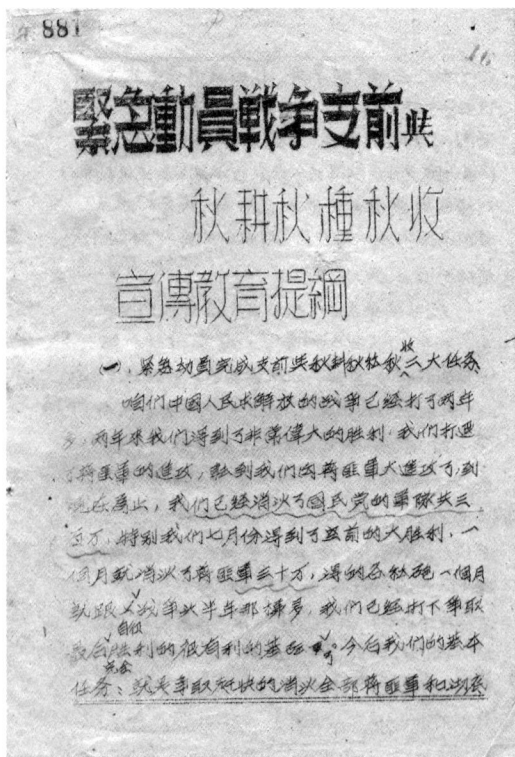

▲ 鲁中南六地委发出《紧急动员战争支前与秋耕秋种秋收宣传教育提纲》

▲ 翻身农民努力发展生产，支援前线

▲ 解放区人民在自己的土地上积极生产

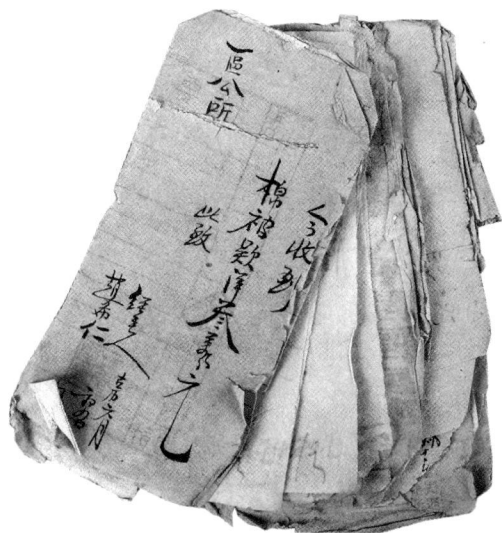

▲ 解放区人民捐献物资、缴纳公粮时使用的单据、粮票和草票

（二）组织领导问题

各级领导干部，必须认真研究《大众日报》关于秋征工作的社论，并以此来教育干部，使每一个干部认识：今秋的征收，是关系着今明两年的战争支援与经济建设的重大任务，防止与纠正各种错误看法，使任务顺利完成。

为了很好的完成秋征业务工作，必须抓紧配备粮食干部。粮食机构在夏征中一般的虽已得到了充实，但有的地区缺额仍多，而一般的质量还差。其所以未能迅速配齐，一方面由于干部缺乏；但另一方面亦是由于某些同志认为：秋征工作政党一起动手，何必如此多的粮食干部？甚至还有个别领导干部，仍然未改变对粮食工作的错误看法，将质量不好干部，送到粮食部门。正因为如此，各地已发生霉烂与调运支前中紊乱现象（当然亦有些粮食干部因分工不明确及不负责任所致）。因此要求在秋征前，应抓紧充实粮食机构，其来源可从村干提拔，或动员部分地方青年与助征人员，参加粮食工作，此外还要有计划的训练培养新干部，不可敷衍应付；不应再抽粮食干部去做其他工作，这是完成秋征任务，改进今后粮食保管调运等工作，减少霉烂、损失、紊乱的重要关键，同时必须组织政府其他各部门干部突击征收，特别在区一级，更须大力以赴，不能将此工作，完全推给粮食部门单独进行。

聘请助征人员时，须注意质量，应以村干及农村纯洁之知识青年为主，切忌不加甄别的随便聘用。聘用后须进行短期政治与技术训练，并须经常进行政治教育，不应存有单纯使用观点，在工作上应明确分工，各有专责，建立工作制度，订出一般工作标准，经常评定其工作，注意适当表扬与批评，实行民主领导，在生活上，更须注意团结，对于聘请人员，区干应分工掌握，不能放任自流。

领导秋征时，必须是：首长负责，亲自动手；创造典型，指导一般；周密布置，深入检查，抓紧总结。为了及时交流经验，专署及县可根据具体情况，出刊油印小报，有电话地区，应充分利用电话，及时反映情况指导工作。

（三）宣传动员

秋征要按照宣传要点，着重反复向群众说明粮、赋、村附加并征的意义与好处，并须联系实际（区别不同地区、对象、阶段）通过算账办法，消除顾虑，启发群众缴纳公粮的自觉性。在宣传方式上，应当运用各种会议，写标语，出黑板报，集市宣传等方法。此外组织政府人员、粮食干部，学习征粮办法，及秋征中各种指示决定，更好的教育群众，准确的掌握政策。

（四）征收中几个具体问题

1. 审查地亩、人口与折算、造串问题：这是征收中最具体、最复杂、最重要的工作，区干部要亲自掌握，做到地亩、人口陈报确实。

2. 秋征必须贯彻以户为单位直接收粮入仓的办法。经验证明，这是群众最拥护的办法，由于秋征粮食较多，接收时更为麻烦，因此每区可少设点，多添秤，分别先后接收。

3. 对各接收公粮掌秤人员，必须予以很好的教育，防止秤中克扣群众或营私舞弊等不良现象。

4. 今后必须严禁村中摊派粮款。在征收时，一方面宣传征收村经费附加好处，必须同时宣布今后村干自行摊派粮款为非法行为，人民得拒不缴纳；各级政府，须注意检查，秋征费用，由县村经费管委会，统一向粮局筹借，批发各村，以后由村附加内转账。

5. 新解放区地主、富农大量隐瞒黑地者，可结合秋征进行整理，匿报较多者，可酌罚应补公粮半倍至两倍（此项罚粮必须解库）。

此外，有关秋征手续及计算方法等，由本政府责成粮食总局研究确定，仰各级政府遵照执行为要！《省府关于秋征工作指示》翻印在秋征手册中，遗漏第四项今补充附后作为第五项。

（五）秋征中的几个政策问题

1. 关于减免问题：今年秋收，除个别地区有水、旱、虫、雹灾者外，一般地区的收成均在七八成左右，因此不必在各地区普遍提出灾荒减免问题，因为今年公粮收支亏空很大，如果在减免上过分放手，将加重我们的困难，但灾区需要减免者，应当进行减免，必须紧紧掌握军民兼顾的正确原则，减免标准以当地一般年成的产量成数为主，参考中亩秋季产量（中亩产量数各专署自定报行署备案）来定欠收的成数，其减免成数规定如下：

实产量成数	减免成数
三成以下者	免征
四成以下者	减七成
五成以下者	减五成
六成以下者	减三成
六成以上者	不予减免

在减免的掌握上，对成片受灾，采取面的评定，确定其受灾成数，受灾轻重不一者，按各户之受灾土地评定计算（不以户计算），受灾土地全部不收或水冲沙压者，除免征外，其土地暂不扣除，由明年照顾。各种减免，必须进行详细的登记调查（减免表式样另附），于负担计算前，理应办理妥善，以免影响计算。在灾区进行减免时，首先应宣传减免政策，由群众讨论受灾成数（具体办法不公布）呈报政府予以减免。

减免批准权问题：凡属于个别户受灾者由区政府批准之，一个村的减免，由县府批准报专署备案。一个以上至一个区的减免，除报专署批准外，并须报行署备案，几个区的成片灾情减免，须报行署批准，专署备案。

二、边沿区与新解放区新收复区之征收问题（办法另订）：应重视边沿区征收，同时亦应防止殖民地观点，在党政统一领导下，结合武装力量，首先掩护群众速收，打击敌人之抢粮，然后进行远征、速运，征收办法，应完全统一执行本府规定之边沿新解放区新收复区征收办法，不能自作主张的另订办法。在敌占优势之地区，为照顾群众受蒋匪勒索抢掠负担繁重，一般不征收，且在这一地区如勉强征收，往往迫于敌情不择手段，草率行事，结果是得不偿失。行署专署对于边沿区征收，应注意领导掌握，不能放任不管。

在新区要广泛宣传我之负担政策，以敌之征收办法与我之征收办法对比，教育群众，打破群众之怀疑。在无中亩按官亩征收之地区，划分土地等级时，应尽量经群众民主评定，求得大致公平合理。在工作作风上，坚决反对强迫命令。在整理黑地等问题处理上，要十分慎重，免造成今后工作困难，但应当征收的，必须进行征收，防止"仁政"观点，随意缩小负担面，以及无原则的乱减等倾向的发生。

三、地级问题，秋征时间已经紧迫，酝酿准备力量均不够，对整理地级问题，不能轻举妄动。因此今秋地级，一般的仍不动，个别高低悬殊者，在不影响面的地级变动下，可个别整理但须经行署批准后方得进行。

四、整理尾欠与归还预借粮问题：关系负担公平合理，与政府收入，应注意清理，向群众所借之粮草，在秋征中可予以归还，清理尾欠，与还借粮办法另订。

摘自《山东省政府关于秋征工作的指示》，见鲁中南第四专员公署翻印《征收手册》

山东新解放区、边沿区、新收复区的秋季征粮办法

第一章 总则

第一条：为保证爱国战争之粮草供给，本合理负担之精神，根据本省三十七年度［1948年度］征收公粮公草暂行办法第十九条之规定，特制订本办法。

第二章 新解放区办法

第二条：本办法以户为负担单位，以官亩为标准，按人口计算之，地亩杆丈大小不一者，应折合官亩计算（公尺32公分为1营造尺，5营造尺为1杆丈，240杆丈为1官亩）。

第三条：公粮之负担，按各户每人平均地亩数，以下列税率计算征收之。附表：

每人地亩数	每亩税率
一亩以下	免
1.01—1.50	6斤
1.51—2.00	8斤
2.01—2.50	10斤
2.51—3.00	12斤

（续表）

每人地亩数	每亩税率
3.01—3.50	14 斤
3.51—4.00	16 斤
4.01—5.00	18 斤
5.01—7.00	20 斤
7.01—10.00	22 斤
10.01—15.00	25 斤
15.01—20.00	28 斤
20.01—25.00	32 斤
25.01—30.00	36 斤
30 亩以上	40 斤

第四条：为照顾山地、平原地质好坏与收益之悬殊，可根据土质优劣，产量多寡，以村（有条件者可以划地段）为单位，划分四等类型地，将土地分为不折、八折、六折、四折四等后，按第三条税率计算负担。土地等级之折合，由区政府提议，报县府批准后执行之。

第五条：河崖、沟底、道路、宅基、场园、坟地等无收益之非耕地，不负担公粮，亦不列入耕种地计算，菜园、藕湾、草塘、蒲汪、竹园、果园等有一定收益者，应按其四邻地质折合负担，但四邻地质高低不一者，可折中计算，其土地应并入耕种地内计算负担。

第六条：受蒋匪抢劫及战争摧残过重之村庄，得视具体情况，依照税率计算后，酌予减免，除全村之减免外，如已减免或未减免之村庄，仍有受灾特重军工烈属鳏寡孤独，军工复员人员及群众等，于计算负担后，再予分别减免 20% 至 50%，其特殊困难者，得全部豁免。

第七条：凡遭天灾（包括水旱虫雹等）而减收者，应予减免，其办法另订之。

第八条：凡有残废证或证明文件之荣誉军人及五年以上斗争历史有证明文件之复员军工人员，其本人扣除半亩地不负担。

第九条：人口计算

一、凡有下列情形之一者，得作其家中人口计算负担：

1. 现役革命军人，现脱离生产之工作人员、学校教职员、学生、在外常备民工、到前线服务之民兵。

2. 临时外出逃荒而未在外安家者。

3. 肩挑小商贩、公营企业人员、农村合作社之人员。

4. 真正被敌欺骗而逃走之群众，未有反革命行为者。

5. 工人（包括农业、工商业作坊、畜牧之工人）一律按雇工自家人口计算。

6. 新解放官兵加入解放军家在解放区者，作其家中人口计算。

7. 违犯政府法令，未判处徒刑，及假释缓刑之犯人，依靠家庭生活者。

8. 凡脱离生产之军工人员，在服务期间死亡者。

9. 荣军复员后，因伤口复发而病故者（有荣军证）。

10. 村干民兵确为对敌斗争牺牲者。

11. 支前民工、民兵及运粮治河之群众为工作而牺牲者。

12. 积极领导群众翻身，坚持斗争之村干群众，被特务杀害者。

13. 抗日时期牺牲之革命军工人员，经民主政府批准，已确定为烈士者。

二、凡有下列情形之一者，不作其家中人口计算负担：

1. 凡违犯政府法令而逃亡者（全家逃亡全家不计算，个人逃亡个人不计算）。

2. 不从事农业生产，并且不依赖家庭生活之商人（依赖家庭生活者仍作家中人口计算之）。

3. 常年在解放区以外谋生者。

4. 军工人员之子女由公家供给者。

5. 已判徒刑由公家供给伙食之犯人。

三、其他情形，均照下列规定计算之：

1. 店员学徒一律按自家人口计算。

2. 脱离生产在外结婚之女军工人员，作其娘家人口计算。

3. 无家可归常年寄居亲友家者，经群众讨论属实，作亲友家人口计算。

4. 轮流吃饭之家长，不论分几家计算均可，但不能顶双份。

四、人口计算时间，以地亩人口登记时为准，事后不再更动。

第十条：凡解放区之业主，土地分散在其他县区村而出租者，尽可能过拨归业主家中人口计算负担，无法过拨之部分，按一口人（不论业主家几口人）计算负担，由代管人负责缴纳，业主在蒋占区，土地在解放区，按土地所在地以一口人计算负担，逃亡地主有代管人收租者亦按一口人计算之。

第十一条：租佃负担问题

一、收租之土地，由业佃双方负担公粮，以地亩全部之土地人口计算后，地主按七成缴纳（地主自称之部分不折扣）。

二、佃户租入部分土地，每亩缴纳公粮5斤，佃户自己无地而租人地每人在3官亩以下者不负担。

三、业主不收租之土地，谁收获谁负担。每亩缴纳秋粮15斤，田赋及村附加照纳。

第十二条：公地、学田、社田、祭田每亩按15斤负担，由承管人缴纳，孤儿院、残废院、养老院、育婴堂土地之负担，亦按每亩15斤征收，但主管人要求减免时，得呈报县（市）政府请求减免，由县（市）政府酌情批准减免或免征，并报专署备案。

第十三条：寺院、庙宇、教会之土地，按照传道人口计算负担，无传道者，按一口人计算，由承管人缴纳，属于租佃性质者，可与第十一条同。

第十四条：逃亡户地及未分配之果实地，谁收谁负担，每亩缴纳公粮15斤。

第十五条：实负担公粮一斤随征公草一斤半（内征马草20%，烧草80%），或征伐金代粮（办法另订）。

第十六条：本办法只适用于本年度之秋季，凡新解放区应统一施行本办法。

第三章 边沿游击区办法

第十七条：边沿游击区之负担，为照顾群众困难，不拘其施行新老区办法，均可按应征数目酌减二成至五成缴纳之，此项减免由县报专署批准转呈行署备案。

第十八条：敌我争夺地区（一般边区）已进行土改者，可施行老解放区办法，计算方法减免等，均与老解放区办法同，其每亩秋季负担，按全年2/3计算，无中亩者，可应时折合之。

第十九条：为进行土改或已进行土改又被倒算，而未经反倒算之地区，可施行新解放区办法征收之。

第四章 新收复区办法

第二十条：麦收后收复之地区，谓之新收复区。

第二十一条：曾进行土改或未进行土改之地区，按具体情况照十八条或十九条之规定分别确定之，其批准权与第十七条同。

第五章　附则

第二十二条：为奖励喂养牲畜，凡从事农业生产之耕畜（牛马骡驴），不论大小每头减征公粮 15 斤，附减公草 22 斤半，但每户喂养在两头以上者，其减征数以两头为限。

第二十三条：各村进行地亩人口登记，务须确实，如有故意匿报或徇情舞弊者，得作黑地处理办法（黑地处理指示另订）处理之。

第二十四条：公粮之缴纳，以户为单位，直接送到区粮库，由区粮库秤收，给公粮收据为凭证，有少数地区，由于条件限制，不能以户为单位入仓者，应报专署批准后，由村代收。

第二十五条：公粮公草一律使用 13 两 6 钱之市秤。

第二十六条：本办法解释修正权属于山东省政府。

第二十七条：本办法自公布之日起施行之。

摘自《山东省三十七年度新解放区、边沿区、新收复区秋季征收公粮（草）暂行办法》，见鲁中南第四专员公署翻印《征收手册》

华中区的借粮办法

一、淮海战役已经胜利地进行了一个多月，这是中国人民革命战争一个具有决定意义的战役，争取这一战役的胜利，就不仅可以结束长江以北的战局，解放全华中、全华东和中原地区，而且将基本上解决了全国的战争局面，为解放全中国开辟了一条顺利发展的道路。随着这一个富有历史意义的空前大规模的战役的胜利扩展，整个华中的支前任务已趋繁重，其中尤以粮食供应任务更为巨大，目前前线参战部队和民工已达一百数十万人，每月所需粮食在百万担以上；而战场又大部在新解放区，久经国民党掠夺，民穷财尽，困难就地取食，必须从数百里甚至千里以外（渤海、胶东、盐阜、苏中等产粮区）连续转运，才能满足前线供应，中间如稍有疏忽，稍有脱节，战争就会立刻直接受到影响。

目前供应线以华中距离较近，而战场主要是在华中地区，毫无疑问拿出一切力量来保证前线的给养，应该是我华中党和人民当前最紧急也是最光荣而神圣的任务！但是目前华中存粮情况，离开前方需要相差很远，现有运送到前线的粮食加上运耗已有 90 余万担，冻河以前仍须继续抢运加工粮 50 万担，运出以后，江

▲ 中共华中一地委 1948 年 12 月 22 日颁发的《关于执行华中工委筹借公粮确保战争供应决定的指示》

淮和第二、五、六专区就几乎不再有存粮，而今冬明春灾区的救济，必不可少的，水利交通等事业的建设以及与日俱增的脱离生产人员的生活费用和新解放城市的恢复经费，都需要支付大量的粮食，第一、九专区虽有部分存粮，但仍须作军队继续前进时的供应准备。针对这种情况，华中工委经再三研究，郑重讨论，认为除号召各地组织力量积极在新区征收公粮，加强老区粮食保管，运输工作，减少损失，各后方机关部队尽量节约，减省开支以外，必须在全华中范围内筹借 100 万担粮食，才能确保前线的供给和军事发展的需要，也才能在不增加意外支出的情形下，勉强渡过今冬明春的财政粮食困难。100 万担借粮任务，依据各地非灾区田亩面积、秋收产量、秋征负担率、秋征实征数以及当面对敌斗争情况，决定具体分配如下：

江淮军区	25 万担	五专区	20 万担
一专区	18 万担	二专区	17 万担
九专区	14 万担	六专区	6 万担

二、华中今年秋征，群众负担一般在 15% 到 18% 左右，最低的仅 10%，个别较高的由于田亩评等的不合理或其他原因，实际负担率达到 20%，较之抗日时期

的负担重的多了，但较之夏季或去年夏秋两季的负担则减轻了 1/4 到 1/3。较之其他解放区群众负担也轻得多（山东群众负担一般为 25%，华北个别地区一般达到 30%），现在再借 100 万担公粮，群众负担平均约增加 5%，连同秋征负担，平均总负担率则为 20%，个别实际负担率可能达到 25%，这都还没有超过近两年来各季的负担率，而且所有借粮可在明年夏征或秋征中全部偿还，今年秋收在华中大部分地区尤其是水田区一般尚称丰收，再经过今年以来生产运动，部分地区又结束了土改，群众情况已走上稳定而逐渐高涨，加上新的胜利形势的鼓舞，支前的宣传动员，群众体会到彻底推翻国民党统治，安享太平的日子已经不远，今天要求群众咬紧牙关，忍受一些暂时的困难，贡献出自己可能贡献的财力来，以争取长久的解放，是完全能接受的。对于这些借粮的有利条件我们必须有足够的估计。

当然我们也不能忽视在借粮问题上同样存在着困难的一面。首先 100 万担的粮食不能不算是一个巨大的数字，我们还没有组织这样一个成功的大规模借粮工作的经验；其次即使在非灾区，由于历年的减产抛荒，国民经济的元气尚未恢复，人民负担能力不强，某些困难的户口，其生活程度不减于灾区群众，加上有些地区由于秋征中负担的不够公平合理，以致个别负担很重，有些地区由于后勤负担的不够公平合理，以及某些干部的单纯强迫命令已经引起部分群众的不满，其他如近战地区干部的缺乏，沿江地区的斗争频繁，新恢复地区的工作基础薄弱，群众政治觉悟的参差不齐，一般干部的习惯于简单的工作方式，这些都可能会影响到借粮任务的完成，对于这些借粮问题上的困难的条件，我们也必须有足够的估计。

三、为了保证借粮任务的完成，必须充分掌握借粮工作中的有利条件，努力克服借粮工作中的困难，只看到有利的一面因而放松了艰巨的动员和组织工作，单纯的采用行政摊派路线，或者只看到困难的一面，认为不可能完成这一任务，单纯强调群众片面的眼前的利益，这都是非常有害的。在各级干部思想上今天主要的障碍是属于后者，是片面的强调困难，而在工作既经开始以后，主要的偏差又可能是属于前者是单纯的追求任务，因此今天主要的关键是在于首先打通各级干部的思想，让所有干部都认识到这次战役的伟大意义和借粮工作的重要性，认识到没有群众长远的长久的利益，就不可能有群众眼前暂时的利益，如果不拿出一切力量争取战役能早日胜利结束，群众的负担只有继续加重而不行减轻，认识到对待借粮工作的不重视和不努力，实际上是帮助敌人获得苟延残喘的机会，拖延敌人的死亡日期，认识到这次借粮任务虽重，但在任务分配上已经把灾区的个别困难户应有的减免已经估计进去了，只有在全党和全体干部中弄清楚这些问题，大家才会有决心有勇气来做借粮工作。

在借粮工作开始后，除了应继续防止某些干部把各部困难情形夸大为全面现象，因而动摇工作的决定和信心以外，就要防止某些为了追求任务，对确实困难的群众不加照顾，采用单纯的行政路线，强迫命令，平均摊派，以及某些干部在工作中包庇亲友，乘机贪污，不能以身作则，不去执行公平合理负担的原则，因而引起不应有的群众纠纷，妨碍任务的完成，这些在各级党的领导上都必须在乡村干部中反复教育严密防止和纠正。

四、在各级干部会议上充分的动员成熟组织就绪以后，就要在群众中进行广泛深入的宣传动员。让所有群众了解到目前形势，了解到淮海战役跟华中每一个人民密切关系，了解到交付出这一次的借粮负担就可以争取到长久的幸福，了解到前线给养供应不上就要拖长战争的时间，就只有更加加重自己的负担，把前线将士如何忍饥耐劳浴血苦战告诉他们，把战区群众如何在国民党严重掠夺之后，还在继续借出粮食供给解放军作战比给他们听，把山东人民如何交出细粮，自己吃粗粮甚至吃山芋叶子，忍受一切物质上的痛苦来支援前线，比给他们听，只要把这些问题反复地说清楚了，我们相信在我党领导下经过长期教育，一般具有相当高度政治觉悟的华中人民，一定会把热情激发起来，踊跃地投入借粮运动，慷慨地交出他们应借的粮食。如果我们乡村工作干部在工作中再能做到合情合理、大公无私，群众甚至会自动自觉心甘意愿地交出超过他们负担能力的粮食来，而自己从节约生产中去解决以后的生活问题。只要在群众宣传动员工作做得成熟，借粮工作就会迅速的掀起热潮，顺利地完成任务。

五、为了在借粮工作中既要完成，又要照顾群众中实际困难，各地在借粮面积上，应力求广阔，但同时又要有重点，秋征负担轻的地区可多借，负担重的地区应少借，非灾区一般按田亩计算，但其中缺粮的困难户和负担很重的田亩，应予减免，灾区一般不借，但其中没有受到灾害的仍可照借，新区征粮及秋征补交的欠粮不应计算在借粮任务之内，地方救灾粮也不能列入借粮100万担之内，各地任何附带借粮必须经工委批准，各地党委、政府在布置任务时应精密计算，慎重分配任务，群众借粮负担加上秋征负担，总负担率不得超过 30%，超过者应减低，或减免，个别地区在工作进行后经过较全面的调查，确实难以完成任务者，应以负责的态度提供材料，呈报工委，考虑应否减轻任务。

在工作方式上应采用行政领导结合群众民主评议，谁多谁少，应减应免，地好粮坏，都要经过自报互评，民主讨论，提倡群众中骨干积极分子带头先交粮交好粮，反对群众挤矮子的平均主义思想。

借粮工作的口号是：

1. 全体党政军民动员起来，大力完成借粮任务。

2. 完成借粮，保证前线给养，迅速消灭国民党军队，早享太平。

3. 后方人民节衣缩食，踊跃借粮，支援前线。

4. 后方多借一分粮，前方少流一滴血。

5. 学习山东人民，忍受生活上一切痛苦，支援前线的精神。

6. 共产党员要用传统的模范作用，带头先借粮借好粮。

7. 大家出粮支援前线照顾缺粮的困难户，粮食有余的多借粮。

8. 秋征负担轻的多借粮，秋征负担重的少借粮。

9. 按亩计算，公平负担，个别困难，应予减免。

10. 公平合理，民主评议，自报互评，民主讨论。

11. 咬紧牙关忍受一时的痛苦，拿出一把力争取全华中人民的彻底解放。

六、各级党委对借粮工作自始至终都要亲自掌握，分个召开党政负责干部、财粮干部以及党与群众的活动分子会议，会议不宜过长，但各种思想障碍必须求得解决，工作作风问题，必须加以重视，同时对任务作精密计算，周密研究，慎重布置，在执行过程中，均须将执行情形随时按级报告，任务结束后作专门报告，送交工委。凡正在参军地区，可先参军后借粮，未参军地区先借粮后参军。各地借粮任务的完成时间，一律不得超过 1949 年 1 月 15 日。

摘自华中工委《关于筹借公粮确保战争供应的决定》，1948 年 12 月 13 日

如东县的借粮标准

任务的分配，应借的数量拿什么来做标准呢？我们以为可以秋季实征公粮数量做应借粮的标准，这个已经地委同意，因为秋征粮数量是从不同田粮种收成与适当照顾群众经济情况合理负担的征收标准上计算起来的。借粮除去以秋征粮做

计算以外，还要着重检查查评掌握的好坏，同时要照顾群众的副业、人口、口粮、地区群众的穷富，民主评议调整。

首先村的任务分配必须根据七要原则，一般的借粮数量是秋征公粮数的5成左右，顶多不得超过秋征粮的6成。

沿堤岸以南一带丁戊等田，和蒋灾、水灾特别严重地区一律不借粮。一般的丁戊等田经民主评议的量减少借粮数量。除为了照顾群众实际困难，初步评定不借粮的人家以外，应借粮户初步评议借粮数量的标准，一般的规定是秋征公粮的5成左右，最多不得超过7成为原则。

少数旱粮田，大部稻田收成好的，或全秋收成中等的人家，如收粮在1000斤，负担交秋征粮120斤的借粮数目最多不得超过秋征粮的7成。

稻田旱田各半，稻好旱粮差，或大部稻田收成中等的人家，借粮数可在秋征数的5成左右。

大部旱粮田，收成不十分好，少数稻田，收成中等的人家借粮数不得超过秋征粮的4成。

大部旱粮田收成较好，少数稻田收成好的人家借粮数不得超过秋征粮的5成。

秋收收成不好，但有其他副业收入的可根据他的负担能力民主评议酌量借粮。

全秧丰收，经济宽裕人家，负担在收成十石交粮不足一石的一定要自愿自觉的，经过区以上机关批准后，借数可与秋征数相等，但不得超过。

以上标准是主要的，仍应参照副业生产、人口、口粮等实际困难来调整借粮数量，不应机械的单以秋征粮来计算，这个标准与借粮七要原则是一致的，有了这个标准容易计算，又可防止专挤少数人挤中农余粮，和按户按公平均摊派的毛病。我们要反复的在干群评委之间弄通。并且可以先在乡扩大会上计算评议一两个小组，使大家学习这个方法。弄通借粮原则，并须在群众中公开动员。

摘自如东县《关于借粮标准的指示》

鲁中南二专区的借粮工作

鲁中南二专区对掌握重点，吸收经验，推动工作的领导方法，接受了夏征与秋借中的经验；在秋征中普遍运用了并提高了一步，推广了全面工作，据了解各县所掌握的典型采用以下方式：

（一）按照村组织情况、群众条件、村户大小及能否代表一般村庄作典型村条件，新泰县羊流区以西张庄为典型村，工作情形如下：

1. 宣传教育工作：（1）由区干亲自掌握，首先打通村干思想，使其认识秋征重要性，明确自己责任，自觉的积极工作。（2）村干明确分工，将群众按间划分小组，干部深入小组进行教育，说明我们负担政策的合理及重要性，使群众认识缴纳公粮支援战争是自己应尽的义务。（3）反复由党内到群众进行宣传教育，培养典型人物起带头作用；村干每天召开会议检查了解进行的情况、及时解决问题；并展开表扬与批评教育。（4）对群众进行时事教育，鼓动群众情绪，打破一切顾虑；宣传交好、交快、交足供给前线打胜仗的口号。

2. 交粮的准备工作：（1）将全村群众按5个间编成5个小队，由间长为小队长，为了一次交完，将无劳力户编到各小队里互助代交。（2）通知单发下即召开村民大会公布和动员群众按通知准备粮食，并在此会议上成立检查小组，由儿童妇女及村干参加。（3）村干在分会研究确定了交粮时间，为11月17日逢羊流集这天（送粮可号召全区）。（4）在入仓前一天晚上召开村民会，进行检查和了解准备粮食的情况是否有保证，并说明交粮时间。

3. 交粮的行动：5个小队排列次序，经检查小组反复的检查粮色后，儿童组织在前头拿着小旗打着锣鼓，喊着交粮口号，经过羊流集向粮库送粮，该村227户，实负担公粮32767斤，从早饭后至过午全部完成入仓，一两尾欠没有。

4. 典型突破所起的作用：（1）区将西张庄典型材料总结一下，召开了全区村干会议，广播了经验，刺激各村村干对交粮的信心，并将其材料通报各区；并采用集市宣传与壁报的张贴推动了全盘工作。（2）逢集交粮震动了全区，启发了群众交粮热潮，群众普遍反映"这样交公粮真好"。（3）由该村影响了落后村子，如三窟石棚等34个村，3987户全部入仓，37个村子一次交足一两尾欠没有，在交粮当中下着小雨还没停留；如荣兴庄村文书李化祥，天还下着雨他赤着脚推了一辆小车子带领 172 户一次交足。

（二）单纯的连续使用夏征典型村，如新泰果都区仍以红灯庄为典型村，此村庄 78 户，在麦征时半天完成任务，但在秋征中村干存在不成问题的想法，认为这村夏征是最好的一个，秋征还有什么问题！因此在布置掌握上简单化，表现在：（1）区干怕麻烦没有去具体布置和掌握。（2）村干在夏征中孤立了，受到其他村刺激，因此在秋征中不敢带头。（3）未将秋征减免政策贯彻到群众中去，只是村干为了应付公事形成包办代替，因此群众顾虑未打破，群众情绪低落。（4）清册及粮串发下，未召开会议宣布和动员群众交粮，只是交给花户即百事大吉。（5）由于以上布置掌握中存在这些毛病，区干未检查，主观的确定了交粮时间，因为群众未作准备，结果村在交粮时仅 12 户送去，其他户均未送。由于该第一炮未打响，区干碰了钉子，没有信心，放弃掌握典型推动全面，叫各村自流交粮，因此全区至 11 月底才完成三分之一，并一个村也没根绝尾欠，造成群众等待观望等现象。

（三）为培养典型而培养典型，选择工作有基础的，干部健全的，户数少的村庄作为典型村。如新泰崔镇区湖家泽庄全村几十户人家，组织很健全，干部也比较强，区干为省事即以该村为典型村，工作布置下去村干即明确分工，进行动员教育，很快成熟了，在其他村未行动时，区干即确定交粮时间，结果该村虽一次交足，但由于交粮突出脱离其他村庄，致使一般村庄不心服，特别大庄，如翟家庄村干说："村小干部多还交不快吗？俺庄如和他庄一样的话，交的比他还快。"

以上三种典型方式，以第一种为较好，第二第三两种为较差，第一种方式的优点：（1）刺激了好村庄，恐怕落在他们的后，启发争胜心。（2）带起了落后村子，使其认为他这样村能成为典型，我们也能跟上。（3）带起了大的村庄，使大村庄认为咱比他虽交粮多些，但也要赶上去。（4）刺激了小的村庄，使其认为他这样大的村都成典型，咱这小村庄还不好办吗？（5）教育了村干和群众，启发了交粮热情，互助竞赛，并提高了村干对工作的信心。第二种方式的缺点：（1）虽能完成，但使其他村，认为以前是模范这还不是模范吗！咱还能跟上吗？失掉信心。（2）容易养成村干群众自满高傲，看不起其他村，造成孤立典型，脱离一般村，减少了影响推动作用。（3）认为脱离一般村，干部容易受到刺激，再加领导上掌握不紧，即会低落情绪，不敢带头。第三种方式的缺点：（1）容易使大村不服气，推动作用不大。（2）与落后村子工作距离太远，使其跟不上。（3）形成典型突出作用不大，造成工作发展不平衡。

摘自山东省粮食总局粮政通讯社编《粮政通讯》，1949 年 1 月 15 日

支前报道

峄县的突击借粮办法

峄县粮食局，在全力支援伟大淮海战役中，44 天完成了上级所给 200 万斤借粮任务，其完成任务的特点如下：

一、领导上在进行工作中，随时掌握了情况，如阴平区开始征借时，以为部队住此把粮借吃完了，我们即是完成任务。经调查部队仅吃去 7 万余斤，他们能随时转入突击借粮，并且很快的征起现粮 10 万多斤。

二、由上而下，在领导上，明确认识到借粮工作的重要性，如把粮食工作提到支前工作的中心地位，使得党政民全体干部重视粮食工作。

三、全力以赴，紧张的进行借粮工作，不顾饥寒，日夜疲劳，为完成借粮任务而努力；棠阴区在群众交纳情绪高涨时，全体同志们均到半夜吃不上饭，天不亮就起身收粮，没有发现一个人叫过一声苦。

四、贯彻政策宣教动员，及揭发地主、匪特、伪组织人员的一切造谣破坏，打破群众

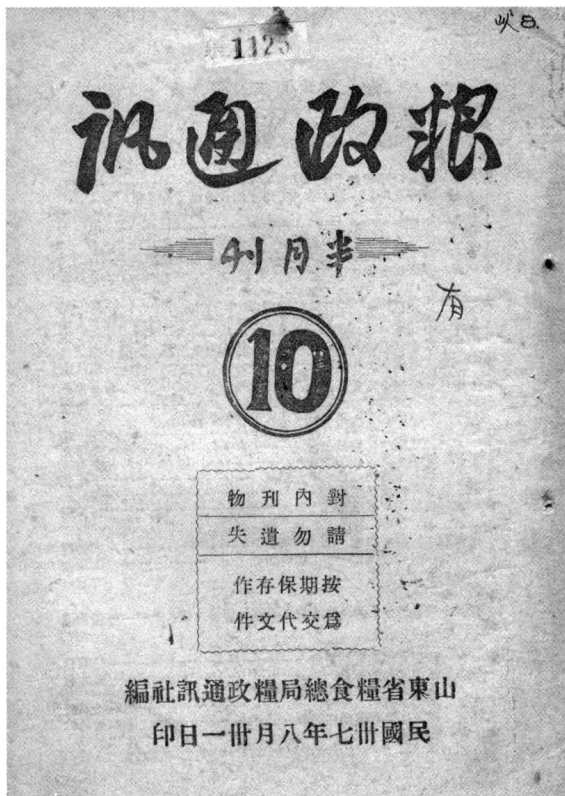

▲ 山东省粮食总局粮政通讯社 1948 年 8 月编印的《粮政通讯》

思想顾虑。如马兰区百坦西村，坏蛋孙滑皮（混号）向群众造谣说："中央军邱清泉从西边过来了，八路军要逃跑了，还交什么粮。"在该匪被捕捉扣押后，并及时向群众进行形势教育，揭发坏蛋的破坏宣传谣言工作，即顺利的完成了20万斤的借粮任务。

五、适当提出对内外的动员口号：如我们向群众提出交报仇粮、立功粮，对干部则提出这次借粮，保证前方供应，十分重要，要坚决完成借粮任务。

完成任务基本关键：（1）广泛进行胜利形势宣传及政策时事的教育。（2）深入耐心对干部的阶级教育，提高其政治认识并及时揭发谣言，打破群众思想顾虑及障碍。（3）在每个中心工作上要切实掌握轻重环节，遇有重大任务，必须组织全力突击方能完成。（4）高度发扬民主批评与自我批评，辨明是非，赏罚分明，是提高干部的基本方法。

摘自山东省粮食总局粮政通讯社编《粮政通讯》，1949 年 1 月 15 日

二、缴粮献粮

▶ 某地村民缴纳公粮

▲ 涿州沙河村村民缴纳公粮

▼ ▶ 解放区人民踊跃缴纳公粮，
　　支援前线

鲁中南人民吃糠咽菜节省粮食送往前线

鲁中南地区是敌人重点进攻山东时遭受严重破坏的重灾区，群众生活极为困苦，但是人民一听说支援淮海战役打老蒋，群情振奋，纷纷表示要钱有钱，要粮有粮，要人有人，要物有物，全力支援前线！他们宁肯自己吃糠咽菜，也把节省下的粮食一袋袋、一车车源源不断地送往前线。靠近战场的郯城县接到筹集500万斤粮食的任务时，县府粮库只能拿出100万斤，剩下的400万斤要全靠群众筹集，按人口计算，全县平均每人需10斤粮食以上，这在当时来说，真是个惊人的数字。但是，郯城人民却表示：宁愿自己饿肚子，也要保证前线的战士吃饱饭。他们节衣缩食，勒紧腰带，硬是把粮食一碗一瓢地省下来支援前线，超额完成了近100万斤的任务。渤海区为了完成1亿多斤粮食的征送任务，各专署专员、地委委员、

▲ 徐州市贾汪面粉厂加工的白面正准备运往前线

▲ 大量粮食集中起来运往前方

各部部长均分头迅速下到各县帮助布置动员。全区男女老少立即行动起来，从 11 月 28 日起到 12 月 13 日止，用 16 个昼夜，全区出动大车 70960 辆、小车 15582 辆、木船 1250 艘，投入 170060 名民工，圆满完成了 1 亿余斤粮食的运送任务。整个渤海平原，到处是磨碾飞转，人欢马叫，车轮滚滚，展现出一幅波澜壮阔的人民支援战争的宏伟画卷。

摘自张劲夫《兵民是胜利之本——忆山东人民对淮海战役的支援》，见《淮海战役》第三册，中共党史资料出版社 1988 年，第 195 页

渤海的支前群众说：支援淮海战役人人有份

该县〔临邑县〕宿安镇的袁振芬，因为是烈属，村里没分配他筹粮碾米任务，但他听说是前方需要的粮食，就把自己的 300 多斤谷子连夜碾成米，天明送到区粮站，粮站的同志不收他的粮食，他倒下小米就走，连秤也不过，他说："支援淮海战役人人有份，我也有一份责任！"惠民县何坊区谷家安村有 80 户，就有 70 户自动报名借粮。一位双目失明的翻身农民，没有分配他借粮任务，他拄着拐棍，摸到会场上，硬是把自己的 100 多斤谷子献上。他说："要是没有解放军在前方打仗，咱分的宅子、地都保不住，咱自己吃点糠菜，也得让前方打仗的同

志吃饱。"

摘自王卓如《渤海运粮支前的日日夜夜》，见《淮海战役》第三册，中共党史资料出版社 1988 年，第 213 页

整个战役期间，华中地区筹集粮食 1.37 亿斤

筹集粮食也是支援前线的一个重要任务。淮海战役发起时，先后有 12 个纵队在徐州东南作战，每天需要供给原粮 300 万斤，随着战役的进展，参战部队和民工的每天吃粮增加到 500 万斤之多。那年秋天，华中不少地方遭受了水灾，特别是靠近战场的第五、六专区连年遭灾，存粮很少，加之苏北兵团从 6 月份开始即在这一地区连续作战达 3 个月之久，人力物力已消耗很大。9 月份战役发起前，我们先是在产粮地区第一、二、九专区筹集粮食 2300 万斤，用船运往第五、六专区。战役打响后，粮食供应量增加，仅靠第一、二、九专区的粮食供应远不能解决问题。12 月 13 日，华中工委就粮食供应问题颁布了《关于筹借公粮确保战争供应的决定》。《决定》一方面指出要拿出一切力量来保证前线的给养，这是我华中党和人民当前最紧急也是最光荣而神圣的任务；另一方面规定了各地筹粮任务。如：江淮地区借粮 25 万担，第一专区借粮 18 万担，第二专区借粮 17 万担，第九专区借粮 14 万担，第五专区借粮 20 万担，第六专区借粮 6 万担。淮海地区由于当时敌人长期掠夺和连年涝灾，群众生活十分贫苦，粮食负担力薄弱。但是那里的人民为了早日打败国民党反动派，获得翻身解放，满怀激情地提出了"倾家荡产也要支援前线"的口号。想尽各种各样的办法，完成征粮、借粮任务。甚至不少人家宁可自己忍饥挨饿，留下口粮来支援前线。作为后方的第一、二、九 3 个专区，也在"节衣缩食，支援前线"的口号鼓舞下，有的人家不买年货，省下来支援前线；有的人家改年再娶媳妇，挤出粮食支援前线；有一个老太太，一改过去烧香拜佛的习惯，为的是多借出些粮食支援战争。当战役发展到第三阶段时，急需大批粮食供应。一是战场转向运河以西，粮食前运不继；一是战场需粮续有增加，在新区筹粮有限，不能满足战争的需要。鉴于粮食供应方面的复杂情况及战场要求，中共中央军委指示总前委，召开华东、中原、冀鲁豫、华中四方代表参加的联合支前会议。12 月 26 日至 29 日，联合支前会议在徐州召开，会议由刘瑞龙、傅秋涛轮流主持。华中由曹荻秋、贺希明、李干臣参加会议。徐州联合会议上提出，华中区的支前任务：战场东、南两面的支前工作由华中负责。支前任务更艰巨繁重了，华中党政

军民总动员，一切为了前线，一切为了战争胜利，采取了一切措施，圆满地完成了支前任务。整个战役期间，华中地区就筹集了粮食 13700 多万斤。

摘自陈国栋、李干臣《华中人民支援淮海战役》，见《淮海战役》第三册，中共党史资料出版社 1988 年，第 226—227 页

豫皖苏区采取先宣传政策号召党员干部带头交粮，然后发动群众自报公议的办法征借粮食

从山东、华中运粮路程较远，战场移动，部队调动变化快，一时接应不上，所以大批粮食都需豫皖苏区就地筹集。11 月 22 日，即全歼黄百韬兵团的当天，中央军委向豫皖苏分局和行署下达了筹集 1 亿至 1 亿 5000 万斤粮食的命令，并规定在老解放区征公粮，在新解放区征借的政策。征借的实施方法是，先宣传政策，号召党团员和干部带头交粮，然后发动群众自报公议，发给统一印制的票证，利用旧保甲系统征借。刚解放的萧县、宿县在五六天内就筹集粮千余万斤，三专区达 1 亿余斤，六专区近亿斤。全区筹粮达 3 亿余斤，超额完成一倍以上，占整个淮海战役筹粮的五分之三。战后，剩余的粮食多达 14000 万斤，都返回救济群众。柴草的筹集采取"估堆折价"，发给票证据，战后付款的办法，很快筹集到 65000 万斤。各地筹集的肉食品、蔬菜、油盐等副食品的数量也很大，基本满足了部队的需要。六专区筹集牛羊肉几十万斤，各种蔬菜百余万斤，还有大量大豆。他们为前线子弟兵想得十分周到，到处设立油盐供应站，方便部队采买，还准备了烟、酒、糖、红枣等，附有慰问袋，热情地送到每个战士手里。全区筹集的食油有 100 万斤，食盐达 74 万多斤。

摘自陈明义《豫皖苏人民全力支前》，见《淮海战役》第三册，中共党史资料出版社 1988 年，第 239—240 页

支前报道

保证前线饱食暖衣　豫西群众踊跃缴粮

【本报讯】1948 年秋屯，豫西不少地区现已全部完成了入仓任务。自行署发起秋屯号召后，各地先集训干部，打通"怕难"思想，同时向群众宣传合理负担政

策，继即掀起了群众缴公粮的热情。鲁山八区苍头村，经过合理负担政策的讲解，群众想起过去国民党的强征硬派，保甲长的压榨，认清了人民政府处处为了人民，都争着碾米，抢着缴粮，评讲后全村十几盘碾子日夜不停的转动。临汝苇子营等村因碾子少忙不过来，就用车拉到宝丰县的村庄子去碾。鲁南（新设县）一区××村的徐老太太亲自背着粮食去缴，村长说："你这么大把年纪了，让别人给你捎去吧？"她不高兴地说："中央（国民党军队）在这儿我跑着要饭，现在地也有了，自己出点力有啥啦！"在缴粮时，村与村之间展开了竞赛。他们的口号是："要快、要净、要干。"郏县吴村的吴老汉到收粮处缴粮，见别人碾的比自己净，就把粮拿回来又碾了一遍才去缴。吴孟礼连杂粮都用筛子筛出来。他说："都是咱自己吃，解放军为了咱还能给他糠吃。"许西（新设县）桂村老百姓耐心地把粮食用簸箕簸得干干净净，两天完成了7.2万斤公粮的任务。因为穷，被大家议论不缴公粮的王义照急得跳起来说："解放军为咱除害，我不吃也得缴。"结果也缴了秋粮。郏县吴村5天完成了秋屯4万斤。宝丰一带产烟区，今年因交通不便关系，烟叶外流停滞，烟价下跌，秋屯时种烟户都感到困难，宝丰县工商管理局就在该县产烟区代农民折缴公粮1000石，解决了种烟户的心事，普遍得到了群众的赞扬，都反映："解放军真是处处为老百姓打算。"在有土匪扰乱的地区，更配合政治攻势发动群众号召土匪回家。嵩县莘药区寺庙村结合胜利消息宣传"不但对回家者宽大，而且秋屯中按人口计算负担"，结果争取8人回家。豫西还有些地区，因11月初连雨成灾，秋季欠收，行署为减轻人民负担，减征了全区秋粮任务399万斤。

摘自《中原日报》1949年1月2日

回忆节选

冀鲁豫区的群众把藏在地洞里的粮食扒出来，连夜加工，支援前线

任务下达后，冀鲁豫全区立即行动起来，筹集粮食。后方机关为完成这一任务，每人都自动减少了食粮数量，改吃粗粮。黄河以北各专区、县、区、村，由党员、干部带头，展开了广泛地筹粮碾米热潮。第六专署首先提出了"快筹、快碾、快交、快运"的口号，并创造了由专署筹发统一粮袋到村，写明县、区、村的经

验。其好处是，每袋粮食数量一样，便于统计和检查，战勤总指挥部推广了这一经验。大部分县、区因为每个村只有一两盘碾子，群众怕误了时间，便划成小组，在碾子上轮流碾米，在场地上挖坑轮流舂米。没有牲口的小组，就用人推碾。八专署在布置到县、区、村的3天内，就碾米104万斤。寿张县东金斗营村接受的是4000斤的碾米任务，4天时间便碾好5000斤小米。该村还领取了300条装米布袋的缝制任务，村妇女会主任张秀英，组织妇女小组，连夜挨家按市价收购足布匹，次日全村妇女连裁带缝，半天就做齐了。在碾米运米中，这个村的干部还分了工，有的收米，有的派车，有的装载。用300条口袋、7辆大车，以最快的速度将5000斤小米运往前方。

长期坚持游击战争的黄河以南地区的广大群众，连年遭受国民党军队的蹂躏，生活极为困苦。当听到淮海战役前线大捷的消息，他们欣喜若狂，主动把藏粮从地洞里扒出来，连夜碾米，舂米，圆满完成了筹运粮米的任务。

摘自韩哲一《回忆冀鲁豫边区人民在淮海战役中的支前工作》，见《战勤工作资料选》，黄河出版社1988年，第397页

◀ 解放军追歼杜聿明集团时，后方粮食一时供应不上，萧（县）永（城）地区人民紧急筹粮300万斤，及时供应了部队。图为部队付给群众的粮草票

三、加工军粮

资料选编

碾——加工粮食的工具

渤海区有28个县，用18000盘碾子，为前方碾米2077万余斤。

摘自张劲夫《兵民是胜利之本——忆山东人民对淮海战役的支援》，见《淮海战役》第三册，中共党史资料出版社1988年，第192页

大部分县、区因为每个村只有一两盘碾子，群众怕误了时间，便划成小组，在碾子上轮流碾米，在场地上挖坑轮流舂米。没有牲口的小组，就用人推碾。

摘自韩哲一《回忆冀鲁豫边区人民在淮海战役中的支前工作》，见《战勤工作资料选》，黄河出版社 1988 年，第 397 页

▲ 菏泽西马埃村碾米用的碾

▲ 新沂王振东家碾米用的碾

柳行村距离安丘城南 20 里，全村 105 户，447 人。1948 年 9 月，支援淮海战役的消息传到柳行村，全村热烈响应，20 名妇女在妇女会长李芝香的带领下利用仅有的两盘碾日夜不停地碾米，15 天共碾米 4500 斤，妇女会员梁秀荣、刘同春、李芝兰、李桂兰等还编了口号："碾出小米送前方，打倒老蒋保安康。"

根据淮海战役纪念馆征集的安丘县支前资料整理

泗水县大厂村是一个偏僻的山村，淮海战役时，全村 80% 的男青壮年随军支前，在家的 121 名妇女，在妇救会长、共产党员冯兰芸的带领下，昼夜突击碾米，她们利用村里的 5 盘碾，仅 9 月份的 20 多天的时间，碾米达 5 万余斤。遇到刮风下雨，她们就拿出自己家的木板、席毡、棚布、被单甚至口袋和衣服搭碾棚；为保障生产和支前两不误，她们就决定：白天，年纪大和孩子多的妇女碾米做饭，青壮年妇女突击秋收秋种，夜晚，年纪大和孩子多的妇女进行休息，青壮年妇女轮班碾米。为节省劳力提高效率，她们还成立了托儿组，由年老的妇女看管。由于全

村牲口被国民党军抢光，碾米全部用人力，王志瑞、楚心菊、刘庆玉等几十个小脚妇女，碾一天米下来，脚肿得穿不上鞋，磨的血泡浸湿了裹脚布，但从不叫苦。

根据淮海战役纪念馆征集的泗水县支前资料整理

刘家村是诸城县东南 20 里的一个小村庄，全村约 200 户人家，淮海战役时接受了 7 天碾 2 万斤谷子的任务。当时全村男劳力大部分支前去了，仅有部分男半劳力和百余名妇女及十来头牛。按照当地的旧习惯，碾米是女人和驴的事情，男人和牛不会碾米。百余名妇女中，大部分是小脚妇女。为完成任务，区委书记刘树民亲自领导，把全村能干活的妇女组织起来，分成 8 个小组，村里的 8 个碾，每个碾分配 6 名妇女。她们提出"快碾支前米，缴纳胜利粮"的口号，推的推，簸的簸，装口袋的装口袋，你追我赶。第一天，平时一个碾一昼夜只能碾 200 到 300 斤，识字班队长王立英和她娘、婶母、姑母 4 个人，一晚上就碾谷子 384 斤。第二天，在她们带动下，各组一昼夜碾米都达到了 500 余斤。她们不但碾得快而且簸得净。碾出来的米没有一点糠，

▲ 妇女们加工军粮

是全区的头等米。女村长刘玉兰和50多岁的张文德大娘，为提前完成任务，废寝忘食，连战3昼夜。在大家的努力下，原定7天碾完2万斤谷子的任务5天就完成了。

根据淮海战役纪念馆征集的诸城县支前资料整理

支前报道

没有碾也能碾米

日照县芦山区台庄乡，接到区里要他们在3天时间里突击完成56700斤加工粮任务的通知。摆在大家面前的最大困难是：碾少。全乡7个村只有4个能使用的碾，台庄200来户人家，只有1个碾，范家楼近300户人家，一个碾也没有。一个碾一天能碾300多斤粮食，4个碾只能碾1200多斤。怎么办呢？大家想了半天，最后决定还是依靠群众，与群众商量，一定会有办法。

因为干部少，首先在基点范家楼、沈家庄、台庄三个村召开座谈会，由区里的干部说明胜利形势和发展前途。然后发动大家讨论：支前为了谁？前方战士拼命流血英勇杀敌，咱在后方应怎样努力支前？大家纷纷地争着发言，范家楼的范崇梅说："今天咱在家里过安稳日子，都是解放军拼命流血给咱打下来的。国民党在这里时，咱家也不敢回，如果不好好支援前线，咱的好日子是不会过得长的。"妇女干部说："支前是为了保咱自己的饭碗，今天咱妇女们不干还等什么时候呢？"座谈中，大家都充满了信心，纷纷保证按时完成任务。接下来的问题是怎样完成任务呢？大家歪着头想来想去，你一言我一语，想出了5种办法：

▲ 日照县群众加工粮食用的磨

一、用破簸箕剪成与磨一样大的一个圆形，当中挖个小窟窿，套在磨脐上，磨顶放上谷子推即可。用时可把破簸箕弄湿，这样才抗磨。

二、用盖垫子也可以（愈薄愈细愈好），当中挖个小窟窿，上磨时用水弄湿。

三、用洋铁片，剪成茶碗口大一个圆形，中间挖个洞，套在磨脐上推即可。

四、用和磨脐样的铜钱，放在磨脐顶上。看钱的厚薄而确定垫2个或3个，主要不能使小米碾碎为标准。

五、用席子剪成和磨一样大的一个圆形，当中挖个洞，弄湿，套在磨脐上即可推。

以上这5种办法，前两种最好，出米不碎，而且多。后三种较慢一点，并会产生少数碎米。磨推不干净剩有少数谷子时，可使碓卡，即会全部脱谷。

第二天区里即召开全乡的干部大会，由区干把基点村进行的情况和推米的办法，作了详细的介绍，并提出主要干部亲自下手，领导群众碾米。结果，全乡7个村，两天多的工夫，完成了70420斤，超过了任务。在质量上做到了"米色清白，无砂无糠无谷"的要求。

摘自《鲁中南报》1948年11月28日

台庄村270户人家，一次领谷子8000斤，要求一天碾好。全村的碾米工具，只有1盘碾，一昼夜不停只能碾200斤谷子，61盘碓，一昼夜平均每盘碓能加工70斤谷子，共能加工4470斤，加起来还有3000多斤不能按时完成，怎么办？

▲ 夏大娘把铜钱垫在磨轴上磨米，称为"悬堂磨"

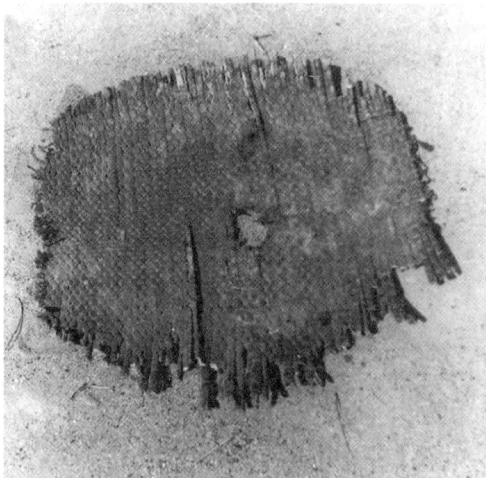

▲ 李月英大娘把簸箕底垫在磨堂上，改进了悬堂磨

共产党员、支前拥军模范夏大娘夜里睡不着觉，她想，如果磨能磨米就好了，于是她就跑在磨跟前苦心钻研。她把铜钱垫在磨轴上，这样可以碾出米来，叫做"悬堂磨"。经过试验，一盘悬堂磨一昼夜能加工 200 斤谷子。在这基础上，村民杨茂发进一步研究，他把盖顶垫在磨堂中，叫做"垫堂磨"。一盘"垫堂磨"能加工 300 斤粮食。这样不但加工速度快，质量也很好，可就是不耐用，盖顶很快就被磨坏了。为了克服这一缺点，当时已过 58 岁的烈属李月英老大娘，又利用簸箕底垫在磨堂中，这样比垫盖顶又耐用又提高速度和质量。用磨碾米终于取得了成功。李月英大娘说："我心里的石头放掉了，疙瘩解开了，不管任务多么急多么重，都能完成，这才能保证前线的供应。"

根据淮海战役纪念馆征集的日照县支前资料整理

曹马集农会会长吕宪德想到用土窑搓米的办法太慢，就试验着用磨粥的小磨来磨米。第一次试验失败了，两叶磨在一起把米磨碎了。他想可能是因为磨太重，石头对石头太硬。于是就改用一叶磨，让石头和土地在一起磨擦。他在地上钉了个木撅子，把磨套在上面，土地不像石头那么硬，磨和地面磨擦，谷子脱掉了皮，试验成功了。用这种方法每天可搓米 120 斤，比土窑快 1 倍以上。他 9 天共磨了1100 多斤，超额完成任务。

根据淮海战役纪念馆征集的单县支前资料整理

没有碾和磨，就挖土窑用木杠舂米

解放区人民用挖土窑的方法舂米。办法是在大门过道或屋里比较硬的地方，挖一个碗口大的圆土窑，深约一尺半左右，用火烧干烧硬后，把谷子倒进窑里，用锄杠把或铁锨把捣，捣到一定程度后，把粮食从窑里取出，用簸箕将糠簸出去即可。钜野县群众用这种办法加工粮食取得了很好的成绩。该县丁官屯村 16 岁到 50 岁的村民每人每天平均能捣 14 斤米，一天共捣米 3 万斤。

摘自冀鲁豫区七地委编印《工作通报》，1948 年 12 月 16 日

成武县辛集村村长胡心来在区里接受了 20 天碾米 8 万斤的任务。由于村小人手不足，工具缺乏，人畜不停一昼夜才能碾米 1200 余斤，把 35 个舂米窑全部用起来，一昼夜不停一天也只能加工 2600 斤。要保证按时完成任务困难重重。村里召开了群众会，发动大家想办法。64 岁的胡朱氏提出可以挖土窑，经她提议当

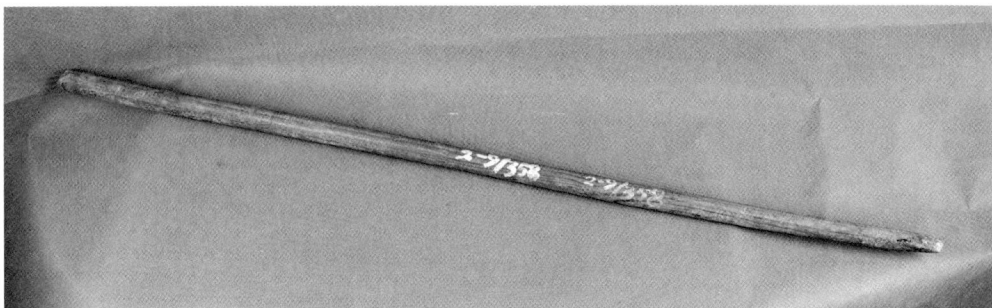

▲ 刘文实用土窑舂米 600 斤，图为他舂米时用的木杠

▲ 曹县的刘大娘用这根锄杠 10 天舂米 300 斤，锄杠被磨去一尺，后改做擀面杖

晚就挖了 40 多个土窑子，经试验效果良好，一昼夜可舂米 1800 斤。为完成任务，村里动员了一切可以动员的人力共 161 人，掀起了轰轰烈烈的碾米高潮。20 天辛集群众共加工小米 9 万斤，超额 1 万斤完成任务。

根据淮海战役纪念馆征集的成武县支前资料整理

土窑舂米速度慢，不卫生，群众制作木臼舂米

1948 年 11 月中旬，单县曹马区的群众正在紧张碾米，筹备军粮。他们的任务是在 10 天时间内把全区 33 万多斤军粮加工为成品米面，但依靠各村有限的碾和磨，要完成任务极其困难。

碾、磨不够，群众想出了土办法。他们在地上挖一个碗口大的坑，一尺多深，形状像个火炉，用火烤干，两个人舂米，一个人在上面用锄扛、擀面杖或者木棍子舂，一个人在下面扶着，每窑可以磋 3 斤左右，每天可磋四五十斤。就这样，一两一两，一斤一斤，一次又一次地用这种最简单的土办法，把谷子变成米。曹马集农民曹道德、曹张氏老两口和他的哥哥曹道先一家人，看到用土窑子、石窑子，斤斤两两的搓米，把谷子倒进窑，搓好之后还要用手掏出来，一次次的掏、放，即慢又不干净，心中很是着急。他们一边搓一边想，怎样能够磋的更快一些。哥哥曹道先在吃饭时看到用蒜臼子搓蒜，搓好之后一提蒜臼的把，就把蒜倒出来了。于是，就联想到如果磋米也用"臼子"，就不用手从地窑子里往外掏了，这样可以

▲ 单县的曹道德用此木臼 10 天舂米 700 多斤，超额 340 斤完成任务

碓得更快一些，减去用手往外掏的麻烦。饭后曹道先和弟弟道德共同研究，做了个木臼子。一试验，果然效果很好，碓得又快又干净。别人用土窑，一天一夜能碓米四五十斤，他们用木臼每天可以碓米六七十斤米，速度大大提高。此后，他们就用木臼搓米，10 天共搓米 700 多斤，超额 340 斤提前完成任务，受到区和村的表扬。

根据淮海战役纪念馆征集的单县支前资料整理

任务紧急时，鞋也被派上了用场

鄄城县李庄村是一个有着 113 户人家 400 多人口的村庄，男女整劳力 184 人，李庄村承担了 5 天碓米 8000 斤的任务。该村党支部书记李明林、自卫队长李明涛、妇女主任丁秀英分头去组织发动群众找工具，把能够利用的工具都利用上了，并把埋在地下多年不用的碓也挖了出来，全村共分 3 个碓米小组，每组 8 个人，昼夜不停的碓米。他们的口号是：白天碓黑天碓，把米碓好送前线，让战士们吃饱又喝足，早把蒋匪消灭完。李明林五昼夜未眠，时刻守在碓旁。为提前完成任务，该村组织了 35 名妇女春米。妇女们开动脑筋创新春米办法，她们采取把米晒干，再用鞋底搓，搓后再春的办法，比原来春米速度加快了一倍。经过了 3 昼夜苦干，全村圆满完成碓米 8000 斤的任务。此后，大家又苦干两昼夜碓米 5000 斤。他们还提出"碓好，簸净，糠中不存一粒米"，这样的话，每百斤谷子可多出 4 斤米，共多送米 500 斤。

根据淮海战役纪念馆征集的鄄城县支前资料整理

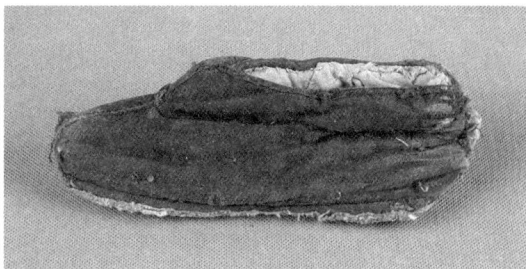

◀ 鄄城县李庄村妇女主任丁秀英在任务紧急时，发动大家用鞋底搓谷子，她为此搓坏了两双鞋。图为丁秀英用于搓谷子的一只鞋

苏集村儿童团克服困难碓米磨面

鄄城县苏集村为支援淮海战役，接受了一个月碓米 3 万斤的任务，儿童团主动承担了其中 5000 斤的碓米任务。为完成任务，儿童团在团长苏华敬的带领

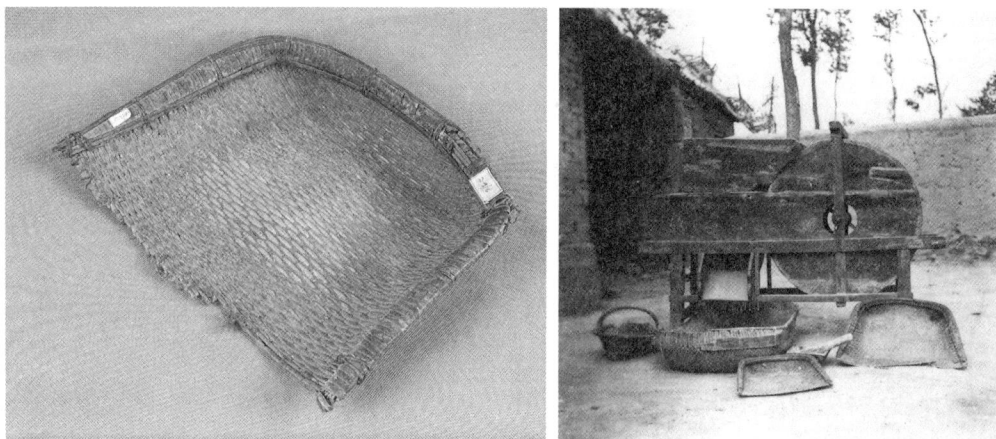

▲ 鄄城县苏集村儿童团加工粮食使用过的簸箕和风车

下进行了分工，共分 3 个碾米小组，每组 5 人；没有碾米工具的团员，组成舂米组，年龄较小的团员组成宣传组。碾米开始了，腊月的天气，刚下完大雪，天寒地冻，碾在露天之下，碾道泥泞难走，但没有一个团员叫苦叫累，他们一边碾，一边唱"儿童团不怕寒，碾好米来送前线，同志们吃了有力量，消灭敌人不费难"，还一边高呼着"宁愿手冻烂，也要把米碾"的口号。为加快速度，团员们还开动脑筋想出了在磨底加鞋底磨米的办法，这样一天可磨米 150 斤，他们还编了个歌谣"儿童团，办法多，没有碾，改造磨，一天磨米一百多"。就这样，团员们争先恐后，昼夜碾米。肚子饿了，有的团员提出烧点米汤喝，立即遭到大家的反对，团员们纷纷说："宁愿饿死也不能动一粒米。"团长苏华敬只有 15 岁，为不给大人添麻烦，他主动扛谷子，一个人扛不动，就两人抬。苏华敬扛了 100 斤的谷子，因道路泥泞，力气小，一下滑倒，摔掉了两颗门牙，但他还是紧紧的抓着口袋，没让谷子撒出一粒。舂米组的团员们也不示弱，5 个米窖昼夜舂米，从不停歇。团员们就这样克服了种种困难，11 天共碾米 9500 斤，超额 4500 斤完成了任务。

根据淮海战役纪念馆征集的鄄城县支前资料整理

济南面粉厂日夜突击生产

济南宝丰面粉公司创建于 1920 年。抗战结束后，由国民党山东田粮处接管，将陈旧机器稍加修理勉强开工，1946 年 4 月改由粮公部继续经营，后又改交财委会经营，多次交接，机器财产被搜刮一空，原有 20 台钢磨，仅剩下 10 台勉强维

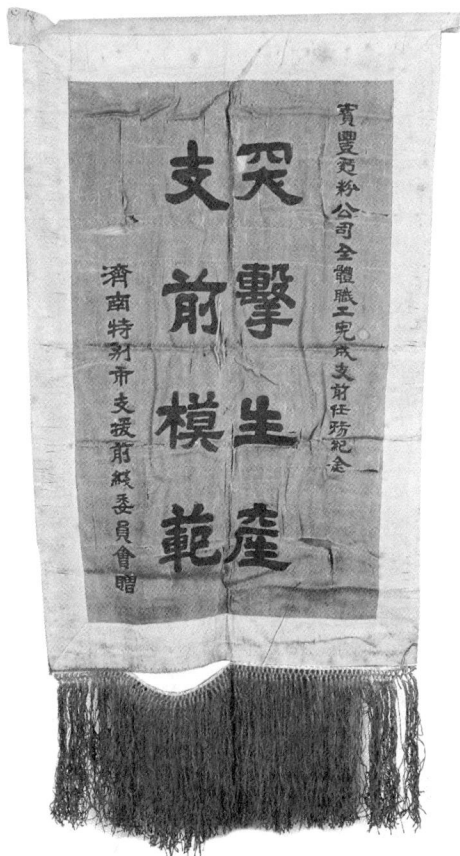

▲ 济南宝丰面粉公司工人两个月生产 600 万斤面粉，荣获"突击生产，支前模范"奖旗

持生产，且由于原料不足，技术管理落后，年产量仅相当于现在的 15% 左右。工人们终日过着牛马不如的生活，日夜盼望解放。1948 年 9 月济南解放后，该公司职工在党的教育下认真执行了恢复与发展生产的方针，积极投入了支援淮海战役的战斗中。大家不顾飞机轰炸骚扰，在"一切为了支前"的口号指引下，提出了"努力增产支援前线"的口号，白天防空，晚上生产，为防止空袭，用麻袋堵住门窗，不使灯光外露坚持生产。1948 年 10 月，该厂机房后一座仓库被敌机全部炸毁，但职工们毫不畏惧，在严寒大雪中全体职工昼夜突击生产，保证供应。

据统计，自 1948 年 12 月 1 日至 1949 年 2 月 10 日共完成支前面粉 649 万 4000 斤，有力地支援了淮海战役，荣获济南特别市支前委员会发给的锦旗一面。

根据淮海战役纪念馆征集的济南市支前资料整理

支前报道

妇女在家忙推磨　男子推面上前方

【泗宿讯】泗宿全县干部群众日夜赶忙军粮。11 月 9 日一天一夜，杨圩、重岗、归仁、闸塘、潘山、凌城、苏圩 8 个新区，完成 350 万斤小麦干面运送前方的任务。闸塘区先进乡助理员季绍林同志在接到推运反攻粮消息后，忙得三天三夜没有睡觉。归仁区四河乡沈庄村农会长徐士林同志，领了二斗小麦自家带头先推的干干净净，影响全村群众很快完成任务。区妇联主任力云同志在凤登张亲自帮助妇女会和姊妹团参加推磨。沈庄村群众在接到任务后，因没有驴子，就大家动手，一夜推好700斤小麦，到天亮装得好好的用小车推送到前方。何新刚家新娘子，一夜也推了二斗小麦。凤登张村妇女夜里推公粮，

▲ 解放区人民支援淮海战役的报道

白天修筑公路，3天内姊妹团修好3里长公路。泗河群众一面推粮一面唱，大家反映说："这次吃一次苦，以后过好日子了，快磨！快送！让部队快吃饱，快消灭蒋介石！"全县自11月9日到13日5天内，已完成510万斤公粮运送至前方。第三批到本月23日止，还将完成大秫秫面280万斤。

摘自《江淮日报》1948年11月25日

冀鲁豫五专区男女齐动员　九天碾米千万斤送前线

【本报讯】此次支援淮海战役中，冀鲁豫五专区（黄河南接近淮海前线）160万人民，在"早送上公粮，早把反动派消灭光"的口号下，冒着风雪，9天内将1000万斤公粮碾好送上前方，充分表现了老解放区群众在胜利形势鼓舞下，高度的支前热情。当磨粮碾米的任务传达各村后，男女老少，不分昼夜碾磨粮食，并创造了许多新工具、新方法。如嫌石磨太重，便用鞋底垫在磨脐上，转动轻快，解决了石磨缺乏的困难。安陵县安陵集全村男女老少组织起来，具体分工，男人运输，妇女碾米。并根据劳力强弱划分小组，在旷场上挖小地窖，用木锤或石锤进行集体捣米，男女一边唱歌，一边竞赛，互相鼓励和督促，使大家忘却疲劳，每人每天捣米达15至30斤。全专区把米碾好后，立即动员了数万辆大小车向前方赶运。有一个县6天完成了150万斤的输送任务，另一个县一位民工，推着350斤粮，路遇大雪，他把身上的棉袄脱下盖在米包上，他说："咱身上冷

了，棉袄湿了，都不要紧，为了咱部队吃好饭，早日打垮国民党反动军队，可不能使米粮湿坏了。"

摘自《中原日报》1949 年 1 月 14 日

［黄］河南人民热烈碾米支前　齐曹等县已完成运米任务

【本报综合消息】长期坚持游击战争的黄河以南党政民干部与广大群众，欣闻淮海前线大捷，兴奋若狂。更由于他们长期的遭受蒋匪军烧杀侮辱的痛苦。为了早日打倒国民党反动集团的统治，永除祸根，均以百倍紧张的努力来完成供给解放军的运粮任务。到处可以听到这样议论："一打开徐州，咱这里可不拉锯啦！再也不用爬豆棵了。""咱出点力算啥，只要能打倒蒋介石，几夜不睡也不困。"人们都感觉到受敌摧残的苦难日子是不会再有了。

支前任务传达到齐滨三区的时候，群众当夜就将谷子从地洞里扒出来，全村男女老幼争先恐后的碾米、捣米，儿童们一面捣米一面在歌唱，整天欢天喜地，大家都忙得像过年一样。有的妇女和儿童像是忘记了疲劳，手上磨了血泡也不休息。某村群众自动提出竞赛条件：（1）保证送的米又细又好；（2）交的快；（3）按任务规定完成。曹县五区后张庄贫农张秀荣，70 多岁了，3 口人过去只 8 亩地，土改时她分了 11 亩多地，生活过好了。这次村里碾米急于缝口袋，她将自己的新被子撕了做成口袋。她对儿媳说："前方用米当紧，咱在家怎样都行。"

摘自《冀鲁豫日报》1948 年 12 月 30 日

自己碾完又帮别人　想尽办法快磨快春

定陶陈集区八里庙贫农李庆和把自己分配碾的 50 斤谷子碾完，又帮助年纪大的刘玉兴碾谷 110 斤，还帮助区干到外村去督促。由于支前的情绪高涨，群众想出各种办法克服困难。齐滨二区口湾村李进才之妻认为捣米太慢，碾米又少，她发明把豆腐磨子的上扇盖在地上安好的木桩上，磨下边放上谷子，拐出五分之四的白米时再在地坑里捣一遍，这样一点钟能春 20 斤谷子，又快又不烂米。现在全村都用这个办法。安陵县（新设县在菏泽南部）黎明区柳树村群众将地坑挖的很大，上面盖上口子，用大粪又把用力捣，一天也捣米很多。齐滨二区大李村 50 多岁的李鸿达和妻子在捣米时也想出办法，把米放在簸箩里用新砖搓，然后再放在地坑里捣，一天完成了 60 多斤米的任务。安陵集集体捣米，全村以排为单位，男女老少集中在几个场里挖了很多坑，捣的捣，簸的簸，发起了竞赛，米捣得细而且快。本月 14、15 日，各县均先后开始运米，一般以区为单位，组织了班排连营，他们不分昼夜蜂拥的向前方输送。巨南县堂村区本是新解放区，长期受敌迫害，这次共分任务 30 万斤米，分三批运完：第一批 5 万斤，一连赶了 5 天 5 夜完成了任务。齐滨、曹县、复程等县已全部完成运送任务，转入正常工作。

摘自《冀鲁豫日报》1948 年 12 月 30 日

第二节　生产弹药

　　淮海战役中解放军所需弹药，除部分缴获外，主要依靠解放区的兵工厂生产。华东解放区兵工厂集中在胶东、鲁中南、渤海地区。济南解放后，渤海地区的兵工厂迁入博山、济南两地，胶东地区的兵工厂迁往淄博地区。到1948年7月，华东地区仅山东就有26家兵工厂，兵工产量大幅增长，产品种类也有所增加。华北解放区兵工厂集中在山西上党等地区。中原解放区无大的兵工厂，仅有些小型手榴弹厂、修械厂、汽车修理厂。此外，早在1947年，华东局就派朱毅等同志到大连组织建新公司，生产弹药武器。淮海战役时，为保证前线供应，各兵工厂开展劳动竞赛，抢修机器，日夜突击生产。大连建新兵工厂，生产七五炮弹23万发、掷弹筒炮弹引信22.8万只、迫击炮900门，在淮海战役中发挥了重要作用。解放区生产的弹药，由中央军委统一调拨，部队后勤部门统一分发，按一、二、三线屯集点储备，通过兵站网运往前线，保证前方的弹药供应。

▲ 工人加紧生产，制造炮弹

▲ 准备运往前线的手榴弹

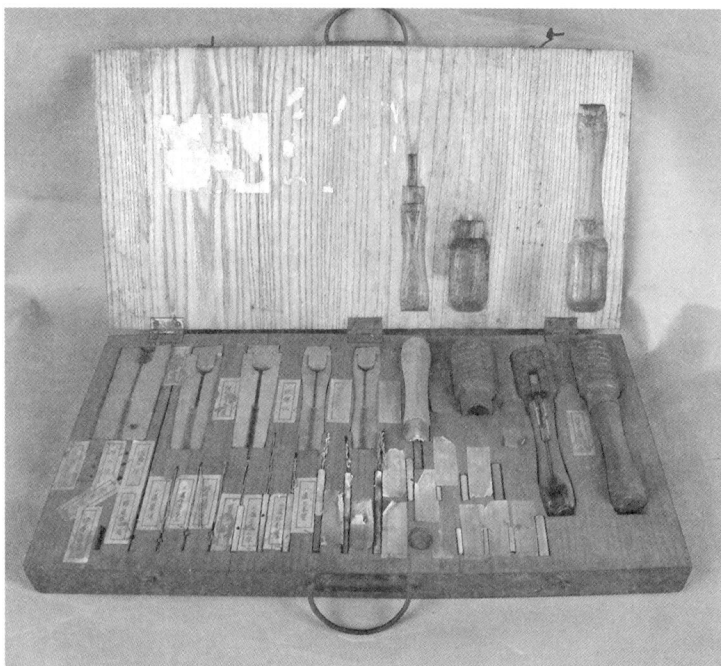

▶ 兵工厂生产手榴弹的工序模型

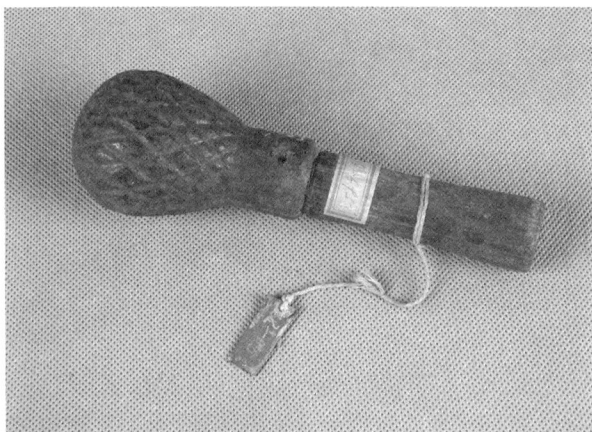

▲ 胶东东海兵工厂生产的光头花纹手榴弹

▲ 解放区生产的炮弹

▲ 商丘工人修理大炮用的三角锉

支前总结

华东地区的军工生产

山东兵工军火生产统计表

品　名	单　位	数　量	品　名	单　位	数　量
一〇〇迫击炮	门	21	枪榴弹	发	48629
八二迫击炮	门	226	大信号弹	发	38176
八一迫击炮	门	2	小信号弹	发	250649
六〇迫击炮	门	250	六〇宣传弹	发	11034
掷弹筒	个	2553	炸药手榴弹	枚	533965
六五步枪	支	2103	土药手榴弹	枚	415385
钢炮弹	发	100	七九步枪子弹	发	4247386
一五〇迫击炮弹	发	52186	复装六五子弹	发	787848
一〇〇迫击炮弹	发	398899	军用炸药	斤	168461
八二迫击炮弹	发	13937	甘油炸药	斤	130472
八一迫击炮弹	发	249852	二硝基苯	斤	33807
六〇迫击炮弹	发	504780	无烟药	斤	107872
掷弹筒弹	发	48629	炮鞍	台	369

摘自山东省人民政府调查室《关于山东工业概况》，1949 年

华野 1948 年 1 月至 1949 年 3 月收入弹药（军工生产部分）统计表

名　称	单　位	数　量 军工生产
美一〇五榴炮弹	发	1860
三八野炮弹	发	1816
九四山炮弹	发	1126
四一山炮弹	发	4994
美七五山炮弹	发	362
九二步兵炮弹	发	3908

（续表）

名　　称	单　　位	数　　量
		军工生产
一〇〇重迫击炮弹	发	47285
八二迫击炮弹	发	381253
八一迫击炮弹	发	8610
六〇迫击炮弹	发	239626
九一掷筒弹	发	471237
枪榴筒弹	发	61000

根据《华东军区、三野后勤军械部收入弹药表》（1949 年 11 月 18 日）整理

资料选编

华北地区的军工生产

华北军区成立后，南区的军工生产开始向以山西长治为中心的周围地区集中，职工人数达 2.3 万余人，军工厂达 17 个。各厂分布及生产品种如下：

1 厂，位于山西左权苏公村，生产 50 弹；2 厂，位于山西长治南石槽村，生产 82 弹；3 厂，位于河北涉县西达村，复装山炮弹；4 厂，位于山西屯留固县镇，炼铁；5 厂，位于山西黎城东洼村，生产 120、150 弹；7 厂，位于山西左权隘峪口村，生产无烟火药；8 厂，位于山西阳城韦町村，生产无烟火药；9 厂，位于山西长治阴城镇，生产硝铵炸药；10 厂，位于山西陵川秦家寨，生产 82 弹；11 厂，位于山西长治西关，生产手榴弹、翻砂；12 厂，位于山西潞城宋村，机械制造；13 厂，位于河北磁县和村，生产 82 弹；14 厂，位于山西潞城安居村，生产 120、150 弹；15 厂，位于山西长治附城村，机器修理、配件生产；木料厂，位于山西沁源，木材供应；发电厂，位于山西长治西关，供应军工厂动力及部分民用；子弹厂，位于山西黎城彭庄村，复装子弹。

华北军区成立后，北区的军工生产集中于石家庄西北的平山和阜平地区。平山地区有 14 厂（工具）、15 厂（手榴弹）、16 厂（发电）、17 厂（翻砂）、19 厂（化学）、32 厂（复装山炮弹）、38 厂（子弹）、40 厂（81 弹）、43 厂（重 120 弹）等 9 个分

厂；阜平地区有2厂（化学）、3厂（炸药）、4厂（化学）、5厂（化工）、6厂（82弹）、7厂（60弹）、8厂（发电）、9厂（翻砂）等八个分厂及一个肥皂公司。

摘自《中国人民解放军华北军区后勤史（上编：解放战争时期）》，金盾出版社2002年，第24页

大连建新公司的兵工生产

建新公司的兵工生产，最先是由公司成立前筹建的两个隐蔽工厂，即1947年筹建的炮弹工厂（裕华铁工厂）和引信工厂（宏昌铁工厂）搞起来的。同年7月1日，接收了苏军移交的炼钢、化学、制罐、进和四个工厂，同时又吸收合并了一些小厂，如模范工厂、振东工厂、五一工厂等，正式成立了建新公司，形成了一

◀ 淮海战役时，大连建新公司炮弹工厂生产了七五炮弹23万发、掷弹筒炮弹引信228000只、迫击炮900门，对歼灭敌人取得胜利发挥了重要作用。对此，粟裕曾说："淮海战役的胜利离不开山东的小推车和大连的大炮弹。"图为大连建新公司炮弹工厂生产炮弹的车床

▲ 建新公司经理部所在地

▲ 建新公司引信厂厂长吴运铎，在试验炮弹中曾多次负伤，仍坚持为党工作，被誉为"中国保尔"

个中国共产党直接组建的大型兵工生产基地。

接收大连化学厂以后，厂里立即着手研究生产发射药，即无烟药。首先解决硝酸、硫酸等生产线的修复，又建成乙醚车间，保证无烟药的原料。随后又在化学厂内改建成硝化棉生产线，在金家屯新建无烟药厂。经过工人们努力奋战，没有厂房自己盖，没有现成设备，利用旧设备改造，同时得到大连机械工厂、制罐工厂的支援，造出捏合机、压延机、切片机等新设备。1947年底，化学厂硝化棉生产线和金家屯无烟药生产线基本形成，翌年一月，一次试车成功，当月生产"一号药"（即七五山炮弹发射药）260公斤，以后扩大到月产5吨。1948年年产单基药已达110吨，月产达到10吨。

大华炼钢厂被建新公司接收以后，主要冶炼炮弹体用钢，还曾生产弹体毛坯送裕华工厂加工。开始利用原存火车车轴钢生产炮弹体，虽维持了一个阶段，但因原存原料已经告罄，必须自力更生冶炼炮弹体用钢。由于炼钢工厂的及时开工，才使建新公司的炮弹生产有了保证。

同我解放区过去生产前膛炮弹（迫击炮弹）相比，第一次生产后膛全装炮弹，在技术、工艺上要求更为复杂。为了测试炮弹弹体的爆炸力和破片标准，搞清弹体热处理问题，1947年9月，裕华工厂厂长吴屏周、副厂长刘振和前来协助试验的宏昌工厂厂长吴运铎，在没有可供实弹射击大炮的情况下，采取土法实验。吴屏周在试验中不幸牺牲，年仅31岁。吴运铎也再一次身负重伤。经过多次实验证明：炮弹弹体需要经热处理，才能增强杀伤力，达到质量标准。

裕华工厂为了提高弹体加工速度，决心改变过去车床切削弹体的加工方法，采用水压机压制新工艺。从建厂初期开始，有经验的老工人吴学忱、刘仁刚等就注意把四处散落的水压机部件收集起来，运到裕华新厂工地，先后安装了4台200吨水压机和1台蓄压器，进行弹体加工工艺改革。他们请教专家，多次试验，设计耐热钢冲模具，用冲压的办法代替了过去用车床钻孔加工弹体的工艺，使钢材利用率由原来不足30%，达到60%以上。另外，两台水压机代替了125台车床，工作效率明显提高，月产由1万提高到3万发。

1948年1月24日，建新公司经水压机加工炮弹铜壳毛坯突破难关，一举成功，全装炮弹的全部试制任务胜利完成。为了纪念这个有意义的日子，建新公司将自行生产的炮弹命名为"一二四"式炮弹。

为了使自己生产的全装炮弹适应战场的要求，建新公司对炮弹的杀伤能力、安全性能进行了多次实弹射击试验。1948 年 3 月，东北军区军工部在哈尔滨召开党委扩大会议期间，建新公司生产的炮弹经东北军区炮兵实弹射击，3 发炮弹，全部命中目标，爆炸效果理想，受到与会代表的称赞。同年 5 月 12 日，建新公司工程部在多次试验的基础上，对"一二四"式炮弹分部件作出了满意的鉴定："1. 自制引信基本上安全、可靠、准确，其规格标准，概以外来引信为依据，在已打过的 268 发中，膛炸现象从未发生，瞎火现象发现的约占 1.5%（以引信试验所用的 200 发计算），后来在 3、4 月份试验的 68 发实弹中，全无瞎火现象。2. 弹带未发生滑动现象，压装方法可靠，对于旋速无影响（从爆炸现象可证明）。3. 自制弹壳可以使用，并可连续使用二三次（有使用四五次者），有时发现不易脱壳现象，今后需要在压模的时法方面改正之。4. 发射药的诸性质（硝化度、比重等）已接近于外来药，但初速略小些（约小 30M/sec），需要经过精确测定后予以改正。"从此，大规模生产的条件完全成熟，全装"一二四"式钢制炮弹开始成批生产，源源不断送往前线，支援解放战争。

1948 年，人民解放战争的进程加速，弹药需求量加大，要求后方兵工生产必须加快生产步伐。

此时，建新公司在生产技术上不断提高，一些设备，如水压机、油压机、低周波炼钢炉、大马力轧钢机、无烟药生产线等陆续齐全，先后投入生产的情况下，进一步挖掘潜力，扩大生产，本年内就生产 23 万发炮弹，22 万 8000 只掷弹筒炮弹引信和 900 门迫击炮。1948 年 10 月，原属通信系统管理的光华电器公司所属各单位，以及中华医药公司、东北铁工厂等并入建新公司，使得建新公司的生产范围有所扩大，除生产炮弹为主以外，还生产枪弹药、转盘枪、无线电通信器材、医药和医疗器械。

摘自中共大连市委党史资料征集办公室编撰《我党组建的第一个大型兵工联合企业》，1986 年 4 月

多造一颗子弹　多消灭一个敌人

华东工业部济南工业局第五机械厂（1950 年迁厂博山）是原国民党济南保安司令部所属的趵突泉修械所，分为枪厂、弹厂两个部分，枪厂主要是生产仿捷轻机枪，弹厂生产七九和六五子弹。

1948 年 9 月济南解放后，工人回家，工厂停产。工作组从四面八方把工人们

召集回来，立即恢复了生产，支援淮海前线。解放了的工人们，经过党的教育，阶级觉悟迅速提高。工人们成了工厂真正的主人，懂得了共产党是工人阶级的政党，代表着自己本阶级的利益，也懂得了尚有千百万阶级弟兄尚待解放，多造枪支就能早日得到解放，多造一颗子弹就能多消灭一个敌人。经过广泛的政治动员，工人们知道了淮海战役的伟大意义，以百倍的热情投入了支援淮海战役的工作，工人们提出了"加油干支援前线""多造一发子弹就能多消灭一个敌人"的口号，全厂工人由一班生产（8 小时）改为两班（24 小时）生产，歇人不歇马，日夜赶制，陈旧的皮带车床和其他机器设备发挥出了潜在的能力，工作效率提高了数倍。据不完全统计，淮海战役期间这个 400 多人的小厂，生产了 400 万发七九和六五子弹，60 多挺轻机枪，修好了上万支破损步枪和几百门火炮，及时送往前线，有力地支援了淮海战役。

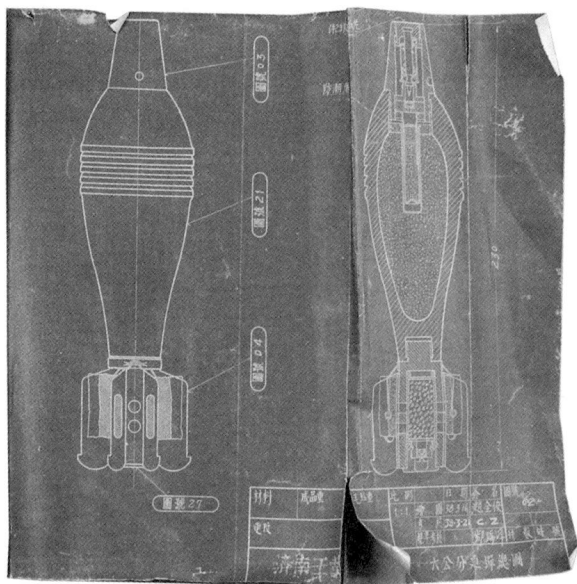

▲ 淮海战役时，仅有 400 多人的济南工业局第五机械厂生产了 400 万发七九和六五子弹，60 多挺轻机枪，修好了上万支破损步枪和几百门火炮，及时送往前线，有力支援了淮海战役。图为该厂制造炮弹的图纸

根据淮海战役纪念馆征集的济南市支前资料整理

我们多流汗　战士少流血

1948 年的冬季，新华药厂由于形势发展的需要由胶东观水迁到张店。当时的工厂，除了敌人逃跑破坏后留下的几幢缺门少窗残破不堪的房子外，杂草丛生，一片荒芜，就在这种情况下，我们接受了生产敷料、救急包支援淮海战役的艰巨任务。

厂房破旧不堪，设备一无所有，困难重重。厂党委提出了"我们多流汗，战士少流血"的口号，阐明了淮海战役的意义，激发职工们的生产积极性。大家迅速以土办法解决了生产设备问题，开始了生产。比如：生产救急包需要灭菌。没有灭菌器，大家就自己动手砌了一个锅灶，放上一口大锅及蒸笼，用蒸馒头的办法进行救急包的灭菌，效果很好，这样就解决了灭菌问题。缺乏干燥设备，职工们就用4个柴油桶打掉盖子，用砖砌起来，下面加火烧，解决困难。生产敷料用水很多，原有的水井大都被敌人破坏。于是，大家就自己挖井取水。为提高打水效率还搞了一个辘轳架子，为解决肩挑效率低的问题，还找来油桶焊上一个嘴子，按上一条皮带管子通往室内，把油桶加高，油桶内的水便自行流入洗涤池。无干燥设备便用日光晒，在园内支起架子，拉起绳子，用天然日光干燥。就这样，困难一个个被攻破，问题一个个被解决，生产记录日日刷新。

工人们的劳动条件极其艰苦，没有工作服、胶鞋、手套等，做酸碱的同志仅

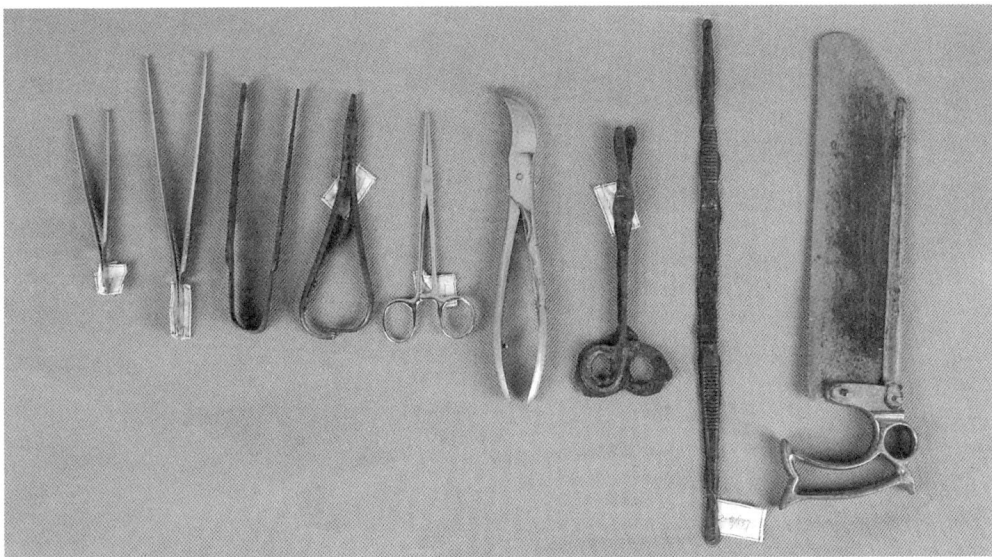

▲ 山东新华制药厂干部职工在缺乏生产设备的情况下，艰苦奋战4个月，生产救急包96万个、纱布25万米、脱脂棉5000公斤，及时供应了前线。图为该厂生产的部分医疗器械

▲ 工人们日夜生产

有一块漆布围裙，特别是漂洗脱酯工人成天不离开水，在朔风刺骨、滴水成冰的寒冬腊月，手脚经常直接浸在水里，被酸碱烧去皮肤。有时到井边打水，脚像粘住似的，不时的发出响声。虽然如此，工人们仍干劲十足，墙壁上经常可以看到工人写着这样的口号："天虽冷，心可热，同志打水争不歇。""我们多流汗，战士少流血。我们宁肯挨点冻，挽救伤员的生命。"

当时的劳动热情异常高涨，生产竞赛一浪赶一浪，谁也不愿落在后边，天不明工人们就偷偷的跑进工作室干起来，晚上更是干至深夜，领导为照顾大家的身体，规定每天不超过 10 小时工作，不准晚上工作很晚，但大家仍加班加点。最后采取了限额发灯油的办法，以保证工人身体健康，但工人们又想出了新的办法，大伙一商量凑钱自己买灯油。记得有一次姜清章没买到油买了一包蜡烛回来，蜡烛的光较油灯的光亮，大家可高兴极了，你争我抢，有了更亮的灯光，劲头也就更大了，这个经验很快传开，从此后晚间工作室又热闹起来。深夜了工作室的灯光仍在闪闪发亮。

当时竞赛活动搞的很活跃，每日评比，花果树（好的长红叶，次的长黄叶，三个红叶开一朵花，三朵花结一个果）看谁开的花多，看谁结的果多，工人的劲头更足了。为了争取时间，分秒必争，连吃饭都抢着快吃完好开始工作，谁先到工作室谁就感到最光荣。当时有个工人叫刘淑卿，她吃饭最慢，总是吃在后面，她最终把饭拿到了工作室，一边吃饭一边工作，虽工作紧张但情绪却非常愉快。被评为三等功的姜保芳，胳膊肿了，不能洗脸，另一个工人姜琪就帮助她洗，尽管如此，她仍不肯休息一直坚持到任务完成。

经过 4 个多月的突击生产，生产出各种救急包 96 万余个，纱布 25 万米，脱酯棉 5000 公斤，超额完成了支援前线的任务。

根据淄博市淮海战役资料小组《新华医疗器械厂支援淮海战役职工事迹材料》（1960年）整理

第三节　赶做被装

　　淮海战役中，为保障被装供应，一方面，为数不多的被服厂突击生产，另一方面，各级党组织积极组织广大解放区人民日夜赶做。由于当时被服厂生产手段落后、生产能力低，大量被服需要解放区妇女手工缝制。为此，妇女们夜以继日，细细缝，密密纳，赶做军衣军鞋。没有做鞋材料，就贡献出自己衣服、被单上的布，一些妇女因长期连续做鞋导致手指残疾。男同志也加入做鞋行列。解放区人民究竟为淮海前线赶做了多少衣服鞋袜，已无从统计。仅据鲁中南、渤海、胶东区的部分资料显示，1948 年至 1949 年两年中，人民群众为前线做鞋 700 余万双，军袜 200 余万双，军衣 20 余万套，军被 170 万床。

▲ 纺织工人加紧生产棉织品

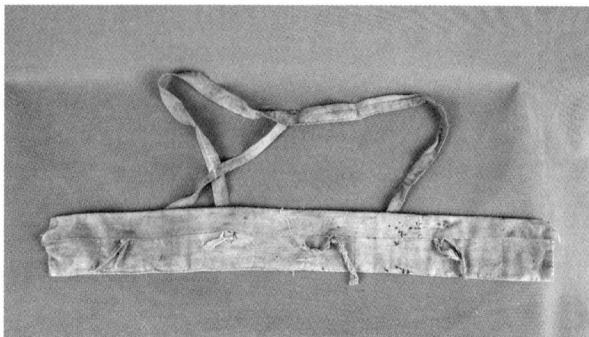

▲ 解放区被服厂生产的军衣和子弹袋

▲ 德州被服厂淮海战役时共赶做军服15万套。图为该厂开展劳动竞赛的评比记录，做军服用的缝纫机机头、熨斗

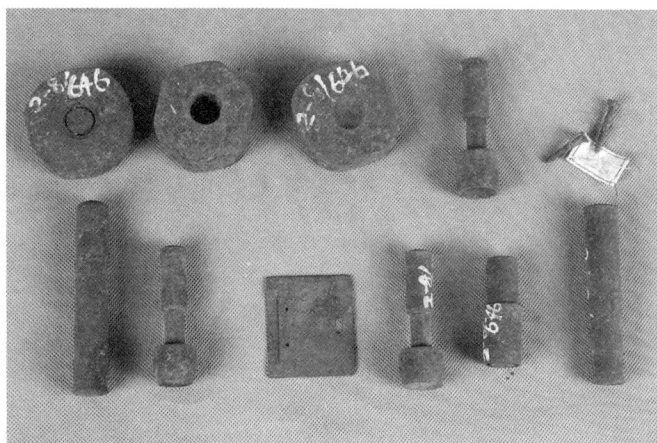

◀ 被服厂工人范永和发明的制纽扣工具

▶ 临朐县上城隍村130余名村民昼夜加工军粮、赶做军鞋军衣，共制作军衣4000余套，华东供给部奖给该村"支前立功"奖旗

资料选编

淮海战役的被装供给

华东方面：战前各部队均发放了冬衣，并准备了战役第一阶段所需的伤员被装及俘虏被服，计4万伤员的血衣血被，18万尺包尸布，9.8万名俘虏被服。规定血衣血被按伤员总数的50%发给，布鞋、毛巾及日用品按伤员总数100%发给，手套、脚套按30%发给，重伤员每人发公用棉被1床。血衣血被按医院25%、纵队10%、野供15%分发。手套、脚套医院按25%、纵队5%、野供25%分发。布鞋、毛巾、日用品及重伤员棉被全部由医院掌握使用。因时间紧，大部分伤员被服和俘虏被服在战前未来得及分配，部队即出发了。为了及时保证供给，华东军区后勤部在袁口设立了被服总库，又在临沂和独树头设立了分库。

中原方面：战前除二、六纵队未及时穿上冬衣外，其余各纵队均提前发放了冬衣。为保证战役供给，由中原军区后勤部责成豫皖苏军区后勤部赶制了棉衣20万件，棉被10万床，帽子40万顶，袜子40万双。此外，还准备了一部分包尸布和装具。郑州解放后，又订制了行军锅等炊事用具。中原军区后勤部在临汝、宝丰等地设立了被服仓库，在郑州开封设立了分库。豫皖苏军区后勤部在界首等地设立了被服库。

……

战中基本上达到了各纵队有3000人的伤员用品，800人的包尸布。

摘自中国人民解放军总后勤部军政干部学校训练部编印《淮海战役后勤工作》，1976年3月

中原军区和野战军解决被服供应问题

一是供应标准制度不统一，由于部队指挥关系经常变换，供应关系也经常变化，原供应单位因供应关系转换而中止供应，新供应单位又没有物资供应；二是伤员用品供应不及时，因运力紧张，没有完全按计划供应量供应到部队和医院；三是对战役中扩充的兵员和随军民工被服保障不及时，一些边打边补的解放战士的帽子、鞋子、袜子等未能及时补换，以致战场发生敌我难分的现象。作战后期天已降雪，天气寒冷，有的民工尚未穿上棉衣，造成情绪动荡，影响了运输工作。为

了改变上述状况，中原军区和中原野战军迅速采取了如下措施：一是依靠地方政府和支前机关紧急布置被装支援，仅豫皖苏地区即动员支援了血被 5 万床、伤员棉衣 5 万套、血褥 3 万床、棉帽 8.5 万顶、包尸布 20 万尺、袜子 50 万双、棉花 30 万斤、鞋子 60 万双；二是组织跟进补充，由供给部门带领部分汽车，携带被装物资，跟进补给，为各纵队解决急需；三是充分利用缴获物资，利用缴获的棉军服 100 多万件，补充了部队和民工。

摘自《中国人民解放军第二野战军后勤史》下册，金盾出版社 1997 年，第 137 页

支前报道

12 万顶军帽运前方　本市千五百余裁工日夜赶制
前线千万个新战士引为光荣

【本报讯】本市被服合作社、制成服装店及其他各裁缝工人 1500 余人，自动组织"工人合作社"，为前线赶制军帽。不足一月中已赶制出军帽 12 万顶，并运往前线。自人民解放军发动巨大规模的淮海战役，及歼灭蒋匪黄百韬、黄维、孙元良 3 个兵团后，俘虏逐日巨增，受骗被迫为蒋匪驱上战场的青壮年，当获到解放后，立即参加人民解放军，因人员数目庞大来不及改换服装，为避免作战不便，他们纷纷要求发一顶解放军的军帽，他们认为戴顶解放军的军帽为无上光荣。一个新解放战士在英勇负伤后说："我现在不要求别的，只希望发一顶解放军的军帽戴着，别说被打伤，就是打死了我也瞑目。"为满足千万个被解放的新参军的战士要求，华野某部近来积极组织了本市 1500 余裁缝工人，在工人合作社领导下，他们每日大多数从早上 7 时上工，一直到晚 12 时

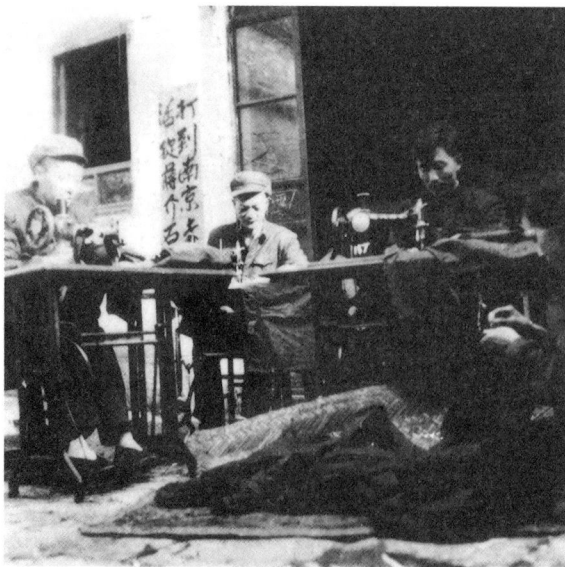

▲ 被服制帽厂工人正在赶做军服军帽

止，从早到晚赶做军帽。

"工人合作社"的姓马与姓钟的两位工人，向华野某部的同志们说："我们希望再多给一些活做，我们现在已动员了 1100 个机子，而且还不断在增加，准备给解放军多出点力。"现在已将做好的 12 万顶军帽送上前线，供给新解放战士戴用。

摘自《新徐日报》1949 年 1 月 1 日

文件精选

如东县组织做鞋

号召和动员广大妇女做鞋

各级妇女干部全体妇女同志们：

上级交给我们九分区一个光荣的任务，就是在这一个月里面，突击完成扎 20 万双军鞋的鞋底，这个任务很大，规定时间又很短，必须我们如东、南通、通如各级妇女干部，全体妇女同志，立即动员起来，大力突击，迅速完成。我们相信，一向热心的拥军支前的各级妇干们、全体妇女们，一定相信应地委和专署的号召，勇敢地担任起这个光荣的任务，在这里地委妇女委员会特为提供以下三个意见，作为大家执行任务的参考：

第一，关于扎鞋底数字的分配、动员口号、工资人力材料调剂等等，地委和专员公署已另外有通知，希望大家认真研究，坚决执行。表现我们翻身的妇女们，是接受共产党和民主政府的领导的，有组织有纪律的好儿女。

第二，和男同志一样进行秋耕秋种，是我们全

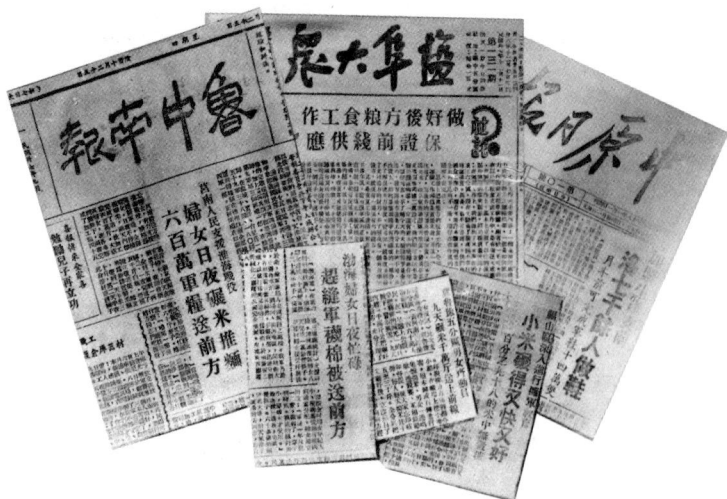

▲ 解放区报纸关于做衣做鞋的报道

▶ 大量军鞋集中起来送往前方

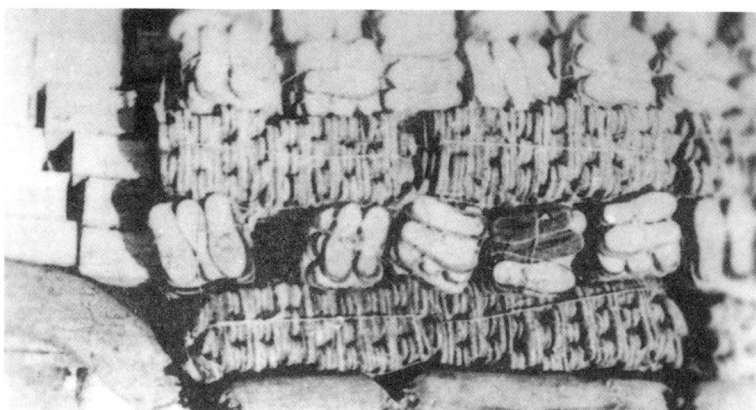

▲ 妇女们组织起来为解放军加工军鞋

▲ 用夹板做鞋

▲ 掖县新城妇女做鞋组研究如何做鞋

▲ 大厂妇救会做军鞋一角

体妇女当前的大事，是生产发财，支援前线，求得长远翻身，不能忽略的大事，在一个月内扎 20 万双军鞋鞋底则是我们三县妇女同志单独完成的，这同样是支援前线的一件大事，希望大家把这两件大事很好结合，精密分配时间，同时进行，做到既不荒废秋耕秋种，也不落在人家后面，又不拖延扎鞋底的时间。

第三，要在 3 个县完成扎 20 万双军鞋鞋底，是个很大的任务，估计平均下来，几乎每一家都要做一两双，能做鞋的妇女都要做到一双，如若不靠好好动员，而采取命令主义办法，就不能完成，如若不精密的计划劳动时间，不适当的调剂劳动力和材料，而采取按人摊派，就不能完成（要在很短的一个月内时间里完成，既要做得好，又要做得快，那就要强烈的政治动员，精密的组织领导）。动员就要进一步弄通，只要彻底消灭蒋匪集团，大家才能永远翻身，只有大家帮助人民自己的军队，解放军也才能更多的歼灭敌人，解放军为我们流血流汗，我们帮助是应该的，为了自己的军队就是为了自己，组织领导上必须注意，支部保证干部带头，妇女大家动手，很好分配秋种和扎鞋底的时间，不断检查，很快交流经验，进行表扬批评等。

另外为了照顾东南地区的灾荒，和妇女同志要完成织布的生产自救，所以不分配任务。

最后我们呼几个口号：

坚决完成扎 20 万鞋底的光荣任务！

鞋底扎得好，解放军跑得快，可以更多歼灭反动派！

鞋底扎得好又快，同秋耕秋种一齐做起来！

中共华中第九地委妇委会

10 月 3 日

摘自中共华中第九地委妇委会《为号召各级妇女干部同全体妇女光荣突击完成扎 20 万军鞋底任务的一封信》，1948 年 10 月 3 日

分配做鞋任务

一、为了供应前线解放军的需要，分区分配我们在短期内迅速突击完成扎 10 万双军鞋底，并限于 11 月 5 日前完成集中，我们根据本县情况各区任务分配如下：

区　别	任务（双）	尺　码	付发纸样	区　别	任务（双）	尺　码	付发纸样
城东	6000	七四	400	栟茶	12000	七六	760
苴丰	15000	七四	600	栟丰	12000	七六	760
桐本	15000	七四	600	马北	15000	七八	760
掘东	15000	七四	600	沿海	2000	七八	120
井安	12000	七六	760	合计	104000		

二、在部署时间上：本月十二三日区委集中，汇集情况时即在区委会上研究，具体布置下去，有妇筹会的需要召开妇筹会讨论时间布置。但此时正当下麦之际，故这时不要求普遍做，但提早布置便于各人准备，个别有时间的仍同做，待本月26至28日麦大部已种下去了，这时区委正集中汇集秋耕秋种情况。在这会上即布置，结合征粮扩武，突击完成的各乡于11月5日集中送区，区于11月8日集中送县的指定地点。（地点另行通知）

三、1.关于动员的方式方法口号及需注意的任务分配，人力物力的组织调剂，乡村组的掌握领导机构，请参照地委所发关于突击完成扎20万双军鞋底的任务的通知的文件。

2.对妇女的动员教育请参照地委妇委会为号召各级妇女干部同全体妇女光荣突击完成扎20万双军鞋底任务的一封信的文件。

3.关于业务上的，对质量的要求及必须防止的偏向和收集时要注意的几点，请参照关于做鞋底在业务上要注意。

四、各区委区府接此通知后需具体研究，并须认识这个任务的繁重，但又必须完成，同时又有秋征、扩武等突击任务，因此区委必须重视这一工作具体讨论布置和其他中心任务

▲ 沂山县山裕村做鞋组赶做军鞋

结合保证完成。

五、鞋底此次只评成两种：较好与较差。价格问题：桐本、掘东以原麦计，较好的 7 斤，较差的 6 斤半，其他区以大麦计，较好的 9 斤，较差的 8 斤半，如有特殊好的以表扬为主，个别的有奖励。

摘自如东县委会、如东县政府《（赶做军鞋的）通知》，1948 年 10 月 11 日

接到九专署通知：关于军区所布置的鞋底任务限定本县要在本月 20 日以前集中，并且规定：

一、扎鞋底工资粮照规定标准评定价格，要分乡统计实报实销，所签提单有所退回。

二、鞋底集中到乡评价后要随即分发工资不要拖延，以防只管收鞋底不管工资的毛病。

三、妇联在□鞋底评价时经手干部要评功，和扎鞋底特别好的由乡报区，统一由县发给奖品，团体以乡为单位的评定发奖。

四、各乡集中给区时要整理好，每双用线联，每 50 双扎 1 捆。

五、由区动员民工用船或小车装运派员点交，送到枌东区庙港乡三总□同□家联系。

六、这次扎鞋底工作中的经验和群众的好坏反映，希连同完成鞋底数量，需要奖励人数一并回报。

摘自如东县政府《（赶做军鞋的）通知》，1948 年 11 月 15 日

规定做鞋标准

鞋底的具体要求：

1. 六要：一要照样做，分量不少；二要详写区乡村组姓名；三要五层盖板浆子；四要两层新白布做滚条绷得紧；五要□股线扎，针针陷针；六要原底原样，结实登样。

2. 五不要：不要不合标准；二不要一顺跑，不一样；三不要色底；四不要粗制滥缝；五不要少数人包办。

3. 七反对：一反对不动员、不开会；二反对摊派不公平；三反对贪污捞用工资；四反对投机取巧讨便宜；五反对各做各样；六反对混杂蒲包片在内；七反对好丑不

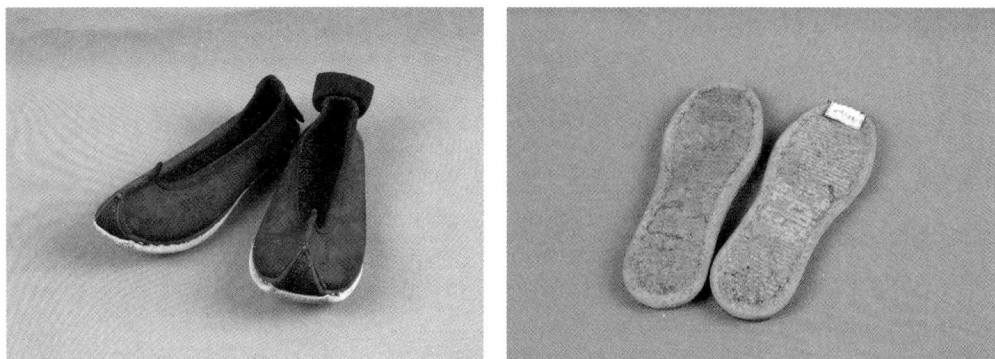

▲ 解放区妇女赶做的军鞋

分清。

　　摘自如东县委会、如东县政府《（关于做鞋的）联合通知》，1948 年 12 月 21 日

一、根据尺码的大小，对重量针行数的要求：

附表：

尺 码		横 扎	长 扎	重 量		备 注
寸	分	行数	针数	两	钱	单位
8	6	30	64	9	0	每双
8	4	28	62	8	6	每双
8	2	28	60	8	4	每双
8	0	27	58	8	2	每双
7	8	26	56	8	0	每双
7	6	25	54	7	8	每双
7	4	24	52	7	6	每双
7	2	24	50	7	4	每双
7	0	23	48	7	2	每双

二、要用 6 股或 8 股光的棉线扎底（不要麻绳的）。

三、要用 6 层布或 8 层布糊浆了做盖板。

四、蓝布要用双条时，还要绷得紧。

五、针脚要绷得紧，要做到针针陷针。

六、浆子底要或破布填底要一律切光边（不要包底的——就是不要用包底布，将二底包在里面）。

七、重条□包底布，要一律用新白布（不要用旧白布的）。

八、盖板要与二底一样齐，防止二底缩在里边，缝条在外面既不牢又不好看。

九、总的要求既要做得结实，又要登样。

摘自如东县《关于做鞋底在业务上要注意的几点》，1948年

支前总结

济南市历下区组织做鞋

1948年9月济南解放后不久开始了具有历史意义的伟大的淮海战役，在市淮海战役支前委员会的领导下，由区长兼区委书记张忠禹和副区长张健民负责全区的支前工作，普遍的发动了群众，全区98条街组织了80多个支前小组（约800多人），赶做军鞋军袜，解放了的人民群众在党的教育下，很快的认清了共产党是人民救星，只有共产党才是自己的政党，为人民谋求解放，为人民谋福利，坚决跟着共产党走，彻底打垮国民党反动派，解放还待解放的人民群众，各个小组日夜赶制，从早上做到深夜，最紧张的时候连续工作3—5昼夜，保证交给多少，完成多少，刘占坤小组白天纳鞋底，晚上在路灯底下搓麻线，超额完成了任务。80多个小组平均每人每天纳鞋底一双左右，缝袜子8双以上，13天的时间做出了军鞋约8000余双，军袜约24000余双，及时的运往前线。

摘自济南市淮海战役战史组《济南市历下区（原城区）支援淮海战役情况》，1960年

文件精选

滨北行政专署组织合作社做鞋

（四）质量与大小：

①鞋里鞋面沿口布满底布，均以青、白新小土布为标准。

②鞋帮周围纳7趟，前后头密□纳结实。

③鞋托盘与鞋底取齐,上鞋要鞋帮前头不出,后头要到根。

④鞋底要纳 50 趟至 70 趟,两头密,中间稍稀。

⑤长度:7 寸 8 分至 8 寸(以市尺计)。

(五)认真的布置,保证完成任务:

①应立即以区为单位召开合作社经理会议,进行支前,教育动员他们适当抽出点资本,组织妇女做鞋。他们可根据不同的妇女给以原料帮助(如发给全部原料,交鞋后再给工资,或借给一部原料收买成品等均可),并借此组织妇女生产小组,巩固合作社的基础,会议上并将各社能完成之数目明确确定,以便考核完成任务情况。

②召开村干会议,结合支前教育具体布置任务,根据县分配各区数目,经过村干讨论,具体分配各村(不一定平均分配),回村后必须专门召开妇女会议进行支前教育,并计算做鞋利润,打通思想后,即具体分配各人的任务(也不一定平均分配),并着重说明政府一方面是布置的支前任务,另一方面又是扶持妇女冬季副业生产,因此大家都要自备原料,按要求的式样及质量做,越好越赚钱多,太坏的政府不收买,以刺激其生产积极性,此外必须切实注意不能形成摊派或使群众赔本(鞋价最低限度要够原料费并多少赚些钱)。

③在推动妇女做鞋中必须尽量结合组织做鞋小组,以便在完成此次突击任务后,将来还有部分群众,能继续坚持做下去,逐渐发展为合作社。

摘自滨北行政督察专员公署《关于收购军鞋支援徐州战役的指示》,1948 年 11 月 27 日

胶南县政府制定办法稳定鞋价

这次布置各区收购鞋子,希根据最近专署发来指示的精神来贯彻,它一方面为了支援淮海战役,另方面也是我们扶持群众冬季副业生产的重点,同时各区给群众要算一算细账(做一双鞋能挣 3000 元),最近发现有强迫摊派现象,以致群众到四集买鞋子,将鞋价高抬。例如前几天集上每双 6000 元,现在涨至 9000 元或 1 万元,这是与我们的价格不符合,同时群众买的鞋要赔钱(如铁山区祠堂村的赵大娘与莘大娘到王戈庄买每双 9000 元而且买的鞋大小质量都不合我们的标准,可能各区也难免同样的现象)。

另外还有个别户不会做鞋子的,村干就说谁不会叫谁摊两双,惹得群众不满,

反映："八路不是不压迫人吗？"

总之，鞋的大小和质量价格不符合我们的标准，我们还是要与不要呢？如不要使群众劳工伤财，若要不适用，这样不但不能完成任务，而且免不了群众的损失，是否各区也有这种情形，须立即纠正。我们为了顺利完成这一任务，特提出下列几项：

（一）要认真的研究讨论执行布置专署的指示。

（二）妇女干部与实业干部负责分头各联防召开妇会长识字班长讨论妇女怎样支前，男人能推车抬担架支前，我们妇女怎样在后方支前。做鞋子不是支前的大任务吗？

（三）说明冬季生产，男的打油开粉坊和运销拾粪等，咱妇女今冬生产干些什么？与她算了细账，做一双鞋能挣 3000 元，能买 60 斤地瓜，可养活 3 口人过 5 天日子。

（四）把妇女能做鞋子的组织起来（不会做的就拉倒），每小组七八个人最适宜，说明这是冬季生产小组与以往不同，还要选能带头（骨干）的做做鞋小组长。

（五）以村为单位成立做鞋检查委员会，女的积极的，要忠实的，有三五人即行，来负责深入检查督促。

（六）在做鞋的时候，最好以小组为单位，到晚上集体一盏灯工作，既能省油又能商讨。

（七）收鞋地点与手续，待我们研究后再告诉你们，鞋款由县负责先付款给合作社由合作社负责购买。

以上各项，希各区研究讨论，遵照执行为要！

摘自胶南县政府《关于防止鞋价提高的通知》，1948 年 12 月 7 日

淮阳市组织做鞋

淮阳市接受了 3 万双鞋子的任务，现已完成 10603 双。开始是召开群众会，进行动员，说明鞋子式样和质量，并在每街调查基本做鞋户，先借给一部分资本。这样周济，一面解决了市民生活问题，一面提高其生产。前一时期粮食未运到，群众交鞋后不能及时换去粮食，情绪有些影响，后一时期因粮食及时，马上即能把群众情绪提高。假如前一时期有足够的粮食，鞋子可能在半月内完成一半，并结合行政上的分派，每户都要做，使富人亦参加生产，做鞋支前。

在做鞋中进行组织群众，有重点的进行突破一点，影响全城。在交鞋时亦进行动员组织，提出"免得交鞋乱，节省民力，使群众能抽出时间做鞋"。

另外是抽出干部统一组织收鞋，因在工作上不够熟悉有搞错的，市府组织专门干部掌握，发现错误及时纠正。

摘自华中二地委编印《支前快报》，1948 年 12 月 12 日

支前报道

开封市制定做鞋借款办法

【本报讯】本市自开展做鞋运动后，做鞋数量每日增加，质量也日见提高，运动的开展已较为广泛。自本月初至 20 日止，已收鞋 3 万双，尤其 16 日至 20 日 5 天内收鞋 16000 双，比前半个月超过 2000 双。大众商店收鞋处 16 日收 939 双，17 日收 1051 双，18 日收 1362 双，19 日收 1420 双，至 20 日则收到 1732 双，从每日逐渐增加的收鞋数目中，显示着市内做鞋妇女在不断的增加。自公布做鞋标准后，鞋子的质量也较前大为改进，如鞋底过去大部分是 6.5 寸至 7 寸，现在做到 7.5 寸、7.8 寸。过去有一半是以旧布做鞋里布，现在大部分是新布做了，鞋底也纳的比较结实，一般每只鞋底纳到 500 针左右。大众商店收鞋处和被服厂收鞋处

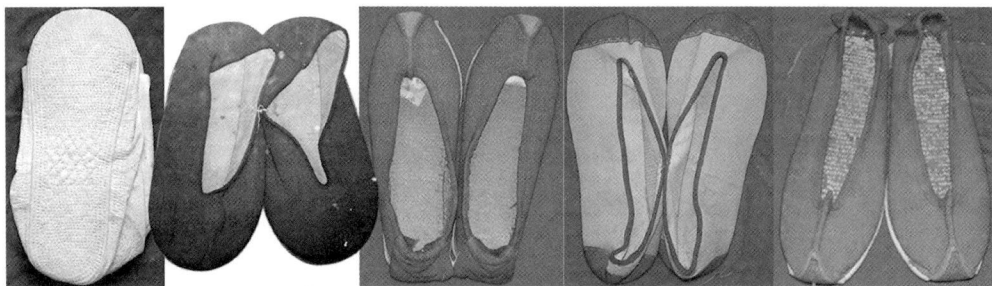

▲ 解放区人民赶做的军鞋

▲ 解放区人民的做鞋用具

▲ 解放军区人民做鞋时使用的油灯

◀ 博兴县群众为克服拔针
困难发明的夹针瓦

每天早晨开门至下午 5 时，终日挤满了卖鞋的妇女，由几十人增加到几百人。大众商店的卖鞋妇女，排成了长列的队伍，依次售卖。冬至节的前一天，人数更多，妇女们都说等卖了鞋明天回去过节呢！

【本报讯】为继续开展群众做鞋运动，供给部顷制订做鞋借款办法，通知有关部门执行，办法如下：一、凡本市各区贫民有生产能力有生产技术因家境贫苦无力购买做鞋布料，而影响生产者，可由各区镇街政府介绍到各区收鞋处办理借款手续，分别到被服厂、大众商店借款。二、凡合第一条条件者，可组织成做鞋小组，由区镇街政府介绍到收鞋处定做军鞋，借款一半，但区街政府必须要切实调查确系贫苦妇女组织做鞋生产，并保证如期交鞋者，可不要铺保，用小组互相连保的办法，向收鞋处订立合同借款，如期交鞋。三、凡各区组织之鞋厂大批定做军鞋，需用大批款子者，经区政府介绍并须取得铺保，可订立合同借款。四、凡市民不借款而自己做鞋出售者，各收鞋处须按等给价收买。五、各区镇街政府介绍借款除保证按期交鞋外，并应教育群众加工细做，提高质量，为战争服务。六、各区借款地址按市政府上次训令执行。

摘自《开封日报》1948 年 12 月 23 日

资料选编

任庆凡夜以继日赶做军鞋

任庆凡，开封市人，时年 35 岁。她夜以继日，忘我工作，密密地纳，细细地缝。她做的鞋针脚稠密、鞋底厚实，重量达到 1 斤。她常常一昼夜就做出军鞋 1 双，纳鞋底 3 双。为支援解放战争，她共做了 300 多双军鞋，纳了几千双军鞋底。长期做鞋，使她右手拇指第二道关节粗大，伸屈不灵，留下终生残疾。

根据淮海战役纪念馆征集的开封市支前资料整理

▲ 任庆凡用这个夹板共做了 100 双军鞋

做军鞋的模范李自兰

李自兰，费县沽化村妇女会长。沽化村位于费县东南35里，全村110户482人，男整劳力120人，分担架、运输、民兵3期全部赴前线支援。当时42岁的妇女会长李自兰兼任村长，带领97名妇女和老弱病残，在后方一面生产，一面积极支援前线。为响应上级赶做军鞋的号召，李自兰在区大会上主动上报了该村妇女每人做4双鞋的任务。回村后李自兰进行了广泛的动员。有的妇女表示支持，陈荣兰说："为支援淮海战役，别说上级还给咱报酬，如果一点不给也应当保证按时完成和超额完成任务。不仅要完成任务，而且做的鞋子质量要好又要结实，保证验收得第一，达到上级要求的标准。"也有些妇女埋怨4双鞋的任务重，而别的村只有两三双的任务。李自兰和大家进行了交谈，她说："你们忘掉去年国民党来的时候吗？我们老少到处躲避，成天提心吊胆，担心受怕，过着牛马不如的生活，现在有经济地位，有政治地位，彻底翻了身，再也不受那样肮脏气，难道我们多做活是吃亏吗？不是的，我们做鞋有3个好处：支援淮海战役，多打胜仗，消灭老蒋；挣的工资咱能买几头牛，解决咱互助组的生产困难；不仅能解决我们的生活困难，同时也能买些家畜家禽等东西。大家都要会想，干多了是吃亏，还是有利？"经过李自兰的教育，妇女们纷纷表了态，决心做好，做结实，超额完成任务。当天就纷纷到区政府领壳子、麻开始做鞋。晚上，家家户户灯火通明，搓麻绳，切鞋底，灯光照耀下，鞋底的影子翻来覆去，不断飞腾。李自兰除开会外，每晚回家做鞋，常常做到鸡叫。10天的时间，完成了做军鞋400双的任务。每双鞋的工资2万元，除去成本，每双鞋挣到12000元，共计净挣工资480万元。经过大家讨论，用做鞋的工资买了5头耕牛，剩余的240万元分给群众解决生活困难，这样既解决了

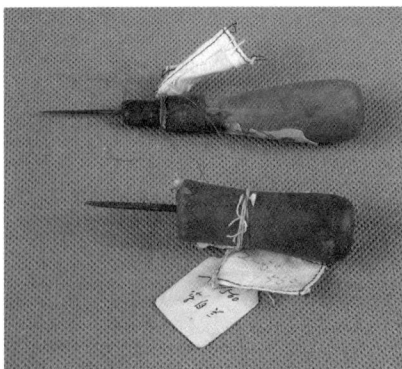

▲ 李自兰做鞋用的针锥、剪刀

生产中耕地用人拉的困难，又解决了群众购粮，打油，买盐和柴的困难。刘荣兰说："如果上级不分给咱做鞋，我看，咱吃粮买柴真无办法，你看这一方面支前，一方面救济了咱，我 3 期做了 20 双鞋，除咱公家买牛以外，我还解决了俺三四口人的吃粮问题，同时俺又买了一头小驴，八路军真是咱的救命恩人。"李自兰在碾米、做鞋的同时，还发动全村妇女缝烟盒包、茶缸套、钢笔套等，一晚上计缝烟盒包 60 个、茶缸套 70 个、钢笔套 120 个，并在上面绣着"和平世界"，"打倒帝国主义"、"消灭老蒋"、"保证和平"、"建设新中国"、"过幸福日子"等口号，鼓舞前方指战员的斗志。

根据淮海战役纪念馆征集的费县支前资料整理

女村长潘树英积极支前

潘树英是莒南县西北坡村村长。淮海战役时，她组织全村 32 名青壮年妇女分成 4 个小组，7 昼夜赶做了 37 双军鞋、40 套军衣、29 个钢笔套、37 个茶缸子套，还动员全村妇女完成了碾米 2500 斤、磨面 6000 斤、推高粱面 6000 斤的任务。她

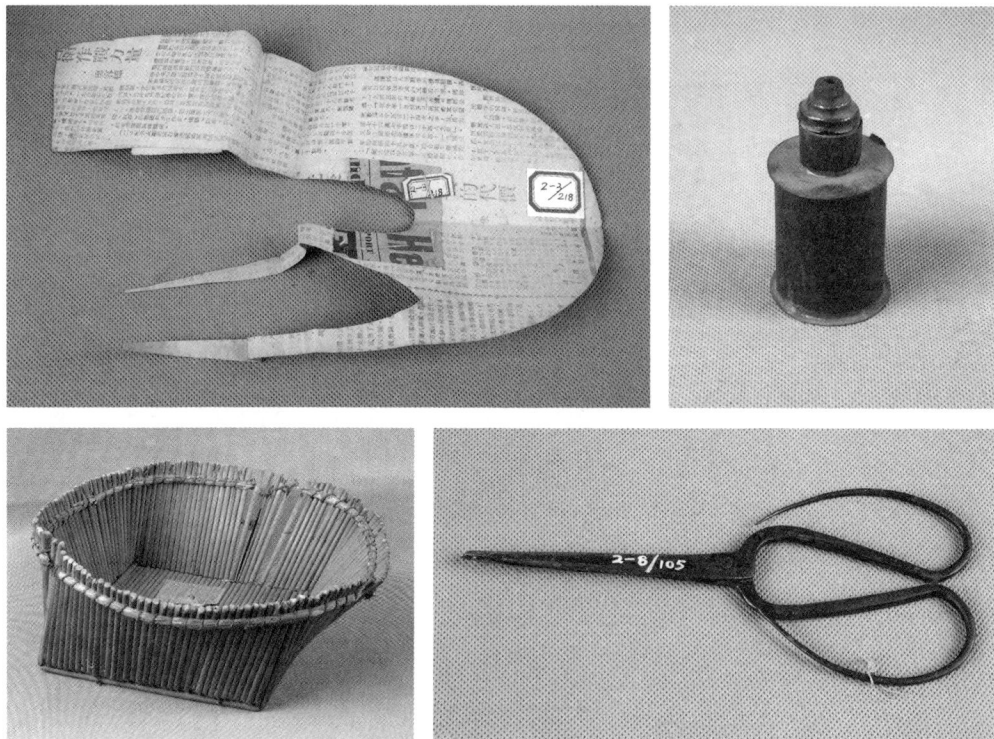

▲ 潘树英带领妇女们做军鞋时用的鞋样子、油灯、针线笸箩和剪刀

经常连夜赶做军衣、加工粮食，还亲自送儿子参加了解放军，在她的带动下，全村青年纷纷报名参军，超额完成任务。潘树英荣获了一等功臣的光荣称号。

根据淮海战役纪念馆征集的莒南县支前资料整理

济宁市 8000 名妇女赶做军鞋的事迹

淮海战役开始后，上级先后给了济宁市做军鞋 10 万双的任务，市委召开了妇联会议，进行了反复动员，区里也开了会，向大家阐明做军鞋的意义，8000名妇女参加了这一工作，全市掀起了"制军鞋，支援淮海战役"的群众性支前运动。

人人夜以继日

大家都知道战士没鞋穿，打仗就困难，任务急迫而繁重。所以家家户户夜晚灯火通明，不分昼夜，赶制军鞋，很多人手磨起了血泡，熬红了眼睛，实在困极了，就用凉水洗洗脸再做。54 岁的军鞋组组长杜光美大娘一连几天几夜不休息，眼睛熬红了，仍坚持工作着，同志们都劝她休息，她却说："别说熬红了，就是熬瞎了也不算什么，只要前方同志们能穿上鞋，打胜仗就行。"60 多岁的杨玉仁大爷，为了宣传做鞋，好几次忘掉吃饭。赵燕华为做鞋停下了卖豆汁的小买卖，说："前方拼命流血为了过幸福生活，熬点夜，不做买卖又算啥。"

处处歌声飞扬

全市各个街道、小组、个人，情绪始终高昂，她们一面紧张地工作，一面还说着自编的快板："白布底黑布帮，一针一线纳成行，做好军鞋支前方，战士见了喜洋洋，谢谢大嫂和大娘，打倒美国和老蒋，使得全国都解放，幸福的日子咱先尝。"歌词内容如："针儿短，线儿长，家家户户做鞋忙，点灯做到大天亮，部队等着要过江，青年参军为杀敌，做鞋是为打老蒋。"

千言万语寄远方

为鼓舞士气，很多妇女在鞋帮上绣了各式各样的口号，写了诗词，有的还写了慰问信，夹在鞋里面。冰窑街刘立洁街长的爱人，带领大家在鞋上绣："打过长江去，活捉蒋介石"、"打到南京去，活捉蒋介石"、"穿上我们的鞋当好汉当英雄"等口号，鼓励部队英勇杀敌的信心。

脱下夹衣当鞋料

大家不仅不计较报酬，很多市民还自动地将自己的布贡献出来，做军鞋用。

杨玉仁大爷一天看到程广聚家打疙背缺废布，杨大爷毫不犹豫地将自己身上穿着的一件夹衣脱下，打了疙背，还说："把鞋铺得厚厚的，结结实实的，好叫战士们穿着打胜仗。"

互学互助，保质保量

做军鞋中，她们总是互相学习，取长补短，杜光美大娘随时深入到户进行督促检查，在技术上也毫不保留地向大家传授，验收时严格仔细。赵燕华大嫂，由于是做鞋出身，技术较好，区里曾用她的鞋在全区展览会上当样品。她随时随地把自己的经验毫不保留地教给别人，在一个多月的时间里，她做了19双鞋，还帮助别人做了5双，在质量上都达到了每寸100针，既美观又结实。金继荣亦是军鞋组组长，自己完成了任务，还帮助别人裹了20双底。

▲ 在缺乏做鞋布料的情况下，60多岁的杨玉仁大爷毫不犹豫地捐献了自己身上穿着的夹衣

完成任务的两条街

做军鞋运动中，全市涌现了很多模范事迹，也涌现出了不少模范街道、小组和个人。黄经街418户中有300余人参加了做军鞋。1948年底至1949年初该街共接受了两批军鞋任务：第一批是500双，上级要求5天完成，在大家的共同努力下，仅3天就完成了任务，并且质量全部达到了一等。第二批是做军鞋底800双，也按质按量按时地完成了任务，并达到了鞋底每寸100针和标准重量，因此，在该区召开的支前授奖大会上授予了全街奖旗4面及模范小组奖旗10面，成为模范街道。

冰窑街也是当时做军鞋运动中的模范街道之一，全街300余户，参加做军

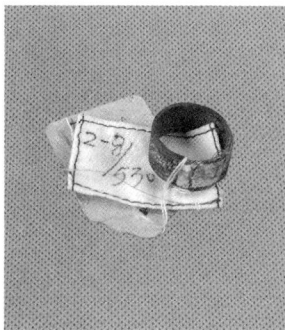

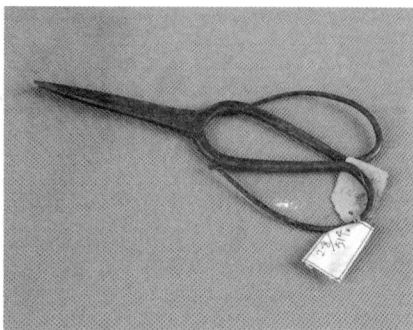

▲ 赵燕华和她做鞋用过的顶针和剪刀

鞋的即有140户，于1948年10月底至1949年初，共完成军鞋3000双，质量数量均达到了上级的要求，因而全街得了奖旗一面，并出现了不少模范小组和个人。

杜光美大娘，她积极领导所属10个组300余人提前和超额完成了军鞋任务，荣获"支前先锋"锦旗一面。白大娘也获得"军鞋模范"的光荣称号。杨玉仁大爷的做鞋小组荣获"制做军鞋的模范"及"支前先锋"两面奖旗。

济宁市做军鞋自1948年10月至1949年1月历时近3个月，参加做军鞋的达8000余人，原计划完成10万双，实际完成了12万双。

根据淮海战役纪念馆征集的济宁市支前资料整理

陈庄村民捐献满家鞋、新夫鞋

陈庄是鄄城县东南部一个有90多户人家的村庄，全村130多人。淮海战役时，区里要求陈庄村7天做军鞋200双。村长陈明伦接受任务后马上召开党员干部会，进行了研究，并立即召开了群众大会。会上陈明伦讲述了做军鞋的意义，他说："前方战士们在冰天雪地里，为追击和消灭敌人，脚冻破了不叫苦，没有鞋穿赤着脚走，我们能看着战士挨冻不管吗？不能，绝对不能，我们要马上行动起来赶做军鞋，支援我们的子弟兵更多地消灭敌人。"党支部的号召得到了全村妇女群众的拥护，全村掀起了赶做军鞋支援前方的群众运动。他们的口号是：绝不能让敌人卷土重来，一定要把敌人消灭在淮海战场上。在报名会上，大家纷纷踊跃报名。60多岁的陈老大娘说："我3年没做鞋子，这次我要做两双鞋。"按照当地风俗，闺女出嫁到婆家要给婆家所有的人每人做一双鞋，这样的鞋称之为"满家鞋"。党员陈明克说："我姑娘刚出嫁，给她婆家做的'满家鞋'是现成的，先拿两双支援前线。"陈学良的儿子刚结婚，他把儿媳妇给儿子做的新鞋也捐了出来。这样，当场就献出"满家鞋"、"新夫鞋"40双。

妇女们为了赶做军鞋，自动组织小组，分工合作，当时流传这样的歌谣："眼熬瞎，手扎烂，做好军鞋送前线；里也新，表也新，好鞋送给解放军。"参加做军鞋的有年近半百的老大娘，有年轻的母亲，全村65个妇女经过5昼夜苦战赶做了军鞋230双，提前两天并超额完成任务。经检查质量很好，区政府的评语是："底也新来，帮也新，交鞋如同交了心。同志们穿了好杀敌，彻底消灭蒋匪军。"

根据淮海战役纪念馆征集的鄄城县支前资料整理

男村干部忙做鞋

李清峰是安丘县人，时年 27 岁。淮海战役时，他所在的村子接受了做军鞋的任务。该村 40 户人家，能做鞋的妇女有 38 人，每个妇女需要做 30 双鞋才能完成任务。接受任务后，有些妇女因带小孩或怀孕等不能按时完成任务。这时，留在村里负责支前工作的自卫团长李清峰想到支援战争的重要，回忆起母亲领着自己要饭饿得走不动路，一条棉裤穿三四冬的生活，他决心克服一切困难，学做军鞋完成上级交给的任务。学做军鞋时，他最初遇到了很多困难，男人做女人活儿被人笑话，自己手笨不会拿针。但他苦心钻研，先从学夹针开始，因没有顶针，手常被刺破出血，其他妇女的顶针太小戴不上，他就自己做了个皮顶针。经过一段时间的学习，他做鞋速度大大提高，妇女们做的都不如他做的快，鞋的质量也很好，头两双交给妇女会长检查时被评为一、二等。李清峰高兴极了，白天办公，夜间就赶做军鞋，每夜做到鸡叫两遍，有时通宵不眠，妻子劝他休息，他不但不肯，还边做鞋边对妻子说："共产党是咱们的救命恩人，咱翻身不要忘了恩人，还有没得到解放正在受罪的农民弟兄。"妻子被他感动了，也积极做起鞋来，有时睡下了，看到丈夫在灯下做鞋，她就立即起来做鞋或搓麻线。李清峰拼命地做，不停地做，手做疼了，吃饭时拿不了筷子，睡觉时解不了扣子，他就干脆穿着衣服睡一会，继续做。开始时两天做一双，做了七、八双后，提高到一天一双，工作效率逐步提高，自己做完后就到做的慢的妇女家中去帮忙，鼓励妇女克服困难做军鞋。除办公外，他 50 天做了 42 双鞋。全村任务完成时，他满手的泡已变成了厚厚的皮。他用实际行动推动全村超额 60 双完成任务，他还自编了一首歌谣："千针万线做军鞋，战士见了笑颜开。穿在脚上跑得快，消灭蒋贼真不赖。"

根据淮海战役纪念馆征集的安丘县支前资料整理

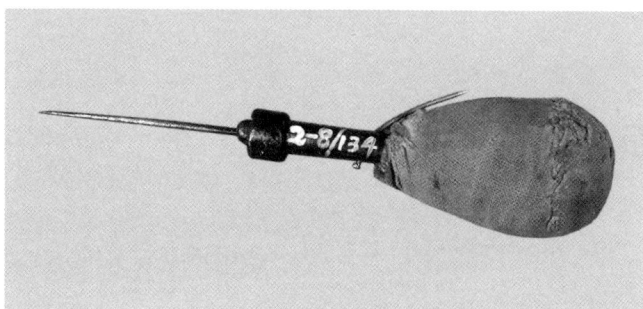

▲ 安丘县某村干部李清峰在公务之余学做军鞋，50 天做鞋 42 双。图为李清峰做鞋用的皮顶针和锥子

做鞋的速快手　支前的女先锋

▲ 费县做鞋模范骆振英

淮海战役时，骆振英所在的费县东埠子村接受了 3 天做 50 双军鞋、30 双军袜的任务。全村只有 50 余户人家，男女老幼不过 230 人，能做鞋的只有 40 人。不少妇女担心完不成任务，有些畏难发愁。骆振英却愉快地接受了任务，并立即行动起来，搓麻绳，打褙子。准备妥当后，晚上就和女儿一起纳开了鞋底。一盏小油灯下，娘俩穿针引线，忙个不停。鞋底一翻一正，针锥触动麻绳。夜深了，17 岁的女儿任庆兰眼皮来回打仗，骆大娘为了解除女儿的疲劳，对女儿说："国民党侵犯此地时，咱们跑到北山上趴着，住在山洞里、石沟里，风里雨里，过着野兽不如的生活，弄得咱全家东逃西散，黑白昼夜不得安生，少吃的无喝的，提起了国民党恨得我牙根痛。现在要打垮国民党啦，咱们队伍上前线，前方军队全靠后方老百姓供给吃穿，没有支援不会胜利。"说着，她又加重了语气说："要不是我脚小，我也该上前线杀死几人敌人。哎，这咱力量我达不到了，咱娘俩得使劲做鞋和袜，叫战士们穿上跟脚的鞋子好追赶敌人，多杀敌人。"骆大娘越说越有精神，不但启发了女儿的干劲，也给自己解了困，不觉得鸡都叫了。为了多做快做，骆大娘还将从前给丈夫准备好的鞋底也从柜子里拿出来用上了，仅仅一昼夜时间，骆大娘就做了军鞋、袜子各 3 双。骆大娘的事迹激发了广大妇女的干劲，打破了群众中传说的"是鞋就得 7 天半"的思想。因而全村 3 天的任务两天就超额完成了，共做军鞋 56 双、袜子 38 双。到镇上交鞋时，看到骆大娘做的鞋子，收货员称赞说："这鞋一双能顶两双穿。"

根据淮海战役纪念馆征集的费县支前资料整理

支前报道

赶做军袜支前方

自县府把 10 万双军袜的任务分配到各区各村后，全县妇女热烈投入这一拥军工作中，她们昼夜加工，保证"做得好，做得快，做得结实"。城关区付桥村妇女，听到做军袜的消息后，布还没分下来，就有马翠星、王乃雪等40人做下了袜子底。发下布后，张翠萍、安星荣等10人嫌布孬，换上自己早浆好的好布。柳桥区陈家庄子妇女周士兰、王琴英，带头洗布浆布，并剪了50个袜样子分给大家。窦文艳的妻初氏跑出5里地到城关集上买丝线来绣袜脸子。有的妇女格外在袜子上绣上蜂子做上花。村合作社为妇女做袜赶夜工，也减价出售灯油。仅8天的工夫，全村291双袜子将近做完。东顺河村李大娘拿出自己的好布，叫女儿做双袜子慰问军队，并嘱咐要做结实。陈户区桥子村130名妇女做袜281双。妇会长高殿秀、尹新英接连教育了会员3次，说前方打胜仗受辛苦，咱妇女应该积极支前，全村妇女都

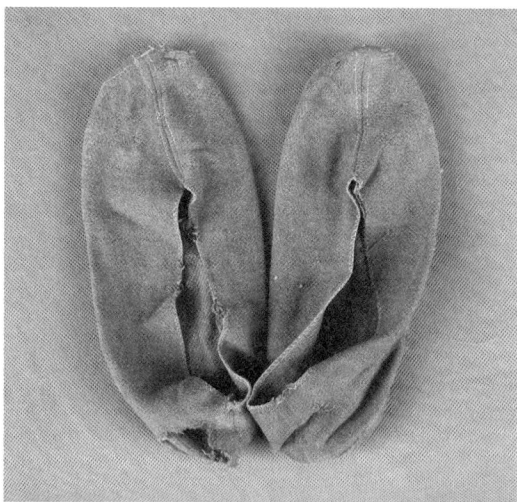

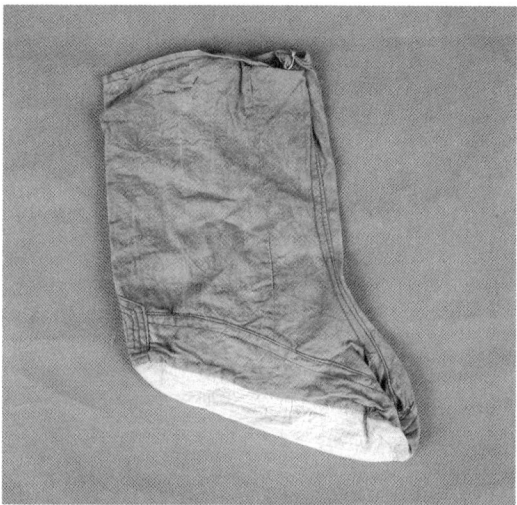

▲ 妇女们赶做的袜子和袜套

加心加意的做。张会兰坐大夜，一晚做一双半袜子底，做的针脚细密得和一堆芝麻粒一样。赵家村军属刘怀英自报奋勇做两双半。军属王俊兰保证自己做好外，还给别人帮工。烈属赵东汉的母亲，50岁，也非做一双不可。姐妹团里的5个小姐妹，也各做了1双。通滨区八甲村妇女共94人，提出7天要做好236双袜。范光荣等组每夜做到三更多天，决心提早完成任务。现全县妇女正在赶做中，估计在10天左右即能全部完成。

摘自《渤海日报》1948年11月2日

鲁中南妇女不畏严寒，完成首批军鞋百万双

【鲁中南电】鲁中南各地广大妇女（包括滨北在内）在担负着繁重的碾米、磨面等支前任务的同时，并且克服了严冬做鞋的种种困难，于去年年底完成了第一批百万双军鞋的缝制任务，并有50万双已送到前线，其余也正在运送中。现在第二批春季军鞋100万双又正在白黑赶做中。临朐妇女担负了4600双军鞋的任务，于去年12月20日即全部完成，并做袜子4万双。米山区于12月8日布置做军鞋5000双、袜子4000双，4天时间就全部完成。寺头村63个妇女做了60双军鞋、80双袜子，妇女会小组长饶克全之妻，自报奋勇做了5双袜子1双鞋。全区妇女获工资22800万元（北海币）。九山区×崮前村25个妇女，5天5夜做了80双军鞋，每人合3双，速度惊人，赚工资256000元。大家商量将钱不分，现已买羊积肥。这种可歌可泣的故事被益（都）临（朐）生产推进社的党报通讯员编成快板说："九山区里×崮前，25个妇会员，政府布置做军鞋，该庄妇女都争先，5天完成80双，挣了256000元，支前任务做得好，团结挣钱很喜欢，大家商量钱不分，买羊积肥种荒田。这件事情商议妥，全村妇女都称赞，村里老少都说好，这些妇女真能干，也生产也支前，打倒国民党反动派不犯难。"安丘上马町村，有18名妇女没有鞋壳子，他们就把梳头掉下的头发集中起来卖了，买来破布打壳子，解决了困难。南部区暑泉村党员孙忠义之妻、孙锡庆之妻均带头做鞋。军属李永业大嫂说："这鞋是给他（即她弟在前方）做的，得做得好一点。"该县因县支前指挥部工作马虎，本来上级要求在12月25日前完成军鞋任务，但县指挥部竟疏忽了，通知为25日完成，后来又紧急改变，因此妇女们就黑天突击。沂北诸葛区新庄烈属卢振英大娘，59岁，未派她做军鞋，但她要求组长给她两双，她说："做两双鞋叫前方战士穿上，打倒国民党反动派给我的孩子报仇！"妇女们赶做军鞋，不但有力支援了前线，同时由于做鞋赚工资，对生产防荒也起了很大的作用。如沂源的妇女，去年共做军鞋12万双，得工资8323万元，按400元1斤粮食计，可买20万斤，因之均争先抢做。淮安官庄区两河村47户，因去年该村遭水灾，粮食收入较少，现已有十几户讨饭，自布置做军鞋后，该庄23个妇女共做了48双，净赚工资24万元，对备春荒帮助甚大。如军属刘江庭家做鞋3双，赚工资15000元，除给他母亲7尺布花6300元做1条棉裤外，下余8700元买了40斤地瓜，还籴了3升谷子（每升3斤），刘大娘喜得说："做军鞋既给

儿子在前方穿上鞋打败国民党反动派，咱又赚钱解决困难，真是一举两得。"现她又买鞋料正在做第二批。

摘自《大众日报》1949 年 1 月 19 日

济南市妇女完成巨大支前任务

济市两万余劳动妇女，在市合作推进社及各区合作社扶持下，掀起支前生产热潮，在过去一个半月中完成了巨大军需任务。计缝军裤 489500 条，军衣 76500 件，军被 52000 床，并制成军鞋、鞋底、鞋帮等 31791 双，共得工资小米 393650 余斤。在完成上述任务中涌现了大批积极分子与模范，并参加了基层政权，如东阳吴大娘缝衣中积极负责在建间中当选为间长。据不完全统计，仅五、六两区就有 57 个妇女被选为基层政权干部。同时，也由于妇女生产，挣得工资，改善了家庭生活，如三区太平街渠大娘靠工资养活了一个婆婆和一个孩子。其他铁路局、工业局四厂工人家属及华大附中、省立女中、鹊华小学等学生亦参加支前生产，有的并把工资捐献前方。现个别区正整顿组织迎接 10 万双军鞋的新任务。

摘自《大众日报》1949 年 3 月 25 日

如东、南通妇女赶做军鞋送前方

【新华社通如 14 日电】如东、通如、南通各地妇女投入支前工作，积极赶做军鞋。如东苴丰区丁家村妇女小组长刘国平听到动员做军鞋的消息，立即到乡干家去拿鞋样，回去自己动手先做。29 日晚小组会上，她带头保证做两双，推动了全组保证完成 30 双鞋底的任务。31 日天亮就起床做，李井村妇女代表黄桂兰到乡里开会，带了鞋样回去后，和李本贞等七八个妇女，合伙上街买布，天阴，糊鞋底的浆糊不得干，就用火炉烘，影响了其他组的妇女积极动手做鞋底。该区妇联讨论全区在 11 月 5 日前 10 天中要做好军鞋 1 万 5000 双。城东区斗争乡妇联会向全区各乡发出挑战书，保证完成 1500 双。掘马北区公学村妇女分小组合伙用灯，连夜赶做，甚至民兵中队长等 5 个男村干也和妇女伴工做鞋底，全村 150 双鞋底，3 天中就完成了 7 成。栟丰区沈家村蒋长庆的老婆，日里同人家伴工膳麦，夜里赶做军鞋，她一个人保证做 5 双。通如边区某村妇女代表田兰英一人做 5 双，她说："我们要想想田地房屋是哪里来的。"南通怀民村 14 岁的妇女陆瑞荣与母亲比赛做军鞋。各地妇女做军鞋中不但做得快，而且还讲究，如：保林乡一妇女组长吴玉贞做的鞋底老秤8两重，长66针，宽30多行；贡安乡妇女提出做鞋比赛，陆中如等做到34行62针，超过了原定要求；苴丰区区乡妇干会上讨论规定军鞋底标准保证做到宽24行，长52针，重7两6钱，并制订鞋样。根据如东1个区和2个乡2个村，及通如一个村的不完全统计，上述区乡村在本月5日前可完成的军鞋底有18180双。

摘自《新华日报》1948年11月21日

第四节　供应副食

《济南、淮海、渡江京沪三大战役支援工作总结》（华东支前总结委员会，1949年11月）指出："在部队集中的地区，特别在作战期间和在市场货物贫困的地方，常常发生物价陡涨和必需品奇缺的现象。因此，直接影响部队生活水准，有时高价购买油盐、菜蔬，而影响供给标准，有时无处购买，而缺乏必需食品。同时也容易引起市场混乱和货币的局部膨胀。因此，油盐、菜蔬等副食供应，对于保障部队生活水准、调剂市场、稳定物价、稳定货币来说，都有重要作用。"为此，华东专门成立油盐供应总站，各地区也纷纷建立供应站，制定副食供应计划，组织人员采购副食。战前，地处战场边沿的鲁中南等地区有计划、有组织地储备了大量油盐、蔬菜、肉食等，满足了前线需要。战役发起后，采取就地筹集和后方调运的办法供应前线。当军委在新年、春节期间慰问前线部队指战员每人一斤猪肉的决定下发到鲁中南区后，当地群众表示："宁肯自己过年不吃肉，也要让前线将士吃上肉，过好节"，纷纷将准备过年的猪肉献出来，敲锣打鼓送到收购点。

▲ 大批猪肉运往前方

▲ 华东支前委员会《支前手册》刊载了大批猪肉运往前方的照片

▲ 油盐站把充足的油盐供应给部队

支前报道

华东支前委员会成立油盐供应总站统一保证大兵团供应

【支前支社电】华东支前委员会财政部油盐供应科鉴于战争发展迅速，部队集中行动，机动性大，过去各地工商局分担任务的办法难以保证供应，特于12月8日正式成立华东支前委员会油盐供应总站。设正副站长各一人，下分人事、秘书、贸易、包运4科，并决定在前方设立3个油盐供应分站，根据部队需要随部队活动。另在后方设立3个转运站，负责接收各地油盐，并将800辆小车集中总站统一使用。该总站成立后有这样几个好处：（1）统一领导，机动性大，克服了过去分担任务供应大兵团作战机动作战的困难；（2）因为分站随部队行动，因此不致使部队行动时因失掉联络供应不及时；（3）华支直接指挥总站，总站指挥分站，情况变化，前方即电告华支，这样容易掌握情况，工作简便容易；（4）在运输工具上便利了，有两个转运站可用火车运输，小车大车可集中另一站使用。总站成立后，到17日，已送盐 37 万斤，油 17 万斤抵前线。至 15 日后，部队已不缺油盐。今后除满足部队供给外，并在可能情况下调剂市场，供给战区附近群众食用。

摘自《大众日报》1949 年 1 月 2 日

文件精选

华东支前委员会副食供应计划

甲、油盐：

（一）设油盐站：原则上以纵队为单位，设随军供应站，不足时仍可补助之，或有计划的流动出售，在不出各该分区地区，站要随军行动，但到哪分区，哪分区负责。

（二）每随军供应站视路途远近、供应数量各设一定运输力，由支前机关计划配备，负责商店至油盐站间运输（油盐站到各单位间由各部自行负责）及随部队转移和流动出售等运输，因此必须设足够常备运力，分区支前供应部也必须掌握一部机动运力，负责转运调剂调拨，求得站的运输不致因过远耽误供给。

（三）每随军供应站设干部 4 人至 7 人，由各该专区工商分局负责配备，专司油盐买卖及押运之责。

（四）部队在进入指定阵地前行运途中，油盐由沿途商店负责，现分三条线设临时站，每站准备油盐各 3000 斤至 5000 斤，部队过完后即撤销。

1. 兖州站准备油盐各 5000 斤，邹县站准备油盐各 5000 斤，界河站准备油盐各 3000 斤，东郭站准备油盐各 3000 斤，桑村站准备油盐各 3000 斤。

2. 曲阜站准备油盐各 5000 斤，泗水站准备油盐各 4000 斤，卞桥站准备油盐各 3000 斤，平邑站准备油盐各 4000 斤，地方站准备油盐各 3000 斤，费县站准备油盐各 3000 斤。

3. 田黄站准备油盐各 3000 斤，城前站准备油盐各 3000 斤，白彦站准备油盐各 3000 斤，梁邱站准备油盐各 5000 斤，辛庄站准备油盐各 3000 斤。

4. 新泰站准备油盐各 3000 斤，蒙阴站准备油盐各 3000 斤。

（五）油盐价格，一律低于当时当地市价 10% 售予部队，如有亏损短秤转回原发货商店，注明"供应亏损"报销之。

（六）战区油盐数量调剂：五、六分区每月各需供给油盐各 30 万斤，先各准备一个月的供应，随后再计划两个月的。六分区存油盐较多不成问题。五分区也能保证供给。油现存 4 万斤由蒙山调 7 万斤，再于当地收买不足之数时，详细了解情况再作调剂的具体布置。

乙、菜：依靠部队自行采购，各级政府、群众团体动员群众保证以公平价格售于部队，各工商分局可掌握一部干菜以备战时缺菜时售于部队，但要易于保存经起运输的菜（如花生米等），而且价廉物美，否则不好吃部队不要，价过高买不起，滨海可买些咸鱼（如小鱼螃蟹虾皮等）。

丙、战场器材：由部队所在分区支前机关负责筹借，按上次前办颁发关于器材的紧急指示办理，其中需款购买者报前办批款购买。分区支前机关要主动向部队接洽，认真掌握，以便保证部队需要，同时又不浪费紊乱。

丁、包尸布：五、六分区各准备 8 万市方尺，听候财办命令拨付（不要自行拨付）。

摘自华东支前办公室《对华野秋季第二战役支前工作计划》，1948 年 10 月 13 日

资料选编

中原野战军的副食供应

部队所需的油、盐等副食品，主要由各地支前机构设立供应站负责供应。为了使部队生活不下降，规定供应站以低于市场 10%—15% 的价格卖给部队。并要求各供应站经常保存油、盐各 3000—5000 斤。蔬菜等副食品主要靠部队就地自行采购。柴草统一由地方支前机关供应。部队取用时，按规定的价格折成粮食，持团以上单位出具的领粮凭证，由当地政府依证偿还。

摘自《中国人民解放军第二野战军后勤史》下册，金盾出版社 1997 年，第 121 页

支前总结

各次战役油盐供应统计表

单位：斤

名　称	济　南		淮　海	休　整	渡　江	实用合计数
	准备数	实用数				
生油	620794	24000	726551	364342	831890	1946783
豆油				4783		4783
香油				913		913
食盐	38008966	29000	839207	141516	6441424	7451176
咸鱼	9000	3000	7544	19735		30279
咸菜	51500	450				450
虾皮	12000	7000				7000
细粉	2000	2000				2000
大蒜	10000					
白糖			1000			1000
黄豆	300000					
猪肉			863832			863832

摘自华东支前总结委员会《济南、淮海、渡江京沪三大战役支援工作总结》，1949年11月30日，第173页

鲁中南区淮海战役第一阶段供应单位统计表

数量 项目 供应单位	生油（斤）	食盐（斤）	咸鱼（斤）
七纵	14000	14000	
十纵	15000	15000	
四纵	10712	11353	

（续表）

项目 数量 供应单位	生油（斤）	食盐（斤）	咸鱼（斤）
八纵	7634	8886	
十三纵	5927	7939	
一纵	11548	13196	
六纵	7234	4625	
二纵	4673	4292	
十一纵	2112	2024	
鲁中南纵队	5281	13787	
兵团司令部	1071		
伤员转运站	1930	3783	
华野医院	450	989	
九纵	6280	11742	2544
十二纵	5513	3109	
华野兵团指挥部	4090	4233	
合计	103455	118958	2544

摘自华东支前委员会《油盐供应工作总结》，1949年5月

鲁中南区淮海战役第二、三阶段支前油盐情况统计表

1949年1月27日止 单位：斤

项目 区别	接到后方 油数	接收后方 盐数	供付油数	供付盐数	结存油数	结存盐数
尼山分局	164248	157473	544711	720279	622398	578941
沂河分局	68438	6566	50090			
滨海分局	784220	1012783				
济宁分局	200293					
新海盐务局		122398				
合计	1217199	1299220	594801	720279	622398	578941

摘自华东支前委员会《油盐供应工作总结》，1949年5月

鲁中南区 1948 年 12 月收购猪肉统计表

单　位	数量（斤）
曲　阜	48205
邹　县	57175
滕　县	45023
太　宁	30142
宁　阳	24790
新　太	15167
铜　山	23394
新安镇	52162
峄　县	5045
汶　上	17279
肥　城	15436
兰　陵	10658
邳　县	28715
长　清	14758
莒　南	1983
太　西	42225
合　计	432157

摘自华东支前委员会《油盐供应工作总结》，1949 年 5 月

鲁中南区 1949 年 1 月收购猪肉统计表

单　位	数量（斤）
一分区	39130
二分区	88622
四分区	62601
五分区	90000
六分区	113299
合　计	393652

摘自华东支前委员会《油盐供应工作总结》，1949 年 5 月

回忆节选

鲁中南区从城镇到乡村，从干部到群众，屠宰生猪、购集猪肉，
到处熙熙攘攘，热闹非常

1948年12月16日，中央军委电令慰劳参战部队，每人供应一斤猪肉，分两批调运，共需80多万斤。华东局就把征调猪肉的任务交给鲁中南区。当我们接到第二批征调猪肉40万斤的通知时，已是1月中旬，29日是春节，当地群众已经准备过年，任务相当紧迫。为了完成这一任务，我们采取了紧急措施：一面迅速把任务分配给各地委，从群众手中直接征购；一面组织力量直接到集市上收购，以4斤麦子换1斤猪肉。在这期间，鲁中南地区从城镇到乡村，从干部到群众，屠宰生猪、购集猪肉，到处熙熙攘攘，热闹非常。广大党员、干部和群众异口同声地说，宁愿自家春节不吃肉，也要前方战士过好节，以实际行动慰问在淮海战场立下卓越功绩的指战员。泰西县委召开区长联席会议，发动群众收购猪肉，很快就完成了任务，并超额征购27000多斤。全区从1月21日收集猪肉到28日送到部队，前后共用了8天时间。在这样短的时间内，大批猪肉运往前方，引起了新区人民的很大反响。新安镇车站站长说，我在车站20多年，从未见过运送这么多的猪肉给战士吃。可见，人民群众同解放军的水乳交融的亲密关系。徐州市民看到堆积如山的猪肉，感慨地说：淮海战役的胜利，是人民的强大支援，人民拥护共产党，热爱解放军，真是人心所向，力大无穷。

摘自高克亭《鲁中南支援淮海战役回忆片断》，见《淮海战役》第三册，中共党史资料出版社1988年，第209—210页

第七章　抢修运输通讯线路

解放军打到哪里，人民就把道路修到哪里。战前，后方到前线的公路已大部分修通；战役期间，各条公路线继续延伸，津浦、陇海、平汉、胶济等铁路相继提前通车。电话通讯线路也得到了及时架设与修复，保证了前后方交通运输和通信联络畅通无阻。

第一节 抢修铁路公路

交通运输线是否畅通，对战争胜负至关重要。在各级党组织的领导下，广大人民群众在基础残破、工具匮乏的困难条件下突击抢修铁路、公路、桥梁。战前，山东、苏北人民已将后方通往前方的道路修复。随着战役发展，江淮、豫皖苏、豫西、冀鲁豫地区从后方到前方的道路、桥梁也得到迅速修竣，从四面八方延伸到前方。铁路员工突击抢修轨道、机车和通讯设施，津浦、陇海、平汉、胶济等铁路相继提前通车，大大提高了支前物资的运输效率。

文件精选

华东支前委员会修筑公路工作计划

公路之修筑：

（一）永久性之公路

1. 滋临公路全长 364 华里。全段护修工程分配：由滋阳至曲阜东金家庄（桥属曲阜）段，由曲阜县负责；金家庄至历山段，由泗水县负责；历山至铜石段，由平邑县负责；铜石至费县段，由蒙山负责；费县至义堂段，由费县负责；义堂至临沂

▲ 被国民党军破坏的铁路桥

▲ 抢修后的泗河大桥

▲ 枣庄开往济宁的火车

▲ 韩庄运河大桥

由临沂县负责。

2.临青（州）路全长 380 华里。全段修护工程分配：临沂至汤头段，由临沂县负责；汤头经苏村至沂水段，由沂东县负责；沂水经马站至大关段，由沂北负责；大关经蒋峪、临朐至赤涧段，由临朐负责；赤涧至益都段，由益都负责。

3.台潍路（莒县至台儿庄）全长 561 华里。全段修护工程分配：莒县至临沂段，由莒县负责；临沂至苍山段，由苍山县负责；苍山至兰陵段，由赵镈县负责；兰陵至台儿庄段，由兰陵县负责。

4.临郯新（新安镇）路全长 150 华里。修护工程：临沂至李家庄段，由临沂县负责；李家庄至郯城段，由临沭县负责；郯城至新安镇段，由郯县负责。

5.临赣（榆）路全长 148 华里。修护工程分配：临沂至重沟，由临沂县负责；重沟至蛟龙湾段，由临沭县负责；蛟龙湾至赣榆段，由竹庭县负责。

6.临蒙路全长 224 华里。修护工程分配：临沂至半程段，由临沂县负责；半程至垛庄段，由沂南县负责；垛庄至蒙阴段，由蒙阴负责。

（二）半永久性之公路

1.临梁（邱）路全长 125 华里。修护工程分配：临沂至唐林段，由临沂县负责；唐林至梁邱段，由费县负责。

2.临涛路全长 208 华里（因转至坪上）。修护工程：临沂至板泉崖段，由临沭县负责；板泉崖至坪上段，由莒南县负责；坪上至涛雒段，由日照县负责。

3. 兰郯路全长 107 华里。修护工程：兰陵至长城段，由兰陵县负责；长城至码头段，由苍山县负责；码头至郯城段，由郯城县负责。

4. 梁（邱）向（城）路全长 87 华里。修护工程：梁邱至辛庄段，由费县负责；辛庄经香城至卞庄段，由赵镈县负责。

（三）临时性公路

各地根据战争之发展（特别是接近战场及部队运动之重要道路），以当地实际条件与作战部队之需要作随时抢修准备，并控制修路工人及部分器材，不能徒涉之河流应作临时桥梁之准备，这一工程要及时和保证武装通过之安全。

（四）修护公路工程之要求

1. 永久性之公路，路面要平坦，硬度要使一辆十轮车压不下车辙，桥梁要经得住一辆十轮车之通行，宽度要 5 米（一丈五尺市尺），洼道要增高路面，及增排水工程及涵洞及排水沟等。

▲ 群众自带工具抢修公路

2. 半永久性之公路，以现阶段保持通车，所有桥梁要不发生危险，路面以不致受烂泥河滩淤沙等而使坞车。

3. 临时公路，以军事需要实行抢修为主，完成紧急通车，以不失时机又保证通车安全为主要。

摘自华东支前办公室《对华野秋季第二战役支前工作计划》，1948 年 10 月 13 日

豫皖苏区整修、保护公路办法

整修公路办法

1. 路基最小宽度以 7.5 公尺为准，如超过规定宽度者按原有宽度整修。

2. 路基高度：路肩（即路两边）必较两旁田地高，至少 3 公寸，如有特低洼地段可酌量加高，使雨季边沟不得淹没路面。

3. 路面填土必须分层碾压坚实，并随时碾压。

4. 路线尽量裁弯取直。

5. 路线因地形的限制而修筑弯道，其曲线半径不得小于 3.0 公尺。

6. 路拱高度（即路中心高度）须较路两边高 30 公寸。

7. 边沟须修成 ⌣⌣ 形，边坡为 1:1 开以流水通畅为准。

8. 路线纵坡度不得大于 5%（即每百公尺不得高于 5 公尺）。

9. 路面如原为碎石或碎砖路面而损坏，坎坷不平及碎石暴露者须整修平坦，并加铺粗沙，层厚约 3 公寸。

10. 路旁如有大车道，须同时加以整修。

11. 如遇路基常被流沙淹埋者，应加修碎石或碎砖路面。

12. 桥两端填上须成水平，其路线必须放直，两端各 15 公尺。

13. 沿途桥梁在许可范围内尽量利用原有桥涵加固，维持载重 10 公吨，否则即就地取材计划改建。

保护公路办法

1. 为公路修复后常维交通计特订此办法。

2. 凡公路经过村镇应由该村镇段分负责任保护以便管理。

3. 凡公路沿线各村镇须将所辖路段经常巡视，遇有损坏或坎坷不平之处，须随时加以补修。

4. 沿路各村镇应于雨后巡视所辖境内公路路面有无冲坏或积水之处，有则立即补修或填土，冬季雪后立即将路面积雪扫除。

5. 路旁如有大车道并严禁铁轮大车行驶公路上。

6. 公路两旁如无大车道，铁轮大车应行驶公路两边，不得行驶公路中心。

7. 公路沿线附近如有粗沙，沿途各村镇应准备沙堆于路之一边，以便雨雪后撒铺。

8. 凡路基或路面如被飞沙埋没者，应立即拨除以便通车。

摘自豫皖苏行政公署《告专署县区政府训令》，1948 年 12 月 12 日

支前总结

华东组成胶济线西段建路委员会抢修胶济铁路

建立组织领导机构，统一指挥步调与计划，便于各方联系及材料筹措等。建

修胶济西段铁路时，以曾山、傅秋涛、王卓如、徐雪寒等 26 位同志组成胶济线西段建路委员会，下设工程、材料、行政处 3 处，负责领导进行工作。津浦路兖（州）临（城）段之抢修，由陇海、津浦铁路管理委员会领导进行，工程设计与工程队之组成，均由委员会讨论决定，并责成鲁中南四分区建立建路委员会，具体负责道木 15 万根电杆 2500 根及钢轨等工程材料的征购与收集和民力批拨集中。津浦路南段之抢修，在华支领导下建立了抢修委员会，负责带领 5 个工程队，3 个运输队，进行建修工作。建路委员会的建立，一般是吸收当地党委、政府负责同志参加，以便做到有力的配合，使工程顺利进行。

摘自华东支前总结委员会《济南、淮海、渡江京沪三大战役支援工作总结》，1949年 11 月 30 日

华东——各段铁路的建修是在作战情况、
残破基础与各种困难条件下进行的

济南战役结束后，铁路建修工作，开始有计划进行。为了恢复交通发展生产，加强军运支援战争，首先修复了为我控制的津浦路济（南）兖（州）段，胶济路济（南）坊（子）段。淮海战役第二阶段，徐州解放后，以徐州为中心，津浦路南到宿县，北至兖州，陇海路徐州至新安镇，共约 620 华里的铁路，在津浦、陇海铁路临时管理委员会统一领导下进行抢修。这时期大规模的围歼战正在徐州以西进行，仅以小车、挑子、大车等的人工运输，很难保证前方粮食弹药的需要。经铁路员工以战斗姿态进行突击，特别茅村铁桥，计划半月修好，但在工人努力下三天半完成恢复通车，人工加火车运输才保证了前方供应，取得淮海战役的全胜。

以上各段铁路的建修，是在作战情况、残破基础与各种困难条件下进行的。总计蒋匪破坏线路 556 公里，沿线各站的给水、通讯、电气、号志等设备，也遭极大破坏。仅据津浦路徐滁段、兖临段、陇海线徐新段的统计，大小铁桥被破坏者即有 85 座。……其次，建修又是在材料缺乏与人民已负担繁重战勤的情况下进行的。津浦路兖（州）临（城）段抢修时，该段共需枕木 15 万根，夹板 2.5 万副，道钉 75 万个，螺丝 5 万个，当时该项材料缺乏，因此某些工程师对完成抢修任务缺乏信心，有一工程师说："这些东西从美国运来也得 3 个月。"再就是蒋匪对铁路员工进行欺骗宣传，迫使随其撤离，妄想从技术上来瘫痪我们的铁路建设。津浦

▲ 在激流严寒中架桥铺路

▲ 雪地里忙测量

◀ 抢修铁路

▶ 民工修桥筑路用具

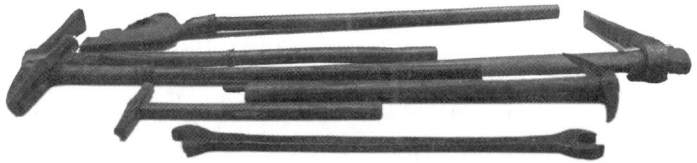

▲ 茅乡联防大队队长赵希仁为修桥筑路自费购买的抬筐、粪箕

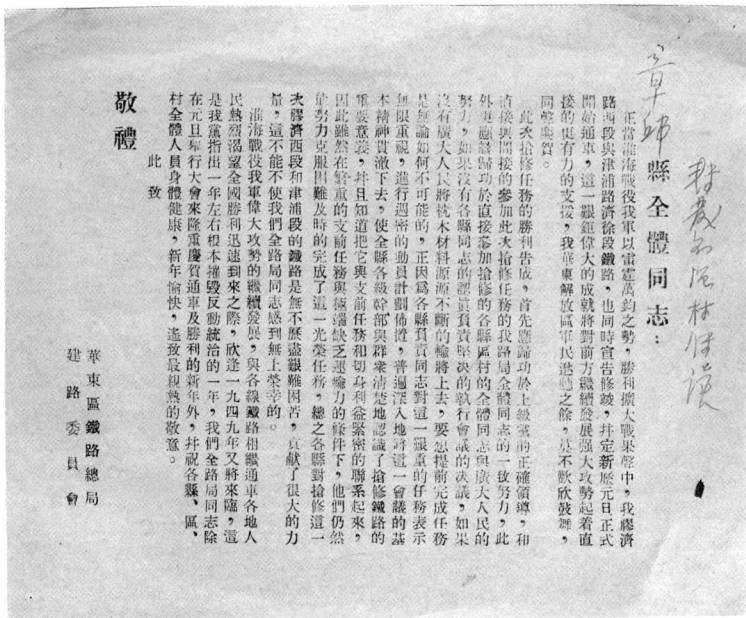

为庆祝胶济路西段、津浦路徐济段通车，华东区铁路总局建路委员会寄给章丘铁路员工的感谢信

路徐（州）浦（口）段，各站即有 7000 余铁路员工被迫撤离集中南京。这就是我们当时遇到的困难，但困难终被我们克服了。

摘自华东支前总结委员会《济南、淮海、渡江京沪三大战役支援工作总结》，1949年 11 月 30 日

资料选编

中原——为了保证交通线的畅通，广大人民群众在当地政府的组织领导下，投入了铁路、公路和其他交通道路的抢修

交通运输线畅通无阻，及时把后方粮食、弹药等物资运到前方，对战争的胜负起着重要作用。国民党军为了阻止人民解放军的进攻，对交通运输线进行疯狂破坏，仅铁路就破坏了 556 公里，桥梁 85 座；给水、通信、电网、号志等设备也遭到极大的破坏。

为了保证粮弹和其他军需物资的运输，中原军区和中原野战军在地方政府和人民群众的大力支援下，组织了大规模的铁路修复工作。10 月 22 日，郑州解放。23 日，中央军委即指示中原野战军、中共中央中原局和中共中央华东局派兵保护

黄河铁桥，勿使游匪及特务分子破坏；平汉、陇海两路之路轨、车站及诸项设备，均须注意保护。中共中央中原局多次指示中共各级委员会和支前机构，大力抢修铁路、公路，架设电话，保证运输和通信的畅通。中原军区司令部、政治部发布通令："郑州、开封相继收复，西连洛阳，南通许昌、漯河，均为中原交通要道，即应修复铁路，建立交通秩序，以利运输，支援前线，大量消灭蒋匪军，并使物资交流而利工商业之发展。"通令并规定：所有军民及铁路员工，要爱护、保护铁路设备和财产；运送军队或军需物资，需向军管会或铁路管理委员会接洽，办理手续。

广大铁路员工，在沿线军民的大力支援下，全力以赴抢修铁路。商丘车站全体铁路员工提出"大干3天，保证接车"的口号。许多员工不分昼夜苦干，没有电灯提着油灯、拿着手电筒照明。在全体铁路员工的努力下，10月24日，郑州至开封段铁路通车。……

在大力修复和兴建铁路，恢复铁路运输的同时，还动员和依靠人民群众，大力开展了修复通向前方的大路、公路、水路。豫皖苏地区短时间内修筑公路100公里、桥梁69座，架设电话线1150公里。

摘自《中国人民解放军第二野战军后勤史》下册，金盾出版社1997年，第124—125页

为了保证交通线的畅通，广大人民群众在当地政府的组织领导下，投入了铁路、公路和其他交通道路的抢修。从10月26日起，2万多民工和铁路员工，日夜抢修被敌人破坏的陇海路西段的道路桥梁。到12月初，开封、洛阳便完全通车。11月6日商丘解放后，他们连夜赶到民权，在两天内即修好路轨。12月1日徐州解放后，第二天便开出第一列东进火车。津浦路兖州至临城段的铁路被敌人破坏十分严重，抢修这段铁路需枕木17万根、夹板2.5万副、道钉75万个、螺丝5万个、土方2万多立方。沿线人民踊跃前送，不到20天即全部送齐。铁路员工和当地人民自11月17日动工抢修长达110公里的线路、47座大小桥梁仅用33天，到12月20日即全部竣工，使火车可以从济南直达徐州。至此以徐州为中心的铁路，即东通新安镇，西通洛阳，南抵宿县，北达济南。禹县发动5万群众14天修筑公路207公里，并修通禹县至登封、郏县、襄县、新郑、许昌等5条公路，修木桥10座，石桥1座。郏县万名民工，除完成运送粮食、军服、弹药外，又

修筑公路 90 公里，修铁路桥 8 座，从而保证了支前车辆、部队、装备通行无阻。豫西第一、第三、第五专区的群众日夜赶运铁道枕木和修筑公路。陇海线洛阳站 3 天收到伊川、孟津、宜南、洛阳等县送来的枕木 5000 根。新安县交到的枕木 13257 万根。新安县翻身农民于书堂老人，年近 70，他让两个儿子把自己做棺材的圆木锯成四方四正的枕木，抬着送到车站。有人问他："你百年之后，用什么东西装着送终？"于老汉饶有风趣地说："我死后，用石头做寿棺，不怕雨不怕晒，安安稳稳逛西天。"

摘自《中国人民解放军第二野战军后勤史》下册，金盾出版社 1997 年，第 152—153 页

华北——平汉、陇海、津浦三大铁路干线连为一体，使现代交通运输工具在淮海大战中发挥了重要作用

为了加快各种作战物资尤其是各种弹药转运的速度，确保战役大量消耗的需要，10 月 22 日，解放区的第一条铁路邯郸至涉县铁路建成通车，为华北各地的物资迅速运到淮海前线创造了有利条件。为疏通中原铁路与华北铁路的联运，提高运输速度和效率，中原军区于 10 月 23 日正式成立了"中原陇海、平汉铁路郑州联合管理委员会"（后改称郑州铁路管理局）。管委会成立后，根据中央军委关于全面加强铁路的维护、管理及建立交通秩序等指示，迅速动员广大铁路员工及沿线军民，对陇海、平汉铁路及沿线的车站、通信设施和设备等，进行了全面的检修和整顿。12 月初，郑州至徐州间铁路全线通车，从而使平汉、陇海、津浦三大铁路干线连为一体，使现代交通运输工具在淮海大战中发挥了重要作用。淮海战役期间，中原野战军所需的弹药等作战物资，主要靠华北军区供应，后方前送的弹药开始主要屯集在郑州，靠人力、畜力转运难解燃眉之急。郑州至商丘段铁路开通后，及时将九节车皮的弹药转运到靠近前线的商丘，保障了作战部队的急需。之后，战役总前委决定充分利用铁路运输线，在商丘设立总兵站，接收华北、中原、华东运来的作战物资，中转运往各作战部队，有效地保障了战役中、后期作战的需要。淮海战役结束后，刘伯承司令员赴中央开会途径邯郸时，对南线办事处负责人周文龙说："这次后方对前方支援太大、太及时了！最后解决黄维兵团时，几乎是弹尽粮竭，靠白刃格斗了，幸亏你们及时将 TNT 炸药和手榴弹运到，使得黄维兵团不能突围，全部被歼。你们是有功劳的，也是我对后方及时供应最感满意

的一次。"

在开通铁路运输线以保障大兵团作战的同时，华北军区还组织力量，抢修华北地区通向淮海战区的干线公路，以充分利用济南、平津、郑州等战役中缴获的大量汽车和新组建的汽车部队，以及地方商用运输车辆。为此，根据中央军委的指示，由华北军区军政处副处长杨恬率领华北军区驻邯郸办事处（兼中央军委南线办事处）机关及所属两个兵站与汽车大队，依靠太行、冀南、冀鲁豫 3 个行署和军区，动员上百万民工和筑路工人，抢修一条北起邯郸南至商丘的千里干线公路，使之与邯涉战备铁路相连接，架起一条"太行山淮海大陆桥"。通过这条大陆桥，把太行山根据地的物资和弹药，源源不断地运向淮海前线。

摘自《中国人民解放军华北军区后勤史（上编：解放战争时期）》，金盾出版社 2002年，第 258 页

▲ 1948 年 10 月 19 日，太行山区邯（郸）涉（县）战备铁路建成通车，华北人民通过这条铁路及时将太行山区生产的炸药等军需物资送达淮海前线。刘伯承说："边区人民修筑的这条'栈道'，传奇般的将黄色炸药运往淮海前线，若晚了十分钟，炸药跟不上，黄维就会跑掉。"图为铁路建成通车时部分工作人员合影

淮海、渤海两区公路全部修竣，畅通无阻

【华中电】苏北淮海区公路全部畅通，保证了淮海战役军需及时供应。组织了十余万群众已在全区 8.5 万余平方华里的平原上修通了公路 13 条，全长 1300 华里。另新修公路 7 条，牛车路 4 条，计长 306 华里；公路、牛车路低洼处筑涵洞 58 个，建桥 41 座；并修好各要道口大小船 133 艘。现在东至盐河，西、南至运河，北至陇海路，全淮海地区内之交通干线，均畅通无阻。各地农民在修路中，表现出高度的支前热情。沭（阳）海（州）公路百余里，在东海 1 万农民从去年 12 月 13 日到 20 日 8 天的努力下，已全部修竣。韩山区因修路任务紧急，全区 2175 个民工中，就有 207 个妇女，40 多个村干。全区 13 里路长的工程，提早两天完成。沭阳张刘村在修理苏鲁公路时，全村男子都出动，村里 64 名年轻妇女和 20 余老年人都踊跃参加。工程浩大的××河上之大桥，经涟水县 400 余铁木工友 50 天的努力，已修筑完竣。张兆常等 82 个铁木工友，光荣立功，并得到奖励。

渤海区在过去一年来，在全区人民及渤海公路管理分局的努力下，已使全区新筑和修复的 26 条公路全部通车，其中尤以惠（民）德（州）、惠（民）蒲（台）、惠（民）张（店）、德（州）滨（县）等路已成全区交通中之主要干线。一年来计修路 17 次（长 1378 里），新筑 4 条（长 345 里），修村路 300 里，筑桥 2 座，打涵洞 7 个，以上共用工 116516 个，用款 8300 余万元，及工资粮 6600 余斤。另在主要干线上建立了 11 处公路站，1 处公路段，保证完成了支前任务，打下今后建设工作的基础。在修筑公路中，表现了渤海人民对交通建设的高度积极性。如在 1946 年国民党军疯狂进攻之际，小清河以南，胶济线以北各县均为敌占据，公路亦多遭破坏，从胶西战役及潍坊战役后，全区始告解放，公路沿线亦皆收复，在全区人民积极抢修下，不久即全部通车。为了支援当时的胶西及准备济南战役，又新筑博（兴）羊（口）公路之石村至高尔港段 65 里，临邑至泺口段 140 里，青阳店至济阳、济阳至泺口 140 里。由于本区土质含沙分量大，又多铁轮牛车，很易压毁公路，故护路工作亦很重要。故在主要各干线上设有公路站及公路段，使各公路皆获妥善保护。

摘自《大众日报》1949 年 1 月 16 日

人民力量无限雄厚——记津浦路兖临段修复经过

津浦铁路兖（州）临（城）段，自11月17日动工，至12月20日仅33天，长达110公里大小47座桥梁的抢修工程，即提前全部竣工（原计划1月15日方能通车），使济徐段得以顺利通车。修复中表现了人民力量的无限雄厚。抢修兖临段共需枕木17万根，夹板2500副，道钉7500个，螺丝5万个，土方2万余。开始时，有些工程师、监工感觉材料奇缺，对完成抢修任务缺乏信心，某工程师说："这些东西从美国运来也得三个月。"

可是，人民的力量是无限雄厚的。沿线人民踊跃应征道木，仅滋阳一县即征购枕木达1.5万根。凫山、邹县、滕县、济北、曲阜等县各区村一面准备木材，一面发动木匠赶制枕木，并动员组织大小车辆运送枕木。同时沿线各县动员240多个铁匠炉打夹板、道钉，单济宁市即组织了80余家铁匠炉，日夜赶做。许多铁工，自动合炉，成立小组。四区打绳巷铁工张玉柱等三家合炉，20天中，完成夹板269个。永顺号铁工一连4天昼夜赶做，眼都熬红了，半月完成2000多个螺丝钉。打绳巷铁工孙兴邦打伤了头，稍加包扎继续干活；孙凤年脚趾砸掉，不能抡锤就拉风箱。在打夹板时，铁工们一连打六七遍，夹板结实耐用。各种器材，由于广大农村人民及城市工人一齐动手，从四面八方源源运来，17万根枕木，不到20天全部送齐。

铁路工人在"建立一条人民铁路"的口号下积极工作，一人一天钉道钉430多个，工人田法才被铁锤打破头，休养7天，伤还未好又回铁路干工。据监工任士信说："国民党时，16副架子钉夹板（每副两人至三人），一天顶多钉2.4公里，现在只12副架子，一天能钉3公里还多。"轨道队铺完轨道又参加修桥，在修两下店大桥时，17个轨道工人一天打3个桥座子。桥工队在邹县南关抢修沙河大桥时，因桥坍下河底，石满才带头下深水捞出铁轨200多条做桥梁，一天半即抢修完成。

沿铁路两侧广大农民，除供运器材外，男女老少亦齐动手，修路基，扒石子，铺道床、添土方，扛道木。四分区武装，也在周司令员亲自带领下，驻在路旁，一面护路，一面参加抢修，白黑不息。沿路村庄农民妇女识字班组织了护路小组，搭起草棚，拿起土枪大刀巡回铁路两侧。（转载《新民主报》）

摘自《大众日报》1949年1月7日

▲ 津浦路徐州至兖州段修复后，兖州车务段临城车站全体职工荣立集体二等功

铁路工人支援战争

与淮海战役开始的同时，陇海、津浦、平汉各铁路员工和某些城市的广大工人一样先后获得了解放，已解放了的数十万工人均以国家主人翁的姿态，创造了惊人的劳动效率，积极支援前线，完成了各项伟大任务。

自郑州解放后，陇平路2万余员工，在10月26日起即日夜抢修被敌人破坏的铁路桥梁，至12月初开封、洛阳、新郑完全通车，使后方的军需供应很快到达前方。当开封的2万余铁路工人在11月6日，听到商丘被解放的消息后，工程队即连夜赶到民权县，在2天内即铺修好路轨，至徐州解放次日，开出了第一批东进列车，和徐州接上通车。津浦路在兖州至临城段的铁路被敌人破坏得最为厉害，但解放后的工人，在40天内即抢修竣工，使济南火车直通徐州。西、北两线的铁路交通，本来估计在半年内修不完竣的工程，现在他们以不到两个月的时间即全部修好。为了支援淮海战役的胜利，工人们日以继夜地工作着，"人歇工不歇"，在寒风刺骨的冬夜里，冒着冰天雪地的寒冷，不少同志虽身受创伤仍不肯休息，表现了我工人阶级忠于国家、忠于人民的伟大革命精神。使数十万吨军需供应顺利迅速地运达前线，不但大大减轻了人民负担，而且给解放战争的胜利以有力的保证。

平汉路郑州 800 余工人抢修队，当他们一开始工作时，即遇到连绵数日的大风雪，路基路轨全掩在大雪里，寒冷和冰冻侵袭着他们，但是工人们没有停息，整日在弥漫的大风雪里坚持工作，路轨枕木在他们手上移动开去，又紧张又迅速，他们说："冻是冻闲人，我们一点不冷，前方战士在雪地里不是也一样打仗吗？"风雪越来越大，抢修的工作也越来越紧张，并且超过了平常的速度，清道工人毫不畏缩，使尽力气扫除积雪，铺道工人随即铺下枕木，钉道工人不顾地冻土硬，拼命钉下钉子，积雪冻结的整个道路，在抢修队克服了一切困难之下，一段一段地向前延伸。前后 7 天时间，列车即从郑州向南开出。

陇海路开封桥梁队和徐州坚守岗位的 200 余位工人，在徐州解放后，与津浦路工程队只用 3 天半的时间，就修复了茅村铁路大桥，次日又南下，将铁路线抢修至宿县，使铁路军运向南开展。修配厂的翻砂工人，在配合南下抢修洛河桥梁时，以一天完成 50 根桩尖，创造了高度的生产记录。津浦路第二桥工队仅 50 余人，一个月内修好铁桥 20 座，并大量利用过去遗弃的材料，克服了器材缺乏的困难。一个姓任的监工说："国民党时代，16 副架子钉夹板，每副两人至三人，一天最多钉 2.4 公里，现在只 12 副架子，一天能钉 3 公里还多。"这是什么原因呢？很简单，在铁路交通变为工人自己所有时，工人阶级就发挥了高度的工作效能，为消灭人民公敌而贡献一切。

摘自《中国人民解放军淮海大捷纪实》，中原新华书店 1949 年

津浦陇海铁路抢修工作获巨大成就

【新华社徐州分社】分社记者综述自徐州解放二句来抢修铁路情形称：以徐州为中心东西南北周围共长达 1600 余华里的铁路线，自 12 月 7 日至 15 日短短的 9 天内已全部修竣通车。这是中国工人阶级与人民具有伟大建设力量的有力证明，由于铁路的畅通，对于及时供应前线及解放区物资交流均十分有利，这与目下正被围歼的杜聿明集团内无粮草外无援兵的情景，成为一个明显对照。当敌人狼狈逃窜后，徐州市军管会即一面进行接管工作，一面立即抢修铁路，军管会铁道部干部于 4 日开始接管，至 7 日上午便已组织了一部分铁路员工出发抢修茅村铁桥，紧接着 8 日又有一批铁路员工向南抢修。9 日成立了陇海、津浦铁路临时管理委

员会，傅秋涛担任主任委员，统一领导整个抢修铁路工作。及时保证了人力物力的支前。自7日开始抢修茅村铁桥，在铁路员工积极努力下，仅历3天半即完成。正如原津浦办事处工务段乐工程师说："第一天45个铁路员工自10时出发，当时我计划到24时至多能铲平3个桥座，由于工人努力，到15时即铲平3个座子，17时搭起一个半座子，到24时3个崭新的座子都砌好了。"铁路员工本来是白天一班，黑夜一班轮班工作，后来则不分昼夜全部出动突击抢修。

在这次抢修中，所以能在短短的时间内获得如此巨大成绩，其主要原因为：首

▶ 华东支前领导机关发给抢修铁路有功人员的纪念章

先是由于徐州市军管会及津浦、陇海铁路临时管理委员会的正确领导；同时正确掌握了大胆运用技术人员的原则，发挥了他们的技能与积极性，并初步解决了他们的生活，使他们认识到只有依靠共产党才有工人的地位，表现了为人民交通事业服务的高度热忱。如千余员工在向南抢修时，他们一面排除沿途的敌工事碉堡，一面收集枕木，在严寒的黑夜里仍坚持工作。其次是在共产党领导下，陇海、津浦两铁路员工表现了空前的团结，这是以前没有的。由于国民党反动派有计划地分裂破坏工人队伍，因而两路的员工们经常闹不团结。而现在截然不同了，茅村铁桥是陇海、津浦铁路员工合作抢修的。另洛阳的500余员工由徐州向南抢修，修至宿县后又立即到达临城向北抢修。第三是广大农村群众及地方政府的努力帮助配合，铁路上的土方完全是由农村民工完成的，许多农民从百里甚至数百里路以外，源源运送刚制成的崭新的枕木，而且一根根的摆好在路基上，节省了铁路员工们抢修的时间。

摘自《新徐日报》1948年12月22日

资料选编

抢修茅村铁桥

茅村铁桥，徐州北 20 里津浦铁路上的重要桥梁，桥身被炸毁 8 孔，桥墩要铲平重砌，计划最少需 15 天才能修复。为迅速恢复通车，铁路员工和广大群众不分昼夜、不论男女老幼，争分夺秒积极抢修。水中作业艰苦危险，党员干部带头下水作业。工人研究改进技术，大大提高了工作效率。经过昼夜奋战，铁路员工和广大群众只用 3 天半时间就抢修完工，受到陈毅和华东局的表扬。

根据淮海战役纪念馆征集的铜山县支前资料整理

▲ 火车满载军用物资通过茅村铁桥

▲ 修茅村铁桥用的扳手、道钉

四十分钟修好一座桥

铜山县三卜乡杨山头位于奎河之西，徐三村位于奎河之东。杨山头居高临下，是军事上的有利地形。敌人为了挽救自己垂死的命运，除占据山头外，又拆了徐村大桥，企图切断我军西进的道路。

1948 年 11 月 10 日下午，太阳挨近了山头。远处近处不时枪声乒乓，杨山头上的敌军吓得趴在龟壳里探头探脑地向外窥视，有时也放两下空枪为自己助威、壮胆。

被枪声吓得有些恐惧的徐村人，家家关门闭户，个个藏在自己认为比较隐蔽的地方，从缝隙里向外寻视着什么。鸡犬也不像往日那样活跃，整个村庄笼罩在紧张而平静的气息里。

十多个穿着草绿色军装的解放军前卫队来到了徐村大桥，一看，桥被万恶的敌人拆毁了。没了桥，部队、汽车、炮车……怎么通过呢！几个同志到村里蹓跶了一圈，找到了贫农杨开吉等几个人，一经商量，立刻在村里活动起来了。拿铁锨的，扛秫秸的，拉树枝的，陆续来到奎河边，几十个手持工具的人聚集在这儿。部队负责同志讲话了："乡亲们，同志们，我们是人民的子弟兵，是为人民灭匪除患的，我们要过河消灭西山的敌人，但是桥被敌人拆毁了，大部队难于前进。修桥，我们的人力暂弱，需请父老们帮忙……"

被白军打骂惯了而又害怕的徐村人，听到这犹如亲人的口吻，个个点头微笑。

修桥的战斗开始了，部队的同志急速地整理一下自己的武器行李，向乡亲们借工具，想让乡亲们躲避一下可能发生的意外事故。可是谁又肯把工具让给日夜征战的亲人而自己在那儿消闲呢！"你们背着这么多东西，跑那么多路，又得打敌人，累得够受啦，我们来干，你们歇歇吧！"问谁借工具，谁就这样说。待相持不下时，乡亲便又跑回村再找个工具来。污臭的奎河水，浸淹着十几个在河里拽桩的人——战士、群众，秫秸一个个的运来铺在水里，土一筐一筐地倒在秫秸上，秫秸一个接着一个，土一层接着一层，很快地露出了水面。人民的劲头大了。

太阳下山了，我们的大部队也来到了。人民见到自己的部队，不知怎的，劲头更大了。挖泥的，抬土的，铺秫秸的，个个汗流满背，喜气倍增。

40 分钟过去了，一座身高 6 公尺，面宽 12 公尺，长达 25 公尺的土桥竣工了。部队、汽车、炮车……浩浩荡荡地向西挺进。部队首长紧紧地握住杨开吉的手说："谢谢您，多亏乡亲们的帮助……"杨开吉不知说啥才好，只是点头说："没啥，没啥。"

摘自铜山县淮海战役战史组《四十分钟修好一座桥》，1960 年 7 月

第二节　架设电线

　　淮海战役时，电话抢修工作由各区电话队承担，一般工程采取分头架设的方法，较大的工程则集中有突击力量的电话队配合部队进行。战役中，仅华东地区参加抢修的电话队员就有 1627 名。在他们的努力抢修下，靠近战区的电话虽遭到了严重破坏，但各干线于战前均已大部被修复，并随着战役发展，不断延伸到新解放区。

▲ 赶修通讯线路

▲ 徐州电话局职工在紧张工作

文件精选

豫皖苏区电线架设指示

　　交通建设，直接关系战争的胜利，应视为是支援战争的首要工作，否则影响大军供应，而增加许多困难。为了给前线以有力支援，保证战争获得全胜，特拟定公路电线建设计划，随令附发，仰各专署、分区，立即布置，并于 12 月 15 日前如期完成，兹就提出以下几点要求：

在电线架上：

（一）器材：电杆至少应长 1 丈 5 尺（出土处至顶端）尖端直径 10 生的，过河杆加倍。磁头长 6 生的，直径 4 生的，中孔直径 1 生的，里表上釉尽量坚厚。电线从 6 号至 16 号，不得过细。

（二）工程：电杆相互间距离 50 公尺（每华里 10 至 12 根），入土至少 2 尺。磁头在杆之顶端 10 生的。线应在杆之左侧，不得左右皆有。箍线不得过细，并应于两边箍，以免损坏。接线应大接，能以锡铝更好，长途线应靠公路线架设之。

（三）技术上：每杆皆要编号，以便查线，并保证在晴天 300 里内通话顺畅。

摘自豫皖苏行署军区《关于公路电线建设的指示》，1948 年 11 月 26 日

鲁中南第六军分区、第六专署长途电话管理规定

最近我长途电话，屡次遭受敌特破坏（莒县到沂水段、莒县到大店段均数次被破坏），再加有的我县级机关随便在长途干线上搭机，致影响干线通话。目前战争支前任务紧迫，各地对长途电话之使用保护如再不加以重视，势将给整个工作以严重影响，为此特作如下规定：

1. 各县对以前所发护线通令之执行，应作深入检查（尤其莒县），根据检查情形，再重新动员组织，继续贯彻，确保路线之安全。

2. 各县政府及县委只许设一部共用单机，不得各设一部。

3. 各县机关及部队，不经分区许可一律不准在长途干线搭设电话机，经允许安设之电话机，应搭于附近电话总机。

4. 各机关部队应按前规定之通话时间通话，通话时要简单扼要，节约时间及电力，如在机上闲谈乱扯，电话员有停止其通话之权利。

以上规定希切实执行为要！

摘自鲁中南第六军分区、第六专署《（关于长途电话管理的）联合通令》，1948 年 10 月 23 日

文件精选

战前华东地区电话架设的部署

1. 临沂至兖州线，由四分区负责架修与组织保护。

2. 临沂至沂水线，由二分区架修与组织保护。

3. 沂水至青州线，由三分区架修与组织保护。

4. 临沂经十字路、涛雒至日照线，由六分区架修与组织保护。

5. 临沂经郯城至新安镇线，由六分区架修与组织保护。

6. 临沂至蒙阴线，由二分区架修与组织保护。

7. 临沂至峄县，由五分区架修与组织保护。

8. 保线与修线之要求：就所在地区，由军分区司令部根据线路经过之地区，标出电杆数目，交由地方指定专门负责之村，并由村中群众指定专门负责之人，保证任何时候能随坏随修，不使长时间中断。

9. 各分区除指定之线立即计划材料及速造预算呈报军区外，并准备战场急需之架设器材如电线杆等，对电话掌握之单机、总机工作人员，应进行政治教育，严明奖惩纪律，培养模范工作者。

摘自《华支前办对华野秋季第二战役支前工作计划》（1948年10月13日），见《淮海战役》第三册，第39—40页

支前总结

华东地区的电话架设情况

……仅淮海战役参加抢修电话队员1627名。较大之工程则集中有突击力量之电话队配合部队进行。靠近战区长途电话虽遭蒋匪严重破坏，但在前后方全体电话队员努力抢修下，各干线于两战役前大部修复；并随着战役的发展，从事新区电话架设。

完成电话架设，所需人力与工程器材等，大部就地动员筹措和取自敌人方面。进行情况大致如下：

淮海战役仅鲁中南地区，以临沂（区党委、军区所在地）为中心即先后完成：

临沂至沂水，达到与华东局通话；

临沂至十字路，与滨海分区通话；

临沂至郯城，与前方作战部队联络；

临沂至兰陵再至邳县、运河站、峄县、滕县；

兰陵通台儿庄、贾汪、徐州等地；

以上电话线路共长876华里，所用工程器材：

电杆4652根；

磁壶或磁头4313个；

电线38690斤；

扎线299斤；

焊锡9斤；

焊油2合；

动员民工2642名。

……

电话队为了完成这一前后各方重大交通联络任务，支援自己的部队顺利作战，一般表现热情积极，在工作上都是超过计划完成任务。鲁中南电话队79人在300余民工的协助下，于47天时间中，即架通了876华里的长途电话。在架设临沂至沂水200里长途电话时，原计划20天完成任务，但在全体队员的冒雨突击努力下，18天即修通。当淮海战役围歼黄百韬时，部队及支前机关急速南下，又要保持与华东局的联系，为此即命令该队从速架设兰陵至台儿庄52华里的任务，该队当天接任务后，连夜架设，明日下午4点电话畅通。在架设徐州至贾汪电话工程时，天下大雪，电话队仍坚持工作从不叫苦，张守奎、高海义二同志自动脱下棉衣过水放线，提前完成任务。

摘自华东支前总结委员会《济南、淮海、渡江京沪三大战役支援工作总结》，1949年11月30日，第188—191页

第三节　战时邮政

　　战役中，及时传递邮件、报纸，保证前后方信息畅通，对鼓舞部队士气、稳定民工情绪、密切各方联系有着重要的作用。为此，华东支前委员会专门成立了支前邮局，抽调了 300 名干部与交通员奔赴前线，建立了数条支前邮线。邮政人员翻山越岭，忍饥耐寒，圆满完成战时邮政任务。仅华东支前邮局的邮递人员，就为前线部队和民工收发投递各种信件 349 万封，报纸、文件 30.2 万捆。

▲ 送往前方的慰问袋和慰问信堆积如山

文件精选

华东支前邮局组织办法

　　一、工作任务

　　（一）在战争期间密切部队与支前机关的联系，根据战争情况的发展调整邮线，保持邮线畅通。

　　（二）收寄支前机关及民兵民工的一切邮件，开展各支前组织中的报纸发行工作。

　　（三）协助新区局站开展邮政工作，指导各地支前邮政工作。

二、组织制度与工作关系

（四）编制规定：

1. 华东支前委员会设一支前邮局，定名为"华东支前委员会支前邮局"，设正副局长各 1 人，秘书 1 人，干事 3—5 人，收发员 2 人，发行员 1 人，交通员 15—20 人，自行车 5—7 辆，驮马 1 匹，共计 24—31 人。

2. 各战区或临战区之行署或专署之支前组织，方得设支前分局或支局，设正副局长，干事 1—2 人，收发兼发行员 1 人，交通员 8—10 人，自行车 1—2 辆，共 12—15 人。

3. 县或民工管理处设支前邮站，设站长兼收发 1 人，交通员 2—3 人，自行车 1—2 辆，共计 3—4 人。

（五）工作关系：

4. 华东支前委员会支前邮局，在业务上，组织调整、干部调配上，归总局直接领导之。各级支前邮局、站，除归华东支前委员会支前邮局领导外，并受各该级邮局之业务指导。

5. 各级支前局站，在行政、政治、供给等方面，概归各该级支前组织秘书部门领导之（设立较短时期之局、站，得按具体情况另定之）。

6. 各级支前局站，在发行支前报刊业务上，受各该级支前报社之领导。

7. 在紧急情况下，支前支局以上之组织，得要求地方局、站的人力物力服从支前邮局之要求调配之，地方邮局不得借口拒绝。

（六）工作制度：

8. 华支委会支前邮局每半个月向支委会与总局作书面报告一次，一个月总结工作一次，缮写二份，交总局一份，支委会一份。

9. 支局或分局每半个月向上级支前局与各该级支前组织作一书面报告，一个月总结工作一次，缮写二份，一交上级支前局，一交各该级支前组织。

10. 各级支前局、站所用之表册，应按期造报预算，报告华支邮局，由该局统一造报总局批拨之。

11. 一切供给问题，如交通工具、生活费用、办公杂支等，概归各级支前组织负责供给之。

12. 政治学习等制度，依各级支前组织之规定执行之。

13. 各级支前邮工之奖惩制度，按邮电总局规定执行之。

三、本办法如有未尽事宜，得随时修正之。

四、本办法由华东邮电总局制定，经华东支前委员会同意，由山东省政府、华东财办公布执行之。

五、本办法自公布之日起施行之。

摘自山东省政府、华东财政经济办事处《支前邮局组织办法》，1949 年 1 月

鲁中南邮局免费邮寄通报

据鲁中南邮局李副局长面称：自即日起，凡支前机关、军队、民兵、民工等，一切公私信件、文件、书报等免资邮寄。希各机关与驻地邮局、邮站接洽并希对民兵、民工之免费代邮应作为政治动员内容传达，免生迟滞等现象。

摘自山东省支委会前办《通报》，1948 年 9 月 24 日

鲁中南第五分区抽调民工增加邮局运输力

目前我军高度集中作战，大军云集陇海，在此情况下面，由于邮局交通人员缺少，工具欠乏，大批报纸邮件不能及时送到前方，今为保证前方及时看到报纸文件，必须加强运输力，为此经研究决定，每县征调身体强壮，民工 10 名，以作该县县局之运输力，各县指挥部可根据任务之重轻与县局共同商量研究。并当做一个主要任务重视执行为要！

摘自鲁中南五分区支前司令部《关于抽调民工给县邮局充实运输力量的通知》，1948 年 11 月 14 日

支前总结

华东邮局的战时邮政

华支邮局的主要任务是打通前后方军队、支前机关与民工民兵报纸信件的联系，供应军队与支前人员以精神食粮。

（一）组织机构变化与人员配备

华支邮局成立时，仅有干部 7 人，交通员 20 人，一、二、三民管处及四、五、六专区支前司令部各设一个邮站。后因形势发展，四、六专区支司改为华支前办，

各该邮站即改为支局，五专区邮站撤销。淮海战役期间，战场周围设 3 个邮站。12 月底增加干部 5 人，民兵 36 人。至淮海战役结束，前方三个站撤回休整，四民管处成立，又添设一个站，人民武装部亦设一个站。为建设支前基地以及渡江后进行新区征粮，华支成立了 4 个办事处，邮局也随之成立了 4 个支局（苏南、皖南、浙江、赣东北），每支局下设 3 个站。总局派来干部 28 名，充实了各支局。为保密起见，又成立了一个军邮封发组，负责寄递战时秘密文件。

华支邮局人员配备情形表

职别 名额 部别	局长	秘书	干事	指导员	站长	收发	收发练习生	会计	司务长	通讯员	炊事员	饲养员	交通员	发行员	合计	备考
华支邮局	2	2	5	1	7	10	8	2	1	1	4	3	33	2	81	
苏南前办支局	1		1			1	2								5	收发中有三个组
赣东北前办支局	1		1			1	2						2		7	
浙江前办支局	1		1			1	4						4		11	
皖南前办支局	1		1			2	1	1					2		8	
合计	6	2	9	1	10	17	13	2	1	1	4	3	41	2	112	

（二）邮线的建立与变化

为加强前后方的联系，淮海战役前曾先后建立了临海、临郯邮线，临台峄及临邳运邮线。随着战争形势的不断发展变化，又随之建立了运宿邮线，徐萧永邮线与黄口邮站。淮海战役胜利结束，为配合我军南下渡江，又建立了固蚌邮线，合芦段邮线，蚌滁扬邮线及赣东北邮线。

（三）邮件、报纸的传递

华支邮局工作大部处在新区环境，且临近战场，情况紧张，变动极大，联系非常困难；又加交通工具简陋，特别开始连一条扁担也没有，后来才逐渐添了 9 匹牲口，8 辆车子。在这样困难重重环境复杂的情况下，由于全体同志的努力，终于克服了一切客观困难，完成了任务。

在邮件收发传递方面，在淮海战役初期，交通困难时一般做到了邮递及时，仅有个别情况才有邮件积压现象。后来火车交通恢复，邮局工作加强后，积压现象逐渐减少。仅据淮海战役开始正式建邮至华支工作结束（1948 年 11 月至 1949 年 7 月）统计，共收发邮件：

挂号、平信、寄件 3492051 件；

包袱、钱款 71556 包;

报纸、书籍、文件 303245 捆;

挂包、平包、邮袋 190347 个。

……

战时邮政工作,完成了各部队,各支前机关,各民工、民兵团队邮件运送,和加强了前后方的联系,保证了前方参战干部及民工、民兵报纸、文件的供给。

摘自华东支前总结委员会《济南、淮海、渡江京沪三大战役支援工作总结》,1949 年 11 月 30 日,第 191—194 页

支前报道

华东支前邮局各站完成淮海战地邮递

【本报讯】华东支前邮局各站全体同志,克服了人少任务繁重及寒风雨雪的困难,完成了淮海战地的邮件递送任务。当敌人从徐州逃走后,该局同志连民兵在内不及 40 人,经七八天的急行军才赶到萧、永、宿三角地带,他们就绕战场周围设上 3 个直属站,开始日以继夜的工作。一站只有 6 个交通员,但每天接到从徐州方面运来的大批邮件,他们即分头出发到"临沂"部队、"长春"部队,经过五六十里的步行,第二天拂晓才送到,下午 4 时回来,自己再做上一顿饭吃了后,又出发。他们曾冒着风雪严寒,踏着半尺深的泥路,连续运送了五天五夜。一次半路上遇特务射击,他们仍机警地前进完成任务。该站站长王彦彬同志平时亦亲自参加挑报。干事孔庆斌同志为了调整邮线,从睢宁到运河站,到邳县、苍山、兰陵,从兰陵又到徐州,日以继夜往返 300 余里,有时还吃不上饭,终于使华支邮件没有走弯路。于世田同志脚上害疮在流脓血,亦出发 3 次去调整邮路。二站刘保全、王徽银、王本松三同志因紧急任务去"扬州"部队,他们连饭都没吃上,即冒着风雪交加的黑夜摸了 50 里泥泞路挑回邮件,跌得满身是泥。两个邮袋冻得像玻璃包的一样,棉衣经火烤后,轻轻一捏水就直淌。今年才 18 岁的袁为志同志,一次去军邮联系,当夜未找上,饭也没有吃就在一个马棚里过了一夜,第二天完成任务才回来。第二次他又踏雪出发,因路上泥水太深,鞋子掉了,他就赤足在冰冷的泥窝里走,完成了运送四五十斤邮件的任务。三站虽靠战场近些,但不论

大风大雪天，或伸手不见五指的黑夜，甚至敌机扫射轰炸的白天，只要邮件一到立即出发。各站民兵同志亦都争先恐后地抢着出发，肩挑邮件 60 余斤，夜摸 50 余里，分头到东军邮、西军邮送东西。有几次下雨下雪的晚上，他们棉衣给雨雪打湿了，里面小褂给汗浸透了，还光着足走泥水路，但没有谁叫一声苦。江淮二分区尹集通宿县四十里堡邮线南段临时站长郑少新同志，完成了运河站通尹集的建线工作后，又抱病配合地邮完成尹集通四十里堡的建线任务。由于该局同志们不顾艰苦困难，完成战地邮件运送的任务。现各站正在准备评功鉴定中。

摘自《大众日报》1949 年 1 月 27 日

邮电总局调整工作，加强支前邮务，两大支前干线通邮

【本报讯】华东邮电总局为加强对淮海战役的支援，统一配备干部与组织人力，并委托鲁中南分局全权负责领导支前（支前主要任务方面）及与军队之联系；另外又成立了华东支前邮局，现 40 余干交人员随华东支前委员会行动。支前的两大干线现亦调整完竣，已开始通邮。一条由济南经兖州、邹滕直达前线，此线仅兖州至前线段即设六个干站，全长 700 多里；根据战事发展需要还要向前伸展。另一条由益都经沂水、临沂直达前线，共设干站 12 个，全长 700 多里。在此两大干线之间，近拟经临城联系起来。两条干线共分 4 大段，每段专设干部 2 人，负责掌握时间及干线一切事宜。在支前接收工作方面：以济南市邮局为主已组织两批人员南下，第一批 50 余人由该局李夫清科长率领，已开赴前线多日，协助支前与准备接收工作；第二批 200 余人，在济集中学习政策后，现由陈副局长带领亦开始南下。另外，总局又通令渤海、胶东两地区，抽调干部邮交员 80 人，限于 11 月 25 日前调送总局，以作配备支前与接收工作之力量。

摘自《大众日报》1948 年 12 月 3 日

邮交员不辞辛劳，服务部队民工

【又讯】在淮海战役捷报频传之际，鲁中南各邮局积极支前。六专区支前邮局主动与民力部联系，一日数次询问民工队驻地及移动情况，以便迅速递送信件；民工因不了解寄信章则，所用信封太小及三角信很多，即替他换信封装寄。为使信件及早送出，邮交员均争着出发。张玉闩同志出发来回 200 里，刚回来又要出发。日照局本来少一个人，因支前又调去 5 个同志，但仍照常完成任务；丁原法、申永

林同志自报奋勇去沈疃来回 100 多里，当晚返回县局，第二天仍行出发，并不叫苦。苍山褚皿邮务所只剩了 3 个人，所长带头出发，仍坚持完成任务。泗水局邮运班 6 个人病了两个，为了使支前工作不受损失，便减少休息，不停的出发，如宋学祥同志 6 日晚上出发到曲阜，7 日返回，往返 120 里，8 日早又出发去卞桥站，90 里的往返路程，于当天返回本局，临城局王金田同志听说部队来了，带着邮件去联系，走了八九十里（往返）到黑天才回来吃饭。邳县局收发员韩芝同志去联系部队，找了一天未找着，第二天未吃饭又出发去找，终于找到后才回局来。

摘自《大众日报》1948 年 12 月 3 日

第八章 到前线去 到主力去

　　"到前线去，到主力去！"解放区人民踊跃报名参军，掀起父送子、妻送郎、兄弟相争上战场的参军热潮。大批地方武装荣升为主力，强大的后备兵团源源开赴前线，极大地保证了兵员的补充，使人民解放军愈打愈壮大，愈战愈坚强。

第一节　动员参军

　　淮海战役期间，解放军的兵员补充主要来自解放区农民参军的新兵、地方武装的补充和经过教育训练的俘虏。战役发起后不久，中央军委明确指出："对我各作战部队随战随补，随补随战，使部队经常保有充足的兵员和旺盛的士气。"对此，解放区各级党政机关，纷纷作出关于动员兵员补充主力的指示、决定或命令，拟定参军动员讲话材料，制订具体的宣传教育和组织工作计划，逐级召开动员大会，宣传胜利形势，鼓舞翻身农民的参军热情。

文件精选

兵员补充计划

11 月 15 日：华东局拟在山东完成 65000 人的扩军计划

　　一、目前战争已发展到空前规模，并且每一个战役都具有连续性与持久性的特点，需要有大量的及时的兵源补充，否则就不可能保证战争的持续与彻底胜利。又由于这种补充数量很大（动辄数万），时间要求准确，而运输线越来越

▲ 战壕里迎来了新战友

▲ 地方武装升级为主力部队

远，决非临时抓一把所能解决问题，必须是有计划、有组织并且有训练的才能保证满足前线的需要与便利巩固。估计淮海战役结束之后，野战部队即将进入休整补充并要准备明春新的攻势作战，急需利用今冬明春的农闲时期，进行大规模的扩军运动。华东局特决定在山东地区完成6.5万人的扩军计划，其任务分配如下：

渤海3万人（现有1万人除外），胶东15000人，鲁中南15000人，昌潍特别区5000人。

二、扩军的方针办法应当分别几种不同情况和地区：

（一）在老区和半老区除了个别地区因劳力缺乏（如胶东东海鲁中某些地区等）停止扩军而外，一般的都采取普遍升级办法，普遍恢复与扩大县区武装，再由县区武装升级过渡到后备兵团，成立各种形式的基干团、补充团、轮训团或学兵队等，同时在群众基础较强领导上又能掌握的某些地方，可以进行扩军动员，参加主力并进行归队运动。原则上所有归队战士都应回到主力，各地地武不得私自收容，以免影响主力巩固。

（二）在新解放区或新收复区壮丁一般较多，只要有了初步群众基础，即可结合群众双减及调剂土地，大量动员群众参军并同时建立和扩大各地地方武装作为将来大批升级之基础。昌潍地区采取上述办法，已扩大5000人可供各地参考。

（三）支援战争任务较为频繁或群众工作无基础的地区（包括边沿区游击区），一般不进行参军而以建设及加强地方武装为中心。

三、在扩军运动中，必须特别着重解决优待军人家属及优待荣军等问题。这与扩军运动及巩固部队均有极重要的关系，各地必须普遍检查并普遍改善优待军属及荣军的工作，并将上述检查总结与改善情况报告我们。

四、各军区特区应依照以上新兵分配数目，将新兵以3000人或2500人为一团，组成相当数量的新兵团，计渤海10个团、胶东5个团、鲁中南5个团、特区2个团（2500人1个团）共22个团。新兵团的干部连以下大部自给，团营二级自给一部，由后备兵团配给一部。

五、整个计划从11月下旬开始到明年3月结束，共计4个月。首先应普遍进行扩大各县区武装，同时将现有之各县区武装即行升级二分之一（个别地方三分之一战区、游击区暂不升级）。现山东共有49000县区武装可升级2万，各区可依此原则自定（报军区批准），争取12月底前完成（相当总数三分之一），其次应很好布置扩军和归队运动，争取 3 月底全部完成（即 45000 人）计划。

六、各级党委及政治机关对这一扩军计划必须作周密布置，从上到下进行深入动员，按级分工，掌握总结上次经验，创造新的经验，必须克服过去大呼隆、大参军的强迫命令以及重量不重质的形式主义做法，而代之以实际深入有领导、有步骤与有重点的群众路线的做法。

摘自华东局、华东军区《在山东地区完成六万五千人的扩军计划》，1948 年 11 月 15 日

11 月 18 日：华野计划抽调淮海三个团充实部队

为便于连续作战，建议渤纵即南调到运河线之万年闸贾汪线集结待命参战。

1. 苏十二纵现为 2 个旅，现新海已解放，可否由淮海调补 3 个团充实到 3 个旅，以便战斗中培养。

2. 华东已动员之新兵请到台儿庄集结，以便补充，这样好巩固俘虏，保持骨干，便于连续作战。以上是否可以，请考虑示复。

摘自华野《建议抽调淮海三个团充实十二纵队，山东已动员之新兵请到台儿庄集结给华东局、华东军区的报告》，1948 年 11 月 18 日

11 月 19 日：华东局、华东军区作出补充兵员指示

1. 已令渤海纵队即赶到万年闸贾汪线集结待令参战。

2. 同意由淮海调补 3 个团充实苏北 12 纵到 3 个旅，请华中工委提出意见。

3. 已决定胶东抽 3 个团，渤海、鲁中南各抽 2 个团，共 7 个团升往前方补充主力，但因胶东、渤海太远，短期恐难赶上，拟先调鲁中南集中滕县、临城附近准备接收徐州之 3 个团交前方补充主力，将来接收徐州部队另外配备。

4. 上述补主力 7 个基干团的分配由粟谭决定通知我们。

摘自华东局、华东军区《关于补充兵员的指示》，1948 年 11 月 19 日

11 月 21 日：华东局分三期动员 11 万兵员的兵员补充计划

一、关于淮海战役的兵源补充问题，我们计划动员人数 11 万以上，共分 3 期完成。计：第一期：将现有基干兵团尽量调出。计胶东 3 个团（5670 人），鲁中南 5 个团（6230 人），渤海两个团（2500 人），共 10 个团（14400 人）。加上渤海之 4 个新兵团（10000 人）及 5500 的县区武装，总共 29900 人。第二期：从各地县区

武装中抽调平均数之一半，计胶东 8000 人，鲁中南 7000 人（渤海的已包括在第一期），及昌潍之两个警备团（3000 人），共 18000 人。第三期：即动员参军及恢复与充实县区武装，由升级过渡到后备兵团，共计 65000 人（其中拟以 5000 人补充军区济南各警备部队）。

二、以上 3 期之补充兵员，又因动员有先后、路途有远近，故分作 6 批出发。第一批：鲁中南 4 个团（宁阳独立团除外），11 月底前即可调补。第二批：渤海 1 万新兵（4 个团），12 月 5 日左右可到台儿庄。第三批：胶东 3 个团和鲁中南之宁阳独立团，12 月 15 日左右可集中（胶东 3 个团可到临沂）。第四批：渤海县区武装及两个基干团组成的 4 个小团，12 月 4 日出发，20 日左右可到台儿庄。第五批：胶东、鲁中南县区武装及昌潍两个警备团（新成立的），12 月底可集中，明年 1 月初可出发。其余须到明年春分批补充。华中补充计划由华中工委自定。

请粟、谭、陈、唐、张，根据前方部队需要，提出具体分配意见，以便适当调度。中央军委对上述大量抽调地方基干及县区武装补充主力有何指示，盼复。

摘自华东局《淮海战役期间的兵员补充计划》（华东局给华野前委的指示并报中央军委），1948 年 11 月 21 日

11 月 23 日：中央军委对兵员补充计划作出指示

11 月 21 日电悉。完全同意你们所定的关于淮海战役的兵员补充计划。在你们动员地方基干团、县区武装及新兵工作当中，务望进行公开的政治动员，加强地方上优待抗属烈属运动和动员逃兵归队及部队中巩固工作。并由军区政治部发一政治动员训令，责成三级军区政治部紧抓这一工作，亲自布置、督促和检查，以保证 11 万人的补充计划的完全实现。华野政治部，亦须准备政治工作计划，以欢迎和巩固这批地方团队和新兵的到来。华东军区应在地方基干团和县区武装逐步调往前线过程中，同时布置地方新的部队，乘着前线不断胜利的影响，加紧进行肃清和瓦解地方土匪特务的武装，以巩固华东后方。济南地区应控制一个警备旅的兵力。

摘自中央军委《完全同意关于淮海战役期间的兵员补充计划》，1948 年 11 月 23 日

12 月 8 日：华东局调补主力基干团的指示

一、鲁中南 4 个基干团 4931 人（三团 1346 人，竹独团 1200 人，六团 1116 人，

十三团 1269 人），济井四团（渤回民团调换的）1400 人，共 6331 人（微①电数字有误，应依此电更正），由赵一萍率去萧县区直接交前委（原定 12 日到达房村后同意传建议直送萧县）。

二、渤海第一批新兵组成之 4 个团 9000 余人（原 10600 人），由后兵补充师郭徐率领，限于 12 日到达徐州东北常庄一带待命，渤海第二批新兵 4 个团 9000 余人，于鱼日②由济南上车，拟到滕县稍事整顿巩固即迅速开常庄以西待命，于 15 日前到达。上述新兵共 8 个团，统归后备兵团直接指挥办理交代。

三、总共有 13 个团 24330 人，请前委立即派得力干部到上述地点，分头接收，分配去萧县 5 个基干团的具体地点请传在常庄等处准备粮草并直接通知前委。

四、补充兵团的枪支应全部退还，其干部于交接后，连以上全部及各排应大部分归还原军区，以便继续率领第二、第三期新兵补充主力，并指定鲁中南 4 个基干团及济南井四团由傅负责，渤海第一、第二批 8 个新兵团由林王龙负责，直接与华野具体洽商干部枪支问题（井四团的枪支干部应归还渤海），并将办理情形告知。

摘自《调补主力的基干团情况》（华东局给华野、后兵、华支的指示），1948 年 12 月 8 日

动员参军的方法

华东局动员参军的方法

（一）动员参军必须注意到新兵的政治质量，一般以年在 16 岁以上 40 岁以下，政治上无问题，身体比较强壮为合格。至于流氓、兵痞、特务、惯匪，坚不改过的反动地主富农（一贯破坏土改，反对共产党、解放军与民主政府，或曾经褫夺公民权而尚无恢复者）与有恶劣嗜好罪犯行为者，一律不要。但地富子弟或出身地富家庭的青年知识分子，应予接收；家在老解放区，业已改变原来社会成分，或经过考验确已放弃其反动阶级立场，而愿献身人民解放军事业的地富成分，亦不予以拒绝。一部分老弱病残尚能参加工作的荣军，可吸收参加地方武装。一方面要注意政治质量与社会成分，反对滥竽充数的拉夫现象，同时又要注意防止乱洗

---

① 编者注：微，5 日。
② 编者注：鱼日，6 日。

刷与唯成分论的关门倾向。

（二）动员口号，应分别不同对象、不同时机并照顾前后各发展阶段相互关联，不可孤立或过早的提出，造成新战士顾虑及增加下一阶段困难。以能逐渐提高新参军战士思想觉悟程度，达到自愿参加主力为原则，一切与此相反的口号、方法都不宜采用。

（三）动员方式，主要是走群众路线，并使领导骨干与广大群众相结合，通过时事思想教育及群众性的"良心检讨"、"比一比"、自报公议及群众所创造的各种好的方式，造成热烈的群众性的自觉运动。南海提出"自愿与强迫并重"或"群众性的强迫不可怕"，是不妥当的，这将实际上造成普遍强迫命令的严重偏向，你们纠正这一点是对的。公报公议只能作为自报公议的一种补助方式，即完全具有参军条件而又违背群众合理要求时候，在多数群众同意之后，可以个别采用，但仍须防止可能作为强迫命令的一种借口。参军问题必须是广泛的群众运动，充分的政治动员与细致的组织工作。望你们详细研究军政关于动员兵员补充主力的政治工作指示，并将工作经验与情况随时电告。

摘自华东局《关于动员参军的指示》，1948 年 12 月 18 日

渤海区第二行署动员参军的方法

伟大的淮海战役，已经在 40 天以内取得了歼敌 40 万的辉煌胜利，为了把国民党反动派主力，全部歼灭在长江以北，争取中国革命的成功与中国和平的实现早日来到，就需要动员我解放区广大的人力物力，支援战争。其中最主要的是要保证后备兵员源源不断的补充前线，因此今年冬季，在我区提出了参军任务。本署特号召各级政府，各个工作人员，动员起来，领导广大群众，来完成这个光荣伟大而又艰巨的任务，并要求切实做好以下工作：

一、要从思想上、行动上，动员起来，迅速组织力量，直接间接投入参军运动。

首先要从思想上认清这次参军的重大意义，反对太平麻痹，坐待胜利，把参军任务推给□□与党群众团体的干部而自己漠不关心，或者是强调困难，消极应付，看不到在八年抗战与两年半自卫战争中，以及翻身运动中群众的进步，特别在端正政策以来，实施了许多善政，使共产党、民主政府、人民解放军与广大群众建立了血肉联系。而且在两年没动员参军中，群众获得了充分的休养生息机会，加上我区有充足的兵源，这都给完成参军任务，造成了充分的有利条件。

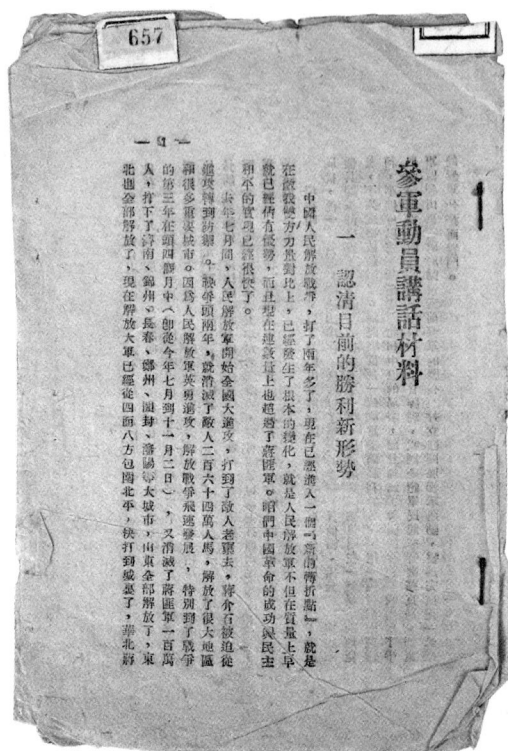

▲ 为适应大兵团作战，保证部队有充足的兵源，贯彻人民解放军"随战随补，随补随战"的方针，各级党政军机关制定相应的政策，进行了充分的参军参战动员。图为某地参军动员讲话材料

因此希各级政府，应认识参军是政府的中心工作，应组织一批干部，直接投入参军运动。此外在教育部门，应领导各地中小学师生，共同参加参军的宣传文娱活动；财粮部门，要保证与帮助解决参军运动中必要的开支，特别是新军的一切供给费用；民政部门，要检查与做好年关的拥优工作；公安司法部门，要加强社会治安，直接保卫参军运动。

二、要扩大宣传，与切实贯彻共产党与民主政府的参军政策，造成农村中的拥参空气，与掀起光荣参军的热潮。

此次参军的基本政策，是贯彻政治动员，从思想上、政治上，加强教育，提高觉悟，一方面说明参军是国民应尽义务，而同时又必须切实研究每个新军对象的实际困难，帮助其解决，打破顾虑，以达到其自觉自愿的参军入伍。因此要严格执行"三不""四要"的原则，即不许强迫，不许欺骗，不许收买。在选择新兵对象时，第一要自觉自愿，即一方面不许强迫，又不是任其自流，而不做艰苦的说服动员。第二要年青力壮，即年在 16 岁以上、35 岁以下，身体强壮，无不良嗜好与各种疾病者。第三要成分好，以工人、农民和一切从事体力劳动与脑力劳动的人民为主，而不要反动的地主、富农、兵痞流氓、惯匪分子。第四要来历清楚，即政治面目清白，无反动嫌疑者。

在参军中，要坚决认真的动员逃亡战士归队，应采取说服动员，与一般参军，共同民主评定，解决困难的办法，归队战士家属与新军家属受到同样待遇，不得歧视。凡不合战士条件，或有特殊困难，经群众民主评定，认为其确实不能归队者，经区政府审查，呈请县以上军政机关批准，即可发给证明文件，取消逃亡名义，嘱其安心生产。对个别屡教不改，屡归屡逃，造谣破坏者，应按其情节轻重，扣送县以上政府，给以适当纪律处分。

三、要认真的做好优待军属工作

首先提高军工烈属的地位，使群众了解参军是为了人民，是光荣的。军工烈属和荣军，应受到尊敬，在各种集会场合，应予军工烈属荣军以一定的优待和尊重，和在公家医院的减费医病，以及其子弟的入学优待，特别在旧历年节，要发动群众自愿的进行慰问，向军属与荣军，赠送年礼，如光荣灯、各种食品、新年贺联等（应是自愿的而不是摊派的）。必须严格禁止对出征军人家属的侮辱欺压现象，某些坏分子，强奸、诱奸、拐带军人妻女者，应予严厉处分，以至判处徒刑。

应当教育个别落后妇女，在军人离家无信音不满 5 年者，不应提出离婚。

其次要在旧年年节前，做好军属土地代耕工作。根据行署解决革命军烈工属困难暂行办法草案，把军工烈属及荣军，应享受之代耕土地，进行检查登记，由群众自愿约好代耕户，制定代耕公约，保证代耕者明年与自己土地，同样耕作经营。其办法可根据军工烈属荣军的土地多少，家庭贫富，劳力多少，分别采用出租、分种、固定代耕、包耕等办法。

除代耕外，军属在战勤劳力负担上，也应予以适当减轻。一家只有半个劳力者，不服战勤，一个整劳力者，不出常备民工，有二个整劳力者，与一般群众同样负担，家属为鳏寡孤独，以及因残病完全丧失劳力者，也应用帮工办法，予以解决其吃水、铡草及日常生活中的劳力困难，个别无法维持生活者，应予以救济，使其能恢复生产。

四、要加强社会治安，防止匪特破坏

从济南解放后，因有些逃亡回归分子，与当地坏人勾结，致造成各地不断发现杀人、劫路、放火、偷盗等事件，破坏群众生产，扰乱社会治安，必须迅速组织群众，进行冬防、检举与惩办匪特破坏分子，安定社会。在参军中，要防止反革命特务分子的造谣煽惑，以至混入新军进行破坏。对破坏参军分子，应当严惩，但也要划清界限，分别轻重，既要分别落后分子与反动分子，也要分别主犯与胁从分子，在处理这些问题的时候，还要防止乱捕乱押，乱打乱杀，违犯政策的恶劣现象。

各级政府（从县区直到乡村）所有工作人员，都应毫无例外的领导广大群众，积极参加本村一切动参工作，领导与教育每个青年，都应积极的打通参军思想，提高觉悟，能带头者应当光荣带头，最低也应安心接受群众的评议动员，因为服务解放军是我们劳动人民的义务，也是我们的光荣权利，不应自相惊扰，制造混乱，甚至逃亡他乡，这都是扰乱社会秩序的行为，各级政府，应给以适当的制止。逃亡外村者，有送归本村的责任与权利。

以上希各级政府，切实研究讨论，并领导广大群众一体执行。

摘自渤海区第二行政专员公署《参军动员令》，1949 年 1 月

如东县委参军动员应注意的问题

一、防止特务破坏，造谣，说我们要参军造成人心惶惶。

二、对象要青壮，五□不要，成分好的□中。

三、对老油条要预先防止其逃跑或先找他来谈，先下手为强。

四、反对收买欺骗的方式，很好的从思想上来解决。

摘自如东县《武装建设小结》

华东局的参军政治动员

各级党委各级政治机关：

华东局军区 11 月 22 日关于淮海战役动员×××人的兵员补充计划，各地现已开始布置，其第一期（渤海第二期在内）的×个基干团（胶东×个，鲁中南×个，渤海×个），加上渤海第二期×个团和以前××新兵组成的×个团共××个团，现正陆续开赴前方集中候补，而第二第三期（特别是第三期）将是整个兵员计划突击运动中最艰苦的一段路程。为使这一全部计划能够真正达到如期如数又好又巩固的目的，各地还必须加紧进行如下的政治工作：

（一）深入政治动员

甲、一般应根据新华社社论、中共中央负责人发言、《大众日报》、济南战役以来的总动员令、社论，反复说明目前时局特点及淮海战役对于全华东全中国的决定影响，借以巩固胜利信心，提高战斗意志，克服由于济南战役胜利而产生的局部太平麻痹现象与刀枪入库的和平思想。

乙、对基干团及升级的县区武装（准备调补的）应公开提出"到前线去""到主力去""向主力学习看齐""扫清残敌解放全华东"等口号。克服保守主义与地

方主义的思想情绪（如北方怕到南方，山东怕到华中）。

丙、对第三期的新兵动员应强调"肃清匪特，巩固后方"、"保障革命斗争胜利果实"、"巩固社会治安"与"加强县区武装建设"等口号。

丁、在所有干部党员中，要把任务观念与政策观念结合起来，把这一中心工作与其他中心工作结合起来，特别强调干部党员的带头作用。

戊、运用各种会议、报纸、剧团，通过各种组织形式活动，造成高度的升级、参军、归队与武装自卫的空气。

……

▲ 1948 年 12 月 1 日华东局、华东军区政治部发出《关于动员兵员补充主力的政治工作指示》

（四）积极掌握几个不同过程

甲、动员过程：中心环节在于鼓励参军热潮，组织与掌握积极分子，运用自报公议、良心检讨及其他群众来的各种方法，造成群众性的自觉运动，反对强迫命令、欺骗收买的错误办法。

乙、集中过程：中心环节在于组织训练，一面集中，一面教育，团结进步分子，照顾落后分子，而教育又以巩固提高觉悟程度为主，正确其入伍动机，打破其顾虑（另有新兵教材），重点置于政治教育及军事上四大技术教育。

丙、输送过程：中心环节在于巩固与掌握周围情况的变化，不间断地进行政治工作，避免消极因素，经常巩固提高新战士情绪，并注意出发、行进、宿营、上车下车、上船下船及其他特殊情况下的政治工作。更重要的是发扬干部党员模范作用与全体人员团结互助精神，组织其亲属及沿途的欢送欢迎，严格组织管理，但反对单纯的消极监视（只能作为一种补助办法）。

丁、交接过程：即一方交代一方接收，这是最后的环节（从主力部队来讲则是

开始的一环），应提出新的口号，组织新的热潮，使新战士感到兴奋愉快，如同到了自己的家庭一样。带头的干部不宜过早抽调，须待情绪稳定之后，否则仍可能发生大批逃亡。

……

以上望讨论执行，并随时报告我们。

华东局

华东军区政治部

12 月 1 日

摘自华东局、华东军区政治部《关于动员兵员补充主力的政治工作指示》，1948 年
12 月 1 日

吸收知识分子参军

在扩军与升补主力中，野战军要求吸收一批知识分子参军，各分区均要吸收100 人以上，七地委可少些。方法：在各专区干校动员与地方吸收，要舍得拿出来，就可完成。

摘自豫西区党委《关于吸收知识分子参军的指示》，1949 年 1 月 9 日

支前手册

参扩军奖励条例

一、为正确掌握参军方针政策展开热烈的参军运动，发扬干部党员与广大群众的革命英雄主义，完成光荣的参军任务，特制订此条例。

二、英模条件：

甲、英模条件

1. 真正贯彻政治动员的方针，没有强迫欺骗和收买。

2. 带头或扩来的新军保证能巩固。

3. 个人亲自动员或者在群众动员中起主导作用的。

4. 个人自愿参军并带头他人参军，符合上列 3 个条件外以带人数之多少，可评定为参军英雄或模范。

（一）个人参军并带领 1—2 人参军的为四等参军模范。

（二）个人参军并带领 3—4 人参军的为三等参军英雄。

（三）个人参军并带头 5—6 人参军的为二等参军英雄。

（四）个人参军并带头 7—8 人参军的为一等参军英雄。

（五）个人参军并带头 9 人以上的可根据具体情况评为特等参军英雄。

乙、扩军英模条件——除具备参军英模前 3 个条件外，并能做到：

1. 送子弟送嫡亲，兄弟叔侄参军的为三等扩军模范。

2. 送嫡亲参军并动员 1 个至 2 个青年参军的为二等扩军模范。

3. 妻送夫参军，为一等扩军模范。

4. 送嫡亲参军并动员 3 至 4 人青年参军的为三等扩军英雄。

5. 送嫡亲参军并动员 5 至 6 人青年参军的为二等扩军英雄。

6. 送嫡亲参军并动员 7 至 9 人青年参军的为一等扩军英雄。

7. 送嫡亲参军并动员 10 人以上青年参军的为特等扩军英雄。

8. 动员 3—4 人参军的为三等扩军模范。

9. 动员 5—6 人参军的为二等扩军模范。

10. 动员 7—8 人参军的为一等扩军模范。

11. 动员 9 人以上的可评为三等扩军英雄。

12. 送丈夫参军并动员 1—2 个青年参军的为三等扩军英雄。

13. 姑娘送未婚夫参军的为三等扩军英雄。

丙、参军英模与扩军英模除英模个人亲自动手或起主要作用外，有其他个人或团体的力量赞助者，可根据实际情况用以下办法评定。

1. 按其作用大小分别评定为不同等级的英模。

2. 评定为 ×× 同志为主协同 ×××× 等同志共同创立 × 等英模。

3. 评为以 ×× 同志为主协同 ×××× 团体共同创立 × 等英模（发挥组织作用扩大提高，组织有成绩的）。

丁、脱离生产的各级各部门干部是参军英模或扩军英模条件者亦同样评定为不同等级的英模，如具备下列条件者，可评为三等——一等的拥参工作模范。

1. 在参军工作中放下个人包袱，全心全意积极工作并影响推动其他同志者。

2. 领导个人负责的工作范围，正确执行党的政策，百分之百的完成参军任务，并保证战士巩固。

3. 在参军运动中推动运用各种组织造成广大群众的拥参热潮，并在运动中发展党，健全支部领导，扩大与提高各群众的组织和作用。

4. 进行动参中做好拥优军属，固定户固定组，代耕工作，并结合推动发展冬季生产有显著成绩者。

三、组织领导与奖励办法：

甲、评功组织：

1. 县区成立评功委员会。

2. 乡政府村农会设记功簿，及时将英模事迹汇报区评功委员会。

3. 参军与拥扩军英模之评定，由本村群众大会（支部农会评选）根据英模条件自报公议，评出后，将英模事迹报乡转区评委会批准，脱离生产干部由其所呆机关干部大会评定报上级机关之批准（机关可设记工簿）。

……

摘自渤海二地委宣传部编印《参军报道》第2期，1949年1月9日

支前报道

渤海四分区开展参军挑战活动

阳信县委给惠民县委的挑战书

地委会请转惠民县委会：

一、当我县动参大会刚开幕的时候，即听到贵县动参大会已胜利的进行着，为了响应党的号召，贯彻党的动参政策，造成群众动参运动完成党交给的伟大而光荣的动参任务，以便互助学习，互助鼓励，因此我们虽在动参工作上，事先未做很好的准备，但我们全县干部、党员，均有坚定的信心，以对党、对革命、对人民负责的精神，追随贵县之后完成地委交给我县的动参任务，为了及时向你们学习，我们动参大会全体同志，愿向贵县动参大会，提出友谊竞赛。

二、竞赛条件：

第一，坚决的百分之百的完成，而且超过地委分配的参军任务，并保证巩固。

第二，在进行动员参军中，贯彻党的正确的动参政策，保证不出乱子。

第三，在动员参军中，应联系推动冬季生产工作，特别是做好拥军优属工作，

提高军烈属政治地位，解决军烈属的生产困难。

第四，进行动参中，不但通过党，通过组织，运用组织，发挥组织作用，造成群众性的参军热潮和参军运动，而且随时整理提高发展党，整理群众团体，使全县党活跃起来，大部乡村农会活跃起来，部分乡村妇会活跃起来。

三、贵县是人口比较多，基础好，领导强，力量大，想一定会愉快的接受这个竞赛的提议吧！若蒙同意，我们请地委诸同志，做我们的评判人！

好！让我们共同努力，进行革命的友谊竞赛，为完成党的光荣动参任务而努力！

敬祝

你们胜利！

▲ 渤海四地委1948年12月编印的《建设通讯》刊载了阳信、惠民等县的挑战书

阳信县委会及动参大会全体同志启

12月6日

惠民县委给阳信县委的回信

你们寄来的参军运动中的竞赛信，带给我们以极大的鼓舞和推动，经过大家认真讨论之后，我们有十二分勇气，以对党对人民对革命事业无限忠诚和最负责任的态度，全部接受，并完全同意你们所提的竞赛条件，我们愿意在你们的带领推动和影响下面，有信心的追随着你们，共同前进，百分之百的完成党交给我们的光荣的参军任务。

垦利县委给阳信县委和沾化县委的挑战书

地委请转阳信、沾化县委会：

为了响应党的号召，贯彻党的参军政策，造成群众运动，完成党交给我们的光荣任务，特提出以下条件，向贵县作友谊的革命竞赛。

一、完成地委所分配的参军数目，并超过任务 40% 到 50%，保证送到前线巩固 90% 以上。

二、坚决贯彻政治动员、自觉自愿的方针与党的正确政策，保证不出乱子，把群众发动起来，造成轰轰烈烈的群众运动，做到不打一个人，不捆一个人，不押一个人，并把家属工作做好。

三、军烈家属一律做到固定户代耕，固定组代耕及其他代耕办法，解决其生产中的一切困难，造成群众性的拥优运动，提高其政治地位，打下今后拥优工作的巩固基础。

四、在参军运动中，将生产工作和其他各种工作提高一步，加强党的活动，消灭空白村，普遍的进行党的教育，发展党员，使群众团体普遍的恢复整理活动起来，并在这一运动中，找到干部缺额的目标，以便在这一运动结束后，达到干部满员。

此致

革命敬礼！

垦利县委会暨动参大会全体同志启

12 月 10 日

阳信县给垦利县的回信

地委转垦利县委会：

我们县向惠民挑战所提的条件，是经过全县的动参大会上从我县实际情况出发，民主讨论民主决定的，因此它作为我们向各县应战的条件，贵县所提条件，因双方工作历史不同，工作基础与其他各种工作具体条件都不同，因此，我们即以向惠民县提出之竞赛条件应战，如蒙同意，愿在这个伟大的动参运动中，共同勉励，并向你们学习。

并致

革命敬礼！

阳信县委会

12 月 10 日

摘自渤海区四地委宣传部《建设通讯》，1948 年 12 月 20 日

`支前手册`

洪泽县群众动员参军文娱活动材料

良女劝夫参军

贤良妇女在房中笑盈盈，忙把丈夫叫了好几声，有句话说给你来听，我的丈夫呀！有句话儿说给你来听。

三十五年 [1946] 七月十三那一天，蒋介石调兵把我解放区进，各个战场大炮响连声，我的丈夫呀，各个战场大炮响连声。

城池铁路大都被敌占，大小集镇住蒋匪兵，还到乡下坑害老百姓，我的丈夫呀，还到乡下坑害老百姓。

见了呀青年男子拉去当兵去，看见年轻女子就来奸淫侮辱我们一般妇女们，我的丈夫呀！（重一句）

只闹得老百姓呀，倾家败了产，家家户户变为难民，流离失所去逃生，我的丈夫呀！（重一句）

真是我们老百姓无法把日子过，从远东边来了人民解放军，舍死忘生到处救难民，我的丈夫呀！（重一句）

解放军里呀好像一个大学校，天天又把字来认，官兵平等一样人，我的丈夫呀！我劝丈夫不如去参军。

男唱：你说呀半天讲半会，你劝我报名去参军，当兵这事我不愿情，我的贤妻呀！（重一句）

女唱：你不干别人也不干，蒋匪来了谁人把命拼，我们老百姓怎能得安宁，我的丈夫呀！（劝）丈夫凭凭你的良心。

男唱：你说这话我也已觉悟，不过田地无有人来耕，男女小孩靠何人，我的贤妻呀！（重一句）

女唱：地方组织代耕队，男女小孩有我来照应，你在外边只管放宽心。我的丈夫呀！（重一句）

男唱：家中一切事情有你来照应，把我东西准备现成，乡政府你报名，我的贤妻呀！（重一句）

参军报恩（泗州小调）

亮月一出照楼梢，政府号召扩军了，青年人快把名报，哎哟！哎哟！青年人快把名报。

今年全国大反攻，解放军队向南攻，眼看着炮轰南京城。（重一句）

想起前年就伤心，还乡团回来将人坑，吊干部逼死群众。（重一句）

吊打干部还不算，屠杀人民无计算，这血债怎能算清。（重一句）

保长就把款子要，款子不到蹲小号，只闹得鬼哭神嚎。（重一句）

那时敢怒不敢言，百姓没有说话权，眼巴着哪有出头年。（重一句）

自从淮北收复后，群众又能出了头，土改中人人得自由。（重一句）

土地平分得到手，打倒封建和地主，切莫要得田忘苦。（重一句）

参军去吧，参军去，参加武装力量，为人民为政党保护家乡。（重一句）

参加部队真光荣，家里优待人常夸，光荣牌挂在你门庭。（重一句）

参军立功（调兵调）

全国已经大反攻，蒋介石马上要送终，大家快立功，（咿呀呀得喂得喂）大家快立功。

少年汉子最坚强，丢下锄头去扛枪，参军打老蒋（过门），参军打老蒋。

老年人参军自卫队，日里放哨夜打更，踊跃做后勤（过门），踊跃做后勤。

妇女们立功更要紧，动员丈夫去参军，不做落后人（过门），不做落后人，

爸爸妈妈立功劳，送儿参军做英豪，火线上把名标（过门），火线上把名标。

儿童立功莫让人，劝你父兄去参军，光荣满门庭（过门），光荣满门庭。

男女老少大家都立功，小功上面立大功，才是好英雄（过门），才是好英雄。

打垮老蒋人人有福享，参军英雄回家乡，全家喜洋洋（过门），全家喜洋洋。

摘自洪泽县《动员群众支前的文娱活动材料》，1948 年 11 月

支前报道

庞部长的夹袄

潘学中只穿着一件空心棉袄，天气很冷，冻得他直打哆嗦，阎学义因为家里没有棉花，到现在都没穿上棉裤，他俩都是这次去参加淮海战役的子弟兵团。这

件事情被区武装部庞部长知道了后，马上把自己身上的一件夹袄脱下来，把自己棉裤的棉花也拿出来，送给他俩用，当潘学中、阎学义接到礼物时，十分难为情地说："这怎么能行呢？庞部长，你穿什么？"庞部长说："没有关系，只要你们穿得暖暖的，在外安心工作，这点东西算什么？"他俩接着东西都感激地说："咱这次出去得好好干，你看上级对咱多关心，要不真对不住这件夹袄和棉花呀！"

摘自《群众文化》第 1 期，华东新华书店总店 1949 年 1 月 15 日

第二节　解放区掀起参军热潮

　　解放区人民积极响应党提出的"到前线去，到主力去"的号召，纷纷报名参军，解放区掀起了父送子、妻送郎、兄弟相争上战场的参军热潮。据不完全统计，淮海战役前后，仅山东省就动员了16.8万名青壮年参军。另有大批地方武装升级为主力，广大子弟兵团待命出征，极大地保证了人民解放军兵员的补充，使人民解放军愈打愈壮大，愈战愈坚强。

▲ 争先恐后报名参军

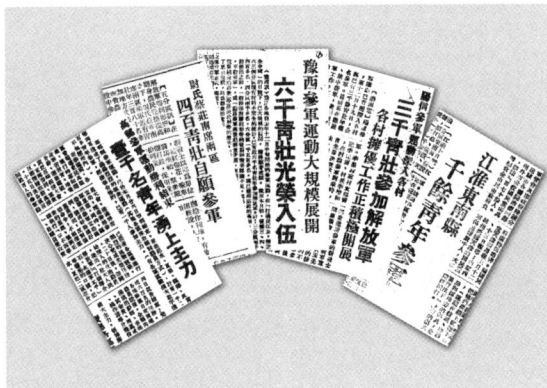

▲ 各地报纸纷纷报道解放区参军热潮。从 1948 年 10 月至 1949 年 3 月期间，仅山东解放区就有 16.8 万名青壮年参军，其中 8 万人补入主力

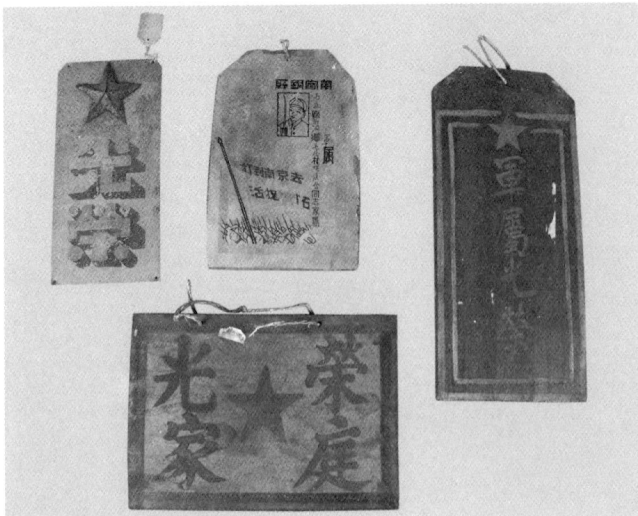

▲ 政府送给军属的光荣牌、光荣灯

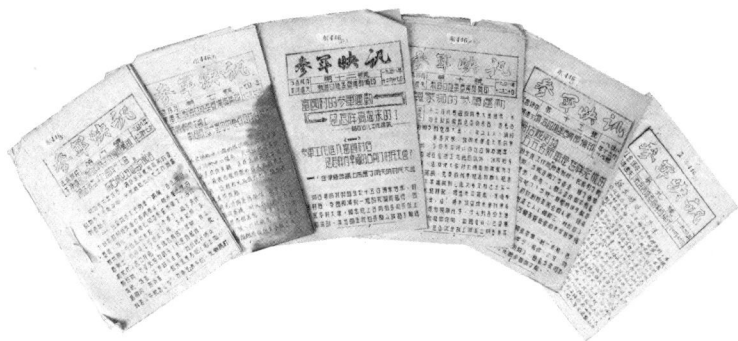

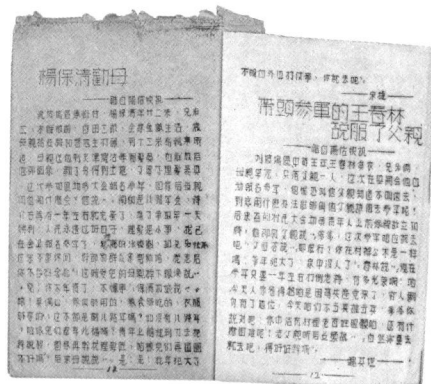

▲《参军快讯》报道了大量父送子、妻送郎、兄弟相争上战场的事迹

▲ 送子参军

▲ 广饶县"一门四英"

▲ 解放区群众欢送优秀子弟参军

▲ 解放区群众用抬花轿的方式欢送参军青年

▲ 给子弟兵献花

▲ 胶东福山县谭桂英夫妇荣获的"夫妻俩立功"奖旗。谭桂英主动动员丈夫参军，在她的带动影响下，全村有 27 名青年报名参军

▲ 曹县六区李集村在抗日、解放战争中，共有 158 名青年参军，荣获"扩军模范村"奖旗

◀ 军属公振东荣获的奖章。公振东，临沂县葛沟镇人，他住的小巷家家都是军属，被称为"军属巷"。解放战争一开始，他就把大儿子送到部队，淮海战役开始后，他又送年仅 16 岁的二儿子参军，被称为"一门双英"。他和妻子还组织巷子里的军属，运输、碾米、做军鞋、照顾民工和伤员，做到了支前和生产两不误

支前报道

荣誉军人宋守坤带头参战

宋守坤是二等荣誉军人，今春从东北复员回家，住在南掖县马山区马台山村，今年 27 岁。宋守坤同志自复员回家以来，在各方面的工作中都表现得很好，被全村群众选为民兵指导员。这次子弟兵团要出发上前线的消息被宋守坤知道后，他马上去找着本村的三等荣军宋顶文说："伙家！蒋介石眼看就完蛋啦！咱村的民兵要出发，我的伤口虽然不得劲，可是这会我一定要去。你呢？"宋顶文说："怕伤口坚持不了。"宋守坤紧接过来说："多一个人，多一份力量，就多

一份胜利，身体不好，咬咬牙坚持着，使尽全力就算干一点工作，也是党与荣军的光荣！"宋顶文点着头表示赞同地说："好！你能行，我就能行！去干一起再说！"

晚上，全村民兵集合起来，宋守坤对大家说："蒋介石打不倒，咱们的日子就过不好，这回咱村去8个子弟兵支援淮海大战，我和宋顶文带头，还有谁愿意去？"这句话还没等说完，就有六七个民兵一齐抢着吆呼："你俩去，俺也去，你走到哪里，俺跟到哪里！"

宋守坤带领子弟兵团出发的消息，风快地传遍了全区，于是张格庄的二等荣军周启、伙家沟二等荣军王君财、仲家村三等荣军仲进松、后沟村三等荣军郭洪照等，都自报奋勇参加淮海大战。

摘自《群众文化》第1期，华东新华书店总店1949年1月15日

打老蒋比娶媳妇要紧

复员军人刘京合同志，家住黄山区沟刘家村，今年23岁，家里只有77岁的父亲和67岁的母亲。今年10月21日是他结婚的日子，家里人很早就忙着买菜办饭，置办结婚用的东西，他母亲又把他出嫁了的妹妹搬回来帮忙。

就在这时，民兵参加淮海大战的消息被刘京合知道了，他马上找着村指导员要求出发，村指导员说："每次出发你都去，轮也轮不着你，再说娶亲的日子快到啦！你就在家娶亲吧！"刘京合说："打老蒋比娶媳妇要紧，咱再使一把劲，就把老蒋打垮了，这次我坚决要去！"指导员劝他，他也不听，就只好答应了，刘京合跑回家去告诉母亲和妹妹，但是他们都不大高兴，刘京合就安慰她们说："去年蒋介石进攻胶东，你忘了遭的那个罪？蒋介石打不倒，娶个老婆也不保险是谁的！"

刘京合收拾好行李，又亲自到他岳父家里去说："我要出发了，等打倒了蒋介石再回来娶亲。"说完刘京合就背起行李走了。

摘自《群众文化》第1期，华东新华书店总店1949年1月15日

刘树厚参军前后

一、兄弟二人争参军

沂源县历山区西台村，贫农刘秉乾大爷，全家12口人，7亩多地，兼做织布、

织口袋生产。二儿树铎是个共产党员，又是支前模范（支前三次立功），这次动员参军时，他即在党内提出："我家弟兄4个，我保证去。"第二天全村村民大会上他又说："俺家我去。"话没说完，他四兄弟树厚接上了："二哥去那还行吗？参军得我去！"树铎说："我去。"树厚说："我去，你不能去……"兄弟二人争执不休。最后树铎说："咱们别争了，让大家讨论下，同意谁去，谁就去吧！"结果120多人，就有百多人同意老四树厚去，因为老四才19岁，年轻力壮，忠厚老实，有前途，才使兄弟二人之争论平静下来。

二、刘大爷参军会上送子

刘秉乾大爷听说树厚要去参军，喜得急忙赶到会场："我来送子参军！"他说："我送子参军是有道理的，我66岁的人了，国民党害了我，共产党救了我，还能忘了恩吗？1944年汉奸队在这里，我挣的钱不够他们要的，弄得全家没吃没喝，家里人病倒四五个。后来汉奸队逃跑时又把我家的家具毁坏干净，大儿三儿都被抓走，全家病的病，散的散，挨饿的挨饿。树铎他妈又痛东西又想儿，连病带气，在当年4月22日死去了。后来大儿、三儿虽都跑回来，还是没得吃，直到投奔了解放军十一团的工厂，才安排下织布，找到了活路。1946年十一团升级了，才搬回家来过日子。谁知1947年蒋贼子又进攻咱解放区，把我的铁机砸坏，家具毁尽，全家又四处逃亡，生死不明。又幸亏解放军打过来，发给我救济粮，贷给我生产费，又贷给种粮，日子又有头绪了。再有一年里外就可能打倒蒋贼了，想想过去，咱不很应该干吗？所以听说四去参军我很高兴，咱不参军，前方成千成万的解放军哪里来？没有解放军上哪捞胜利？没有胜利哪能过幸福日子？再说，树厚是个青年，出去一方面给我报仇出气，一方面自己也锻炼锻炼。"树厚听了父亲这番讲话，早就蹲不住了，高兴地赶忙跑上台去说："我就觉得今天参军又光荣又'恣'！我是个19岁的青年，前途很大，到部队里好好学习，积极工作，有决心为人民服务到底，我也光荣，家里也光荣，全庄老少都光

▲ 刘树厚与妻子和孩子

荣！"父子一番表示，引起所有群众热烈鼓掌。

三、热烈欢笑的家庭会

欢送老四参军的家庭会开始了，刘大爷被选为主席，说明开会意义："树厚参军去，他在家里，家里对他都有些什么意见，以后日子怎么过得好，咱都提提，好两方面进步。"说罢向着树厚说："四啊！你去参军得多讲点！"老四看了看哥、嫂、老婆，还有区里的左同志和坐满了一屋的人，他高兴地说："我这次参军很高兴，只希望哥嫂们好好团结，孝顺咱们父亲，他四婶子（指他老婆），俺爹和哥嫂们对她照顾都很好，吃喝都先依她，我是很放心的。不过还希望哥嫂们多帮助教育她。"大嫂赶忙接着说："四兄弟，你放心，我保证俺妯娌们和他四婶子和睦团结，以后他四婶子吃的、穿的、在家的地位都要比现在提高一步，保证不能让她不高兴。"老二树铎检讨似的说："以前我对四弟的态度不够好，性子急好训人，自己除了织布外，零活多都推给四弟，这都不对，今后我保证纠正我的英雄主义，好好团结全家，并要每天多织半个布。"最后并郑重提议："老四参军了，咱原先分的家得合起来！"这个意见立刻得到全家同意。老大树惠接着发言："二弟检讨，我也想起了自己有英雄主义自高自大的地方，以后一定警惕，做活上保证早起晚睡，明年参加变工组，养猪、积肥，保证攒15车子粪……农业生产算我的，并愿意与四弟挑战：要求他打破家庭观念，坚决为人民服务，不打败蒋介石不回家。"刘大爷严肃地指出："要是开小差回来，家里没有他站的地方！"树厚很高兴地的说："我坚决应战，参军就干到底，我到前方还要向别的同志挑战，我相信我处处积极，起模范带头，前途是很大的！"14岁的小安登说："俺四叔参军好生的干，我也不耍滑了。要早起晚睡，拾柴、拾粪、做线穗子。"刘大爷10岁的孙女说："我也能烧锅哄孩子，纺线搓麻线。"最后是树厚的老婆（识字班队长）发表意见："这次他参军开始还不给我说，其实早跟我说，我早欢送他了。我希望他到前方好好工作，加油学习，我在家也觉得光荣……"刘大爷听了大家意见，喜得摸着胡子作了总结："大家意见都很好，总起来副业生产支前等由二份负责，农业生产由大份负责，三份身体不好要帮办，四份的（四媳妇）大伙选她当妇女组长我也同意，不过要紧的是大家要说到办到，解放军有纪律，咱们庄户人过日子也得有个纪律，服从领导。四啊，你到前方去，可得好好遵守纪律，对老百姓态度要好，服从领导，千万别贪酒色财，虽然这套解放军不兴，咱也得有言在先，这样我就放心了。"会议至此，大嫂笑着说："他四叔参军打老蒋去，我得做点糕给他吃，好让他进步提高！"引起了全家哄堂大笑。

摘自《大众日报》1949 年 1 月 21 日

郑信劝子参军

郑信是在共产党领导下劳动发家的一位莒南劳动英雄，他家现在喂着一头牛一头驴，种着 28 亩地，过着安安稳稳的庄户日子。

这些日子他听到前方的一连串的胜利消息，心里就高兴得了不得，他想，这往下可更得过好日子了。11 月 17 日，在全乡干部开大会讨论扩大武装的任务，郑信想到虽然再有一年左右就可打倒国民党反动派了，可是打仗总是件不容易的事，要想快些胜利，咱的队伍就得更多更多。他就在大会上慷慨地说："要想保住好日子，就要连根打倒国民党反动派，现在胜利已经到了这样了，我的小孩也不小了，我一定动员培荣儿参加咱的队伍！"

回村后他又想起了培荣这孩子很拗，动员他他要不去怎么办呢？再说前些日子才把他大姐送到报社去工作，再叫培荣去，恐怕他妈妈不赞成，他有些发愁了，但是这些困难，并没有动摇郑信送儿参加的决心。19 号那天，他和培荣铡牛草时，爷两个就拉起呱来了。郑信说："上年这时咱叫国民党逼得跑到外边还没回来，现在国民党眼看就要完蛋啦！听说咱的军队连着拿下了很多的大城市，消灭了这么多国民党部队，可是要快些胜利，咱的队伍还得再扩大才行……"培荣说："我看还得参参军才行。"郑信说："对，参军打国民党反动派又光荣，对个人进步也快。是的，我想起来了，你整天想学习，在家也没个空学，我看你约着前边大蓝去参军吧？"培荣看了他爸爸一眼说："只要你同意，人家不去我也去。"郑信一听很高兴，铡完草后，就去和村干说："培荣是没问题了，就是还有他妈和他二姐（培英）不知同意不同意？"村干程见儒说："这个算我的，我动员她们。"当天晚上全家便都同意了。第二天吃饭的时候，培荣忽然说："我去参军别的我不惦挂，就是你年纪这么大了，俺俩兄弟还小，大姐参加工作了，就怕生产要成问题！"郑信接着说："家庭你别挂念，我虽然 59 岁了，干活小青年还不赶我，还有你二姐，也很能干，你俩兄弟虽小，也能干些活了。"他娘就说："去就去吧，这是个光荣的事。"

22 号的早饭后，村里的男女老少与郑信全家，打着锣鼓，呼着口号，把培荣和另外 3 个新参军的青年一直送到会场上。

摘自《大众日报》1949 年 1 月 4 日

参军小故事：未婚夫妻

华中九分区东南县启西区决心乡里，有一对没有结婚的夫妻，女的叫钱秀清，今年 23 岁，做的妇联主任，家住永济河边。男的叫蒋锦斋，今年 21 岁，是个积极分子，家住永济河东面。

他们两个住得很近，碰头的机会很多，可是从来没有说过话。碰见面，不是她面孔一红，就是他面孔一红，很快就跑开了。

这次区里开农代大会，两人都是代表，会上又碰到了，还是和过去一样，没有说话。

区里袁政委号召参军，钱秀清心里想："没有解放军，哪有今天翻身当妇联主任，这次参军要动员心腹人去。"算算自己弟弟还小，只有动员他去，但又从来没有说过话，有点不好意思。

她想了一想，就去请指导员写一封信给他，她说一句，指导员信上写一句，信上写着："蒋锦斋同志：现在形势很好，我们青年再出一把劲，胜利就会很快到来，希望你这次光荣去参军，活捉蒋介石，我们太太平平结婚，那时多开心，接信后抽空谈谈。妹钱秀清。12 月 21 日。"信写好了，她又在自己名字下面盖了个指印。还请指导员告诉蒋锦斋说："我们虽然自小订的婚，但意志相同，两人都是共产党员，我劝你去参军有 3 个保证：第一，我决没有两条心；第二，我保证积极工作进步；第三，他家当我自己家一样来照顾。"

蒋锦斋接到信后，想起了去年三月初六被"还乡团"追到长江边上，打得半死的情景，应该报名去参军，但是有点舍不得她。他把信看了又看，想想，信上的话一句不错，下了决心，马上写了一封回信："秀清姊姊：来信收到，我带头参军已准备好。不过爹娘要拖尾巴，希望你帮助我打通，希望你在乡里做好全乡优抗工作，等我胜利回来再团圆。弟蒋锦斋，21 日"。

22 日上午，他俩第一次讲话了，钱秀清说："你有决心去，我有决心照顾你家里。"蒋锦斋说："我不但自己决心去，还保证动员一个好兄弟一起去。"两个人的面孔比以前几次还要红。

摘自《大众日报》1949 年 1 月 18 日

庄户孩子参军

11月2日，鲁南泗河岸旁，有一个19岁的庄户孩子盛庆德，找到解放军某部的一位同志说："同志！我跟你们去打'中央'，你们要不要？"他没等那位同志答话就像受人欺负的小孩见了亲人似的哭着诉说："我父亲已死去19年了，母亲在我10岁那年因家穷已改嫁了，只剩下我和两个弟弟在离这里3里路的姥姥家里过日子。我十五六岁就给自家的三叔叔扛活，年年白干活，还常常吃气，说我吃着他的，穿着他的，不好好给他干活！"说着他伸出在劳动中磨出肉茧子的双手给解放军同志看，并说："你看我给他干的活！"

歇了一会他又说："可是，今天我心里早有了主张，这已不是解放军没来的那时候了，我就把穿着的单裤脱下了一条，又把棉袄和小破褂子脱下扔给他，我就走了。"当解放军同志问他怕不怕吃苦时，他坚决地说："吃苦！就是打仗我也不怕！"

第二天的饭后他已穿上崭新的军装、新鞋和同志们给他的单衣、新袜子，眉开眼笑地和老同志在一起了。

摘自第三野战军政治部编印《淮海大战》，1949年5月

渤海地方兵团大批升级　强大后备军整装待命

【渤海电】渤海各分区地方兵团响应"到前线去，到主力去"的号召，业已大批升级，组成强大后备兵团，正整装待命开赴前线。一、四分区16个县的地武已光荣升级，并组成两个强大的后备兵团；三分区广饶、博兴、高青等县地武已集中完毕；二分区10个县的地武正热烈订立出征计划。该各地方兵团全体指战员，均充满杀敌立功决心。某基干兵团接受出征任务后，立时掀起广泛的挑战竞赛，订立杀敌立功计划。惠民一连向二连挑战："我们保证克服家庭观念，不开小差，冲锋在前誓歼蒋匪军……"战士们纷纷表明杀敌决心，保证坚决到前线杀敌立功。共产党员刘金海提出："我刚参军时认识模糊，党的教育使我认识到过去所受的压迫剥削是哪里来的，我入党时下的决心、表明的态度，我还牢牢记着。无论在任何时候，我立誓不动摇，不退缩，指挥到哪里打到哪里，坚决为人民立功！"一营三连九小组的党员订出3项计划：（一）保证全组党员没有思想顾虑；（二）每个党员保证和老同志密切团结，协助老战士一齐带领新同志到前线去，在生活上照顾他们；（三）积极向落后同志进行阶级教育，启发新同志的

觉悟。振华一连的同志们说："再有一年左右就可以从根本上打倒国民党反动统治，咱们如果捞不到打仗，老百姓如问咱时，咱说：'在后方练过兵'，这不丢人吗？现在形势像马跑的一样快，咱们得上前方去，一面打仗，一面学习！"基干某团战士们都积极要求上前线去，一面打仗，一面练兵，他们提出："赶快到淮海前线去！"齐东地武准备好充足的被服、鞋袜和日用品，准备命令一到立即启程。禹城地武某连两个排，正总结济南战役时的战斗经验，并向全体同志讲解新的歼敌任务。四分区升级地武，于 12 月 1 日举行出征誓师大会，战士代表在大会上说："我们决心克服地域观念，上级说打到哪里去，就打到哪里去，坚决为解放全中国而战。"

摘自《大众日报》1948 年 12 月 15 日

第九章　配合主力作战

　　为有力支援前线，各地纷纷建立健全组织机构，统一领导广大民兵和战地群众配合解放军作战。广大民兵和战地群众在党的领导下，活跃在前线和后方，担负着保卫生产、肃清土匪、护送物资、保护交通、捕捉散兵、押解俘虏、打扫战场等重要战勤任务，直接支援解放军作战，并以各种形式广泛地、独立自主地开展对敌斗争，对解放军正面战场作战略配合，成为解放军强大的后备力量和有力助手，为战役胜利作出了巨大贡献。

第一节　民兵开赴前线

民兵武装是支援配合部队作战的骨干力量。战役中，各地积极调集民兵参军参战，组织了 130 多个武装子弟兵团随军远征，山东地区还组织了 17 个子弟兵团开赴前线。他们有组织，有纪律，有觉悟，用缴获的武器武装自己，认真执行各项战勤任务，被群众称为"不穿军装的解放军"。

▲ 民兵加紧训练

▲ 民兵在训练

◀ 民兵庄严宣誓：犁不到头不卸牛，不完成任务不家走

▲ 民兵随军开赴淮海前线

▶ 民兵通过运河铁桥紧
随解放军开赴前线

文件精选

鲁中南五分区支前司令部调集民兵参战

为适应目前向南胜利的发展及保证部队的供应，决定调如下民兵，仰即执行。

（一）调费县民兵 240 名（编组 2 个民兵连），准于 13 日到达台儿庄指挥部，另调民兵 120 名（组成 1 个连），亦于 13 日到达支前司令部驻地分配使用。

（二）调赵镈县民兵 120 名（组成 1 个连），准于 13 日到达台儿庄指挥部，另调 240 名，亦于 13 日到达支前司令部，分配到新区作征粮使用。

（三）调苍山县民兵 120 名（组成 1 个连），准于 13 日到达台儿庄河运指挥部，另调民兵 180 名，亦于 13 日到达支前司令部，分配到新区作征粮使用。

（四）调麓水县民兵 120 名（组成 1 个连），准于 13 日到达台儿庄河运指挥部，另调民兵 60 名，亦于 13 日到达支前司令部，分配作新区征粮使用。

以上所调各县民兵，组成连队的要配备连长、政指、伙夫等人员，做新区征粮工作的不必配备干部。指定民兵中负责人带来即要服务期限两个月，要全部武装齐全，准时集中，勿误。

摘自鲁中南五分区支前司令部《关于调用民兵的命令》，1948 年 11 月 10 日

蒙阴县坦埠区武装部征调民兵

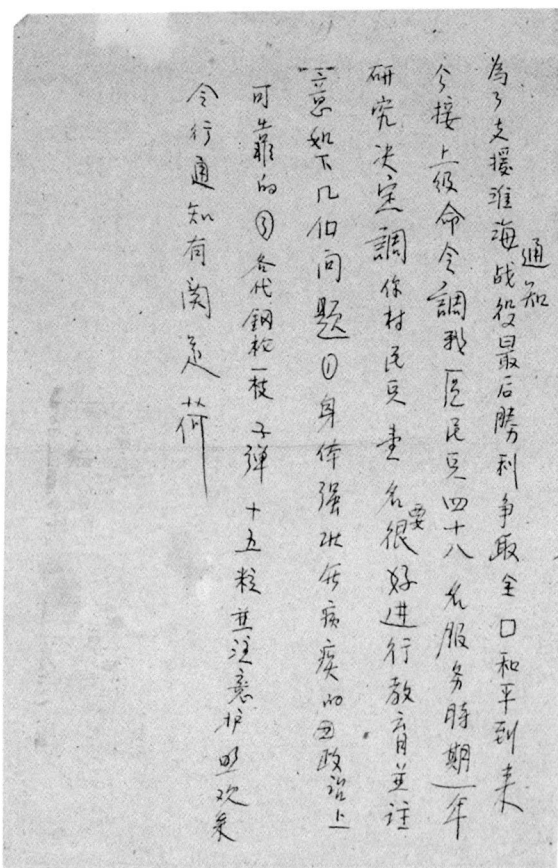

▲ 蒙阴县坦埠区武装部 1948 年 12 月调用民兵的通知

通　知

为了支援淮海战役最后胜利，争取全国和平到来，今接上级命令调我区民兵 48 名，服务时期一年，研究决定调你村民兵一名。要很好进行教育并注意如下几个问题：①身体强壮无疾病的，②政治上可靠的，③各带钢枪一支、子弹 15 粒，并注意护照关系另行通知有关是荷。

摘自蒙阴县坦埠区武装部《（调用民兵）通知》，1948 年 12 月

豫皖苏行署严查潜逃国民党军政散兵

通知（11月18日）

据华东社会部来信称：各地在配合主力歼敌战役中，查获蒋匪潜逃人员收获甚大。仅济南战役中我各地截至10月10日止，已查获蒋匪军政官员及散兵特务等，即达8000之多；现各战场继续不断歼敌大胜利。蒋匪已失去坚守据点信心，官无指挥信心，士无斗志。据由开封了解，在我收复之先，即有不少蒋匪军、政、警、特官员等伪造证件，准备在解放军进兵围攻时化妆潜逃。我所获经验有如下几点：

（一）蒋匪官员大多数化妆成商人模样，并携带身份证（多系伪造），个别利用我发之归来证。

（二）凡带有眷属之男子，携带便衣少，而金币（硬金银及金圆券）多，或女的财物丰富。

（三）他们逃至其他蒋匪据点，企图再恢复职务，故多保有一定的证件，但其证件隐藏极密，如藏在钟表、镜子、被子等用具内，或女人身上。故均须有严密检查（要有女同志检查女装才可）。

（四）蒋匪潜逃之同行人员，最初多伪装互不了解，不肯指认，但可先突破一二人，表扬坦白，并动员其指认或示范。

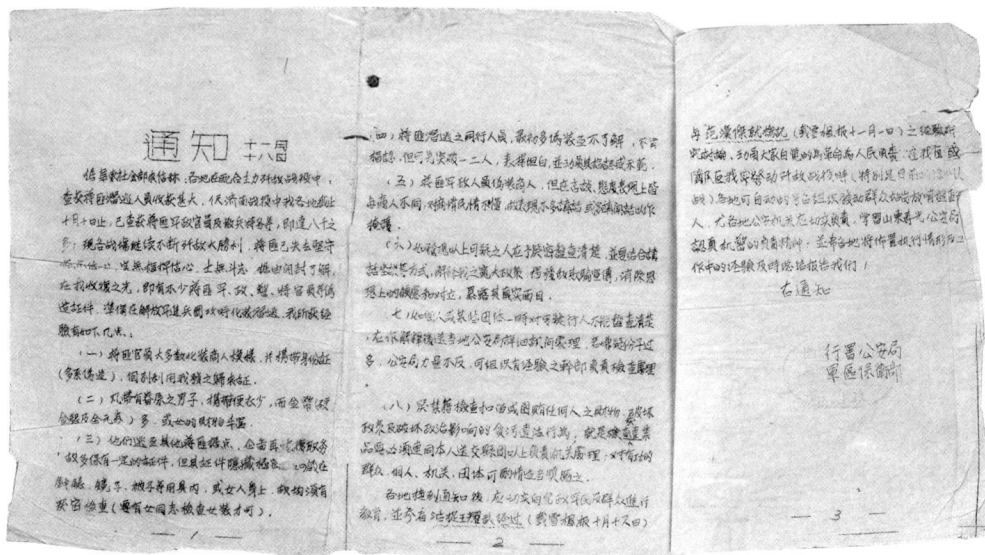

▲ 豫皖苏行署公安局、军区保卫部1948年11月18日下发了严查国民党军散兵潜逃的通知

（五）蒋匪军政人员伪装商人，但在言谈、态度表现上，皆与商人不同，对商情、民情不懂，故表现不多讲话，或讲闲话以作掩护。

（六）如发现以上可疑之人，应予严密盘查清楚，并要结合讲话座谈等方式，解释我之宽大政策，揭发敌人欺骗宣传，消除思想上的顾虑和对立，暴露其真实面目。

（七）如个人或某些团体一时对可疑行人不能盘查清楚，应作解释后送当地公安局详细询问处理。若嫌疑分子过多，公安局力量不及，可组织有经验之干部负责检查处理。

▲ 民兵表决心：坚决保卫后方生产

▲ 民兵在放哨

▲ 民兵放哨，维护后方治安

▲ 女民兵维护后方治安

▲ 押送俘虏途经徐州

▲ 为解放军当向导

▲ 护送粮弹物资

▲ 破袭铁路

▶ 运送木料，构筑工事

▲ 民兵用缴获的武器武装自己　▲ 民兵缴获的枪支

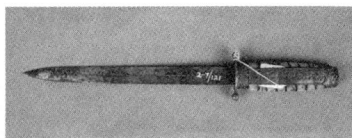

▲ 民兵的缴获品：望远镜、指北针、中正剑

◀ 民兵缴获的电话机

（八）严禁借检查扣留或图贿任何人之财务，破坏政策及破坏政治影响的贪污违法行为；就是查获违禁品要必须连同本人送交县团以上负责机关处理，对有功的群众、个人、机关、团体可酌情适当奖励之。

各地接到通知后，应切实向党政军民及群众进行教育，并参看活捉王耀武经过（载《雪枫报》10 月 16 日）与范汉杰就擒记（载《雪枫报》11 月 1 日）之经验研究讨论。动员大家自觉地为革命为人民负责，在我区或邻区我发动歼敌战争时（特别是目前的徐州大战），各地可自动的号召组织发动群众站岗放哨、盘查行人。尤各地公安机关应切实负责，学习山东寿光公安局认真机警的负责精神，并希各地将布置执行情形与工作的经验及时总结报告我们！

右通知

行署公安局
军区保卫部

摘自豫皖苏行署公安局、军区保卫部《通知》，1948 年 11 月 18 日

支前总结

民兵是解放军的有力助手

淮海、京沪战役中，仅山东地区即动员了民兵22158人，共组成17个子弟兵团，支援部队作战。各团队员，绝大多数是翻身农民，且是农村中较积极进步的青年，他们经过各种斗争的锻炼，有着一定的政治阶级觉悟。又加胜利形势的鼓舞，和党在子弟兵团中建立了经常的政治工作，教育克服了民兵在支援战争任务过程中，各个不同时期不同情况下的各种思想顾虑，开展了立功、爱民等运动；通过运动的开展培养了积极分子，发展了党员，提拔了干部。他们比民工更有组织性和纪律性。完成了警备铁路、押运煤粮、新区剿匪、看押战俘、保护仓库等重大任务，成为人民解放军有力助手。

摘自华东支前总结委员会《济南、淮海、渡江京沪三大战役支援工作总结》，1949年 11 月 30 日

民兵密切配合和支援主力部队作战

中原地区的广大民兵，在中国共产党的领导下，积极地组织起来，形成强大的地方武装。中原地区的许多县都成立了民工团，由县长或副县长任团长，县委书记或副书记任政治委员。县以下的区成立民工营，由区长任营长，区委书记任教导员。区以下的乡成立民工连，由乡长任连长，支部书记任指导员。整个民工队伍，都按部队编制组织起来，有组织有领导地实行管理和执行任务。这些民工队伍分随军民工、二线民工和后方临时民工。随军民工跟随部队，担负后勤支前任务。民工团的各个连队都设有文娱（政工）、生活、评功、卫生、生产等委员会（小组）。委员由民工民主产生，负责连队的各项具体工作。民工队伍活跃在淮海战役的前线和后方，他们在前线密切配合和支援主力部队作战，随军远征，奋勇参战，担负着运送物资、抢救伤员、押解俘虏、警备铁路、保护交通、看守仓库、捕捉散兵、打扫战场等战勤任务。永城县一个民兵担架队，在执行任务中发现一股逃敌。他们机智勇敢，出敌不意，用扁担、杠子和仅有的两支土造步枪，俘虏敌团长以下 400 多名，缴获火炮 1 门、机枪 5 挺、步枪 200 余支、手榴弹 800 余枚。在后方，他们加紧生产，清剿匪特，维持社会治安，积极协助征收公粮。无论是前线和后方，民工中涌现了数以万计的英雄模范人物。许多人立功受奖，大批积极分子加入中国共产党，锻炼成为优秀干部和领导骨干，是人民解放军战胜敌人最雄厚的力量源泉。

摘自《中国人民解放军第二野战军后勤史》下册，金盾出版社 1997 年，第 153 页

押送俘虏护运物资　积极完成战勤工作

【鲁中南电】鲁中南近 2 万民兵积极安心服务淮海前线。他们负担着护送伤员、战俘及警卫运输、维持治安等工作，均能吃苦耐劳，保证完成任务。一次，二分区 465 名民兵，接到 180 里的紧急架线任务，就三天三夜没有休息，突击完成了。六分区一营民兵护送着大批俘虏向后方转移时，蒋机在空中低飞盘旋，他们一点也不慌乱，谨慎地看守住俘虏，六班长张长顺说："解放军同志拼命流血，把他们

从敌人奴役下解放了出来，我们就得好好地护送他们到后方去，以后再教育改造他们为人民服务。"因为连续行军，很多民兵脚上磨起了水泡，但仍忍痛坚持，莒南的民兵郭玉松和王玉东，他们的脚虽跑得全红肿了，脓水破皮外流，但仍随着队伍到一二百里外的地方去接收俘虏，回来时，别人看到他们一拐一歪的很难走，要抬着他们回来，他们坚持不肯。民兵们在参加运粮及输送军用品中，都积极起模范作用；有些民兵团在修桥、补路中，他们一方面教育民工，一方面还专心学习技术，曾得到上级的表扬与物质的奖励。到了新区，民兵就帮助当地政府动员支前，开展战地新区工作，五分区千余民兵并帮助当地政府进行秋征，对支援战争曾起了很大作用。有些民兵团已满了 3 个月的服务期，当后方来接替的后备民兵尚未到达时，仍情绪饱满，安心服务。并开展了挑战立功竞赛，竹庭各民兵连中并建立了记功、报功、评功等组织。

摘自《大众日报》1948 年 12 月 24 日

支前总结

铁路大翻身　敌军靠步行

淮海战役进入到第二阶段时，我中原野战军和华东野战军一部占领宿县，切断了津浦路徐州至蚌埠的铁路线，把由平汉路东援的敌黄维兵团，阻止在宿县西南的南坪集地区，完成了对徐州的战略包围，为整个战役的发展，创造了有利的形势。南京的蒋介石眼看徐州大势即将失去。为了挽救败局，命令原驻宿县城的敌李弥兵团向南突围；同时命令驻蚌埠的敌李延年、刘汝明兵团向北增援。这时的津浦路蚌（埠）宿（县）段能否通车关系到能否迅速、彻底、干净消灭敌人的关键问题。

我们就大力的发动群众，多则几千人，少则几百人，分赴各处去破，夜夜去破铁路，而敌人毫不放松抢修路基，把这条铁路弄得有破有修、时断时通。战争越战越激烈，我们的破路任务越来越紧。

我宿怀县县大队 5 个连配合华东野战军 36 团，共有兵力 2000 余人，同时又组织民工 3000 多名，人多力量大，群众智慧多，战前动员会议结束后，军民由包集地区出发，南从曹老集、北至新马桥车站，首先全歼这段敌交警队，接着南北两站重兵把守，然后展开扒路活动，依据人和道木数的比例，衡量其长短，长达一二里，短则数十丈，马上将这两头夹板铁去掉，大家一起用撬棍连道木、铁轨一块掘起，听从统一的口令，就将这样一段长的两根铁轨着满齐全的道木，像一个长长的梯子一下子就翻到路基外面的沟里去了。经过两天三夜的紧张战斗，就将新马桥至曹老集车站 30 华里长的铁路全部切断，这就被群众称为"铁路大翻身，敌军靠步行"。

摘自怀远县委党史办公室编《宿怀人民全力支援淮海战役总结》，1985 年 5 月

第二节　战地勇抓俘虏

解放了的人民，表现出极高的政治觉悟和革命积极性，无论民兵、民工，还是战地群众，都踊跃投入到对敌斗争中。随着战役的发展，愈来愈多的国民党军官兵溃散逃窜，等待他们的，正是人民群众布下的天罗地网。

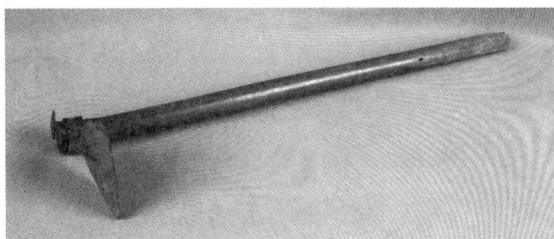

▲ 蒙城县群众桂同心用这把粪锄子俘虏了 3 名国民党军士兵

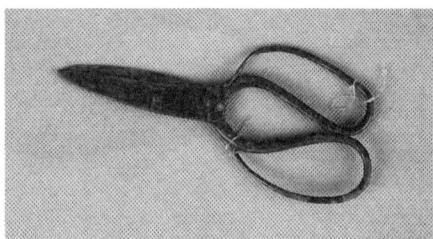

▲ 解放永城时，农民曾献武用这把剪刀 3 次剪断国民党军的电话线

▲ 永城县高胡娄村村民高振祥在一个国民党士兵到他的酒铺喝酒时，赤手空拳将其打昏，夺下这支步枪

▲ 国民党军士兵用银元收买民工李汇文，李汇文断然拒绝，并将银元上交。战后，领导将此银元送给他作留念

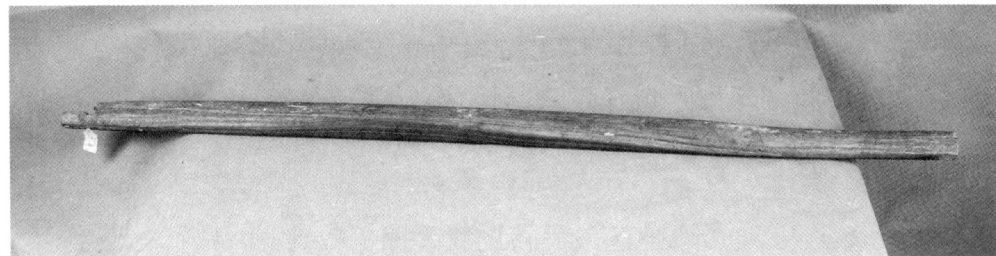

▲ 某县民兵担架队，在执行任务中发现一股国民党兵，他们机智勇敢，用扁担、杠子和仅有的两支土造步枪俘虏其团长以下 400 余人，缴获小炮 1 门、机枪 5 挺、长短枪 200 余支、手榴弹 800 余枚、子弹万余发。这是该担架队民兵使用过的扁担

雪枫萧县战地群众全力支援解放军作战

【本报讯】在围歼杜聿明匪军的伟大战役中，豫皖苏地区的雪枫（永城）、萧县等遭匪军残酷蹂躏的战区，广大群众献出了全部人力物力支援自己的军队，要求全歼国民党匪军，为人民报仇。当该匪军自徐州逃窜时，沿途实行了"退一庄光一庄"的兽行，如在萧县袁圩区欧庙、杨庄、□庙盘踞 5 天，将各村牲口吃光，家具、农具烧光，抢去的粮食未吃光临走也糟踏光了。红庙村壮丁被抓走 300 余人，李石林区后谢庄村被捉青年不肯跟匪军当炮灰打自己军队，当场竟遭枪杀 30 余名。雪枫县薛湖区孙场村，全村仅 70 余户，即遭匪军屠杀 15 人，有数户全家被杀绝，打伤抓走 37 人，烧毁房屋 453 间，杀耕牛 17 头，驴 54 头，临逃时又把全村留在家里的男女老少逼在一个房子里放火焚烧。这时解放军某部正冲进该村，听到群众呼救，全体指战员立即投身火中，将所有群众拯救出来。萧县李石林战斗结束后，解放军某师特派工作队前去慰问，报告前线胜利消息，并带去被敌人从群众那里抢去又从敌人手里夺回来的棉被 12 床、衣服 113 件发给灾民。群众从战争的实际教育中，深刻认识到只有支援解放军，彻底消灭国民党匪军，才能永远过太平日子，纷纷投入支前热潮。处在中心战区的薛湖、陈集、汉集、苗桥、刘河等 5 个区群众，除老弱者疏散外区，所有青壮男女全在原地协助解放军作战。雪枫县 40 天出担架 3700 余副，大小车 9500 辆参加了运输工作，踊跃征借出 600 万斤秋粮，260 余万斤麦粮，迅速送到前线。在家群众日夜磨面、捣米、照顾伤员等工作，薛湖集 30 个中老年自动组成带路队，给部队带路。陈集区群众自动把 3000 根木料，3000 副门板，送到前线构筑工事。欧庙欧老大娘看见部队吃煮的豆子（因面一时未供应上），就说："这不甚好吃，我给您推推吧！"部队同志不愿麻烦群众，但她很坚决，连夜和她儿子推出 40 斤面。

摘自《中原日报》1949 年 1 月 26 日

萧永地区人民协助我军捕捉散兵

【淮海前线 30 日电】萧永地区人民普遍协助解放军捕捉零星溃散之蒋匪。3 日拂晓，萧县八区颜店李子原等 8 人捉了 6 个敌军散兵，缴步枪 6 支。同日下午，及

4日拂晓，李子原又带着本村5个农民继续捉了12个敌人，缴步枪12支。该村朱小楼、朱传扬、朱传德等8人带3支"土压五"上庄北3里的马庄，冲进一间住着14个蒋军的房子，当即缴获步枪11支。五区王屯、杨庄、崔小庄的群众于4日看到庄前停着敌人一辆载满军火的大卡车，大家拿着镢头蜂拥而上，把5名押车的敌兵吓跑，缴获重机枪4挺、轻机枪1挺及电台1部、炮弹、军用物资，当日下午，他们便把全部缴获品交给了正在追击逃敌的某部解放军。五区民主政府区公所，于数日内即收到各庄群众送来缴获的步枪90支，重机枪2挺、轻机枪1挺、电台3部、弹药10余箱。该区各乡办公处亦普遍收到群众缴来的枪。五十吴楼的吴忠奎老先生自己双目失明，便叫两个孩子去路上拾子弹，在13日下午他亲自背了1700发子弹送到了区政府。

摘自《大众日报》1949年1月4日

回忆节选

沈颜才："怎么办呢？如果要是敌人，跟他们拼了吧！"

1948年腊月，北风呼号，雪花纷飞。在这冰天雪地的日子里，我军正和敌人展开一场激烈的战斗。那时到处是枪声、炮声，到处充满了紧张的气氛。我们老百姓到处组织担架队，在敌人的炮火下，日夜运送粮、面、草，支援我前线。那时我和门旁老李合用这条扁担，抬着一个伤员。刮脸皮的寒风，我们不怕；大雪扑门，我们不怕；敌机日夜轰炸，但我们仍照样前进！有天夜里，风小了，雪停了，我们从灵璧县抬回一个姓马的伤员。在路上正往前走的时候，忽然前面有两个人影在晃动，人影越来越近了。"怎么办呢？如果要是敌人，跟他们拼了吧！"我低声对老李说，他同意了。我们赶紧把伤员抬到沟底，我拿着这条扁担，他握着软床上的横担子，我们一齐扒在沟里，目不转睛地望着这两个人的行动。

这两个人越来越近了，离我们有丈把远，"我这次生意做的很好，仗一停，我就到东庄抢到两只小鸡，在那家还翻到10个鸡蛋，别的没有人。"这个人对另个人说："乖！我也和你差不多，只不过比你多了几个鸡蛋，哈哈……"另个人也得意的说着。这两个人离我们更近了，约有几步之地，我们听得清清楚楚，看得真真切切。当时我们明白了。我心中的怒火燃烧全身，愤怒使我手中的扁担握得更紧了。当敌人快到眼前，我用胳膊抵了他一下，我们飞跳出沟，对准两个敌人的脑袋，"噼啪"一声舞下去。我们大声呵斥着，两个敌人"哎哟"一声倒下去了。

摘自泗洪县民工沈颜才 1960 年的口述记录

资料选编

智俘逃兵

一天早晨，国民党军第八十八师从砀山出发到单城，解放军某部第七团得知后，以一个连的兵力，埋伏在敌人必经之路辛羊庙东北的村庄，准备打击敌人尾部，再趁其混乱之际分散歼敌。下午 1 时，敌人大批人马经过辛羊庙，当最后一个团（20 团）经过我军的埋伏地时，七团一个连发起了猛烈攻击，敌人仓促应战，激战两个小时后，战斗仍在继续，敌人一个排约 30 人左右，从大杨树村往西南方向逃窜，经过才堂直奔孟集而来。这时孟集民兵团团长赵宪章、大队长党景云和民兵侯绪德 3 位同志，正在本村东北角大沟放哨，发现敌人迎面而来，3 位同志都很镇静，一个个摩拳擦掌准备打击敌人，但又怕在村庄里打响，伤及老百姓，于是就决定等敌人离开村庄再打。3 人从大沟撤到孟集正南约一里多路的树林里，埋伏在 3 个坟墓后边。为迷惑敌人，显示我军强大兵力，他们决定三枪齐发。

一切布置好后，3 人密切监视着敌人的行动。敌人窜过孟集后，已乱成一团，他们不敢走大路，从野地里向西南方逃窜。在离树林百余公尺时，3 位机智勇敢的民兵，三枪齐鸣，给了敌人一个突然的袭击。敌人弄不清我军的兵力，不敢回击，狼狈向西南方向逃窜。民兵们见此情景，停止了射击，大声向敌人喊话："大兵们！不要跑了，只要你们放下枪杆，八路军优待俘虏，缴枪不杀。谁家没有老人、妻子和小孩，如果愿意回家者，送你们回家团聚。没有路费的发给你们路费……"听了这一番喊话，有的士兵停住了脚步。赵宪章三人看到敌人停下，喊得更加起劲了，不多会，敌人都把武器放在了地上。民兵们又喊道："如果你们真心愿意投降，就举起手来拍着巴掌先过来一人。"只见一个士兵走了过来，然后 17 个国民党军士兵陆续走了过来。

就这样，赵宪章、党景云和侯绪德共俘敌 18 名，缴获 99 式步枪 3 支、子弹 500 余排。

3 位民兵的举动受到了广大群众的钦佩和赞扬，区政府为了鼓舞民兵斗志，奖励每人小米 40 斤、奖章 1 枚、奖状 1 张，并将他们缴获的一支 99 步枪、75 排子弹奖给了他们。

根据淮海战役纪念馆征集的单县支前资料整理

中将军长就擒记

这一天，国民党军第四十一军军长胡临聪换上便衣，化装成老百姓的模样，带了个随从，企图趁着天黑混过民兵岗哨，向南逃跑。他们跟在完成任务归来的支前牛车后面，到达亳县张集时，被亳县民兵队发现了。民兵队 8 名民兵在王克进队长的带领下奉上级命令沿公路放哨，截击溃散之敌，保卫地方治安。他们是：王克进、赵良典、户连云、王怀保、王怀臣、户瑞云、王怀远、王怀付。当时他们 8 个人只有 6 支步枪。

他们正在执行任务，突然看到前面来了 4 辆送面的牛车，车后跟着两个白面书生，手中提着小拎包，穿着不合身的蓝布便衣，由北向西南走过来。大家警惕起来，开始问话。

"喂，老乡你们从哪里来？"王克进问。

"我们是支前给解放军老大哥送军粮的。"民工们回答。

"前方打得怎么样了，解放军现在哪儿？"

"打得可激烈啊，大炮隆隆隆，机关枪哒哒哒，打了三天三夜未住声，可是我们光听见炮响，解放军同志不让我们前去，将我们军粮接收后，就嘱咐我们快回来，见到飞机快分散隐蔽，否则就会造成伤亡的。"

王克进一看车后的两个人不说话，就问民工："后面两

▲ 俘虏国民党军中将军长胡临聪的 8 位民兵

个是什么人？"

"我们不知道，他们昨天夜里跟在车后，我们不知他们干什么，有时靠近车，有时远离我们，鬼鬼祟祟的，我们没有枪，也不敢问他。"

王克进等人了解了情况，将4辆牛车放过去，开始问起"白面书生"了。

"你们从哪里来，到哪里去，是干什么的？"

"兄弟从东边来，是商人，去南边做个小本买卖。"

"做什么生意？"赵良典问。

"啊……是的老总，我们是贩卖大烟土的小商人，没办法，家中生活困难，不然这种年头哪敢在外头乱跑呢？"

"有通行证吗？"

"没有，我们身边带的吃的东西和钞票，全部在前面被当兵的拿去了。"

"前方打得怎么样了？"

"老总，我们是老百姓，不知道。"

王克进看他们狼狈的样子，猜着一定不是老百姓，经过搜查又无什么东西。于是大家简单开了一个小会，决定把他们送到县里处理。在亳县审问时，有一个人承认自己是四十一军的一个团长，把他送到豫皖苏专署，经过再次审问和调查，此人才承认了自己是四十一军军长胡临聪。

胡临聪被抓的消息传来，王克进高兴得跳了起来。

根据淮海战役纪念馆征集的亳县支前资料整理

一把斧头俘虏数名敌人的民兵韩宝贵

韩宝贵是夏邑县北镇乡大韩娄人，淮海战役时，他带领着一个民兵连24个民兵，抬着80张软床，担负接运伤员的任务。

有一次，韩宝贵带领着民兵和担架队正在韩娄做饭吃，听说玉皇庙住着一些从前线退下来的国民党军，他立即领着民兵十多人，带着8支步枪赶往玉皇庙。在玉皇庙西南，他冲着玉皇庙方向"砰"地打了一枪，敌人好像受惊的兔子，向西逃窜，这一次，他们缴获了一挺轻机枪、4支步枪和两件大衣，韩宝贵说："敌人真是草包，一枪都撑不住。"

又有一次，韩宝贵带领担架队到前线送面，夜间走到夏邑孔庄乡克陈娄，担架杠子断了，他拿了把斧头到树林里去砍担架杠子，走到庄西头发现一间房屋里有火

▲ 看到 4 个国民党军士兵围着烤火，韩宝贵（左）顺手抡起了这把斧头，大叫："缴枪不杀！"

光，他探头一看是 4 个国民党军士兵在围着烤火，他顺手扬起斧子大吼一声："缴枪不杀！"就这样，他一人俘虏了 4 名国民党军士兵，缴获了步枪 3 支、手榴弹 4 枚。

韩宝贵带领民兵民工 420 人支前 58 天，转送伤员 950 名，运送面 11 万斤、米 5 万斤、绿豆 2 万斤、白菜 8000 斤、葱 1800 斤、细粉 1500 斤。缴获敌人轻机枪 1 挺、步枪 7 支、手榴弹 4 枚、大衣两件。

根据淮海战役纪念馆征集的夏邑县支前资料整理

炊事员抓俘虏

谈俊成是江苏涟水县人，运输队的炊事员。

这一天他一夜没合眼，听着远处隆隆的炮声，他想："今夜战斗又比较激烈，敌人肯定是完蛋了。"想着想着，天亮了。他带着他的武器——小车祥走出了庄子。

刚到庄子东面，就看到 5 个国民党兵正匆忙向南逃窜，他立即站在路口大喝道："不要走！哪里去！"那几个逃兵听到后不敢再动，停下了脚步。谈俊成一边靠近，一边讲述着解放军的俘虏政策："我们党和政府一向宽待俘虏，你们随我到教导大队去，有饭吃，有照顾。愿干则干，把枪给你；不愿干，就给路费回家

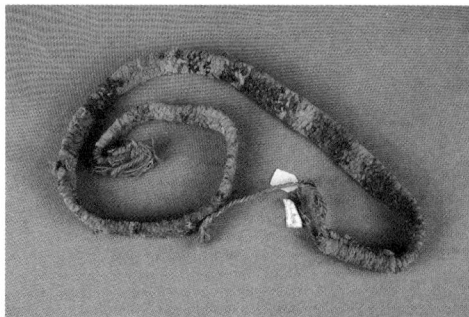

▲ 炊事员谈俊成用过的小车祥

团圆搞生产吧！"于是，5 个逃兵跟着谈俊成走了。正说着，只见圩北又来了 4 个士兵，圩沟里又爬上来 3 个士兵，在他的教育下，12 个逃兵全部当了俘虏。

根据淮海战役纪念馆征集的涟水县支前资料整理

捉特务抓俘虏的通信排长鞠思海

▲ 通信排长鞠思海用过的子弹袋

鞠思海，文登县人，时年 26 岁。共产党员。淮海战役开始后，他即自愿报名参加了民工队，妻子不同意他去支前，并提出如去支前就离婚，可鞠思海仍然坚持参加了支前队，并担任连队通信员。后来因工作积极，意志坚强，又被调到团部（担架团）任通信排长。参加了碾庄圩、林皮城、南徐州、双堆集、荣成、浦口等战斗的支前工作。

林皮城战斗整整打了一夜，战斗激烈，伤员很多。鞠思海是连部通讯员，奉命和指导员于振秀一起带领 30 副担架到火线包扎所抢救伤员。因受火力压制，伤员不能及时转运，包扎所所长即令鞠思海带领所里的通信员到火线去联系。鞠思海接到命令后毫不犹豫冲上火线。他冒着密集的炮火，奋不顾身穿过火线，找到部队，还背着一名伤员返回了包扎所，并向所长汇报了火线伤员的情况，随后又带领 30 副担架抢救出 30 名伤员。正向乌庄转送时，天已经亮了。忽然来了二三十架飞机，疯狂地向他们扫射轰炸。民工们有些害怕，有的把担架放在了路上。想到伤员在路上不安全，鞠思海就找到指导员于振秀，冒着危险，将 30 名伤员背到路的两旁隐蔽。那一次，担架杆被炸断两条，伤员被安全转送到乌庄医疗队。

傍晚，敌机又来轰炸乌庄，鞠思海不顾危险，到连部救出了连长，并把抢出的一包文件、4 支长枪、4 床被子送到地洞里。还到医疗队把最后一名伤员抢救了出来。在这次空袭中，原本就不大的乌庄被炸得只剩下了几幢房子。

林皮城战斗结束后，鞠思海被调到担架团，任团部通信排排长和组织干事。打双堆集时，团部住在南徐州城外。一天晚上，月明如水，鞠思海奉命和邹立功（荣成大皮庄村人）到小崔家庄送信，途中发现了 12 名国民党军士兵。鞠思海赶紧把刺刀插在枪上，和邹立功一起向国民党军士兵讲解解放军的俘虏政策，最后俘敌 12 名，其中连长 5 人、营长 3 人、通讯员 4 人，缴获手枪 6 支、卡宾枪 2 支。

一天早晨，鞠思海准备吃完饭去执行通信任务，刚进厨房就碰见一个老头，从厨房向外走，饭已经做好，炊事员正在挑水。鞠思海感到可疑，就上前盘问，结果从老头身上翻出包药的纸一张，鞠思海当即报告了团部，后经检查试验，发现菜里果然被投放了毒药。

还有一天晚上，鞠思海发现特务打枪，随即报告了团部首长。后来调集了各营的通信员 40 余人，在团首长的指挥下，朝着枪声的方向进攻，结果发现若干特务埋伏在一个营盘里，鞠思海主动冲锋，和其他通信员一起将敌人团团包围，俘虏敌人 18 名，缴获手枪 7 支。

评功会上，鞠思海荣获一、二等功各一次。

根据淮海战役纪念馆征集的文登县支前资料整理

李振江带领民工歼敌百余

李振江是胶东区东海担运团十三连连长。淮海战役围歼黄维兵团时，其所在营随华野十三纵三十八师转战。为防止敌机轰炸，减少民工伤亡，民工队住在双堆集以西的芦小营村。太阳将落山时上级命令民工出发，由团部周参谋带领，十二连在前，十三连在后，边走边用锨镢在大道两旁挖防空担架掩体。十二连忽然发现前面有大批敌人，即迅速卧倒，等大部分人过去后剩下的 4 个人被十二连连长刘宝山带领民兵俘虏了。经过审问才知道，刚才遇到的是大部队的逃兵。十三连的民工听说十二连捉到俘虏，都小声议论起来，纷纷说："叫咱碰着咱也收拾他几个。"正在这时，因前面战斗已打响，营部通讯员传达团部要民工队迅速返回的命令。于是，后队改前队，十三连连长李振江带领 70 人抄近道走小路，指导员初滕带领其余的人走大路。一路行

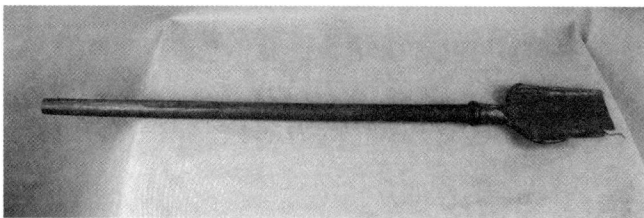

▲ 胶东区东海担运团十三连连长李振江带领 70 余名民工，用挖防空掩体的铁锨，俘敌 143 名，缴获各种枪 34 支、银币 3000 元、电话机 1 部

军，到了晚上，两拨人拉开了半里路的距离。那天晚上有月亮，李振江听见远处有枪声，老远看见一帮人向驻地走来，看不清有多少人。这时一排长姚学礼问了声："干什么的？"对方回答："是自己人！"再问："哪一部分？"对方还答："自己人！"李振江一听不对头，是南方人口音，马上警惕起来，命令通讯员打一枪看看。接着打了一枪电光子弹，紧接着有枪的都开火了，敌人这时马上大乱起来，喊："不要打枪！"李振江接着喊："一排向左，二排向右，三排就地卧倒。"这时一排蜂拥而上，用铁锨、镐头缴了敌人的枪。这一次，共歼敌 143 名，缴获卡宾枪、汤姆枪、手枪、大枪共 34 支，银元 3000 元，还有其他物资若干。

根据淮海战役纪念馆征集的荣成县支前资料整理

第十章　奋战在运输线上

　　运输物资是民工最为艰巨的任务之一。为将后方物资及时运到前方，各级党政支前机构积极组织交通运输，建立运输网，组织运力，制定运输办法；数百万民工日夜兼程，跋山涉水，顶风冒雪，忍饥耐寒，奋战在运输线上，肩扛、担挑、车推、船载、汽车送、火车运，将大批粮弹物资源源不断地运到淮海前线，保证了大兵团连续作战的需要。战役期间，解放区共动用大小车88.1万辆、挑子30.5万副、牲畜76.7万头、船只8539只、汽车257辆，运送了9.6亿斤粮食、300多吨弹药、156万斤油盐、86万斤猪肉以及大量柴草、被装等军需物资。

第一节 组织运输

各级党政支前机构积极组织运力，编制运输标准，制定运输办法，建立各种性质的运输队伍，和部队后勤部门一起设立粮站、兵站、转运站、油盐供应站、弹药库、被服库、民站，组成十余条运输干线。随着战场的转移，运输干线不断延长和增加，逐步形成完整的支前运输网，有效保障了前方的供应。

支前总结

小车队、挑子队、马车队等运输队的组成

动员起来的民工按照工具不同组成小车大队、挑子大队、马车大队等运输队伍。小车大队每大队500辆小车，分两个中队，每中队250辆小车；每中队辖5个分队，每分队辖50辆小车；每分队辖5个小队，每小队辖10辆小车，每辆小车2人。挑子大队每大队辖1000副挑子，分为两个中队，每中队辖500副挑子；每中队辖4个分队，每分队辖125副挑子；每分队辖5个小队，每小队辖25副挑子，每小队分5个班，每班5副挑子，每副挑子民工一人。马车大队每大队辖马车250辆，分为5个分队，每分队辖50辆马车；每分队5个小队，每小队辖10辆马车，分为2个班，每辆马车民工2人，牲畜2头。

根据华东支前委员会《关于颁发各类民工编制表的通知》（1948年11月19日）整理

文件精选

胶东区运输组织形式

组织群众运输力量：

1. 各接力站须组织驻地周围群众运输力量，经常包运，及时完成运输任务，根据具体情况将各种不同运输工具，在群众自愿原则下，分别组织运输大队或合

作社等形式，以统一掌握运输力量，必要时大队或合作社可设一定之会计、联络员、营业员等专职干部（干部由群众自己民主选举），所需用费，可由运费提成，或运费内分红解决之。

2. 如有特殊重大紧急任务，各接力站力所不及者可行署指示各级政府，以行政力量配合实行征调，但仍给以雇佣待遇。

……

运输费计算标准：

1. 运费之计算标准，按运输任务分为单程、双程，货物之体积性质形状分为重、中、浮三种等不同情况，作一般分别规定：（1）重载：凡可装满车辆之载重量者均属重载（如粮食、盐、五金材料等）。（2）中载：凡体积重大而影响车辆之载重量者均属中载（如布匹、纸张、机器、油类、木材等）。（3）浮载：凡体积大而轻，显著减低车辆之载重量者均属浮载（如棉花、粉丝、西药、家具等）

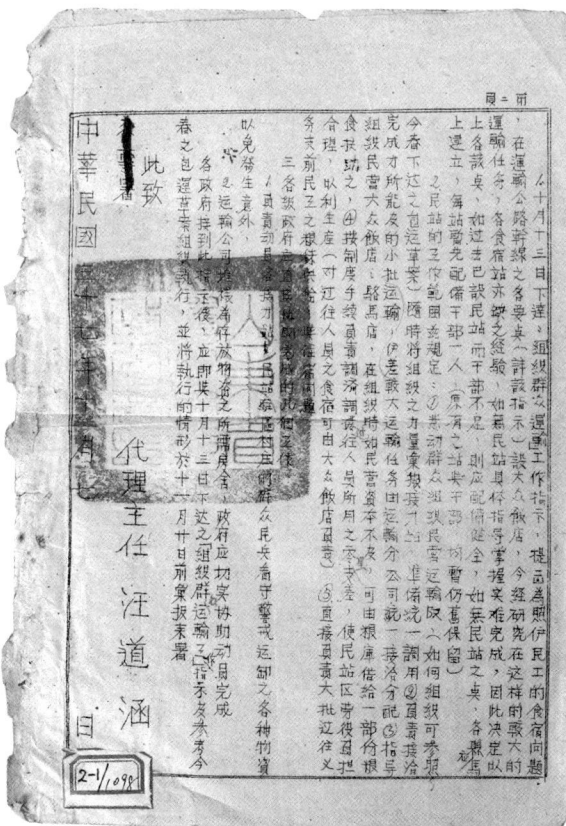

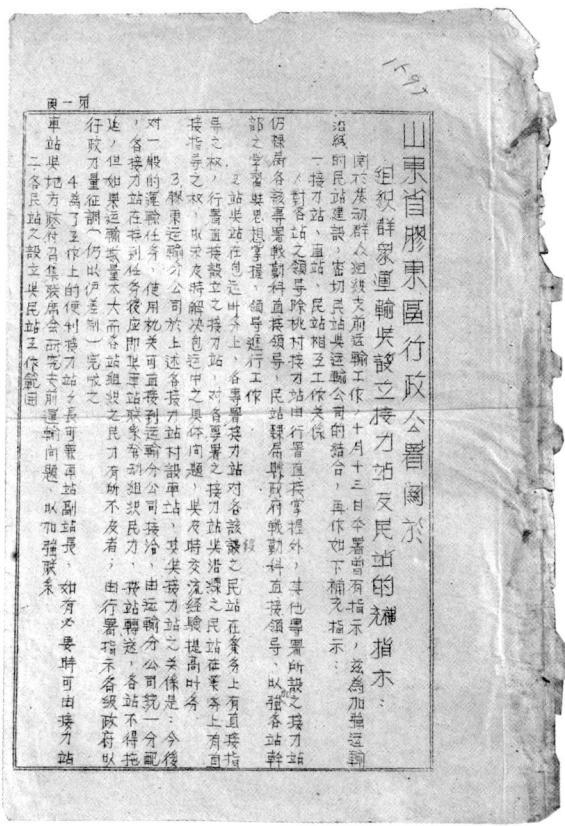

▲ 胶东行署 1948 年 11 月 7 日《关于组织群众运输与设立接力站及民站的补充指示》

以上三种装载，单程或双程每百里百斤运费统由运输公司根据现在运费具体规定之。各地确定运费须根据当地情况与运输公司商定。

2. 包运队如因雨雪而阻隔，或因等待任务及集合从原路起赶快至装货地点，超过一天以上时间者，由使用部门按每人每日补助粗粮 3 斤，每头骡子补助马料 6 斤、马草 12 斤，每头驴补助料 3 斤、草 10 斤，每头牛料 4 斤、草 14 斤，若不予补助，运输人员获利不多，甚至无利可图，即将影响运输。

摘自胶东区行政公署《关于组织群众运输工作指示》，1948 年 10 月 13 日

回忆节选

部队和地方弹药运输的任务分配

一切弹药物资由中原、华东军区后勤部门组织民力从第三线运到距战地五六公里的第二线屯集点；由各野战军后勤部门、支前机关组织二线转运民工，从第二线屯集点运到距战地 10 至 15 公里的第一线屯集点和前方补给站；再由各纵队组织随军常备民工接运到部队。这样在收、发、管、运各个环节，环环紧扣，既节省了民力，又满足了战役的需要。

摘自刘瑞龙《人民全力支前，保证了淮海战役的胜利》，见《淮海战役》第三册，中共党史资料出版社 1988 年，第 177 页

支前报道

烟台市政府以工代赈组织运输

【胶东 4 日电】烟〔台〕市民主政府以工代赈组织运输的办法，使该市工人生活问题得到初步解决。烟市秩序恢复后，在工会直接领导下，各区即着手组织运输队，赴陵县运输工商局调剂的粮食。规定工资为每斤每里地北币 6 角。截至上月底，全市共组织地板车 1038 辆，约 1500 余工人，共运粮食 57.4 万斤，平均每辆车最低赚工资一万五六千元，合苞米 30 斤。在开始组织时，工人都踊跃参加。海防营区首批组织了 400 余辆地板车，南鸿街在一天内组织了 37 辆，在组织方式

上，采取有车者与有劳动力者互助合伙的方式，以补救目前因蒋匪抓丁与破坏后所造成人力物力的困难。开始运输时海防营区工人每人由工商局预发工资 3000 元，解决了工人中无力自带干粮的困难。工人在此帮助下，情绪均很高，每辆车一般载重量为 400 斤左右，最多能有拉 700 斤者。此次运输时，适遇天雨，工人窦宝山说："这是公家的粮，也是我们自己的粮，应该好好保护。"现全市工人正在继续运粮，并将进行棉花的运输。

摘自《大众日报》1948 年 11 月 13 日

支前总结

豫皖苏三分区总结米面供应的经验

1. 加强组织机构。组织上除大量充实得力干部建立粮站外，必须以县为单位组织统一的垂直的支前系统，一直到前方司令部。同时区乡必须派遣干部跟着县，县也必须派遣干部跟着分区，由分区统盘筹划，统一支配，由县直接管理所属粮站。这样一方面可以互相了解情况，另又可以减村交乡，乡交区，区交县，一级一级的交代贻误时间。

▲ 豫皖苏三分区淮海战役战勤总结会议合影，第四排右四为豫皖苏三分区地委书记寿松涛

2. 实行标准口袋制。每袋装足 50 斤，口袋必须用双线缝结实，由区或乡负责装袋，由县或区派可靠干部监督，避免掺假，写清数目，盖上公章。在装面时不装太满，适当组织力量，装与缝分工清楚。这样既节省一级一级过秤的时间和繁乱，又可避免落后农民掺假和押运中坏分子捣鬼，盖上公章少了秤也便追究。

3. 要准确计算运输力。路途的好坏、牲口的强弱、天时的晴雨及其他可能发生的变化，都要计算准确，然后才能正确掌握时间，组织足够力量，有计划轮流运送，不致贻误供给或浪费。

4. 按情况变化，要充分组织各种运输力量。一套老的办法，有时要受情况的变化而限制。例如淮海战役中永城以西各县，供应前方米面的运输力量，初则以大车为主，后因大雪阻途，又组织小车与拖车，最后又组织成千上万人扛，由于他们能按照情况，随时组织各种运输力量，终于保证了前方的供应。为提高运输效力应实行接力转运（以 30 里为合适），有准备的实行包运制，明确任务（群众要摸底），周密布置转运线上的民工食宿站以及草粮站，不论车运与人扛，每个转运单位不宜过分庞大，便于管理掌握，主要是有秩序分班轮流转运，充分掌握时间。

5. 粮站统一供给与就地筹划二者不可偏废。由于战局发展很快，一天几变，粮站的建立不能随战局的发展，又因有时运送上发生了阻碍（如天雨、车等），不能及时供应上去，所以就地筹划还是必要的，不过比较紊乱。例如：淮海战役开始时，我军进入新恢复区萧宿地区，当时后方粮站就供应不上，领导上决心就地筹划后，也就解决了供给。大雪时顾虑后方粮站供给不足，战地各县大部分地区也采取就地筹划救急办法，特别是草料供给问题也得到解决。

6. 支前机关应与野供统一组织，密切合作。由野供派能力强的干部分驻各中心粮站。统一分配，各县也要主动的与野供负责干部取得联系或接谈（由县以上的战勤机关负责）。了解供给需要数目，然后按照具体情况支拨，否则军队供给干部到区乡或各种粮站时，每每超过他们需要的数目，不但增加区乡困难，造成紊乱，增加浪费，结果又贻误其他兄弟部队的供给。

7. 统一度量衡。这次支前发现秤不统一，以致公家蚀耗过大。部队地方均钻空子，账目也很难估算。不仅供给标准折合标准统一并名告地方，以免多受损失。

摘自《豫皖苏三分区总结米面供给和转运伤员的几点经验》，见《松风涛声——寿松涛纪念文集》，中共党史出版社 2000 年，第 243—244 页

小车运输运费

1. 提成数百里百斤按 13%。
2. 每辆载重 250 斤，每车 2 人。
3. 带工干杂占 20%。
4. 载重车每日行 50 里，空车行 60 里。
5. 装粮及卸粮各需一天时间，往返一次共需五天半。

摘自华东支前委员会《关于淮海战役中运河、汽车、火车运粮的总结》，1949 年 11 月 20 日

船运运输运费

船运提成标准：在总的精神上是一面动员船民支援战争（其运费标准低于商运），一面使其有利可图。具体规定为：顺流载重 3000 斤以下者，每百里百斤按 4% 提成。载重 3000 斤以上、万斤以下者，其中 3000 斤按百里百斤 4% 提成，余按百里百斤 3% 提成。载重万斤以上者，其中 3000 斤按百里百斤 4% 提成，7000 斤按百里百斤 3% 提成，余按百里百斤 2% 提成。逆流均按百里百斤 5% 提成。因风雨阻隔每人每日奖给秋粮 3 斤。这样既完成了运粮，又组织教育了船民。

摘自华东支前委员会《关于淮海战役中运河、汽车、火车运粮的总结》，1949 年 11 月 20 日

汽车运输运费

由于汽车的汽油与机器消耗较大，汽车运费高于一切运费的水平。按当时当地物价规定，每斤每里北币 1 元零 8 分，折成粮食计算，百里百斤提成为 17.86%。较火车运费（百里百斤 2.1%）高出 15.76%，较船运运费（百里百斤 3%）高出 14.86%。较小车运费（百里百斤 13%）高出 4.86%。从运费上说，汽车运粮是最不经济的一种运输工具。但从前方急需用粮的情况来说，是保证了紧急情况下部队的粮食供应，除此情况，汽车运输是浪费过大。

摘自华东支前委员会《关于淮海战役中运河、汽车、火车运粮的总结》，1949 年 11 月 20 日

火车运输运费

1. 每吨每公里运费北币 720 元。

2. 装卸车出入仓每吨小米 7.25 斤，折原粮 10 斤 6 两。

3. 当时小米市价每斤北币 1300 元，折原粮每斤北币 908 元。

4. 每时行 25 公里。

5. 每箱一个押车人员。

▶ 粮库的米堆积如山

▲ 菏泽某粮站办公室

▲ 泗水县北沟粮站会计李崇生在收粮记账

6. 每列车需 3 个工人，2 个守车人员。

摘自华东支前委员会《关于淮海战役中运河、汽车、火车运粮的总结》，1949 年 11 月 20 日

粮站工作

粮站： 在粮食的供应过程中，除运粮工作外，第二个重要环节就是粮站工作。在不断地适应战争形势及不断地吸取经验过程中，由 1947 年时简单化的组织形式而发展到随军粮站、屯粮站、转运粮站、粮站管理处、粮食储运处等 5 种组织形式。但就粮站的性质而言，基本上分为两种：一种是随军粮站，一种是转运粮站。随军粮站是根据部队的供给单位而设，随部队行动的半军事性的粮站。转运粮站是根据运粮要求和存粮要求而设的一种收发保管的半地方粮库性质的粮站。

随军粮站： 统一接收地方及后方运来的粮食，再统一供给部队，及密切与调剂部队与地方的供应关系。通常随军粮站以地方为主，随军达到某一地区时，即吸收当地政府干部参加，以便在部队行动时，将剩余粮食随时交给地方，保持随军的机动性。随军粮站还掌握着一部分常备民力，纵队的随军粮站掌握 500 辆常备小车作为从二线粮站向随军粮站运粮的机动力量。

转运粮站： 凡是介于后方存粮基点（即地方仓库）与前方随军粮站之间的所有一切粮站，就其性质上说统称为转运粮站。转运粮站是整个粮食供应系统中最主要的构成部分。转运粮站以粮站所在地区的政府为主，支前干部进行协助，一切收发手续及保管等，均由地方负责。转运粮站分为 3 种，一种是战前，当战争发展及前方具体用粮地点尚未确定而又运输线很长，必须实行接力运输所设的转运粮站。第二种是为转换运粮工具而设立的粮站，如淮海战役中，鲁中南一分区向前方运粮就须在泰安、兖州、济宁、韩庄、徐州各转换运粮工具的地方设站。第三种是大规模屯粮性质的粮站，如淮海战役时，在徐州进行大规模的屯粮，以作向西、向南机动而设立了粮站管理处。其性质是

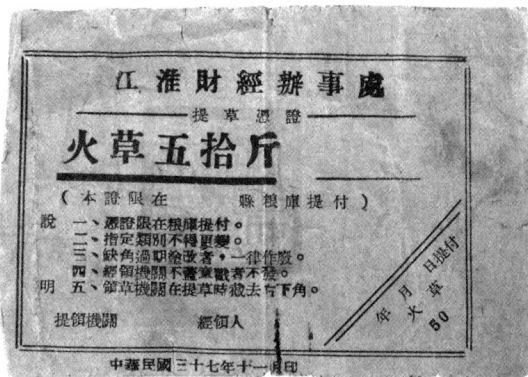

▲ 江淮财经办事处 1948 年 11 月印制的粮草票

统一领导若干粮站，统一接收津浦、陇海的运粮。一面屯粮，一面随时外运和直接供给。

根据华东支前总结委员会《济南、淮海、渡江京沪三大战役支援工作总结》（1949年11月30日）整理

支前报道

华中粮食转运总站

某庄前后，满眼都是公路上来来往往的小车、牛车，到处都是嘈杂的车声。运输民工和工作人员在紧张的卸、装，日夜不息，四周民房都挤满了住宿或借锅煮饭的人，在稍大的房子里都有上万斤米的大囤子，折子一直卷过去，看见很快囤满，也看见很快卸光。

这里是华中支前司令部粮食转运总站的一幅忙碌情景。

粮食转运总站负责华中五、六专区，江淮三专区运来的粮食和负责调动有组织的运输民工。目前接受六专区运来的粮，平均每天约 × 十万斤，最多的一天到 × 十万斤，并要组织运输力向淮海前线转运。这样大的任务，在开始时只有20多个乡村干部和少数民工负责。他们在淮海战役开始大军南下时，奉令紧急召集由后勤司令部分配到这里建立粮食转运总站，他们简直没有想到要接受这样大的任务。20多个乡村干部，大都是新参加工作不久的，多半不识字，不会记账掌秤。这里又是新区，乡村政权都是旧的，而且不健全。但是一切困难逐渐克服了，他们配合地方才建立的政权，吸收当地教师、学生、商人，能记账掌秤的来帮助工作。在新区群众帮助下，借到20多杆大秤，2000余张折子，就用这些力量，接收从后方运来的惊人数量的粮食，并向前方转运。现在已有160多人工作，为了工作需要还准备扩大一倍，建立60个工作小组，接受更大的转运任务。

这个总站设有4个分站，每个分站设有10个工作小组，每个小组掌有一杆秤，进行过秤装卸。另总站设交接科，照顾各站接收量，分配各运输队到各站装卸过秤。在这新的工作过程中，开始摸索了一些有组织进行工作提高工作效率的办法。如一开始装卸乱哄哄的，民工争着卸，后来，他们按照送粮到达的先后顺序一队

▲ 新区人民雪中扛面

▲ 山东杨屯村支前大车

▲ 汶上县康驿小车队的支前小推车

▲ 毛驴队驮运粮食

队与一袋袋的排队装卸，做到了有秩序的装卸，比原来快多了。开始过秤时容易争论不休，以后由各运输队推出人来共同掌秤，避免很多因争先浪费的时间。粮食过秤采取到囤房前卸，用固定的扁担上秤，或把口袋并起来一起秤，或采取运过秤的运走的互相自动交换办法，节省不少人力和过秤时间。工作小组同志分工，有接洽照应的，记账的，掌秤的，上囤的，分工严密后，有极少数送粮的舞弊行为，也都被及时发现解决减少了损失。过去一条秤用两个民工抬，往往肩头一扛，秤锤一落就差几斤，后来改用吊秤。新区借来的秤大小不一，有的秤呆，相差几斤都看不出，民工反映很多，他们都及时核验解决。

因为总站和各分站的工作人员大部分是新的，甚至是"帮忙帮忙"的，政治水平低，上个名字都怕说："俺是临时的，不上名。"同时工作中也带来了一些旧的作风，如称秤总要高一些，或把秤锤拉低一些，立即决定数字，这样容易和民工吵嘴，接收反而慢了。有的甚至民工多说一句话，掌秤的工作同志把秤一丢就走了，经过领导上不断教育，反复说明淮海战役的重要意义，支前工作的重要性，如果我们在粮食转运上耽误时间，直接影响到支前工作。为了做好工作，提高工作效率，有时各分站负责人亲自去掌秤做出样子，有时工作人员忙得饭也捞不到吃，觉也捞不到睡，领导上常拿民工的吃苦耐劳，不怕艰难的精神教育大家。在工作上多加鼓励、生活上如黄烟夜餐等多加照顾。许多新参加工作的同志都为干部的这种工作精神而感动。为了淮海战役的胜利，各站都是日以继夜的工作，涌现出不少积极分子，有的担任小组长。后来每杆秤，每个工作小组，每天可称 3 万斤左右。有些工作小组，突击工作每天可称 5 万斤，最高记录达 7 万斤。有很多从老区来的乡村干部，刻苦工作，不分白天黑夜地工作，虽然天气已转寒冷，棉衣棉被还没有，但仍熬冷工作，二分站三小组组长刘长宜，身患疥疮很重，又不识字，但坚持掌秤，秉公办事，并且不断教育工作人员，这个小组在他的带动下工作效率很高，任务完成得很好。

摘自《新华日报》1948 年 12 月 25 日

第二节　运输任务完成概况

战役初期，运输主要以人力、畜力为主，数百万民工肩挑、手推、马驮，车轮滚滚，人欢马叫，奋战在运输线上。随着战役发展，一些大中城市相继解放，各地积极抢修被毁铁路，组建汽车运输团，充分发挥火车、汽车等现代化运输工具的作用，动员一切劳动力、畜力，利用一切可以使用的运输工具，采用科学有效的运输办法，克服了重重困难，和部队后勤部门紧密配合，日夜不停地抢运物资，完成了艰巨的运输任务。

回忆节选

山东：冒风雪，战严寒，翻山越岭，长途跋涉，将粮食、弹药及时运送到前线

山东人民不仅节衣缩食无私地献出大量粮食，而且发扬了艰苦奋斗精神，冒风雪，战严寒，翻山越岭，长途跋涉，将粮食、弹药及时运送到前线。在支前工作中表现了高度的牺牲精神，创造了许多可歌可泣的英雄事迹，涌现出大批模范人物。

……

在淮海战役的第一阶段，我军于陇海路上、运河两岸围歼敌黄百韬兵团时，粮食要经过运河西运，民工们不顾长途跋涉的疲劳，在黑夜跳进冰冷的河水中，架起浮桥，保证粮食源源不断地运到河西岸，供应了我作战大军。为了提高运输效率，尽快把粮食送到前线，运粮民工人人多装，车车超载。如原规定每车装载200斤，沂蒙山小车队则普遍装载300斤以上，有的装到400多斤。泗水县运输团，一次接受6天内运粮9万斤的任务，该团千余民工冒着敌机轰炸扫射，忍饥耐寒，破冰渡河，3天就运粮112000斤。淮海战役进行到第三阶段，当我华野部队追击敌人到萧县、永城地区，围歼杜聿明集团时，鲁中南第一专区民工，不顾风雪严寒，从泰安经兖州、济宁、韩庄、徐州、萧县等地，使用小车、火车、木船、汽车、

小挑 5 种运输工具，经过 7 道手续，征程千里，辗转换载，把粮食送到部队的炊事单位。

摘自张劲夫《兵民是胜利之本——忆山东人民对淮海战役的支援》，见《淮海战役》第三册，中共党史资料出版社 1988 年，第 195—196 页

华中：太阳一落山，民工们就推起小车秩序井然地冒着严寒踏着冰雪吱吱呀呀逶迤数里赶上前线

筹集来的粮食，打仗需要的弹药要运往前线，当时还没有多少现代化运输工具，主要是靠民工肩挑手推，只有少部分用汽车、船只运送。我们在苏北地区前后集中的小车约有 8 万辆。当时淮海大地正值千里冰封的隆冬季节，白天因有国民党军队飞机的轰炸，不能运输。太阳一落山，民工们就推起小车秩序井然地冒着严寒踏着冰雪吱吱呀呀逶迤数里赶上前线，小车上的油灯在漆黑的原野上星星点点一望无际，煞是好看。被押送去后方的俘虏看见了都止不住感慨地说：国民党不完，没天理。在这送粮食、弹药、物资的过程中，民工们历尽艰辛，涌现出许多可歌可泣的动人事迹。

摘自陈国栋、李干臣《华中人民支援淮海战役》，见《淮海战役》第三册，中共党史资料出版社 1988 年，第 228 页

资料选编

中原：在广阔的中原大地上，在风雪弥漫中，火车日夜奔驰，汽车来往不停，百船竞发，马车、牛车、手推车、人拉车满载物资滚滚向前

在作战物资的运送方面，中原地区的人民做出了很大贡献。千百万农民踊跃参战、运输支前。仅豫皖苏地区即支出大车 10.6 万余辆、小车 2.2 万辆、拖板车 5.8 万辆、牲口 43.7 万头、担架 6.1 万余副，共出动民工 200 余万人。在广阔的中原大地上，在风雪弥漫中，火车日夜奔驰，汽车来往不停，百船竞发，马车、牛车、手推车、人拉车满载物资滚滚向前。距战场 1000 多里的豫西行署，为将粮食等物资运到前线，专门设立了由洛阳经临汝至鲁山，由许昌经郏县至鲁山，由西平经叶县、舞阳到鲁山，由泌阳经方城到鲁山，由内乡经南召到鲁

山的 5 条兵站运输干线。并在每条干线上 30 里设一小站，60 里设一大站。建立起以鲁山为中心，至洛阳线设白沙、临汝城 2 个站。至许昌线设颖桥镇、郏县、脂肪街、龙尖关、宝丰 5 个站；至西平线设吴上镇。澧河店（属舞阳县）、瓦店营（属叶县）3 个站；自战役发起后，成千上万的民工，日夜奔走在这些干线上，运送粮食和其他物资。1948 年 12 月中旬，豫西地区支前司令部接到"东运砀山小米 7000 万斤"的命令后，迅速布置给第一、第二、第四、第五专区。他们在几天里就聚集 480 万斤粮食。在东运粮食中，豫西人民采用大车拉、小车推、人肩挑的办法，按时完成了运粮任务。豫西山路较多，大部分是用人扛粮食，集中到附近的粮站，然后以村为单位，由村干部带领，按规定的运输线，运送到砀山车站。当时天寒地冻，送粮的民工，饿了啃口干馒充饥，渴了敲块冰凌咽肚。豫西第二专区干部贾子宽带领民工运粮，路上由于土匪和国民党逃兵的骚扰，加之民工赶路心切，一时筹不到粮食。他们宁可自己挨饿，不动车上小米。郾城县第三区群众，3 天完成支前粮食 8 万斤，木柴 17 万斤、马草 2 万斤的运送任务。民工干部窦志方，带领 238 个民工，连续 4 次冒冰雪往返 400 里，用肩膀把 21000 斤面粉扛到前线。后方人民就是以这种顽强的革命精神，将战役所需的大批粮弹、物资运到前线。仅粮食一项，用小车装运，每车装 200 斤，把这些小车排成行，可以排成从南京到北京的 5 行。战区附近的永城、夏邑一带实行了全民总动员，夏邑县的 11000 民工，在 65 公里的雪地上，设立了 4 个站，每站 30 里，前送转运各种物资。在泥泞的道路上，他们每人扛 50 斤面粉，一昼夜运面粉 10 万斤。新设的包括雪枫、商丘、亳县各一部的雪商亳县担架团，临时接受扛面任务，全团 2784 人，在 50—90 里的雨雪途中，10 天扛面 38 万斤。除夕前夜大雪纷飞，平地积雪数寸，该县中共县委书记丁希凌带领民工冒雪踏泥执行任务，民工的棉衣都被淋透了，有的脚也冻裂了，但无一人拿草烤火。洛阳、郑州、开封、商丘及所有新解放的城市，动员了所有船只，利用一切通航河流向前线运送物资。如涡河船运，将大量物资通过水路运达前线。城市所有汽车、马车、三轮车、排子车全部被动员起来投入运输。仅商丘市即出动了架子车 1300 辆、三轮车 600 辆，市商业联社也组织了 27 部汽车、100 多辆马车参加了支前运输。

摘自《中国人民解放军第二野战军后勤史》下册，金盾出版社 1997 年，第 150—152 页

华北冀鲁豫：运米一般以区为单位，组成班、排、连、营，
不分昼夜地运往前方

到 12 月 14、15 日，各县都先后开始运米。运米一般以区为单位，组成班、排、连、营，不分昼夜地运往前方。巨南县堂村区是新解放区，群众刚从敌人的长期残害下解放出来，支前积极性特别高。他们将分到的 30 万斤粮的运输任务，分 3 批、用 5 昼夜的时间就运完了。曹县、齐滨、复程等县，在 12 月底以前亦都完成了运米任务。全区在运粮中，涌现了很多护粮模范，安陵集梁玉家有两辆手推车，运粮中途蒙蒙细雨下个不停，他们怕把米淋湿，便将自己穿的棉袄脱下，盖在米袋上，说："棉袄湿了还可以晒干，米要淋湿了，就不好吃了。"这一举动对运粮民工启发很大，不少人用被子、棉袄盖在米袋上，保护了军粮。

摘自韩哲一《回忆冀鲁豫边区人民在淮海战役中的支前工作》，见《战勤工作资料选》黄河出版社 1988 年，第 398 页

汽车运输概况

徐州敌人逃窜之后，为支援部队追击敌人，即从济南、兖州、新海、徐州各新解放城市，动员了大批商家汽车进行运粮。在 18 天的时间中，共动员汽车 257 辆，除破旧外，参加运粮者共 169 辆，自徐州到萧县，路程 95 华里，共运粮 4152786 斤。解决了前方的粮食困难。

当时，根据对徐州、

▲ 汽车队将粮食运往火车站

新海等方面的了解，商车基本上有三种经营形式：（一）汽车主雇佣工人的劳资关系。（二）自车自开的独立形式。（三）集股合营驾驶员做成股份的合作形式。但车主皆为大中商家。一般车主及工人对参加支前存在不少怀疑和顾虑，如：汽车使用将来是否还能做主？什么时候才能不支前了？到底运费怎样规定？是否白运不给运费？向前方运粮汽车和人员受到损失怎么办等等。根据以上情况的分析，基本上存在两个问题：一是思想认识问题，二是运费及保险问题。因此，在动员方面以号召人民支前为前提，打破各种思想顾虑，及适当的规定运费标准及保险办法。

在组织管理与使用上，沿用了原有的公会，与成立公司，我们再派干部分头掌握与教育，这是紧急动员与组织商车的重要关键。如在开始组织时，使用了与此相反的办法，抛弃了原有公会，不分车主和工人，统统采用集中管制，结果形成他们的对抗与恐惶。有的竟开了小差，或将车故意弄坏等，造成了极大困难。后来转为利用原有公会，组织了公司，我们派干部分别掌握与进行教育，对工人主要进行以支前为主的阶级教育，开展立功运动，扭转了其对支前的怠工态度，才顺利的完成了任务。

各公司汽车统计表

单位：辆

公司名称	原有车数	不能用	能用的
铜山公司	35	15	20
青年公司	26	10	16
合众公司	46	13	33
天新公司	39	16	23
豫合公司	22	7	15
新海公司	24	11	13
济南公司	65	16	49
合　计	257	88	169

摘自华东支前委员会《关于淮海战役中运河、汽车、火车运粮的总结》，1949年11月20日

运河运输概况

淮海战役初期，韩庄、台儿庄解放后，运河线北起鲁西之东平、平阴等县，南至台儿庄一段完全通航，当时铁路仅济兖段通车，运河运粮便成为当时供应上的重要交通线。

运河运粮自 1948 年 11 月 16 日开始至 1949 年 1 月 19 日，近两个月时间，共组织大小船只 1363 只，载重量 9875908 斤，完成了 2000 余万斤的运粮任务，在人力上比小车运粮节省了 250 余万个日工，并节省了 680 余万斤粮食的运费开支。对于淮海战役的粮食供应上起了重大作用。当时河运情况：（1）在当时由于敌人的长期摧残压榨，以及湖匪蔓延，截路抢劫，一般从事于运河运输的船民，大部流

▲ 运输船

▲ 千艘民船扬帆送军粮的报道

◀ 大量粮食被搬下船

散于各地小河道转为打渔及其他职业。（2）该地区被解放后，一般散匪与湖匪结合，盘踞于微山湖内，大肆抢劫来往船只，造成了湖上的封锁状态。（3）河运全线自韩庄至台儿庄段有八闸最为险要，水流湍急，易出危险，一般湖上船只缺乏过闸工具和技术，又加河道常年失修，困难较多。（4）在大小船只之间，亦有不同特点，大船其篷大，顺风时快于小船，而在逆风或逆流时则慢于小船。（5）新解放区船民对于运粮抱有很大顾虑，怕用船搭浮桥，怕不发运费，组织船只时普遍逃匿，个别将船捣毁沉没，对抗运粮。

根据此情况，要大量组织船只，必须打破其思想顾虑，进行支前结合船民翻身教育，并具体说明运粮提成办法，以打破抓官船不给运费的思想顾虑，提高其觉悟。根据大小船只、地区，组织大队、分队，派干部掌握，以武装押运保管，并进行有计划的剿匪，保证船民安全。对于船只因大风或过闸遭受损失时，根据实际损失轻重进行补助。在 400 万斤粮食的船只冻于湖中时，对于破冻受损失的船只，进行了赔偿，通过事实，打破了船民顾虑。

摘自华东支前委员会《关于淮海战役中运河、汽车、火车运粮的总结》，1949 年 11月 20 日

铁路运输概况

济南战役后，开始由张店至济南，济南至兖州的局部的火车运粮。徐州解放后，在济徐段、新（安镇）徐段、徐宿（县）段开始大规模的火车运粮。渡江战役后，支援部队及支援城市的运粮，火车就成为主要的运粮工具了。

▲ 火车司机荣宝坤冒着飞机轰炸扫射，带病驾驶机车，运输军需物资。在机车风缸被飞机打破的情况下，他驾驶机车疾速飞驰，及时将军需物资送达徐州，圆满完成任务，荣获"华东徐铁一等支前模范"奖章

开始使用火车运粮之后，从保证供给，节省人力、物力上说，都有其重大的意义，特别重要的是使从远方调剂粮食，减轻战区人民负担，争取广大地区范围的支援战争成为可能。仅淮海战役期间，自 1948 年12 月 14 日至 1949 年 2 月底，近两个半月的时间，共完成了平均 590 华里的 7590余万斤粮食的运输，比小车运粮可节省运费粮 5750 余万斤，可节省民工日工 1712

▲ 火车满载着军用物资运往前方

万余个。这对于减轻人力以用于生产，节约物力用于战争来说，有着极大战略性的意义。

在使用现代化的运输工具之后，在工作上发生许多困难，首先是没有管理火车运粮的经验，没有适应火车运粮的其他工具（如装粮工具、卸粮工具等）。（1）首先是装粮工具与火车运粮之不相称，用小车、小挑运粮，大部是民工自带工具（口袋、蓆包、篓子等），后来虽购置不少面袋、麻袋，但都是大小不一，重量不一，每次装卸都得逐袋过秤和除皮，浪费时间，减低效率。如韩庄向徐州运粮时，5 天时间还没卸完一列车，粮食数目最后也没有查清。冀鲁豫装粮工具是适应火车运粮的科学办法，即粮食加工之后，按等量定量装袋子，划上斤数，转运起来，按袋折算，免去过秤，不管转运多少回，一劳永逸。（2）缺乏装卸火车的一套科学的手续与制度，在开始装卸火车时，一片混乱，粮食常被人偷走。用了很多干部指挥不了卸车工人，结果影响了工人的装卸速度，彼此埋怨。在不断的向工人学习改为包装包卸，按件提成之后，在效率上大为提高，装卸才有了秩序，干部专管检查和统计粮食数目及粮食入仓保存等工作。（3）火车运粮必须准备雨具，在韩庄、济南开始向徐州运粮时，缺乏准备，淋湿不少粮食，造成了损失。这说明运用现代化的运输工具，必须建立一套适合现代运输工具的科学制度与方法。

淮海战役中火车运粮统计表

自 1948 年 12 月 14 日起至 1949 年 2 月底止

起运点	运至点	路　程	数　字	合　计	合吨数	装箱车数	列车数	备　考
济南	宿县	394 公里	7046970 斤					一、2000 市斤为一吨。二、30 吨合一车箱。三、30 车箱为一列车。
	符离集	380 公里	13522987 斤					
	夹沟	364 公里	1912857 斤					
	曹村	350 公里	2772093 斤					
	三浦	335 公里	2188180 斤					
	八义集	366 公里	1412340 斤					
	徐州	320 公里	7244031 斤					
	贾汪	334 公里	2945626 斤	38545984 斤	19273	642.5	21	
开封	徐州	277 公里	27622012 斤					
	宿县符离集	351 公里	1500000 斤	29122010 斤	14561	485.5	16	
韩庄	徐州	44 公里	8242020 斤	8242020 斤	4121	137	5	
总　计				75910014 斤	37955	1264	42	

摘自华东支前委员会《关于淮海战役中运河、汽车、火车运粮的总结》，1949 年 11 月 20 日

资料选编

华东弹药运输概况

一切物资弹药由军区后勤（并运输公司力量）前进指挥所负责担任，由第三线运到第二线屯集点，华野后司将第一线屯集之零基础运到临沂，新安镇之线，视战况发展前运或后接运，为了分工具体，后来确定三野后勤负责担任由第一线屯集点运到欠当补给站（距战地不超过 25 至 30 里），各军到补给站接运到战地，而第二线弹药亦视战况发展，而向前推进，第二线（军区）屯集点与华野第一线弹药库距离亦以不超过 60 至 80 里为限，这样才能前后照顾，便于随时调动运输力，

适应战争随消耗随补充的要求，并可求得调度上之统一。

根据华东军区、三野后勤司令部《淮海战役后勤工作初步总结》（1949 年 2 月）整理

中原弹药运输概况

……弹药物资，以前送为主，从第二线弹药囤集点至第一线野战军弹药库，距离约 60 至 80 里，由军区后勤组织前送；第一线至前方补给站，由野战军后勤组织前送；补给站至旅或团，距离为 25—30 里，由纵队后勤组织前送。伤员后送，纵队以下，逐级后送与逐级前接相结合，以逐级后送为主；纵队以上，以逐级前接为主。

摘自《中国人民解放军第二野战军后勤史》下册，金盾出版社 1997 年，第 125—126 页

回忆节选

华东：战后，粮弹等物资还有大量剩余

战役第一阶段

在这个阶段后期，由于敌人败北，我军施行追击作战，随军运粮的民工、车辆无法跟上……

由于各地人民的大力支援和全体指战员共同努力，战役中一度出现粮食紧张的情况。很快得到了缓和，到围歼碾庄之敌的时候，粮食供给就基本上正常了。

战役第二阶段

造成运输紧张的主要原因，是由于运输补给线延长，公路、桥梁大部分被敌人破坏，一时抢修不起来，电话线也是架不起来，前后方的交通通讯不畅通；其次，是由于部队行动迅速，补给线不能固定，加上道路不熟和夜间运输，使弹药、物资一时运不上去，伤员运不下来；第三是物资、弹药包装不一，车辆装载量不定，也影响了运输效率。

为了改变这种状况，我们通过地方支前机关，增调车辆。先后从山东和苏北地区共调用地方汽车 52 辆，马车 967 辆，小推车 2 万余辆，为了减少中间周转，还派军人到地方的运输部门去带车，使地方运输部门的车辆直接开到纵队驻地。

由于采取了这些办法，使运输情况逐渐得到了改善，但由于前方补给线不能固定，运输的紧张状况仍然很难根本改观。打开徐州以后，运输紧张状况才有较大缓解。主要原因是抢修了由济南到徐州的铁路线，大批的粮食、弹药、物资可以通过铁路直接运往前线。同时，华东局紧急授权前委，对所缴获的弹药物资可直接支配使用。当时，计有各种炮弹 5 万余发，子弹 520 万余发，炸药十多万斤，还有电话线、防毒面具等等。这些物资及时补充了部队，应付了前线的急需。在黄维兵团被围困在双堆集地区以后，补给线相对稳定了，运输情况才根本好转。

战役第三阶段

在这一阶段，由于徐州及周围几个城市相继解放，陇海铁路郑州段和津浦铁路济徐段修复通车，运河通船，组建了两个汽车运输团，还雇佣了地方的 250 多辆汽车，因而使我们到了充足的粮食、弹药和其他各种物资的供应，可以说要什么有什么。当时正值新年之际，上级和地方政府又送来了大量的慰问品，锣鼓喧天，喜气洋洋，士气非常高涨。

……

总之，这个阶段由于各地党政部门和支前机关的大力支援，后勤供应是充足的。直到战役结束，黄口、大吴集、王桃园、前顾厂等前方粮站还余 600 多万斤粮食。弹药和其他各种物资也有大量剩余。

摘自喻缦云《回忆淮海战役中华东野战军的后勤工作》，1985 年 10 月

资料选编

中原：运输工作极其紧张和困难

战役第一阶段开始后，中原野战军主力直插宿县，部队行动迅速，战况发展异常，交通运输出现紧张忙乱现象。在前方，随军民工减员较多，行进跟不上部队；在后方，交通道路阻塞，运输工具落后，运输效率不高。参加前方运输的民工，主要的运输工具是牛车和毛驴，又多是小牛、小驴。由于天气寒冷，夜以继日地拉驮奔波，冻饿累死的牛驴很多。豫皖苏第四分区运输 400 万斤粮食至涡北，即损失牛 500 头。这种四轮牛车载重仅八九百斤，速度很慢，很不适应战时长途大

规模的转运。加上敌机骚扰破坏，使运输效率降低。……

　　……

　　……第二阶段作战规模广大，战场南北交错，参战部队进入豫皖苏地区，运输供应线延长，后勤工作极其紧张和困难。

　　摘自《中国人民解放军第二野战军后勤史》下册，金盾出版社1997年，第130—132页

第三节　运输线上的民工

　　淮海战役中运输粮弹等物资的任务是在战争环境、交通不便、工具落后、气候恶劣和飞机袭扰等困难条件下完成的。为此，广大解放区人民付出了常人难以想象的艰辛。他们翻山越岭，破冰涉水，冒风雪，踏泥泞，忍饥寒，日夜兼程，奋战在千里运输线上。遇到雨雪天气，他们就把自己的蓑衣、雨衣甚至脱下身上的衣服盖在粮车上；粮袋破了，就撕下衣服上的布把粮袋补好；干粮吃完了，宁可自己挨饿，也不动用车上的粮食；鞋袜磨穿了，就赤脚在冰天雪地里继续前行；生病了，就咬咬牙坚持……千里运输线，洒满了他们的血和汗。

▲ 大车队将大量物资向粮站集中

▲ 小车队跋山涉水、顶风冒雪转运物资

▲ 随军转战的挑运队

▲ 平车队运送弹药

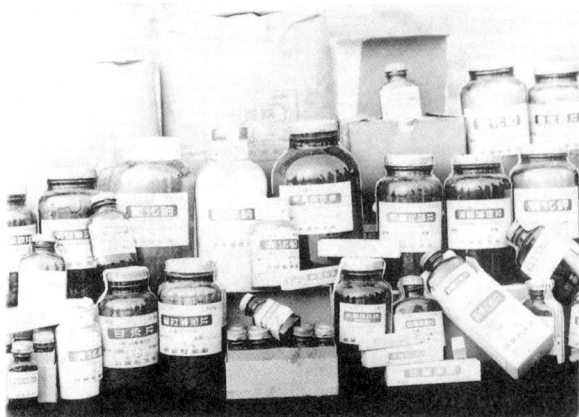

▲ 准备运往前方的药品

▲ 准备运往前方的粮食

▲ 准备运往前方的炮弹

▲ 大批棉衣准备运往前线

一、运输线路

资料选编

战前设定的运输线路

中原地区共 3 条：

漯河 ——→ 周口市 ——→ 槐店 ——→ 亳县

许昌 ——→ 扶沟 ——→ 太康 ——→ 柘城 ——→ 鹿邑 ——→ 亳县

郑州 ——→ 开封 ——→ 商丘（铁路）

华东地区共 6 条：

东阿 ——→ 兖州 ——→ 济宁 ——→ 单县

济南 ——→ 泰安 ——→ 兖州 ——→ 邹县 ——→ 滕县

张店 ——→ 莱芜 ——→ 蒙阴 ——→ 平邑 ——→ 费县 ——→ 梁邱

益都 ——→ 沂水 ——→ 临沂

高密 ——→ 诸城 ——→ 莒县 ——→ 三界首

东阿 ——→ 袁口 ——→ 济宁（水路）

另有 3 条横贯线：

济南 ——→ 张店 ——→ 益都 ——→ 高密（铁路）

济宁 ——→ 兖州 ——→ 蒙阴 ——→ 沂水 ——→ 莒县

邹县──▶禹山──▶安彦──▶梁邱──▶费县──▶临沂──▶三界首

摘自北京后勤学院编印《淮海战役后勤工作》，1965 年 5 月

◀ 某地民工记录的支前线路

▲ 某地民工支前线路图

支前日记

民工宋训政记载的运输线路

十月初一日走了一宿到了上高镇村宿。

初二日晚上到了泰安城的火车站，上了火车走130里路，天明到曲阜县营家庄宿。

初三日晚上走，天明到大东庄宿。

初四日晚上走泗水县，泗水河大的很，都是木板桥，天明到孔家铺宿。

初五日不吃了午饭，走了40里路在新县白马庄宿。

初六日在南洋县河东村宿。

初七日走了一天，晚上在蓝桥头村吃晚饭，吃饭又走，天明到费县板城区板村宿。

初八日晚上开始走，听说队伍一享楼上火在太安庄收福，天明在新庄宿。

初九日白天又走到南乐村休息。

初九日晚上走台儿庄过运河，河里有船，天明到江苏省铜山县抓山头村宿，队伍在前面陇海路一享楼上火去了。

初十日晚上走到田庄宿。

十一日晚上走流河坐船过去在宿阳山宿，队伍在前面把徐州围起来。

十二日早晨走坝河村宿。

十三日、十四日还存2天。

十四晚上到了草木场，上碾庄去送任务一宿送了4次任务，天明在草木场休息，有张春山在一起，有飞机真是恶的。

十五日晚上挑着子弹到铜山县全宿家宿。

十六日、十七日还在全宿家休息，白天看些飞机有十二三架。

十八日还在全宿家宿，白天上北村东抬了一趟弹药。

十九日晚上抬着弹药走了一宿，走有八九十里路，天明在华中皮县铜铃村宿。

二十日还宿铜铃庄，听说碾庄黄百韬的兵团被消灭，黄百韬跑在乡村以后有徐州李弥的兵团出来增援，又叫咱的队伍围起来。

二十一日晚上开始挑着弹药走90里路，天明到三守县高家河宿。

二十二日晚上挑着弹药走90里路到了安徽省灵璧县福庙镇宿，□□□经费一千□百□。

二十二日晚上挑着弹药走 70 里路到大张家宿。

二十三日晚上开始走去陈杰家，提高粱面来回有四五十里路，回来下雨。

二十四日收家信一封，晚上 37 师、39 师开始战斗，25 日把灵璧城解放。

二十五日还在一天。

二十六日晚上挑着弹药走 60 里路，天明到宿县睢庄宿，有六纵在古庄战斗。

二十七日吃早饭走，晚上在王周庄吃饭，又走了一宿，天明到孟庄。

二十八日吃早饭又走，走到张庄吃了晚饭，又走到赵家庄。

二十九日晚上开始走到曲阜县，白天在北岸休息一天。

三十日晚上上了船过了淮河，飞机很是恶的。

十一月初一日

天明到孙家奉阳县赶上李延年的兵团，一天把他消灭两个兵团，我们又向西北回去走，津浦路有 90 里路。

初二日走到桥东宿。

初三日走到王庄宿徐县。

初四日晚上还存一宿。

初五日晚上走 40 里路，到了双堆集围歼敌人黄维的兵团。

初六日上送了四次任务。

初七日晚上送了两次门。

初八日晚上送了五次弹药。

初九日晚上送了两次弹药。

初十日晚上送了六次弹药。

十一日晚上打扫战场。

十二日挑着弹药往西行走十五六里路在六大营休息。

十三日白天去买一次菜。

十四日晚上和六连换了，他们跟支中队，我们跟支中营。

十五日晚上界后□一宿零一天。

十六日白天黄维兵团全个消灭。

十七日休息一天。

十八日去扣了一天一宿汽油。

十九日搬了一天枪。

二十日下雨休息一天。

二十一日吃完早饭，到枪库东换岗，王允明挂彩，把他送在许屯集，晚上 9 点半钟牺牲在徐猛县。

二十一日依旧拉在□路辖亭休息，晚上下雨，发烟费 2000。

二十二日白天下大雪。

二十三日、二十四日、二十五日、二十六日、二十七日、二十八日还存在，休息。

二十九日开始向西北走了一天。

三十日走了一天。

十二月初一日

到了涡阳县姚庄紧急的评功。

初二日到西庄陈老家看敬围。

初三日、初四日、初五日、初六日、初七日、初八日、初九日发烟费。

初十日、十一日晚上开始走到了河南省，前卫庄警卫。

十二日、十三日、十四日、十五日在□□□陈集敌人李弥□□□完全消灭。

十四日、十五日、十六日还存味庄。

十七日晚上□□正东行动一宿。到了江苏省。

十八日晚上到了宿县城。

十九日晚上走灵璧县。

二十日晚上走四县城。

二十一日、二十二日到了十里庄休息，共走了 190 里路。

二十三日、二十四日白天休息。

二十四日晚上开始走。

二十五日晚上开始行动。

二十六晚上走了一宿。

二十七白天开始走到了泗阳县。路过黄河，走运河到了重兴镇休息过年。

二十八日在宋老庄过年。

二十九日、三十日、初一晚上开始下雨。

初二日、初三日、初四日还下雨，新年到了。

初五日我们把任务交了。

初六日晚上开欢迎欢送大会，还演他还回来的戏。二营缴获 3 支枪,36 名头等功。

初七日还在宋老庄宿。

初八日走80里路开始向西北行动，过了四道湖，湖不小里面有大船，到了大兴镇宿。

初九日走80里路，看见骆马湖。

初十日走70里路，到了新安镇，晚上看见跑的夫子，他初六到了新安镇。

十一日白天休息一天，晚上开始走了一宿走了70里路。

十二日白天走了一天走了80里。

十三日白天走了一天还有一宿，走了90里路到了阴州城。

十四日休息。

十五日休息，一营牺牲两个同志。

十六日、十七日、十八日〔未记〕。十九日这天发淮海战斗奖励的钱300元。

二十日、二十一日、二十二日、二十三日、二十四日开始下雨，二十五日还下雨。

二十五日晚上止不下雨。

二十六日、二十七日还下，徐州东南山头村宿。

二十八日晚上开始接上华支民管处的任务，挑着上了火车。

二十九日晚上在古镇南站，到蚌埠还有60里路。

三十日早晨开始挑着100斤小米走了60里路。

摘自民工宋训政在淮海战役时的日记

二、运输工具

资料选编

有的粮食运到前方要经过小车、火车、船只、汽车、小挑连续7次转运

参战军队、民工达到150万人，每天需粮约500万斤，同时粮食来自四面八方之广大农村及远大后方。因交通不便，使用运输工具落后，多种多样，基本上以小车、小挑、牲口运输为主，有的粮食运到前方要经过小车、火车、船只、汽车、小挑连续7次转运，弹药和其他物资也是如此，加之战役持续时间长，消耗甚大，部队进展迅速，所以后勤保障工作是很艰巨繁重的。

摘自北京后勤学院编印《淮海战役后勤工作》，1965年5月

运粮工具基本上以小车、小挑、牲口为主

……以落后的运输工具供应近代化的战争，以分散的农村粮食供给大规模集中作战的部队，又从落后的运粮工具发展到近代化的运粮工具。这说明运粮任务是极其困难和复杂的。

……

……运粮工具基本上以小车、小挑、牲口为主，直到淮海战役最后阶段，才开始用火车、汽车，近代化的运粮工具。基本运输力是整劳动力、半劳动力、畜力、男、女、老、幼的总动员。

摘自华东支前总结委员会《济南、淮海、渡江京沪三大战役支援工作总结》，1949年11月30日，第140页

支前总结

鲁中南一专区运输工具使用示意图

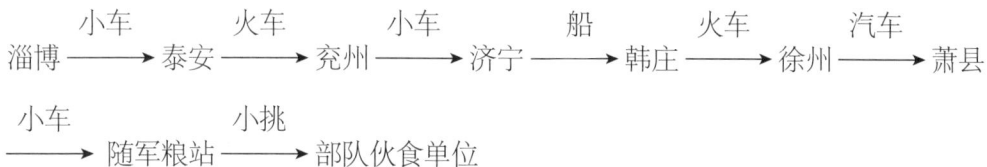

淄博 →（小车）泰安 →（火车）兖州 →（小车）济宁 →（船）韩庄 →（火车）徐州 →（汽车）萧县

→（小车）随军粮站 →（小挑）部队伙食单位

编者整理

◀ 支前大车

三、天气状况

支前日记

华野一纵战地记者张永记录了淮海战场 60 天的天气情况，
其中 20 多天为阴、雨、雪天气

天气情况统计表

1948 年 11 月	1948 年 12 月	1949 年 1 月
11 月 6 日　晴　西北风	12 月 1 日　阴又晴	1 月 1 日　阳光初露
11 月 7 日　晴	12 月 2 日　好太阳	1 月 2 日　阴复晴
11 月 8 日　阴　西北风	12 月 4 日　晴	1 月 3 日　晴
11 月 9 日　阴　东北风	12 月 5 日　闷热	1 月 4 日　好太阳
11 月 10 日　晴	12 月 6 日　晴	1 月 5 日　晴
11 月 11 日　晴	12 月 7 日　阴	1 月 6 日　晴
11 月 12 日　晴	12 月 8 日　晴、阴	1 月 7 日　晴
11 月 13 日　晴	12 月 10 日　晴	1 月 8 日　好太阳
11 月 14 日　晴	12 月 11 日　晴	1 月 9 日　晴
11 月 15 日　晴	12 月 12 日　阴	1 月 10 日　晴
11 月 16 日　晴	12 月 13 日　阴	
11 月 17 日　晴	12 月 14 日　阴、晴	
11 月 18 日　阴	12 月 15 日　月明如画	
11 月 19 日　晴	12 月 16 日　晴	
11 月 20 日　晴	12 月 17 日　晴	
11 月 21 日　晴	12 月 20 日　冬雨	
11 月 22 日　大雾　阴	12 月 23 日　晚开始飘雪	
11 月 23 日　阴晴不定　大雾	12 月 24 日　整日飘雪	
11 月 24 日　阴晴　西北风起	12 月 25 日　雪意仍浓	

（续表）

1948 年 11 月	1948 年 12 月	1949 年 1 月
11 月 25 日　阴	12 月 26 日　阴　融雪	
11 月 26 日　阴冻天	12 月 28 日　阴冻　化雪	
11 月 27 日　阴冻天	12 月 29 日　阴　又有雪意	
11 月 28 日　开始结薄冰	12 月 30 日　飘雪　下雪珠　入夜大雪	
11 月 29 日　阴	12 月 31 日　微雪	
11 月 30 日阴　似含雪意	12 月 3、9、18、19、21、22、27 日　未记录	

根据华野一纵战地记者张永的淮海战役日记整理

四、民工的吃和穿

回忆节选

民工的"三红"和"三色冰淇淋"

莒沂县 400 辆小车，运送 11 万斤白面上前线，他们从山东出发，经江苏、安徽，长途跋涉千余里，当走到新区时，吃完了随身携带的"三红"（即红高粱、红辣椒、红萝卜咸菜）。干部为了爱护民工，叫吃车上的面，但民工们一致拒绝说："这面我们已经经过山东、江苏、安徽三省运到这里，还没有送到部队，前方同志正等着我们的粮食吃，我们无论怎样饿，也不能吃车上的面。"他们在两天一夜中，只吃了一餐饭，车上的面一点也没动，原数送到前线。

摘自张劲夫《兵民是胜利之本——忆山东人民对淮海战役的支援》，见《淮海战役》第三册，中共党史资料出版社 1988 年，第 196 页

那时，人们常吃冰冷的高粱面、玉米面、小麦面掺和在一起做的饼，我们美名曰"三色冰淇淋"。有时连这种"三色冰淇淋"也吃不上。特别是在运粮途中往往会发生民工断粮的情况，这时民工宁可自己挨饿，也不动用车上的一

粒军粮。

摘自陈国栋、李干臣《华中人民支援淮海战役》，见《淮海战役》第三册，中共党史资料出版社 1988 年，第 229 页

文件精选

民工的装备

每一人或两个人合伙带一床棉被，每人带棉衣一身，鞋子两双，袜子一双或两双及吃饭用具，带熟给养 3 天的。

摘自泰安县《支前指挥部通知》，1948 年 11 月 9 日

民工出发时应查几件事：

一、带齐规定工具。

二、自带 3 天口粮，免得受饿（特殊规定例外）。

三、长工需带身衣裤（天冷时要带齐棉衣）。

四、带齐：蓑衣（寒天狗皮），碗筷。

摘自华中第六行政区支前处编印《支前手册》，1948 年 12 月 10 日

支前日记

民工衣服是最严重的问题

民工衣服是最严重问题，在家便没衣服，至今没很好解决。几次都是在缴获中解决。已发棉衣 5 万 5000 套，野供在窑湾收 1 万 2000 套，大部是单衣，夹片子，半成品，很短，三分之一穿不得。

摘自刘瑞龙 1948 年 12 月 5 日的日记，见《我的日记——淮海、渡江战役支前部分》，解放军出版社 1985 年，第 71 页

◀ 运粮途中的宝应民工

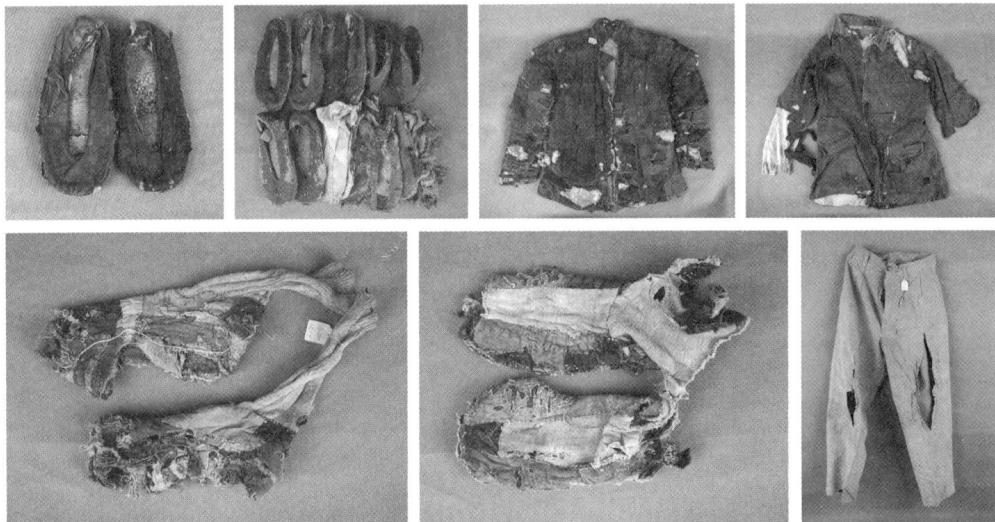

▲ 民工就穿着这样的衣服鞋袜冒风雪，忍饥寒，跋泥泞，涉冰河，翻山越岭，日夜兼程，奋战在千里运输线上

▶ 右图中补丁连补丁、针脚压着针脚的小褂，被称作"百衲衣"，它是涟水县支前模范左运渠穿过的。左运渠穿着它挑运弹药 100 多天，衣服被扁担磨破了，他补了又补，一直穿在身上，度过了寒冷的冬天

五、运输线上的血和汗

资料选编

张茂桂烈士运输途中遭飞机轰炸牺牲

张茂桂，时年 25 岁，山东省日照县上菜庄人。1946 年任民兵中队长，次年 3 月加入中国共产党，牺牲时是山东省临沂担架二团一连二班班长。张茂桂在解放战争中，积极支援解放军作战。1947 年国民党军重点进攻解放区时，他带领民兵英勇作战，并积极看管、转运武器弹药，曾获得上级给予一支步枪的奖励。1948 年济南战役中，他积极响应党和政府的号召，踊跃报名参加担架团。淮海战役时，他又随军南征，担负运送物资、抢救伤员等艰巨任务，在转运伤员中，他经常用自己的磁缸给伤员接大小便，拿自己的钱买鸡蛋和饼干给伤员吃，对伤员亲如兄弟，曾荣立一、二等功各 1 次。在最后围歼杜聿明集团时，前方急需大量弹药，这时，张茂桂虽几昼夜转运伤员未得休息，仍愉快地接受了在拂晓前向鲁楼阵地运送 300 余箱弹药的任务，他带领全班，不顾严寒，战胜疲劳，往返于火力封锁之下，经一整夜紧张运输，终于完成了任务，最后在返回途中，遭飞机轰炸光荣牺牲。

编者整理

祁学瑞烈士在飞机扫射时为抢运粮食牺牲

祁学瑞，时年 28 岁，山东省海阳县野鸡夼村人。牺牲时是山东省海阳县担运团运输分队炊事班副班长。祁学瑞自幼随母讨饭，参军复员后，被选为农救会委员，领导群众进行减租减息、土改反霸斗争，深受群众拥护。1945 年春，日伪军向该县文山区扫荡，他与广大民兵一起，用土枪和地雷神出鬼没打击日伪军，保卫人民利益。淮海战役时，祁学瑞参加了担运团，随军南下支援解放军作战，长途行军中，常担着二三十公斤重的东西，还帮助别人挑弹药、背行李。每到驻地，不分昼夜、不顾疲劳，想尽办法及时把饭菜做好，大家称他是"不知疲劳的人"。曾荣立一等功。围歼杜聿明集团的李楼战斗中，部队迫切需要弹药补充，祈学瑞主动向上级请求任务。他冲破国民党军火力封锁，将弹药送往火线，别人扛一箱，他扛两箱，一夜摔倒数次，仍坚持完成任务。在抢运途中遭飞机扫射，光荣牺牲。战后，被华东支前委员会追认为"特等人民功臣"。

编者整理

高全忠烈士在飞机轰炸时为隐蔽粮车牺牲

高全忠，时年 26 岁，江苏省宿迁县徐庄村人。中共党员。曾任村农救会长、乡长等职，牺牲时是江苏省宿迁县运输团中队队长。高全忠在解放战争中，热烈响应党的号召，积极组织群众做军鞋、加工军粮、站岗放哨、慰问伤员、支援解放军作战。淮海战役时他率领民工 400 余名、小车 350 辆，在风雨交加、道路泥泞的艰苦情况下，克服重重困难，日夜兼程为前线部队运送军粮。当行至宿县以北古饶集时，突然遭到国民党军飞机袭击，为了不使粮车遭到损失，他不顾个人安危，冒着飞机轮番轰炸扫射，沉着指挥民工分散隐蔽，不幸负伤，一度昏迷，当苏醒过来发现仍有少数粮车未隐蔽好时，他忍着疼痛，继续指挥民工隐蔽，粮车隐蔽好了，高全忠也流尽了最后一滴血。

编者整理

张长运赤足涉河，冻掉双脚脚趾致残

张长运，时年 57 岁，山东省郓城县人。战役中参加了运米、运粮和运输伤员的任务，因冰天雪地赤足涉河，被冻掉双脚脚趾致残。

从 1948 年 10 月到淮海战役结束，近三个月张长运从未在家住过。有时完成任务回家，新的任务来了又马上出发，每次出工都愉快接受。在执行任务时，他总是任劳任怨。有一次，他和本村民工张长科一起承担了送 400 斤米的任务。张长科不会推车，只会牵牲口，从前方到后方距离 280 里路，需要 5 天，推车任务就由张长运一人承担。走到曹县东南，遇到一条河，过河时因驴子胆小，走到桥心小驴猛一蹦，将车子弄下河去，河水很急，水深约一公尺深。这时张长运毫不犹豫，冒着严寒赤足跳下水去，将米和车捞上了岸。当天双脚肿胀、麻木、痛痒，体温上升不能饮食，张长运咬紧牙关忍受痛苦，连续急赶40里，顺利完成了送米任务。把米交到粮站后，张长运两腿已肿至膝部，脚趾溃烂，入院后因医治无效，被截去双脚脚趾，成了二等甲级残废。

编者整理

王登祥雪地运输

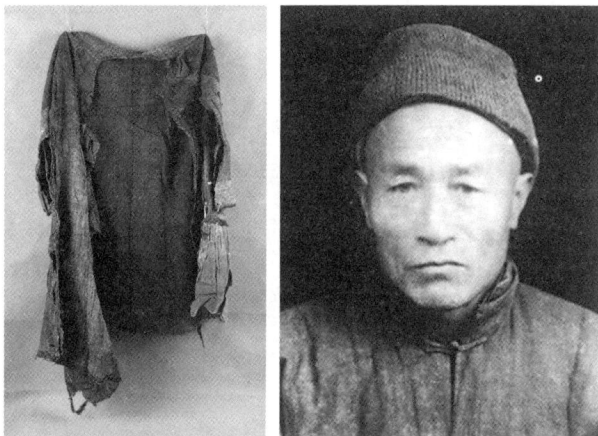

▲ 王登祥雪地运输冻坏双脚，截去膝盖以下双腿致残。左图是王登祥穿过的棉袍

王登祥，1948年11月2日参加担架队。第一天就从早到晚跑了一昼夜，刚到柳德集，没顾上吃饭喝水，就来了两架飞机，飞得很低，王登祥等4人刚从秫秸庵跑进磨房，敌机上的机枪就"嗒嗒嗒"地打在秫秸巷上了，胆小的民工有的要跑，王登祥说："不要怕，跟我来，坚决完成支前任务，领回完工证再回家。"

正值冰雪寒风的季节，王登祥同李永昌、朱景昌、王付华、王付春等8个人一班。11日开始从城西南5公里的陈楼村，往离徐州十多公里的刘店村扛面。当时遍地一尺多深的积雪，刮着凛冽的西北风，人走过的地方便是泥水、冰块，他们每人扛着25公斤重的面袋，往返100公里，每天下午起身，天不明到达前方，又不停歇地返回后方，每趟都一天一夜的时间，因任务紧迫，前方需要，在往返的路途中不休息，不停站，饿了拿出个冷馍吃，走到村庄，拣有石块柴草的地方放下面袋停一下再继续赶路，同志们叫他休息，他回答说："前方的同志吃饭要紧，给养供不上怎么消灭敌人，况且县里干部丁政委都不怕吃苦，咱累一点算啥。"

王登祥领取完工证回到家乡后，双腿逐渐变黑，双脚大脚趾、食指已溃烂，抬到商丘医院治疗后，医生看到伤势严重只好把两条腿锯掉了，成了一等残废。

根据淮海战役纪念馆征集的夏邑县支前资料整理

回忆节选

运粮的日子里

胡顺才： 当时我在宿迁县涧河区当区委书记，接到县委通知和转华东支前司令部命令，叫我区民工即时送大米 13 万斤到睢宁县，供应部队急需，我们就组织民工 1500 人、土车 1100 辆，成立一个大队，大队长是费克恒（当时的区长），下设 8 个中队，中队干部均是每乡干部担任的。本来打算十多天就可回来，但是送到睢宁县时，支前司令部说现在灵璧战斗刚结束，我们伤亡达 3000 人，缺粮无饭吃，要我们急速送到灵璧，我们在这样情况下是有很大困难的：一是经过几夜的奔走，民工多数疲乏，也有些是老残病号，实在行走不动；二是有部分土车的车轴断了，无法用；三是往前接近前线敌机更多，频繁轰炸扫射，均须夜间行走，新解放区路途不熟；四是民工口粮仅带够吃到睢宁，现已吃完，将断炊等等。但为了积极支援部队作战，当即采取紧急措施，将老弱病残精简下去，将不能用的车子简去一百辆，粮米匀在别的车子上，没有口粮，司令部又发给一部分生霉的高粱煎饼，不知路途只好摸着走，经过五天五夜，走了很多崎岖的山路才到我军驻地。

李有成： 我原是兴隆村民兵队长，在 1948 年 12 月奉乡里命令，率领全乡 132 名民工和 66 辆小车子，去支援淮海前线。我推着小车先后经过摆渡里、七里井、黄桥等地方，共 32 天，运大米 214 万斤、面 1900 斤。30 多天的运输十分艰苦，人多车多走不动路，马路多宽，车子就排多宽。向前望不到头，向后望不到边，走一步，停一停，休息时，大地当床，棉袄当席。我的一件长棉袄，变成一件短的小棉袄了。我们从来没有白天走过路，每天天刚黄昏就动身，天一亮就停车藏在村子里。因为敌机天一亮就飞来了，像一群群大雁在天空飞翔，来了去了，去了来了，川流不息，片刻不停，稍发现一点目标，不是扫射，就是扔炸弹。有一天，我们从陆集南许庄装好粮食往船桥出发，约在下午两点钟的时候，车子刚走上船桥，忽然来了两架敌机，先用机枪扫射，后丢炸弹。我们民工有人负伤了，桥被炸坏一段。但是不管一路上困难多大，我们终于把粮食按时送到了前线。

王成高： 一天夜晚，北风怒吼，大雪纷飞，行人绝迹，我和王家松接到政府支前的消息，心情极其激动，同时，感到这件事情的光荣和重大。当时丝毫没有顾及路途的艰辛，用小车推着弹药从丁咀往西北挺进！

一路上，克服了重重困难，路经宿迁、新安镇，绕道徐州，运至距徐州10里多路的黄桥附近，就这样，往返一次总得20多天的时间。

在往返途中，曾经遇到敌机的几次轰炸，我们都机警地避过了。

在敌人骚扰、自然威胁、生活艰苦等异常恶劣的环境下，我们连续运送了4次之多，有力地支援了前线。

到家时，两腿布满了雪花、泥浆，双脚已完全失去了知觉。

当时，我不知道寒冷，更不知道饥饿，躺在麦草上便进入了梦乡。

次日清晨，准备用温水洗一洗腿脚，方知，经过多次的冰冻，双脚已经腐烂了，没几天，在无法医治的情况下，十个脚趾失去了一半。

陆秉恒：提起送粮上黄桥的辛苦和受的惊吓，可一言难尽了，我们陆元村共去了23挂车，到了大王集，各县的车子都到一起了，那简直是人挨人、车挨车，谁想多走一步也不行，这样挤还好，哪知道了大王集以西，可糟了，白天黑夜敌机一会也不停，在头上打转，炸弹、照明弹、机枪弹，不住地打下来。这样一来，白天完全不能走，只能靠夜里走。有一次夜里我们的车子正往前走，敌机群又发现我们了，一颗炸弹就掉在我身边不远，我一下跳到身边的水汪里，当时还是寒冬腊月，当人把我拉上来时，身上的棉衣全湿透了，隔不多会已冻得僵硬了。在这寒冬腊月的夜晚，在外边睡觉是常事，有一天天亮时，我胡子冻了许多冻琉琉，就这样有时两天不见茶水，不见饭，更吃不上油盐，在炸弹窝里过了20多天，走了400里，最后把粮食送到了目的地。

根据淮海战役纪念馆征集的宿迁县支前资料整理

支前报道

一支民工队

"部队打到哪里，粮食送到哪里！"这个战斗号召成了一支民工队热烈的行动。部队像箭一样的前进，他们像箭一样的紧跟。

渡　河

不老河的水哗哗的流着，叫出了寒冷的声音。在第二天的夜里，这条四五丈宽的河流，出现在民工们的面前。

前面传来急促的口令。民工们毫不怠慢的脱下了鞋子、袜子，卷起了棉裤腿等待着。

指导员张长贵先下河试水，后边的民工却都等不得，急急的催促着："迂磨啥？快点过吧！可不要误了事啊！"

张指导员找好水浅的地方，下着命令："开始过吧！"也领头向前。

水冷得向肉里钻，但他们却毫不在意的，用了一个钟点的工夫，数百民工都胜利的爬上了对岸。他们骄傲的说："自己替自己办事，没有不能克服的困难，再大的河水也阻不住咱。"

露　营

第三天的夜里，他们开到徐州西南某地露营了。民工们都坚决的执行了命令，竖起车子，打开背包，就在车旁睡倒了。他们没有一个睡得着，都担心着自己的任务，互相低声的拉着："现在怎么宿营啦？不要误了部队的供给吗？再向前赶赶不行吗！""我也这样想，'兵马未动，粮草先行'，咱现在还掉在部队的后边，早些送到多好呢！"

冷风呼呼的吹着，透过了民工们的棉被，但他们所拉所想的不是寒冷，而是怎样更快的把粮食送到自己的部队去。

月儿下山了。

"徐州逃跑的蒋匪成了网中的鱼，被咱解放大军层层包围，已消灭3万啦！同志们，赶快起身行动吧！"张指导员使劲的向大伙报告胜利消息，发出急行军的命令。原来我们和上面失了联系刚刚打通，马上又接受了命令。大伙都兴奋得跳起来，只用5分钟的工夫，又继续前进了。

坚　持

连续的急行军，已经是第七天了。二连40多岁的老李脚底上磨满了水泡，他就抛掉鞋子，光着袜子走了三天三夜。指导员发觉后，拉着他的车绊说："我换你推会儿，你在后边慢慢的走吧！"

"不！指导员，不吃苦中苦，幸福哪能来，俺不累，你去换小王吧！他年轻，肩膀没经考验过。"老李拉开他的手向前推去。

"你说的不是！咱已磨老练了，一点也不疼，不信，咱俩来个竞赛吧？"小王不服气的向老李挑战着，马上推起 420 斤重的车子，呼呼的跑在头里。老李也紧紧的跟着他。

"指导员！我看你还是替换老张吧！他夜晚呕了三次！"小王说。

"你不要啰嗦这些事了，俺好啦！快走吧，指导员你可不要听他的！"张四迈着大步，还是怪强干。

"好，你们都做英雄都立功吧！"指导员鼓励着大家，又跑到前面领队去了。

<h3 style="text-align:center">见 面</h3>

行军的第八天，民工们追上前线部队了。一见面就像亲兄弟一样，握着手，互相打着招呼："蒋匪像一只偷油吃的老鼠，都掉在咱的大缸里了，俺们向你们保证，要把逃敌坚决彻底消灭掉！"

"主力老大哥！替咱除害，咱也保证一定按时把粮食送到前方来！"

一阵热乎的谈话后，指导员马上集合起全体民工，点交了粮食，歇也没有歇掉转过车头说："老大哥！再见了，俺得马上回去赶运第二趟！"

摘自中国人民解放军第三野战军政治部编《淮海大战》，华东新华书店随军分店 1949 年 5 月

资料选编

<h2 style="text-align:center">一支运米的运输队</h2>

1948 年 12 月 3 日的早晨，天空阴阴的，西北风夹着雪沙怒吼着，在这严寒的当儿，整个新兴集的大街小巷到处人声喧哗，吵个不息，无论是街巷场院，到处布满了大车小辆，支援前线的运输民工们，顶着雪沙来往不停，他们有的传达出发命令，有的找东西、拉牲口，还有的七手八脚地收拾车上应带的东西，每个民夫都表现得极为高兴。

时间 8 点啦，区战勤指挥部下达命令，顿时大车小辆、人山人海，黑压压的摆了足有 5 里多长的运输队伍，满载金黄色的小米运往前方。

这次运输的负责同志，是郓巨县一区副区长兼战勤指挥部指挥长王瑞亭同志，年 50 余岁，身体非常强壮，工作很扎实，特别表现在对敌艰苦的斗争中，真正地

表现了有勇有智的战斗精神，同志们都称他为战斗老师，各项工作他都踊跃地站在最前线，所以他 4 次被选为工作模范，因而区委把这艰巨的光荣运输任务交给了他。

队伍出发了，王指挥长跑前跑后用广播筒不断地喊着，叫民工同志不要丢掉东西，保证运输安全。车辆行到万福河，拦河大道已被河水切断，河里是水上盖冰，冰上盖雪，谁也辨别不出哪里路宽，哪里水浅，全部大车停在河北岸，民工们没一人敢跨过这条河去。此时王指挥长从后面跑上来站在河岸上，仔细观察了路线，判断了水的深度及水的漂荡情况，同时想到如果给养不能按时送到前方，势必会直接影响前线的战斗力量，会给我们的战争胜利带来损失。王指挥长果断决定车马渡河。要想安全渡河，必须把小米完全卸下来，运往南岸，然后让空车渡过，方可完成运输任务。计划已决定，王指挥长下达渡河令，叫车夫们背粮过河，车夫们没有人敢先渡，大伙都在你望我、我望你地互相观望。此时王指挥长毅然挺身而出，伸手抓住口袋，背起就走，安然渡过去了。民夫在王指挥长模范带头影响下，都脱掉衣服，争先恐后地抢着背了 8 万多斤小米过河。100 辆大车、300 多辆小车，全部安然渡过万福河，又各自装上车子，踏着冰雪送往前方。这时前方正处激烈的战斗时期，敌退我攻，敌人大部外层兵力已被消灭，只剩内

▲ 渤海某运输队运输途中

层的几个师团，在进行垂死的挣扎。我军战士因给养供不及时，有的连队曾奋战两个昼夜，没有吃饭，但英勇的战士还是毅然攻击敌人，消灭敌人，他们并没有因饥饿而影响战斗意志，还是把成千上万的俘虏从前方带回来。此时前线正处敌败我胜的紧急关头，这8万多斤给养全部送到，战勤供应科一刻不停地把给养分到连队。

根据淮海战役纪念馆征集的菏泽市支前资料整理

支前报道

豫皖苏数万民工冒雪扛面支援前线

【豫皖苏讯】豫皖苏三专区数万民工在获得全胜的淮海战役中，踏着雪泥坚持人力扛面，保证了淮海前线部队、民工的充裕供给。该专区供给的部队、医院和民工团等14个单位，日需面粉33万斤，晴天用小车运输，平均每日送面车辆即需3000以上。上月23日初次降雪，道路泥泞，车运发生

▲ 某地群众雪中扛面

严重困难，后勤机关立即主动指示各县，组织人力扛面。25日起，数万民工开始担起雪中扛面的艰巨任务。夏邑一个县即组织了万余民工，至前方120里的路程上，30里一站，接力转运，一天一夜运面十余万斤。雪商亳（新设县，在亳县、永城、商丘之间）担架团因无伤员转运，临时接受扛面任务，全团2784人，在50里至90里的雪泥途中，8天扛面38万斤。南鹿、商南、砀南（均新设县）等县人民，亦组织了扛面队，在雪泥中坚持扛面，因此不但保证了前方供给充裕，且使前方粮库经常有200万斤的存余。雪商亳民工听到杜聿明匪军投诚官兵述说他们过年每人只吃2两大米时，兴奋地说："蒋介石的美国飞机，还比不上老百姓的土飞机

（指人力扛面）哩！"同时，部队供给机关，也动员了全部非战斗人力、畜力，投入自粮站至前线的运面工作。使前线部队在大雪中吃着雪白的馒头与肥烂的猪肉，于锣鼓喧天中欢度 1949 年新年，与相隔 50 米远的杜匪阵地，因空投断绝，饥寒交迫的惨状，恰成强烈的对照。

摘自《中原日报》1949 年 1 月 24 日

忍饥不吃车上粮　攀山填道向前进

【支前支社电】泗水运输团在解放军追歼黄百韬兵团时，历经艰难险阻，胜利完成转运任务。11 月 9 日，该团载运加工粮 10 万斤，日夜兼程，经 400 里长途奔波，抵目的地卸下粮食后，接着又装运面粉、油盐送向前线去。一次，途经毛子庄以南数十里山岭地带，路上有着陡直的交通沟，民工们一边推着车，一边填着沟缺，虽是在漆黑的夜里，仍秩序很好，胜利通过。途经贾汪尤集时，迭遭敌机空袭，大家均能沉着伏卧公路两旁，未伤一人，飞机走后又继续前进。他们经过的地区，大多是贫困的新解放区，筹办不到大宗粮食，有时一天只吃到一顿饭，个别的队甚至两天吃不上一顿饭，但对自己车上所载的面粉、油盐，不肯擅自动用丝毫，虽有个别民工要求先暂时借着吃，但大家马上解释劝阻："部队在前方打仗比咱还辛苦，不能动他们的东西。"因此曾得部队 1000 斤面粉的慰劳。当天气变冷时，全团有将近 50 人没有棉裤，有的棉衣已极破烂，他们提出要求补充，但当时上级没法解决，他们仍积极推运，并无怪话，当民管处给予补充后，民工情绪更加高涨。他们在紧张转运中，还注意帮助新区农民劳作。如一中队 × 分队在新解放区毛子庄时，曾给一贫农修理旧屋两间，使他们在寒天

▲ 泗水运输团功臣们在淮海战役纪念馆讲述支前故事

有房子住。歇宿在古县时，六中队 × 班并调查出潜匿的一个蒋匪的连长、两个班长和四个士兵，解送区公所，并协同区公所搜出 3 支步枪。该团民工表现这样的好，除领导上随时抓紧教育外，下层干部起骨干作用亦为重要原因之一。如分队长席长春、张叠凤同志，经常与民工共甘苦，熟悉全排民工思想情况，及时鼓励教育，每当行军遇到困难时，皆自己带头作榜样，设法克服。所以一中队 200 余人没有一个逃亡。

摘自《大众日报》1949 年 1 月 7 日

资料选编

济宁市的河上运输

淮海战役开始后，为了保证前线的供应，济宁专区组织了水陆两支运输大军，不分昼夜运输粮食，由于陆运运量小，需用人多，运输速度慢，国家开支大，因此，专区组织了 2461 只船，利用运河、微山湖、南阳湖的水路之便，进行水路运输。

根据上级指示，四分区于 1948 年 10 月上旬首先组织干部 28 名成立了运河指挥部，由专署韩处长、黄克勤分别任正副站长，下设调运、秘书、船管、护运、供给等科。并于济宁微山湖等地成立了若干个船运指挥站，各站当时只有干部 74 名，其中正副部长 14 名。

全区各站最初成立了 9 个船运中队，各中队下设排班。9 中队船 44 只，载重量 445448 斤，由马汉科任队长；10 中队船 59 只，载重量 311395 市斤，黄纯义任队长；11 中队船 33 只，载重量 591790 斤，由杜司德任队长；12 中队船 87 只，载重量 594910 斤，由张孟章任队长；13 中队船 64 只，载重量 545960 斤，由苗心

▲ 微山县南阳镇建闸村的运粮船。战役中，微山湖区组织民兵 2600 多人、木船 487 只，编成 3 个水上运输中队，冒着飞机轰炸、流冰破船的危险，43 天完成九趟运输任务

田任队长；14 中队船 38 只，载重量 394622 斤，由马宜钊任队长；15 中队船 115 只，载重量 663725 斤，由焦其会任队长；济北中队船 39 只，载重量 246140 斤，由杨中任队长；另有运弹药、油盐队，船 122 只，载重量 994970 斤。共 9 个中队，船工 2500 名以上，其中有每只载重 1 万以上的大船 120 只，载重量 5000 斤以上 10000 斤以下之中等船 280 只，载重 5000 斤以下的小船 201 只，总载重量每次为 4773950 斤，由于前线的需要，此后人员增至 5452 人，船 1363 只，载重量 98759087 斤，最后增至 1 万余人，船 2461 只。

当时，河上运输困难重重，特别是湖区一带。一向以打鱼为生的船民，很少参加过远距离运输；该地区解放不久，不少散匪与湖匪特务盘踞在微山湖，大肆抢劫来往船只，造成湖上封锁状态；河运从枣庄至台儿庄一段共有 8 道闸口，水流湍急，河道常年失修，易出事故；任务重，时间紧，缺乏船和人，大部分船的载重量较小；个别船民对运粮存有顾虑；加上白天随时有敌机袭击（一般每天 3—5 次），冬季天气冷，运河封冻，这些都给船运带来诸多困难。但是人民群众想方设法，克服困难，从 11 月 16 号开始至 1949 年 1 月 19 号止，历时两月零 3 天，顺利完成了由济宁至利国运粮 1.78 亿斤，炸药炮弹 1046 万斤，猪肉、油盐等 30 万斤的艰巨任务，比陆运节约提成粮 684 万斤，民力 253 万个，干部 50 余名，有力地保证了淮海战役的物资供应，缩短了运输时间，节约了大量人力、物力和财力。

在 1949 年 1 月 19 日济宁航运支前授奖大会上，粟玉专员亲自颁发奖状 60 个，奖旗若干面，黄克俭、杜茂堂、吴怀金、刘文举、陈战胜等荣获一等奖，张运祥所在船队获得奖旗 1 面、奖状 3 个，全市共 30 余人在破冰运动中得奖，还有缝袋工人 10 余名也得了奖。微山县由县发奖，立功的有胡怀宝获得一等奖，任立荣、朱玉美、吴德明等荣获二等奖，马玉宽、丁玉起、陈瑞金、陈景合、王尚智等荣获三等奖，高万里、严鸿举、张现五、刘清华、孙新福、王德善、陈玉才等均在航运支前中为人民立下了功勋。

根据济宁专区《航运支前工作总结》（1960 年）整理

破冰河运输

运输后期正处于洒水成冰、滴水成溜的冬季。由济宁站至利国全长 280 余里的航距，全部封冻，沿河均有半尺多厚的冰，湖内水较浅，上级决定破冰运输。

运河指挥部黄克俭同志组织了马纪友等 48 人砸冰，并在小南门外借了 8 个磨保留 16 根蒿，8 人抬一个磨起子砸，当时马纪友砸，马大娘掌舵。另一部分人用磨压、用篙捣，从下午两点开始，直砸到夜里 12 点，共破了 12 里路的冰，在破冰中，陈文才的船被流冰刺破，他立即脱下棉袄堵上，以保证粮食不受损失。广大群众干劲大，齐动手，原计划 7 天到韩庄，结果两天半就安全抵达目的地。在破冰活动中，黄克俭 6 天 6 夜没睡觉，济宁专区专员粟玉在航运授奖大会上授予了他一等奖，48 人中有 30 人荣获了奖状和奖励。

▲ 运粮船只破冰前进

另外，泗水运输团三连小车队长李崇洁、副连长张友珠为了使停留在河岸的几十辆大车小车、担架排、挑子队迅速渡过一座用几十辆大车架起来的浮桥，决定破冰涉水前进。

李崇洁脱去棉裤，用毛巾包扎着腿上已溃烂的疮口，张友珠拦住他说："你不能下水，我去也一样，你可以在岸上指挥，别把面粉弄湿。"说完，张友珠脱掉单裤，站在了水里，举起粗木棒，向冰层捣去，冰层哗啦炸开，小小的泡沫，漂浮在水面上。清晨的凉风吹来，他忍不住接连打颤。通讯员小吴也跟着跳下水去，在刺骨的寒流中他几乎不能站稳，守在岸旁的人们全都脱了衣服，杨士友的车子抢先推了过来，接着第二辆三辆……为不使面粉受湿，掌好车子的重心，很多人在冰河中脚、腿被流冰刺破，鲜血直流，仍然继续。有的地方水漫上膝盖，杨士友为防止弄湿面粉，再三高喊："别湿了面粉……"从桥上走过的担架队员们都不时地向李崇洁、张友珠、小吴伸出大拇指表示赞扬，其中一个胶东口音的人问道："好伙计是哪个县的？""泗水三连的。""泗水的好！""泗水三连的好！"沿河两边响起了一片赞扬声。

微山粮船于 1949 年 1 月 7 号到 8 号被封冻在夏镇一带，负责人陈玉才等立即分赴各地借来了 30 多个大木榔头，并组织了任立荣、马玉宽、吴德明、吴德才、刘治平、丁玉起、王尚志、朱玉美、胡怀宝、张立祥、沈庆付、陈景合、高万生、赵春胜、赵春华、梁思伦等 50 余人破冰。他们用 30 到 40 斤的大木榔头砸，把两只船并在一起用船压、磨、捣，在任立荣、吴德明、马玉宽、吴德才、朱玉美的带动下，从半夜开始，直到次日天黑，全长 36 里航线上的冰，全部破完，第二天回来时，天气很冷又冻了一层薄冰，又破了一次。

在破冰中，胡怀宝在前面领着压冰，不换班，50 多岁的马玉宽，为了破冰全家 5 口人齐出动，用 4 把篙捣冰，棉衣上、胡子上都结了冰，仍继续干，凫山赵县长亲自授给他一等奖。朱玉美的船在通过韩庄大桥时，遇到流冰，稍有不慎，船就有被流冰撞破的危险。当时全队百余只船都不敢过闸，这时他将住在船上的妇女小孩全部放在岸上，然后和他的大儿子及亲家冒着危险，把船冲了过去，在他的影响和带动下，全队百余只船迅速通过了闸口，后来立三等功。刘治平在破冰运输中没戴手套，手与篙数次冻在一起，至今仍有伤痕，任立荣、吴德才自报奋勇，冲破流水打先锋，不仅带动了别人，而且使 14 天来回运粮一趟的任务，缩短到 3 天完成，荣获二等功。

根据济宁专区《航运支前工作总结》（1960 年）整理

日照县的一支海上运输队

淮海战役时，为及时把大批粮食运到前线，日照县组织了一支海上运输队。这支运输队共 116 只渔船 650 人，由县委民运部长朱珍鲁任指挥，先后由石臼所、小海、岚山 3 个海口装粮食运到新浦，共运送粮食 200 万斤，有力地支援了淮海战役。

日照县人民和解放区人民一样，听到淮海战役开始的消息后，争先恐后报名参加运输队，为保证海运任务按时完成，全县人民日夜突击加工粮食，在短短的三四天时间内就磨出面粉 40 万斤，加工小米 75 万斤，并组织了 4000 辆小车，准备将 200 万斤粮食运到海口。

200 万斤粮食运到了石臼所、小海、岚山这三个小小的海口，尽管数字不算太大，但对这三个小

▲ 日照县人民冒着刺骨严寒，在石臼所 400 多米的海滩上，涉水往船上装运粮食 100 多万公斤。这是他们用过的一盏提灯

海口来说，困难却很多。白天敌机袭扰，不能装船，只能晚上装，没有码头，船不能靠岸，他们就赤着脚挽着裤腿，扛着粮食与刺骨的寒风和石沙搏斗，脚被划破了仍继续干，没有一句怨言。石臼所港口，从运粮点到船上有400公尺，工人朱志继连续扛了9次，他说：战士们在前方打仗，我们这点辛苦算什么。

国民党军为了阻击我海上运输，白天用飞机，晚上用兵舰，严密封锁航线。我们的船只，白天不能行动，晚上航行也不能照明，只能凭着经验，绕道而行，否则就要遭到敌人的炮击。有一天晚上，孟献堂等人的船只被发现，敌舰打了数十炮，幸亏潮水大，渔工路熟，立即转离航线，绕过暗礁，抛掉敌舰，顺着海岸前进，才安全抵达了目的地。此外，他们还带上了武器，遇到敌人时好自卫，船老大孟献堂说："只要我有一口气，敌人想弄去一粒粮食也得拿命来换。"

根据淮海战役纪念馆征集的日照县支前资料整理

支前报道

运输英雄杜效东

在淮海前线夺得"运输英雄"大红旗的民工杜效东，原是山东郯城县的一个农民。1942年，他受不住日寇、地主、国民党的威逼勒索，逃到泗沭县，土地改革中分得了地，翻了身，才安上家。淮海战役开始，他雄赳赳地推起大红车运粮上前方。第一次任务完成后，他又第一个要求参加400里长途推运。他对乡长说："翻身不能忘本，让我多推一些，大家也会跟着多推的。"自己足足的装了200斤，大家也推了160斤。

一路上，他的大红车总是开在头里，到了某某集，上级动员加米，他自己掏钱买了3个大蒲包，一下就加了60斤，又把拨来的60斤柴草、30斤口粮麦子装上车子。民工老范等，看他天天开头车，吃苦耐劳，工作又积极，就选他当运粮小组长，从此他工作更来劲。王立奎脚上害疮，他就自动把王推的50斤口袋搬到自己车上，整整推了370斤。从此人人称他"杜拾斛"。在他的影响下，全组每车普遍推到180斤左右。

行到某地，运粮队开展了"夺旗"竞赛，他非常有把握的把"运输英雄"的大红旗先插在自己的车头上，还在全组民工中间竞赛保旗。

"杜拾斛"不但推得多，走得快，同时非常关心全组同志的生活，领口粮总是自己去，尽量让大家休息。他还经常教育大家爱米，有一次，住在一家没有大门的人家，他心想没有门，米不好看，先叫全组临时休息，自己又去找了家有大门的，领着全组去住，晚上闩好门还不放心，又把米搬到铺边。还有一次因风雨很大，路上油滑难行，只好几个人抬着车子，一辆辆抬到庄内，但还有几辆车子在半路上还没有过来，而庄上家家已挤满了人，插不进米车。他想定主意看米要紧，自己伴着米车睡在外面草堆根，寒风刺骨地吹来，他一夜没有合过眼，也没叫过一声苦。

杜效东热心支前的模范行为，很快传遍了全中队、全大队、全总队。×日，除夕评功时，他获得县里奖的"运输英雄"大旗，六专区支前司令部在12月29日特发布第一号嘉奖令嘉奖他，还发给"支前模范"的银质奖章一枚、毛巾两条、袜子一双。30日。泗沭县徐副县长特代表支前司令部冒雪赶来，参加运输队奖功会发奖。当民工们一齐向他祝贺时，他笑着说："咱有这副力气，推多是应当的，今后还要下劲干。"

摘自《大众日报》1949年2月14日

徐少云独推十斛粮

涟水出现运输英雄徐少云，他推8斛，立特等功，影响18个英雄推9斛。他的家住在永和乡徐大庄上，成分是贫农，这次运输任务到来，他在10月23日参加运米，他一人推8斛大米（每斛44斤多），走起路来雄赳赳的，人家都叫他"徐八斛"。有一次走在路上有病，他始终坚持着，完成任务，得到工资稍头200斤。在评功大会上被评为特等功，奖小布一块，袜子一双。由于普遍贯彻立功运动和包运制办法执行得好，再加上徐八斛的影响，民工情绪普遍提高，浅集区花月成第一趟推300斤，回来半路上听说徐少云推八斛受表扬，他恨不得一步赶到地头，非比徐八斛多推一斛不可，结果就推了8斛（375斤）。随即又出现同兴区陈溪乡左偕礼，谷同礼等17位推9斛英雄，一

▲ 徐少云的支前小车

月 370 斤任务一天完成。他们除了比别人多推，来回都能抓紧时间，每天早上黑青青的就起身，一天晚上他们住在泗沭穿城东汤老庄，一家老百姓不愿意，左偕楚等 3 人拿起车绊帮他场上一小堆粪推下湖去，这家也感动，马上铺现成铺给他们住。这次在评功运粮会上，都立了功，得到了毛巾、帽子等奖品。

八斛英雄徐少云听到自己立了特等功后，影响了 18 位民工英雄推九斛粮的消息后，发扬革命英雄主义的竞赛精神，比九斛英雄又多推 1 斛，共 425 斤。在他的影响下，全队民工都普遍多推，刘洪藻推 395 斤，赵振声推 325 斤，少的也都推 4 斛以上。盐四区运输队共 88 辆车子（内双人车一辆，其余均单人车），共推米 15850 斤，平均每辆推米 180 斤。民工情绪非常高，二等功朱其生说："我们保证完成支援淮海战役运粮任务，上级叫推到哪里，就推到哪里。"

摘自《新华日报》1948 年 12 月 23 日

扛面模范窦方志

雪商亳（永城、商丘、亳县各一部）县民工团窦方志，原是张王庄的村农会主任，支前时任民工分队长。此次雪里送面，由于他的努力，全队 238 个民工，始终无一逃亡，光荣完成任务。在庆功表模大会上，张王庄村被评为全区的模范村，获得"支前模范"锦旗一面。窦方志为全区的模范干部，荣获"参战模范"的功劳证。

窦方志在每次运面中，与分队副毛尚三分头负责，一人在前，一人在后，照顾各班有次序的行军。在领面时，他均将每班排好队，有次序的领。交面时，他站在门口，袋子一一过手，然后再向屋里放，账目从未错过。领面交面都比别人快，他身上带着针线，面袋破了便立即缝好再走。一次冒着大雪，途上积水三寸深，到了交面站，因人多秩序不好，在雪水中站了两个多钟头，窦方志恐怕民工叫苦，便到各班解释："咱们虽说苦些，但是前方将士在雪地里打仗，比我们还苦的多哩！"在窦志方的耐心教育与正确的领导下，该区

▲ 亳县民工窦方志

民工连续4次，往返400里，扛送二万一千斤面粉运往前方，顺利完成任务，民工情绪始终高涨。

窦方志照顾民工非常周到，每天晚上他总要到各班去看看是否有铺草，有无受冻生病的。在第一次扛面回来后，民工鞋子在泥水中拔坏了，他把自己的好鞋脱给民工穿，把坏了的鞋子补起来自己穿。第三次扛面途中，民工李世毛生了病，他便将李世毛的面袋扛着，一人扛了两个袋子，送到粮站时，因天上下着雪，地下泥水又深，一连跌了7次跤，浑身衣服尽是泥水，他还去帮助掉队的民工扛面。全队的民工都说："有了窦队长，什么困难也没有了！"

虽然雪雨连天，窦方志在驻地休息时，仍常常替房东打水、喂牲口、做零活，并动员各班搞好群众关系，他说："我们在家也是老百姓，住在那里无事要像在家一样干活。"在他的"人过留名，雁过留声"的号召下，全队未违犯过一次群众纪律。在三座楼村住宿时，各班经常把房东的水缸打得满满的，他见房东鞋子穿湿了，便动员各班会打毛窝（用芦苇同麻编成的鞋子）的民工给房东打毛窝，全分队共打50双，感动得房东请他们吃饭，可是为他们婉言谢绝了。第三次扛面在雪地泥水中往返百里，衣服鞋子全都湿透，第一班住的房东老大爷拿了柴草点着让他们烤火，全班无一人去烤，并且说："咱们住在你家就够麻烦了，还能烤火吗？前方将士还在雪地里打仗哩！我们应该将柴省下来送往前方。"结果民工们在铺草中取了暖。他们完成任务复员时，房东留恋不舍地送他们三里地，分手时说："下次出担架再到咱家来住呀！"

窦方志是雪商亳县曹集区张王庄人，35岁，雇工出身，［家中］有6口人，原来只有5亩地，土改中又分得6亩，为人忠诚老实。这时□立了功、受了奖，可是他说："我一人有什么功劳，功劳是大家的。"

摘自《中原日报》1949年1月24日

资料选编

平邑县运输团出色完成任务

淮海战役打响后，平邑县组织了一个支前运输团，下设三个营九个连。二营三连一排由回、汉两族群众组成，共19辆小车40人，排长金学增，曾在村里担

▲ 平邑县运输团民工使用过的小推车

任村支部书记。1948 年农历十月初六，运输排跟随部队出发了，转战 90 天，担任运送子弹、炮弹、枪械、粮草，火线抢救伤员等艰巨任务，因出色完成运输任务，被评为支前模范排，该排民工荣获特等功（金学增）1 人、一等功 5 人、二等功 22 人、三等功 12 人。

根据淮海战役纪念馆征集的平邑县支前资料整理

附：平邑县运输团民工创作的歌谣

正在三月里，三月里是清明，桃花杏花开开要，杨柳发了青，奴劝丈夫参加运输营，编到那一营，编到那一连，那营那连你寄信来，坚决听从上级的分配，千万不要开小差，你要开小差排上黑暗牌，羞的为奴不能出大门，坚决打离婚。你在前线立大功，为奴在家立大功，双方立功称英雄。

淮海战役中随军运粮的模范车子连

（一）

1948 年 10 月 31 日，"出 20 辆车子支援淮海战役"的通知传来，卢沟、土洞等 14 个偏僻山村的群众，立即响应。卢沟村当晚召开了村民大会。会上，村长范殿奎讲解了当前形势和任务。他说："自今秋兖州、济南解放以来，整个华东战场的形势起了根本的变化。江北国民党军几十万人马被我军包围在淮海地区。为了配合前方打好这一仗，上级指示咱联防出 20 辆车子 86 人，随军运粮，为期

▲ 泗水运输团一次接受 6 天运粮 9 万斤的任务，3 天运粮 11.2 万斤，提前 3 天超额 2 万斤完成任务。该团运粮的独轮车被称为"功劳车"

100天。咱村应摊两辆车子8个人……"话音未落，高福磊、范振德等8人首先报名说："上次出常备担架没捞着去，这次可不能少了我呀！"

同一天晚上，各村都和卢沟村一样组织发动群众支前。第二天进行了整编，20辆车86人编为一个泗水运输团第三连，下设3个排9个班。李崇杰为指导员，张友柱、庞振洪为正副连长，李延才为文书，张景凤、司现斌、范振德分别为一、二、三排排长，刘佐谦为通讯员。衣服、鞋袜、车子、绳索全部备齐，11月3日在窑湾集合装米，待命出发。

临行时，三区指导员颜士臣勉励大家说："同志们到前方去，家里的生产生活完全像对待军属一样，给大家照管好，假使在前方牺牲，按烈属优待。希同志们安心支前，克服困难，完成任务，光荣立功！"说罢，全体民工喊起了"支援解放军，解放全中国"、"消灭反动派，不受二茬罪"、"打到哪里，支援到哪里"、"任务完不成决不开小差"等口号。边喊边走，呼声撼天动地，行列浩浩荡荡。当晚住在张庄，与全团6个连会师。

（二）

4日拂晓，张庄至石龙嘴的狭长山谷，吐出了满载军粮的车龙。三连奋勇当了尖兵，直向卸粮地点——峄县的周营前进。连日行军，跋山涉水，不少同志脚上起了泡，疲劳纠缠着每一个人的身体，大家都想晚上睡个痛快觉。12日晚上，在峄县沙河涯村宿营。村小人多，绝大多数人睡在街头场边、墙根檐下。夜里刮起了猛烈的北风，尖利的啸声在人的耳边旋转撞击，阵阵沙土往人身上猛堆覆盖，难耐的寒风透过被服皮肉刺扎骨髓，大家极力挨挤在一起，但，仍然是冷。

露营在村东场边垛根的三连民工，正在商议叫开老百姓的大门，进屋暖和，团政委葛文平、营长胡文斗检查到了该连驻地，见此情况说："今夜着实是冷，但同志们应该知道，我们前方打仗后方支援，就是为了吃现在的苦，享将来的福，消灭敌人，永远过好日子。而且还应当知道，我们今夜住的是新区，如果违反了群众纪律，就会给党造成不良影响……"大家一听，委实有理，46岁的通讯员刘佐谦说："咱连数我年龄大，我和大家比比，再冷，再刮，也不扰乱群众休息，坚决顶住一切困难。"大家纷纷响应。

一夜的风霜之苦终于被战胜了，第二天，《鲁中南日报》对他们这种战胜严寒疲劳、遵守群众纪律的模范行为进行了表扬。

（三）

历时一个多月，行经郑县、滕县、峄县，翻过了十几座山，淌过了 3 条结冰的河川，战胜了数个严寒的露营之夜，越过陇海铁路，12 月中旬的一个早晨，三连率先赶到了宿迁老黄河岸边。为了尽快地让部队吃上自己运的粮食，大家都想一步跨到前方。可是，到了河边才发现，桥全部被拆毁，仅有一处渡口，用 4 辆太平车架着一座木桥，木桥还不及河的四分之一长。12 月的天气，刮着凛冽的北风，宽宽的河面上结着厚厚的冰。冰与河岸的晨霜连接在一起，远远望去，白茫茫一片。

过桥桥不通，涉水水结冰，敌机还时常扫射轰炸。就在这困难时刻，指导员李崇杰、连长张友柱、排长张景凤，率先用闸车子的工具砸开了冰冻，跳下河去，文书李延才、民工王云荣、张凯太抢先响应，全连民工在他们的影响带动下，相继脱衣下水，破冰前进。

河水深到大腿，没过了车盘，米面无法推运，大家便一袋一袋地将 14000 斤军粮扛到了对岸。等到上了岸，才发现每个人的腿上都被冰划了无数的血口，范振德幽默地说："咱的腿真不管炼呀，还没到前线就流血啦。"司现斌说："管炼不管炼，流血也心甘，要是再叫国民党过来命也难保。咱要克服一切困难，将军粮运到前方。"

（四）

战争形势发展得很快，解放军一举歼灭了黄百韬兵团之后，又在南面包围了黄维兵团。解放军前进迅速，补给线不断延长。运输团冒着敌机轰炸，忍着严寒饥饿，日夜行进。

一天下午，在牛集以南一片广阔空旷的平原上，遭到了一场更大的空袭，民工躲避不及，趴在了路旁平地。两架小飞机对着他们俯冲扫射，轮番轰炸，达 10 余分钟之久。19 岁的单德玉身边落了 4 颗子弹，仍坚决地说："完不成任务决不回家。国民党的飞机和他的部队一样，兔子的尾巴长不了啦！"

多次的空袭，他们积累了这样的防空经验：行进时候拉长线，敌机来时撒大片，找个掩体就卧倒，机智沉着保安全。有时在夜间行进，遇上敌机扔照明弹，他们不但不怕，反而把照明弹当成了照路灯。

（五）

12 月底，运输团迂回曲折，跋山涉水，历经两个来月，行程 3000 余里，来到了黄口车站附近的孙楼休整。不管到哪里，帮助老百姓干活，都是习以为常的事了。休整的第一个早晨，通讯员刘佐谦刚帮房东陈友清家铡完草，就接到往黄口车站抢卸军粮的通知。

这日是大风雪天气，前方急需用粮。全连民工热烈响应华东支前运粮指挥站的号召，积极投入了抢卸。狂风扫得两眼流泪，大雪淋得衣服如洗。但他们仍坚持抢卸，一天一夜抢卸了 16000 余袋粮食，使军粮免受了损失。事迹传出后，在华东《支前画报》上受到了表扬。

（六）

1949 年 1 月初，鹅毛大雪愈下愈大，连绵不停。地上积雪过膝，万里银白。此时杜聿明集团正被围困在陈官庄一带，一场更大规模的围歼战即将展开。战场形势迫切要求后方把军粮运往前线。于是，休整了两天，还没来得及把鞋袜整理好的 3 连，立刻和全团一起投入了前线运粮。

雪后的大路，被太阳一晒、大车一轧，坑坑洼洼，泥泥巴巴，推车极其困难。车子不能推，民工并未畏难不前，指导员李崇杰说："山高挡不住太阳，困难吓不倒好汉。我们能推就推，不能推就扛，困难再大，也要保证军队吃上饭。"这寥寥数语，反映了全连民工的实际行动。

从黄口至大坞集，往返百余里，一天一趟，风雪无阻。民工们布鞋当水鞋、棉袄当蓑衣，民工高福磊索性脱了鞋袜和棉袄，光背赤脚，与大家展开了运粮竞赛。排长张井凤在回来的路上，遇见不知谁撒了一堆米，便用棉袄、帽子兜着两次返回粮站，把米交下。

（七）

1 月 10 日，淮海战役胜利结束，全连 86 人同全团民工一道，满载荣誉，凯旋而归。

华东支前委员会在郑县东维召开了山东 20 万支前民工的庆功大会。会上由鲁中南组织部魏部长代表华支讲了话，发了奖。泗水运输团三连被评为头等模范单位，荣获奖旗一面，全连 86 人，84 人立功。其中头等功臣有张景凤、高福磊、张景沂等 6 人，二等功臣有司现斌等 30 人，三等功臣有范振德等 48 人。张友柱、张景凤因在执行任务中特别坚决，光荣加入了中国共产党。

根据淮海战役纪念馆征集的泗水县支前资料整理

四百里远途运输

宿迁大兴区短勤运输大队千余民工推 907 辆小车，在淮海战役的支前运动中，他们 400 里长途运输，克服了风雪泥泞和饥寒的艰苦，把 9 万斤大米运到前线。

迎面风雪夜送粮　胜利鼓舞送粮人

12 月 23 日晚上，车子从 × 处继续西运，西北风夹着雪片迎面扑来，逼得大家头难抬、眼难睁，脚底还要留神，一个个紧缩着脖子倾着头，使劲瞟着前面的黑影子。民工于成高咬住牙根，两手握紧车把，双腿挺得带劲，一根绳紧勒住的破棉裤，雪水和汗水把它湿透了。40 多岁的刘秀生，一个水珠扑地一下，迷糊了他的眼，心里一急，脚一滑，连人带车跌到 2 尺多高的路下，李中队长忙把他拉起来，重又推着走。一中队女分队长朱永兰，专门在队前摸路，眼一花就滑跌在腿肚深的泥堆里，车子跌倒，又马上起来。这支运粮大军就这样，仍然坚持着前进。

24 日以后，以中队为单位，分头向战地东南角的 3 个接收站出发，大家都知道只有 30 里路程了，离前方越走越近，但路途却越发困难起来。一中队走在 ××× 西北一里多地的大泓子中，因为烂泥越陷越深，后面的车子就掉转了车头，另行改道追上去。共产党员施训凡不断鼓励着大家。迎面就是从前方押下来一队队的俘虏，胜利更鼓舞了大家的热情。虽然机关枪"扑扑"的在震响着，却没有一个人表现出畏惧，相反信心百倍，忘却了疲劳饥饿，一步紧跟着一步拖泥带水，跋涉前进。

淤泥漫过大腿深　跌倒爬起再前进

▲ 宿迁县运输队苦战 4 昼夜，战胜 400 里风雪淤泥荡，用 907 辆小车将 9 万斤大米运往前线，荣获华中第六军分区支前司令部授予的嘉奖令。图为该运输队使用过的小车

到了张湾河，张湾河没有水，河底河坡，共有 6 丈多宽，50 多岁的李老汉，推到河中央，因为累和冻，腿麻了，跌倒在一尺多深的淤泥里，休息下，又一鼓劲爬起来继续前进，魏洛堂组 5 辆车子陷在泥里，虽然又饿又冻，但 5 个人连扛带拉，终究把车子拔了过去。王

青云夫妻二人运推 4 斛米，掉在队后，肚饿身冷，拉不动，最后老婆看车子，王青云先扛去一趟，第二趟终于把车子推过去。

二个队 300 余辆小车，25 日经过 1 里多的碎石山路。全队三分之一的赤脚，走上面许多人的脚被戳破了。接着又是黄×庄，前后 16 里的两个大荡子，顶浅的泥水，漫过腿肚，小车漫过车耳，全队经过 1 天多时间才过去。泥水拔破了鞋子，赤脚的增加到三分之二，刺破脚的更加难拔难走，车子推了 10 步就停转。这时大家把腰带束紧，有的互相抬，有的卸米扛，这样一天走了 8 里荡，当晚驻在黄×庄，一天只吃了一顿饭。

26 日下午，离卸米地点只有 1 里多路了，但前面有一道丈余宽的旱河，这是最后的一个难关，河底淤泥更深，空身人陷下去全难拔上来，陡壁的河崖，使推车的人不敢把车绊套在脖子上，因此每辆车过河，至少需要 4 个人互助（前后左右各 1 人）。这时已没有队形了，到处漫河而过。在这里跌倒爬起来的人也最多，某小队 20 多民工，就跌倒 19 个。这条一丈多宽的旱河，全队就这样一夜带半天才通过。

军民喜相逢 热爱在前方

当米推到接收站还有十几里路时，前方部队接到消息大为感动，连夜派数百名常备民工前来迎接，帮推帮拉。有一个骑马过路的战士看见了，亲自下马把米袋放在马上。黄×庄部队在黄昏看到民工在泥水中艰苦抢运时，×战士竟感动得流下泪来，马上引火给他们烤，替民工找房找锅，有的让出自己的房子，某部还拨了 385 斤大米给民工做饭吃。

27 日民工经过 4 天的泥水路终于把米送到了前方，400 里的长途运输任务完成了，在战地上，部队的同志吃到了新送来的大米，个个迎着笑脸赶来慰问说："辛苦了！"民工们打听胜利消息时，战士们拍着胸膛："杜聿明已吃到马皮，保证把他消灭掉，让大家过胜利年。"尤其二中队民工同志，亲眼看到一个老百姓一把锅铲缴敌人 3 条大盖枪、捉 3 个俘虏的事实，大家更加兴奋。部队同志看到民工们赤着脚，纷纷自动献鞋，单第一中队在米站旁就有 10 个人得到鞋子。

分别了，部队同志还不过意，某纵某师供给处主任，特写信给民工大队负责同志，对全队表示鼓励，某某师供给处也写信再三叮嘱全体民工同志要功上加功。

摘自《淮海民工故事》，苏北新华书店六分店

睢县民工奋力支前

▲ 民工葛振明使用过的大车

河南睢县在淮海战役中共出动民兵、民工98210人，支前大车5410辆，运输25120次，运送物资4120万斤，其中粮、米、面2321万斤，棉鞋45000双，棉袜43500双，棉布56万尺，蔬菜34万斤，柴草68万斤，活猪23251头，担架床12500张，小土车14500个。葛振明是10万民工中的杰出代表。他共往前方送物资6次，每次1400公斤，共运送8500公斤。后来，葛振明用过的大车，被称为"英雄大车"。

编者整理

唐和恩和他的小竹棍

华东支前英雄唐和恩支援淮海战役时用的一根竹棍，一米来长，上面用针尖刻满了密密麻麻的小字。仔细看去，开头刻着唐和恩从家乡出发的地点，山东省胶东地区莱东县陶障区（现莱阳县万第公社），接着刻的是他支前经过的路线：水沟头——平度——临淄——蒙阴——临沂——徐州——萧县——宿县——濉溪口等等地名，包括了山东、江苏、安徽三个省88个城镇和村庄。这不是一般的里程记录，它是数百万英雄的支前民工，在淮海战役中走过的艰苦光荣的战斗历程的缩影，是淮海战役伟大胜利的见证，是毛主席人民战争光辉思想的生动体现。

1948年秋，解放区广大翻身农民正在欢天喜地地忙碌着土改后的第一个大丰收。上级号召组织支前队伍，共产党员唐和恩又像前几次一样，头一个报名参加支前小车队，大伙选他当了小队长。出发时，大伙都坚决表示："犁不到头不卸牛，完不成任务不家走"，"解放军打到哪里，我们就支援到哪里"。唐和恩带上了那根在旧社会讨饭用的小竹棍，准备在上面记下支前路线，传给子孙后代，要他们不要忘记毛主席指引的闹翻身求解放的革命道路。

唐和恩带领的小车队和千万个支前队伍一样，冒风雪，忍饥寒，翻山涉水，

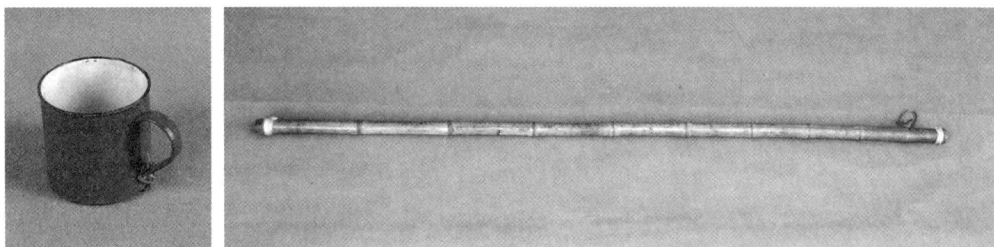

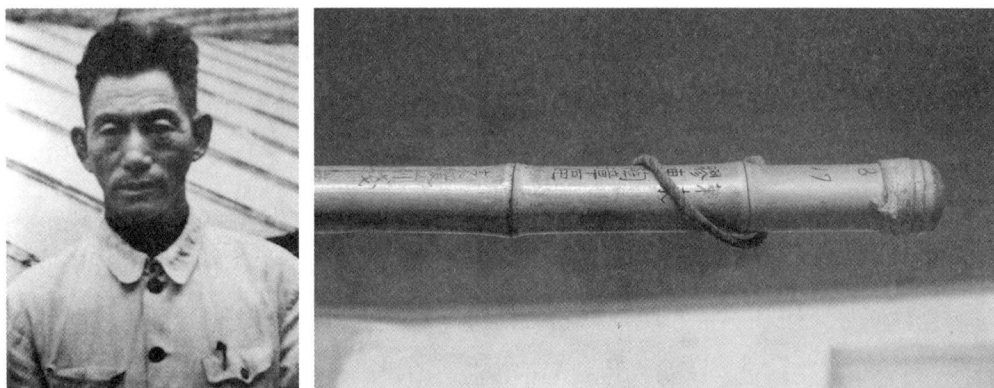

▲ 唐和恩的茶缸、小竹竿和支前路线图。唐和恩带领小车队，从莱阳县万寨乡出发，随军转战，跑遍淮海战场。每到一地就把途经的地名刻在小竹竿上。小竹竿共刻下了山东、江苏、安徽3个省88个城镇和村庄的名称，把这些地名连接起来，行程达5000余里

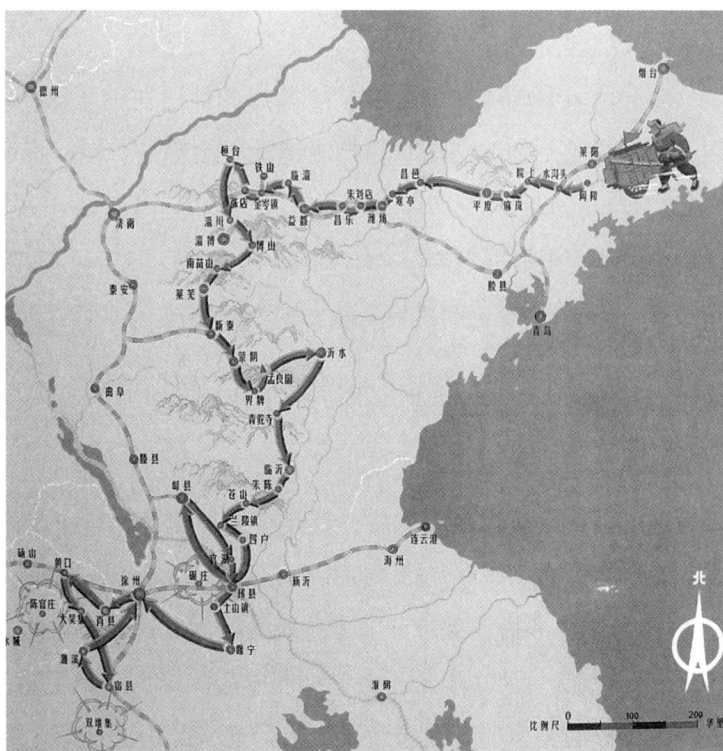

日夜奔走。他们想尽办法节省粮草，自己吃"三红"（红高粱、红胡萝卜、红辣椒），省下小米、白面给子弟兵吃。在风风雨雨的运粮途中，队员们一个个把自己身上穿的蓑衣、棉衣脱下来，盖在粮车上，宁愿自己身上淋透，也不能淋湿军粮。在泥深路滑的情况下，满载军粮的木轮小车一动一条沟，一步两个坑，队员们深一脚，浅一脚，鞋被拔掉了、脚被磨破了，仍然拼命地拉，使劲地推，艰难地跋涉向前。唐和恩拉的小车，一下子陷进了泥坑，拉也拉不动，推也推不动，他一连拉了六次都没有拉动，最后他憋足劲猛力一拉，只听"咯登"一声，绳子断了，他一头栽倒一个泥坑里，摔了满身泥，嘴磕破了，牙齿也磕掉了一颗。他从泥窝里爬起来说："前方战士身上穿个窟窿，还照样冲锋，咱磕掉颗牙算啥！"

一次运粮途中，小车队被一条大河挡住了去路，绕道二十多里过桥要耽误时间，大伙决心涉水过河。当时，北风飕飕，雪花飘飘，河面上结了一层薄冰。大伙说："红军能爬雪山，过草地，强渡大渡河，飞渡金沙江，咱还能叫这么条小小河沟挡住吗！"唐和恩带头脱掉棉衣，扛起一包粮食，第一个跳入河水，在前面破冰、涉水，探路前进。队员们也扛起粮食包，抬起小车，紧紧地跟上。刚到对岸，还未来得及穿衣服，敌机就来了，他们为隐蔽粮车，迅速疏散队伍，一口气跑了半里多路，才避开敌机的袭击。尽管个个冻得唇青脸紫，直打冷战，但大伙精神抖擞，又继续前进了。

在五个多月的支前战斗中，唐和恩和他所在的小车队创立了许多英雄事迹，为人民立下了不朽的功勋。唐和恩携带着这根小竹棍，跑遍了淮海战场，行军时用它当挂棍，过河、涉水、踏雪时用它探路，有时还用它绑上树枝防空和引路。这根不平凡的小竹棍为革命做出了贡献。

摘自《淮海战役》第三册，中共党史资料出版社 1988 年，第 317—319 页

12 年前的一面红旗

步进白沙公社李胡桥大队龙王庙生产队的办公室，五色鲜艳的奖旗和奖状，以及玻璃匾琳琅满目使人入胜，真是个先进模范村跃进生产队。其中一面赤红洋布心、浅红边的长方形奖旗，旗中间是黑洋布剪成的"支前是自己的事业"，这就是 1948 年淮海战役，豫皖苏区第五行政区后勤司令部赠给支前模范村的一面光荣红旗，到现在已经 12 年了，大家如获宝般的高兴。龙王庙的社员们都说：这是一面比任何一面奖旗的意义重大，也是最光荣的一面红旗，有了它才会有这无数的

▲ 豫皖苏区第五行政区后勤司令部赠给中牟县龙
王庙村民工的奖旗

▲ 手持奖旗的龙王庙村民工

缎子奖旗和玻璃匾。的确，这是支援淮海战役的胜利纪念品，没有淮海战役的胜利，就没有全国的解放，或者解放的迟一些，有了淮海之战的胜利，才有了今天一日千里的社会主义建设，使无数的红旗插遍了全国各地。

支前班长三等功臣毕荣法说："淮海战役消灭了敌人 5 个兵团，全国皆知，闻名世界，无数的英雄儿女为祖国牺牲在这个战场上，有的负伤落了残疾，有的立下了不朽的功勋。"他又指着这面支前胜利红旗说："这是用血汗换来的一面红旗，永远不会损坏它。"

接着荣法高说："12 年前，龙王庙刚解放不到两个月，上级号召大家抬担架支援淮海战役，大部分害怕不敢去，只有穷人为了生活，同时不去也不中，保长已经决定啦。当时就有雇工严头、王刘栓、孙云生，贫农王世清、毕庚绪，中农毕三分、朱来旺等 8 个人报了名。开始我们也有开小差的思想，在区上听了上级的支前动员报告以后，提高了觉悟，明确了支前是为了谁的道理。从此，都下定了决心坚决完成支前任务。行军途中由于汤水缺少，毕庚绪害起眼来，吃饭需要人照顾，领导认为在这日夜行军的情况下对工作不利，决定叫他回去。庚绪说：'我的眼再痛我也不叫别人照顾，叫我到前线抬上一个伤员，我死了也不亏。'他就这样拒绝了领导对他的关怀。在日夜行军当中他扶着别人的扛子头或拉着别人的衣角一步不离的走，跌倒爬起来再走，就这样的坚决完成了任务。

"我们的任务是往前方运面，庚绪一时不歇的投入运面，由于家贫，出发前他赤脚穿一双破鞋、一条单裤和老保借给他的一条破夹裤与无毛的皮马褂，上身穿一件破粗布衫，已经到了阴历十二月初了，又是纷纷大雪一直不停的下着，由于东北风日夜吼叫，地和雪冻的如石头一般硬，把运输队的鞋都给擦烂了，脚被磨得流血。上级先后发几次鞋，但是那么多的人怎能供的上呢？庚绪被冻的日后不能合住眼歇一会，在运面时他以多运快跑和严冬搏斗。这种身上虽不冷但脚已被凝固的雪和泥土刺的鲜血直流，在这样艰苦的情况下，他不但不叫苦，他说比在家受保长地主的气强百倍；比起县长和刘政委，咱的脚冻掉也是应该的。

"我们的口号是轻伤不下战场，任务正紧，王世清得了大小便不通的病，憋的直哭，当时又没有医院，眼看就有性命的危险，这时就用班里节省下来的菜金买了半斤香油，叫他喝下去，把病治好，及时投入运输。王世清说：'天气骤然变的更冷，上级发的鞋，一天天的烂完，赤脚运输的人一天比一天多。毕三分的脚每天流血水，夜间疼的火辣辣的钻心。如果不想办法是真的不能坚持工作了。'班长毕荣发也感到无法安慰同志们，任务这样急迫，缺一天粮，战斗就会受到损失，就会关系到胜负的问题，但是同志们的脚又冻的这样……于是他毫不犹豫的把自己的大棉袄的下半截剪下来，给毕三分包脚。'这怎么能行，叔叔'，毕三分感动的流下了眼泪，他把脚包好，早已忘记脚的疼痛，即投入了紧张的运输，这是多么崇高的阶级感情。

"毕荣发是当时的班长，也是大队的联络员，他不仅对同志们的病无微不至的关怀，还给大队作很多行军联络工作和帮助大队了解群众的思想，在夜间或白天宿营时，除领导大家开会提高觉悟安排生活以外，在大家休息的时间，还要监视一些思想不坚定的人，行军走后他还作很多善后工作。当时在战场上柴草比较困难，他去大队开会来往还要拾柴火，住的时间一长就带领大家下地拾柴火，他和大家说'天下穷人是一家，咱尽量少给人家添麻烦'，和群众关系搞的非常密切。不但自己给房东扫地打水，还带动大家干。有一次由于天气的关系没搞到粮柴，同志们忍饥行军一夜，并给人家盖房的打起根脚来，因此感动了房主，即把馍、汤、菜、白芋送到他们住的草庵里去。上级按每天一人5分钱发菜金，他说服大家少吃，还不吃菜给大家买些烟吸，他又首先戒了烟，把节省的钱买成草鞋，每人发给一双，使大家多干活不受冻。大家称赞他是个好当家的。夜间几百人行军都是他找向导。行军开始以后，他怕发生掉队现象，即不顾冰雪和劳累，从队头跑到队尾巡回不停，如果别人一夜行军100里，他顶少要跑150里。宿营地一到，他就把大家安置住宿，又去安排吃烧，一切齐备后他冒着风雪再到几里地远的大队去汇报情况或开会。他有时日夜不睡，仍然干劲冲天，他对大家说：'马上就要胜利解放全中国，穷人的天下到啦，咋会不干呢？叫回去也不回去。'因此他领导的全班没有一个开小差的，并提前两天完成了任务。在劳动当中他一点也不少干，有一次他背的面比一般人多一倍，受到上级的通报表扬，在他的领导下，一个班胜利的完成了任务，并得到奖旗 6 面，4 个人立了功，受到了党与政府和人民的热烈欢迎。毕荣发在两个月的支前中由于很少睡眠，又加冷风吹打使他的两眼受了伤，回家后几乎失明，经治疗好转，至今缺光。他的右下肢受伤，一受冷就疼，但是毕荣发和其他同志一样，不认为这是痛苦，觉得这是无尚的光荣。他说：'没有苦上苦，就没有甜上甜，没有那时的苦，哪有今天的幸福。'"

摘自内黄县淮海战役战史组支前资料，1959 年 12 月

第十一章　转运伤员

把伤员及时从火线上抢救下来并转送后方医治是人民群众支援前线的重要任务，能否顺利完成将直接影响部队的士气和战斗力。为此，成千上万的担架队员冒着枪林弹雨，穿梭在火线上、阵地前，日夜兼程，忍饥耐寒，奔走在转运线上。他们克服了交通不便、工具落后、气候恶劣、飞机袭扰等困难，用 20.6 万副担架，完成了转送 12 万伤员的艰巨任务。转运中，担架队员以及后方广大人民全心全意、无微不至地爱护照顾伤员，充分体现了人民军队与人民群众的血肉关系和鱼水深情。

第一节　转运工作的组织

　　淮海战役中为完成繁重的伤员转运任务，各地加强了对转运工作的领导。华东成立了伤员转运委员会，鲁中南、豫皖苏、冀鲁豫等地制定了具体的伤员转运办法，并根据医院的分布与部队卫生部门一起建立了各级伤员转运站。转运中，采取接力转运的办法，由配属部队的随军担架队、配属转运站的临时担架队，将伤员从火线通过各级转运站转送后方医治。

▲ 豫皖苏区民工整装待发

▲ 宿迁县皂河的妇女担架队员

▲ 担架队准备出发

华野随军担架队的配备

当时，每个纵队直接掌握的随军民工担架 500 副，挑子 500 副，合成一个担运团，约 3.6 万余人。卫生部掌握机动担架 1000 副。共有担架 7200 副（每副 6 人），挑子 6900 副。地方支前机关掌握的担架有 7500 副，挑子 9000 副，小车 1.3 万辆。华东军区后勤部掌握小车 2000 辆。加上机动力量，总计前方第一线共有担架 1.6 万副，挑子 1.7 万副，小车 2 万辆，共有 14.6 万多人。第二线及后方临时转运的民工则由各地支前机关根据任务进行调配，数量就更大了。

摘自喻缦云《回忆淮海战役中华东野战军的后勤工作》，1985 年 10 月

华野配备随军担架统计表

每个纵队配备担架	野卫机动担架	后方转运机关掌握担架	总计第一线担架
500 副	1000 副	7500 副	16280 副

根据华东军区、三野后勤司令部《淮海战役后勤工作初步总结》（1949 年 2 月）整理

豫皖苏区随军担架队的配备

豫皖苏地区组织担架 10 多万副，每个分区保持有 1000—2000 副常备担架，全区有常备担架 1—2 万副。这些常备担架又称"一线担架"，组织严密，战斗力强，一般以县为单位组成常备担架团，由县的主要领导担任团长和政治委员。每副担架由 6 个人轮换着抬，3 副担架为一小队。

摘自《中国人民解放军第二野战军后勤史》下册，金盾出版社 1997 年，第 149 页

支前总结

历城县担架团的编制和组成

编制

1. 团部——团长段明珠、政委于子正、供应部主任贾绪颖、供应员2人、文书1人、政工干事1—2人，检查了解情况，以免领导上事务主义，而又是个机动力量。另一个通讯班10人，从柳埠、西营抽调民兵带去。

2. 团以下分2个大队——一是西营区85副担架为一大队，柳埠区75副，卧龙区40副，合编一个大队，为第二大队或柳埠第二大队，卧龙区成立独立中队，可根据情况机动。

3. 两个担架1个班，共编为100个班，班以上为分队，5个班为1个分队，1个分队共10副担架，共编20个分队，3个分队编1个中队，共编6个中队。又3个中队编为1个大队，共编为2个大队。

4. 大队的干部要配备分区委员一级的干部，中队干部要配备脱离生产的干部。分队一级的，好的村干，班长一级的要积极分子或党员，一定要保证一副担架一个党员或民兵积极分子，并要认真检查。

组织制度、党的组织

1. 团里设团委会，委员5人：于子正、段明珠、王恩雪、李致生、卧龙区一人。于子正同志为书记，团委会是集体研究领导决定一切问题的权力机构。

2. 大队设总支书记，由王恩雪、李致生二位同志兼任委员，由中队的干部参加，得由团委会决定或选举。

3. 中队设分支，分队设小组。

制度——党委会、团委会5—7天一次。总支、大队会3—5天一次。分支、中队会2—3天一次。分支3天汇报一次。小组会、班务会3—5天一次。

摘自历城县《淮海战役担架团布置情况总结汇报》，1948年11月28日

文件精选

鲁中南建立后备担架组织

区委指示我们目前支援前线，不仅将开赴前方之担架运输，加强巩固工作，而因战争规模宏大，后备常备担架运输等组织，亦要分批组成随征随调，确能达到战争之要求，本此精神，我专区对加强后备组织，适应战争需要计，因此关于建立后备常备担架运输等组织，提出如下意见：

一、根据各县动员组织常备担架运输情况，因事先无后备组织，一接受任务就陷于紧迫被动，在干部党员及非党员积极分子配备上亦不能事先适当调整，因此如有连续任务，则造成相当被动和混乱，同时战争发展极快，要求任务紧迫，征调时间亦很短促，没有后备准备，动员去前线民工、民兵，造成前方巩固工作极大困难，过去的事实已足够证明了。因此区委提出建立后备组织极其重要。

二、地委在扩大干部会议上，已布置普遍组织民工工作，如已组织起来，即在此基础上抽调精干民工，分别组织到常备担架及运输组织中去，并建立班、排、连、营、团队等组织，各级干部根据本县干部条件，事先配备齐全，党员及非党员积极分子，根据具体情况，适当调整，在组织完毕后，由县负责召开各级干部会议，一般以团队为单位召开干部会，进行深入动员教育，鼓励干部情绪，掀起革命竞赛，使各级干部订出决心完成任务的主要条件，再召开大的检阅会，做好深入动员工作，进行奖惩教育，订出立功计划，宣布家庭生产办法（在未征调前要做好自己生产），确能达到在思想上、组织上、物质上（工具及民工用品）做到成熟准备。

如全县民工尚未普遍组织者，要同时进行，按时准备完毕。

三、对各县组织后备担架运输要求，列表如下：（附表）

二、三批常备民工任务的分配表

类别\县别	第二批				第三批				备考
	担架	小车	挑夫	民兵	担架	小车	挑夫	民兵	
费县	320	200		400	100			300	二批担架已通知
麓水县	200		200		150				
苍山县	300	200	500		250	350			
赵铸县		150		500	100				
兰陵县	200	200		300			500		
邳县	100		100				100	300	
临城县					100	150			
合计	1120	750	800	1200	900	600	800	300	

①此表按各县所控制人口之总数，及已出担架运输之数目确定对各县之要求。

②常备担架民工均以整劳力为标准，半劳力一般出近工、短工、零工。

③对各县要求除按整半劳力计算外，同时照顾老区、半老区、新区及参战人员多少之情况，如老区担架多运输少，新区运输多（小车）担架少，同时亦照顾后勤驻地用夫情况。

④如两批统一时间组成则更好，但注意骨干的配备。

四、各县第二批担架运输（除已确定集合时间者外）一律于月底前组织完毕，第三批在 11 月 10 号前组织完毕，每批组织完毕后，要将详细情况统计报告本部。

摘自鲁中南第五专区支前司令部《关于建立后备担架运输组织的意见》，1948 年 9 月 22 日

▲ 给伤员腾房子的金乡县群众

▲ 金乡县伤员转运站共转运伤员 13000 名，图为该转运站马集分站的来往要道

支前总结

伤员转运图

```
┌─────────────────────────────────┐
│           基层部队卫生所            │
└─────────────────────────────────┘
                 ↓
┌─────────────────────────────────┐
│            纵队医院               │
└─────────────────────────────────┘
                 ↓
        ┌──────────────────┐
        │    伤员转运总站     │
        └──────────────────┘
         ↓        ↓        ↓
    ┌───────┐ ┌───────┐ ┌───────┐
    │ 伤员   │ │ 伤员   │ │ 伤员   │
    │ 转运   │ │ 转运   │ │ 转运   │
    │ 分站   │ │ 分站   │ │ 分站   │
    └───────┘ └───────┘ └───────┘
        ↓         ↓         ↓
    ┌───────┐ ┌───────┐ ┌───────┐
    │ 野战   │ │ 野战   │ │ 野战   │
    │ 医院   │ │ 医院   │ │ 医院   │
    └───────┘ └───────┘ └───────┘
        ↓         ↓         ↓
    ┌───────┐ ┌───────┐ ┌───────┐
    │ 后方   │ │ 后方   │ │ 后方   │
    │ 医院   │ │ 医院   │ │ 医院   │
    └───────┘ └───────┘ └───────┘
```

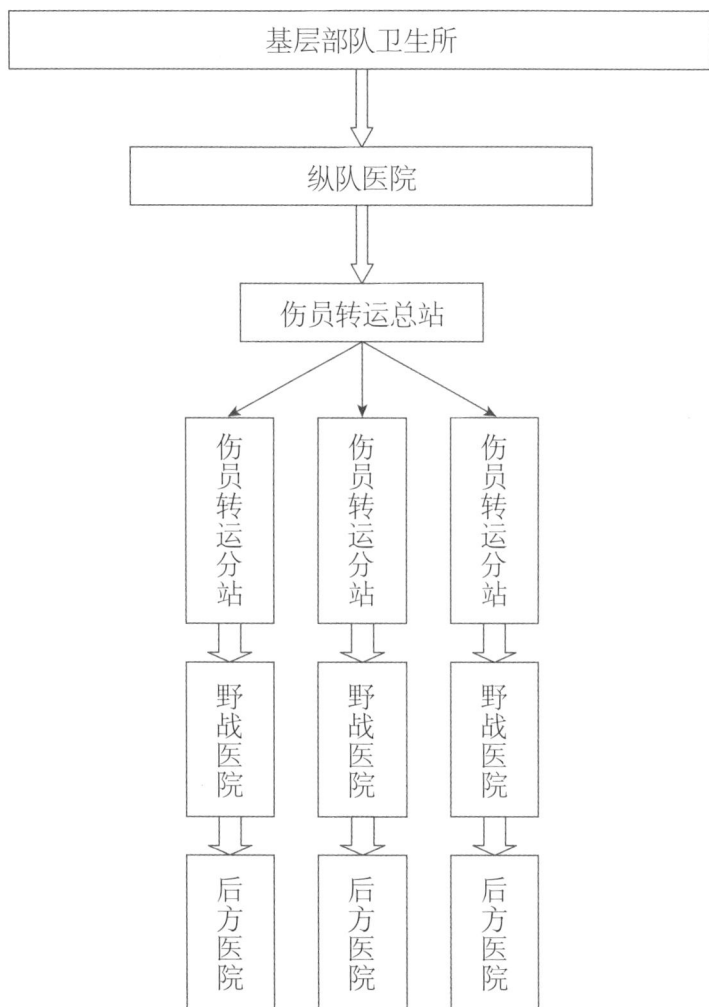

▲ 马集转运分站的群众给伤员送饭送水　　▲ 刘官庄转运站

淮海战役转运伤员统计表

担 架	解放军伤员
20.6 万副	119830 人

根据中国人民解放军总后勤部军政干部学校训练部编印《淮海战役后勤工作》（1976 年 3 月）整理

淮海战役伤员统计表

单位：人

时 间 ＼ 人 数	华 野	中 野	共 计
一阶段	43130	5500	48630
二阶段	31700	19500	51200
三阶段	20000		20000
总计	94830	25000	119830

根据中国人民解放军总后勤部军政干部学校训练部编印《淮海战役后勤工作》（1976 年 3 月）整理

华东成立伤员转运委员会

在淮海战役第一阶段，华支与华野前指联合通知卫生部门和转运总站建立了统一领导伤员转运工作的转运委员会，由医院的政委任主任委员，转运站的正、副站长任副主任委员，吸收担架队的负责同志和医院及转运站的一定干部参加委员会；委员会下，设转运、民站、卫生、供应 4 个科；前二科由转运站负责组成；后二科由医院负责；分站设正副站长及四个股。这样，工作步调便一致起来，有了统一的计划，双方也就都主动了。但后来因战争情况不断变化，医院经常移动，干部、组织等都有很大变更，转运委员会也就很难进行工作。因之，在淮海战役第三阶段，转运委员会便撤销了，但转运站仍与部队共同负责，由部队派出得力干部任站长或副站长。

摘自华东支前总结委员会《济南、淮海、渡江京沪三大战役支援工作总结》，1949 年 11 月 30 日，第 57—58 页

文件精选

<h1 style="text-align:center">豫皖苏伤员转运办法</h1>

甲、总则

一、为提高战时伤员转运效率，节约民力，实行发价包运，特规定此办法。

二、伤员自火线转运至纵队医院（第二线）由部队负责。自纵队医院转运至后方医院，由地方负责，但部队须负责伤员之管理治疗及掩护以保证转运任务之完成。

三、第三线伤员转运一律组织临时民力，发价包运，如临时民力因战况需要，拨入第二线介绍部队转运时，由部队发给运价。

乙、转运之组织及办法

四、战役开始前由豫皖苏后勤司令部前方办事处依据野战军部署，布置伤员转运线，指定分区后勤司令部在转运线上设立伤员转运总站及分站。

五、根据战时需要，分区后勤司令部于规定地点（野战军之前方医院附近）设立伤员转运总站，并向纵队医院附近派出分站。

六、伤员转运总站及其向各纵医院附近派出之分站，由分区后勤司令部派出干部组织之，总站设正副站长各一人，下设民力股、伤员招待股、粮草供给股及总务股。民力股负责民力调运、附近民力的组织动员及集中之民工管理教育；伤员招待股负责伤员之招待、食宿准备；粮草供给股，负责民工粮草供应及粮草调剂；总务股负责通讯联络警卫及站内人员生活之管理。后方各转运分站，设站长1人，下设民力股、伤员招待股及粮草供给股，负责过往伤员民工之食宿招待，民力之接换补充，由县后勤指挥部派出干部组成之。

七、前办及分区后勤司令部在战役开始前，应采预计之转运任务（伤员数量，民工数目，粮草需要数量……）布置转运总站及分站，事先做到民力及食宿的充分准备，转运总站应与野战军前方医院及前防各转运分站取得密切联系，并随时向分区后勤司令部及前办报告工作情况及时了解转运任务，随时通知各分站，各分站应随时将本站工作情况报告总站，建立总站与分站的报告联系制度，以更有效的完成工作任务。

八、沿转运线之警卫掩护由军分区负责配备武装。

九、伤员转运总站及分站为临时性质，根据战时需要设立，于战役结束转运任务完成后撤销之。

十、伤员转运总站及分站之办公费用及不脱离临时参加工作人员之供给，由各站造预决算在战勤费内开支。

丙、运价及付价办法

十一、第三线伤员转运之运价暂定如下：担架每抬重伤员 1 名转运 50 华里者，给价 40 斤（秋粮）。各种车辆每载轻伤员 1 名，转运 50 华里者，给价 30 斤（秋粮）。

十二、已集中而未接受任务及因气候与其他原因而停运之日期，民工生活由公家供给，每日每人秋粮 3 斤半，驴 6 斤，牛 7 斤，骡 9 斤。

如因调集过远，返回路程超过转运路程，每超过 70 里路，发给 1 日之伙食（由完成任务点之转运站开条借给，在转运证上注明）。

十三、带领民工之工作人员，原机关自带供给，如系不脱离生产人员，按脱离生产人员供给，在战勤费内报销。

十四、转运之民工，以队为单位，包运伤员按队负责，按队计资。

十五、民工到县集中至到达转运站，一般由县按路程远近发给现粮，但须将发给之数量日期，介绍转运站，到达转运站后及接受任务出发转运，由该转运站按队（包运单位）发给伤员转运证，说明伤员包运数量及里程，逐站凭转运证开条预借粮草（无转运证不发给），由该站负责人在转运证上注明日期、数量并盖章，如临时因天雨换药或其他原因不能行动，由住宿之转运站借给粮草，则必须由该站负责人在转运证上注明原因，完成任务时，将伤员交代于某一转运站或后方医院时，亦须由该站或医院在转运证上签名盖章注明，由该民工队负责人持转运证向原县领取运价（扣除转运时之给养）分给民工。

十六、各转运站结束前，算清各县区民工队开支粮草，将条据转回原县，统一向上级政府报销。

摘自豫皖苏边区行署《战时伤员转运暂行办法》，1948 年

支前报道

冀鲁豫战勤司令部试办接力转运成功

【新华社华北 17 日电】冀鲁豫战勤指挥部试办接力转运站成功，节省了大批

人力物力财力，收到事半功倍的良好效果。该区过去改行长途直线运输，往返数百里。因距离太远，必须提前集中大批民工在前方等候任务，浪费人力物力很多，既耽误后方生产，又影响民工情绪。9月初，某部配合济南作战，正值农忙，后勤总指挥部乃改用接力转运站办法。从前方部队包扎所到后方医院，每30里设一转运站，组织周围15里内之担架听候调用。实行义务包工制，每副担架4人，运30里完成任务，发给小米15斤，并发完工证，予以记工。为了准确掌握时间，密切上下站间的联系，下站派3人住上站听候情况，随时把伤员数目、到来时间，报告本站准备。本站接通知后，即按时按数调集担架，这种方法克服了长途直线转运中的种种缺点，节省了大批人力财力。但有些地区事先没有进行细密的组织工作，也发生了集合迟慢等缺点。指挥部除决定在全区普遍推行接力转运站外，并提出几点改进办法：一、统一指挥。转运站周围15里村庄之民工，统一由该站使用。如系两县交界处，由分区授权一个县负责。二、每站集中民兵15人，专任通讯工作，5个村至7个村为一通讯站，设联络员，传达任务情报。派往前站之联络人员，要掌握更前一站的情况，以争取更充足的准备时间。三、尽先用外圈的担架，5里以内者由站掌握为机动力量。县区必须掌握使转运站15里外地区与沿站15里以内村庄民力负担平衡。四、原则上30里1个工，因等候任务或阴雨拖延时间过5天以上者，按天增工。等候任务时间，给养由政府按过去标准供给。五、离站远近村庄民力之调剂，县区须注意使负担平衡。

摘自《新华日报》1948年11月21日

文件精选

转运总站的设立与职责

转运总站随野战军兵团卫生部统一行动，配合工作。

分站和接力转运站根据卫生部医院分布的情况，每隔30里左右设一处。在老区、半老区是与地方组织结合，吸收当地区乡干部共同组成，在新区是由总站直接派全套干部设立，并尽量吸收当地群众参加工作，以便利了解当地情况和联系群众。

转运总站

1. 组织与保证伤员的及时转运。

2. 掌握一定之常备担架。

3. 与支前司令部部队指挥机关协商，根据需要机动设线。

4. 建立与领导前面两个分站，取得密切联系及接受其工作上的指导。

摘自华东支前委员会《关于伤员转运站工作的决议》，1948 年 10 月 25 日

转运分站的设立

为克服边缘游击区大量集中粮食的困难，避免一般的担架民工都集中到战区，致在敌机轰炸扫射的威胁下而产生大批逃亡现象。故决定采取重点接力转运办法，其具体办法如下：

一、转运总站（野医）至后面的第一站或第二站，须选用群众条件较好的民工单位。配备数量较多质量较好的带领干部，负责反复转运。即由转运总站抬起伤员送至第一站（约 30 里左右）即返回原地待命，准备第二次转运，直坚持到战役结束为止。

二、第一站或第二站以后的转运，则采取直接转运办法（应根据实际情况，一般的距后方医院百里左右为限，如路程太远，恐民工难于坚持之故）。即选用群众条件带领干部质量均较差的民工单位，一般的用转运线上的县份较合适，因民工距家近，能减少逃亡，抬轻伤员后，路经一个或两个转运（食宿）站直达后方医院即行复员。

摘自《战时后方转运暂行办法》，见豫西军区支前司令部《支前工作暂行办法》，1948 年 10 月 15 日

转运接力站的设立

在伤员转运线上设立伤员接力转运站，伤员接力转运站的好处在于保证转运任务的完成，同时节省民力，减少开支，不过这是一新的工作，我们必须十分慎重，选拔强有力的干部参加领导，创造经验，及时介绍，必须掌握一方面做到节省民力，另方面亦切实的保证伤员转运及时。接力转运站的主要工作是：

（1）各站须在周围村庄（可根据规定任务及附近村庄之稠疏大小而伸缩，一般在 30 里路以内为宜）组织起 600 副不脱离生产的担架，平时不集结，一有任务随时调集，每运一站交后一站接运，如任务未完成，继续转运，如任务告一段落，民工即临时复员回家待命，这必须平时组织教育好，做好一切准备，任务一来有

充分把握，一定要防止任务到来时措手不及影响工作，另方面必须加强通讯联络工作，配备交通工具，前一站接到任务后必须随时即派人通知后一站早作准备，否则工作耽误由前一站负责。

（2）很好照管伤员，伤员的治疗及生活供给，由部队卫生部门在各站设治疗所或治疗小组负责，但对其困难问题，如照护、炊事、采买等工作，应很好帮助解决，并动员妇女儿童帮助看护，慰问伤员，惟应照顾到群众的负担，不要滥用民力。

（3）很好教育民工，并注意管理其生活，民工待遇一般按包运办法，每一伤员运60里发秋粮30斤（路程有远近时，可依此标准适当增减），必要时调集的经常担架按供给制，所需开支由转运站负责到县支前指挥部领取。

摘自鲁中南六分区支前委员会《关于建立伤员接力转运站的指示》，1948年10月20日

地方支前机构和部队卫生机关的分工

整个伤员之治疗、生活伙食的管理归卫生机关，在这些方面他们熟悉业务，须派人主持，但他们任务多、人手少，地方应派干部或动员群众在他们的干部主持下帮助工作。地方主要责任在于保证转运民力的及时供应，巩固常备民工，组织辅助担架（以县区为主建立大小站直接负责，总站对他们是指导关系），但如何使用，需用时间、数量及运达地点由卫生机关负责计划，地方接受与调度，如指挥不当致耽误任务或浪费民力者，由卫生机关负责，如不能及时保证民力的需要则由地方负责。对伤员需用之物品、用具及一切需用之粮物者均由卫生部负责，地方决定协助采办，如系备用性质的事先可共同研究，确定需要多少由地方有组织的筹备，要进行登记标记，用后归还，损坏由损坏者赔偿，尽量避免卫生机关直接向群众乱借以便善后。上述分工，都是各有偏重而是又互相配合，这是为了发挥地方的有利条件，互相帮助，克服困难，更好的完成任务所必须的。

摘自华东支前委员会《关于淮海战役伤员转运任务给各专区、县支前领导机关和转运总站的指示信》，1948年11月1日

在这次战役中，每条转运干线（一条干线准备接受3个纵队的伤员）掌握1000副至1500副的常备担架，主要负责转运线最前面的60里至90里的伤员转运任务，以后再由接力转运担架向后运送，在伤员少、距离短的条件下，则负责一直转运到后方医院，即在相反的情况下，必要时也将重伤员一直送到后方医院，

具体执行由转运总站灵活掌握。

......

纵队卫生部掌握的 500 副随军的常备担架，须负责将伤员送到第一个转运站上（约离纵队医院三四里），但在任务紧急，伤员多的时候，经总站委员会商讨通过，得由转运总站负责到纵队医院去接运一定数量的伤员。

摘自华东支前委员会《关于伤员转运站工作的决议》，1948 年 10 月 25 日

支前总结

华东各医院及伤员转运站的配置

医院番号	配置位置	任务区分		伤员转运站
		部队番号	伤员数	
野卫	层山			
野卫七院	大戴庄	三、广纵队	3000	
野卫十二院	桑村	七、十纵队	2000	
野卫二院	万村	十三纵队	3000	
野卫三院	磨山	四、八纵队	2000	铁佛寺、泇口、店子、岔河
野直院	碑柱		500	
野卫四院	鲁坊		2500	
东卫	浦汪	一、六、九、鲁、特各纵队		泉源头
一重伤医院	小哨		2000	
二院	八里巷		1500	
十四院	前海沿		2500	
三院	商家山子	二、十一、十二、鲁、特各纵队	1500	大峪子
十五院	朱范		2500	
苏北兵团卫生所		苏北兵团及（中）十一纵队	2000—8000	
合计			31000—32000	

摘自中国人民解放军总后勤部军政干部学校训练部编印《淮海战役后勤工作》，1976 年 3 月

华东转运线的变化

　　淮海战役因作战情况变化很快，后勤的部署也随着作战的需要经常变化，转运线也改变了好几次。从整个的战役开始到结束，根据任务的变化，共建立了4个转运总站。第一转运总站从1948年11月13日建立，到1949年1月19日结束，共移住吴闸子、和尚王、铁佛寺三个村庄；第二转运总站从1948年11月9日建立，到1949年1月22日结束，前后共移住古邳、柳集两处；第三转运总站是从1949年1月7日建立，到1月19日结束，共突击13天的转运任务，住于二郎庙；第四转运总站是从1948年11月10日建立，到1949年1月15日结束，共移住6个地方，开始在铁佛寺，后移住东林庄、徐塘集、朝阳集、张辛集、大张庄等。

　　摘自华东支前总结委员会《济南、淮海、渡江京沪三大战役支援工作总结》，1949年11月30日

中原野战军战前各医院及转运站的配置

医院番号	配置位置	附设卫生所	拟收伤员数	伤员转运站位置
中野卫生部	白庙			
总医院	亳县			
军区一医院	大朱庄	3	3500—4000	高庄
野卫三医院	西段楼	4	6000—7000	
野卫六医院	张庄	2	2000—2500	
野卫二医院	魏岗	7	9000—10000	临涣集书案王庄
野卫五医院	宋集		3000—4000	
野卫四医院	大清宫	5	7500—8500	
军区二医院	蒋营	2	1500—2500	
合计			33500—38500	

　　摘自中国人民解放军总后勤部军政干部学校训练部编印《淮海战役后勤工作》，1976年3月

单县曹马转运站

淮海战役时，曹马区奉命在转运伤员的沿线建立一处转运伤员食宿站，最后选在了曹马集。区党委派出共产党员吴业明任站长，村干陈金聚在粮站工作结束之后，接受了食宿站的会计工作。曹马村广大群众听到要在曹马集建立食宿站的事，都非常兴奋，纷纷要求报名参加接转伤员工作。大家积极为食宿站打扫房子，建设锅灶，经过一天的紧张劳动之后，27 间房子收拾得整整齐齐干干净净。后来从群众中选拔了 48 名招待员。一切准备妥当，只等伤员到来。当听到第一批伤员到来的消息，站领导和所有的人员，都跑到曹马集南 8 里多地的姜谢庄去迎接，参加的人有男男女女老老少少共达 50 多人，结队成行，争先恐后，好像在迎接自己久别的亲人一样，有的挎着篮子盛着菜，端着茶，拿着小旗哼着歌，敲着锣鼓放鞭炮，热热闹闹像办喜事一样。有一位 50 多岁的张连芳老大娘，把自己舍不得吃积攒下的 20 多个鸡蛋煮熟，又蒸了热腾腾的馒头，用篮子挎着送给战士们吃。当她看到战士负伤流血躺在床上，心中感到非常难过，就端着碗一个挨一个地喂伤员。一位伤势较重的战士不能坐起来吃饭，她就像妈妈喂孩子一样，把伤员抱到自己的怀里一口一口地喂饭，战士的伤口还在流血，染红了大娘的袄袖、大襟及棉裤，她仍继续喂伤员。伤员被感动得流下眼泪，叫她亲娘。招待员们在她的影响下积极行动起来，和老大娘一起，白天接、黑天迎，不辞劳苦为伤员服务，一连持续了 25 天，共接了 40 次。

曹马食宿站就这样圆满完成了接转伤员的任务，伤员在食宿上得到了保障，精神上更得到了极大的安慰。

根据淮海战役纪念馆征集的单县支前资料（1960 年 6 月）整理

资料选编

这是谁的战争？

在谣言遍布，豪富插翅竞飞的这一些日子里，以"隔岸观火"的丰姿看这场战争达三年之久了的京沪人士，总该懂得了我们的仗是怎样和我们的自由跟生命紧紧地相联在一起的吧。

尽管打仗已经变成了不只是士兵们的事，但是后方还是太少人去认识，去接近，和去帮助今天的战争。比"隔岸观火"更加超然，都市里的人所做着的战争的节目，是滋长和传递着谣言，是忙着走得比"岸"更远。

和慰劳团同行，记者巡视过徐州会战结束以后的战地。那里有叫人歌泣的画面，和人情洋溢的故事，而更多的是一串大大小小的，由于非作战人员的冷漠所造成的问题。这些问题总该比那无稽的"马路新闻"更加有力量在后方激起应有的反响吧。

记者只在这里举出几桩比较大的问题来。

在前方，伤兵的救护、运送和医疗等工作，比起构筑工事、布设通讯网等来，是远被人在轻视着。伤兵问题的草率处理，其恶果虽然不会迅速在战争里显示出来。但是不幸今天国军所遇见的是一场硬碰硬的结结实实的仗，一个小村庄，一个小山头的争夺，都有成百成千的人遭受伤亡。敌人在徐蚌这一役中，孤注一掷地抛去了以往"避作主力战"的策略，国军对一个山冈或一个碉堡的攻击都会遇到顽强的抵抗，一个被暂时收容在花园饭店楼下过道上，从碾庄突围出来的四川籍弟兄说："老子廿九年出四川打国仗，上十年都没有碰过这样狠的火线，硬是几天几夜脑壳都抬不起。"

在"脑壳都抬不起"的战斗中，阻住了敌人的国军弟兄们自然大批地在伤亡着。战争最烈的碾庄地区，据突围出来的士兵们的一致报导："挂彩"的遍地，都是重伤的移不动，轻伤的自己得从百里以外地区爬到城里去。有难以数计的伤兵在走赴医院的路上患破伤风而死。

各线伤兵拥到，徐州大大小小的学校、旅馆、澡堂都临时变成了医院。一万一千多"挂彩的人"，使所有各院都达到了收容的饱和点，后来的人只有睡地板和走廊了。

因此，药物、医

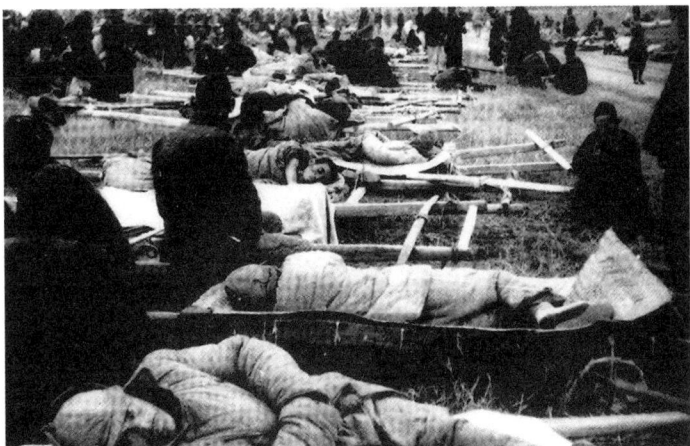

▲ 被遗弃的国民党军伤兵

官和看护都极度缺乏，很少伤者肉里面的弹片，被取了出来。在二〇一医院里，记者碰见在徐东南二陈集之役负伤的第一三九师四一七团第一营钱忠福营长，他说为了左腿的弹伤，只有自己花了一百六十多块钱在市上买了一针盘尼西林，钱营长是千百人里面幸福的一个，因为他自己还花得起这一百六十几块钱。

重伤的人在战地等死，重伤的人不亡于炮火，而死于破伤风。为什么没有人作急救，没有人抬担架，我们办理民众组训的人到哪里去了呵？后方的几条交通线上，西药已成了最时髦的单帮品，在前线，伤兵医院都没有盘尼西林、消炎片和红汞，难道这场仗只该轮到那些担任作战任务的官兵们去打吗？

"总体战"的口号已经叫得很久了，但是在前线，除了少数老弱和小孩之外，记者很少看见过别的穿便服的人。作战已经由那些穿草绿制服的人单独地干过了，而作战后的一切事情似乎也在等着官兵们来搅。

我们到过徐州东南好几个从敌人手里打下来的村落。屋宇已经没有了一座完整的，尸体散布在村前村后，林子也全部砍光，做成了一道道的障碍物，已经成熟了的棉花地无人收割。在一个叫做蒋楼的村子里，才发现有两三家人回来，在颓垣断壁中重新布置起"家"，因为慰劳团和记者团的光临，他们才意外地获得了几张金圆券的施舍。他们找不到保长和甲长，陪伴着他们的，只有盘旋在废墟上面的成群的老鸦了。

在战争里，村民献出了屋宇，献出了棉花田，献出了好吃的水果树和美丽的枫杉，村子收复了，却没有人帮助他们回到老家来。

敌人占领的庄子里，小孩会知道把守路口，而我们克复了的地方则连保长也不见踪迹。政府宁愿在城里花粮食和金钱来救济难民，而不知道去用这笔物资金钱去帮助老百姓还乡，重新参加生产，重新组织起来。

摘自《中央日报》1948年12月4日

第二节　转送伤员　热爱伤员

淮海战役中，数十万担架队员怀着对子弟兵的深厚感情，奋不顾身，火线抢救伤员，长途跋涉，转送伤员。他们不辞劳苦，日夜转送。腿脚肿胀，穿不上鞋，就穿着袜子前进，袜子磨破了，就赤脚转送；连续行军数百里，几昼夜不休不眠，从不叫苦叫累；即使有病在身，也不愿休息，忍病痛坚持。他们视伤员如亲人。为减轻伤员痛苦，他们想出了不同地形抬运不同伤势伤员的对应方法，制作了床式、棚式、靠背式、推抬两用式等多种担架；遇到敌机轰炸，他们总是先隐蔽伤员，来不及隐蔽，就扑在伤员身上，宁肯牺牲自己，也不愿伤员再次受伤；雨雪时，他们拿出自己的被褥、蓑衣、狗皮，甚至是脱下身上的衣服为伤员取暖避寒，遮风挡雨；他们还经常节省下菜金，给伤员买东西吃，用嘴给伤员吸痰，用自己的饭瓢、茶缸给难以行动的伤员接大小便。伤员转送到医院或在转运站停留时，解放区人民就会组织各种小组，为伤员服务，喂水喂饭，洗补衣物，热情接待，殷勤照料伤员。从前方到后方，从火线到医院，处处涌现着动人的军民鱼水情。

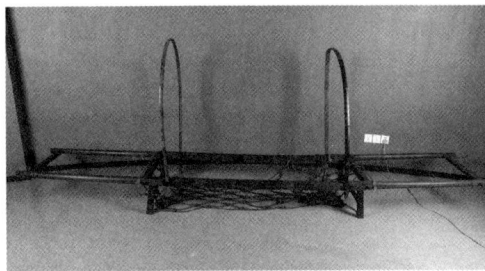

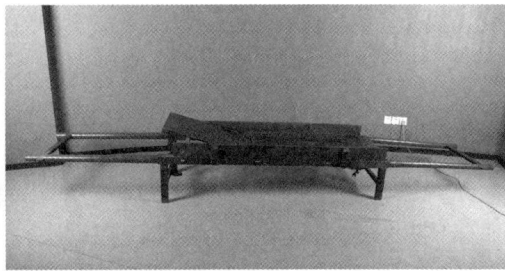

▲ 民工研制了各种担架——担架床、担架车、软担架、推抬两用式担架、靠背式担架、折叠式担架和升降式担架。图为棚式担架（左）和靠背式担架（右）

▶ 担架床
太康县郭传朗、郭治邦、王洪太、轩继俊4个人抬着这张床共抬送伤员57次57人，从南明集抬到杨柳集，共25里

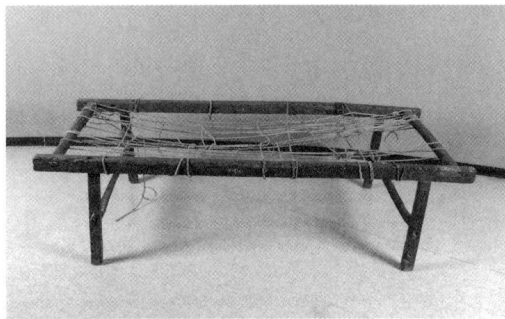

一、转送伤员

山东——为了使伤员尽快脱离火线，担架队的民工不辞劳苦，冒着敌机轰炸与风雪严寒，日夜奔走，长途跋涉，进行转运

淮海战役中，及时地把我军伤员抢救并转运下来，山东数十万民工担负着艰巨的任务。这些民工有不少是夏、秋两季从家里出来的，早已到了服务期限。济南战役胜利后，又随着华野大军来到淮海战场，这时天气转寒，不少民工家里还未捎来棉衣，但这并没有动摇他们支前到底的决心，民工们一致表示：淮海战役打不完，我们坚决不复员。胶东有3000多名随军常备民工服务期满后不回家。其中有个姓郭的民工在执行任务时被炸伤，痊愈后上级决定要他复员回家，他说什么也不肯，把他送出300多里路后，又赶回原部队。民工们在执行任务中，视伤员如亲人，出入枪林弹雨，冒着生命危险，及时地把伤员从火线上抢救下来。在围歼邱清泉、李弥兵团时，渤海第一专区担架团特等功臣李省三主动组织民工到火线抢救伤员，在接近敌人时，他们一面抢救伤员，一面向敌人射击，一夜就连续3次上火线进行抢救。当敌人的炮火封锁了道路时，李省三就趴在地上让其他民工将伤员架在他的背上，顺着地堰慢慢地往前爬行，终于冲出了敌人的火力网。胶东北海民工团有4个民工在一次转运伤员时，遇上敌机轰炸扫射，隐蔽来不及，队员们就扑到伤员身上，用自己的身体掩护伤员，并说："同志，打不死我就打不死你！"胶东招北担架6分队，在一次往前线送鞋时，遭到敌机轰炸，7名民工牺牲，担架被炸毁7副。民工们不但没有吓倒，反而激起了他们对敌人的无比仇恨。他们从地上爬起来，掩埋了战友的尸体，响亮地提出："要为死者报仇，减人不减担架，不彻底歼灭敌人不回家。"担架少了，他们就用自己节省下来的菜金买来木料，连夜赶制；前线买不到麻绳，就用自己的背包带扎担架；人员不足，就由原来的5人抬一副改为4人抬一副。就这样他们克服了重重困难，忍饥耐寒，出入炮火之中，共抢运伤员50次，计999名，其中从火线转运下来的就有483名。追歼徐州逃敌时，他们急行军400余里，紧随部队完成任务。被授予"轰不垮，拖不乱，担架越毁越多，从无逃亡"的"钢铁分队"，全队143人都立了功。

为了使伤员尽快脱离火线，担架队的民工不辞劳苦，冒着敌机轰炸与风雪严寒，日夜奔走，长途跋涉，进行转运。鲁中南沂东担架团在转运伤员时，往返 80 华里，有时一昼夜往返两趟，在 13 天内，每个担架队员平均跑路 1690 里，有的队员脚都累肿了，穿不上鞋子，便穿着袜子赶路。莒南县担架队员朱正章，右腿生了疮，腿肿得很粗，领导上让他休息，他不肯，拄着拐棍坚持抬担架，每夜往返 80 里，一连 3 夜不休不眠，被誉为"钢铁担架员"。莒南县担架一团，从 11 月 11 日至 28 日连续执行伤员转运任务，其中有 7 昼夜没有休息，又加天气寒冷，全团 1200 人没有穿上棉裤，半数民工缺少鞋穿，但是他们却精神振奋，忍饥耐寒，赤脚抬担架，按时完成了上级交给的任务。

摘自张劲夫《兵民是胜利之本——忆山东人民对淮海战役的支援》，见《淮海战役》第三册，中共党史资料出版社 1988 年，第 197—198 页

资料选编

中原——千百万担架民工在抢救和转运伤员中，发扬了高度的阶级友爱精神，冒着枪林弹雨、风雪严寒，日夜奔走，长途跋涉，进行转运

及时把成千上万的伤员从前线送到后方医院进行有效的治疗，使伤员很快恢复健康重返前线，是人民群众支前的重要任务。千百万担架民工在抢救和转运伤员中，发扬了高度的阶级友爱精神，冒着枪林弹雨、风雪严寒，日夜奔走，长途跋涉，进行转运。豫皖苏地区组织担架 10 多万副，每个分区保持有 1000—2000 副常备担架，全区有常备担架 1—2 万副。这些常备担架又称"一线担架"，组织严密，战斗力强，一般以县为单位组成常备担架团，由县的主要领导担任团长和政治委员。每副担架由 6 个人轮换着抬，3 副担架为一小队。同时，动员支前小车 1.8 万辆，汽车和马车 100 辆。第三专区亳龙岗区担架队，有 65 人随部队行动 45 天，一直在前线抢运伤员，有时还帮助部队运弹药、挖堑壕，成了战士们的得力助手。从商水县出发赴前线的豫西担架队，去时运去支前粮食，到战场后，他们不顾疲劳，卸下粮食就转运伤员，冒着枪林弹雨把伤员一个个抬下来，跑着送到医院抢救治疗。当时淮海战场大雪纷飞，民工们怕冻着伤员，脱下自己的棉袄盖在伤员身上，自己仅穿一件夹衣。有的伤员看到这种情景，感动地流下眼泪。

民工们却笑着说："你们在战场上流血牺牲都不怕，俺是向你们学习哩！"郑州专区支前民工看到伤员脚上的鞋破了，脱下自己的鞋让伤员穿，自己光着脚从前线返回郑州。位于宿县西部新设的宿西县担架队，两批达 2710 副，18 天内转运伤员两次，无一逃亡，两次来回 320 华里的路程，还不到 2 天 2 夜。几个担架员请假回去拿棉衣，恐怕延缓时间，增加伤员痛苦，就 4 个人抬两副担架前往赶运。在转运伤员中，民工们为了减轻伤员的痛苦，细心琢磨在各种地形上对各种不同伤员抬放的方法。他们创造制作的担架有：床式、棚式、靠背式、升降式、推拉两用式等，以适应不同的伤员。遇到敌机轰炸，他们用身体掩护伤员；他们自己花钱买柴草烧火，供伤员取暖，买营养品给伤员补养身体。在民工中流传着这样的歌谣："走得快，走得稳，走起路来不摔人；伤员受伤不能动，咱们耐心来伺奉；帮助伤员大小便，不嫌脏来不嫌烦；伤员喝水和吃饭，不怕辛苦要照管；以上事情做得全，头等功劳不费难。"

当伤员转到野战医院或停留在转运站时，解放区人民对伤员关怀备至，热情照顾。当地群众组成各种小组，为伤员服务，帮助医院医务人员给伤员喂水喂饭，洗血衣绑腿，打扫卫生，拆洗被褥，缝补鞋袜等。安徽省雪涡县妇女许秀英，动员自己的丈夫、儿子和村上的妇女，积极投入转运站工作。她带领几十位妇女，砸开冰河为伤员洗血衣，第 1 次就洗血衣 600 多件，做鞋 30 多双。第 2 次又洗了两小车和一挑子血衣。她废寝忘食，日夜操劳，连续 100 多天没有休息。伤员们尊敬地称她为"人民战士的母亲"。她的事迹刊载在 1949 年 1 月 2 日的《中原日报》上。涡县苏平楼、万楼两所小学，组织 40 多名同学到转运站护理伤员，在 1 个多月的护理中，有的同学疲劳过度，给伤员喂饭时睡着了。校长组织大家唱唱歌，提提神，又继续工作。各地还广泛开展了为伤员捐献和慰问活动。这些都充分体现了人民军队与广大人民群众之间的血肉联系，表现了军民之间的鱼水情谊。

摘自《中国人民解放军第二野战军后勤史》下册，金盾出版社 1997 年，第 149 页

冀鲁豫——勇敢的担架队员们，在战场和各条转运线上，冒着枪林弹雨舍命抢救伤员

淮海战役是大兵团围歼战，敌人火力疯狂猛烈，伤员较多，战场抢救是后勤保障的一个艰巨的任务，主要靠部队基层卫生人员和随军的担架、民工等共同完

成的。勇敢的担架队员们，在战场和各条转运线上，冒着枪林弹雨舍命抢救伤员。为争取时间尽快将伤员送到医院，他们顶风冒雪、废寝忘食，昼夜不停地抢救为人民战争的胜利而负伤的人民军队指战员。第 6 分区担架团的班长王兰彬，在卫家河战斗中带领两副担架，冲过敌人的机枪封锁线，连续抢救 9 名伤员。东明县一副担架，在转运伤员途中，遇到敌机尾随扫射，4 名担架队员护在伤员身上，其中一人受伤，却保证了伤员的安全。第 6、第 8 分区两个担架团 3300 余人，随军转战 3 个多月，行程 7000 余里，抢救转运伤员近万名，使伤员得到及时住院治疗，受到广大指战员的好评和上级机关的表扬。

摘自《中国人民解放军华北军区后勤史（上编：解放战争时期）》，金盾出版社 2002 年，第 264 页

赵锡奎发明担架车

最早的担架都是用门板抬，后来有人为了轻便，就用两根木杆安上两个撑子做成担架，但每副担架仍需 4 至 5 人抬。掖县某村指导员赵锡奎想，只有把担架改成担架车，把抬担架改成推担架，才能解决人力的问题。

他在普通担架的基础上，开始研制担架车。先将两边的担架杆前后各加长 2 尺，仿做成小车的推把，用 1.45 尺长、5 分粗的圆铁棍制成安车脚的车子，钻在担架

▲ 担架车

的中部，两边用 1.5 寸的方木棍撑着，前后再用铁丝拉着，这样经过三昼夜的钻研，试制成功。可使用时赵锡奎却发现了一个问题：两个人推着空车走起来的确很轻便，但推着伤员时，车子本身便向两边晃荡，很不稳定。

赵锡奎没有气馁，他试验了两天没成功，便找三叔赵崇玉帮助，发现原来是镶车脚的铁棍太细了。他们又一起做了个 1.2 寸粗的瓦垄式铁棍装在担架中部，两边去掉木头和铁丝，用 5 分的铁棍撑着，经过三昼夜试验，小车终于稳定了。可这样仍有缺点，不方便伤员下车，休息时仍须两个人抬着，人离不开担架车，赵锡奎在此基础上又开始研究怎样能将担架支起来，人能离开担架车休息。他先把车把加长的部分截下来，包上 6 寸长的铁箍，这样走的时候，将铁箍插在车把上，再在车把上钉上一个小铁钩，能挂车绊，走好道时推着走，遇到不好的道路时挂上车绊抬着走，休息时将车把拔下来，插在担架的四条腿上，就成了一张床。

经过八昼夜的苦心钻研，赵锡奎终于研制成能推能抬的担架车，每辆车能节省 2 至 3 个劳力，得到了区委的表扬。

根据淮海战役纪念馆征集的邳县支前资料整理

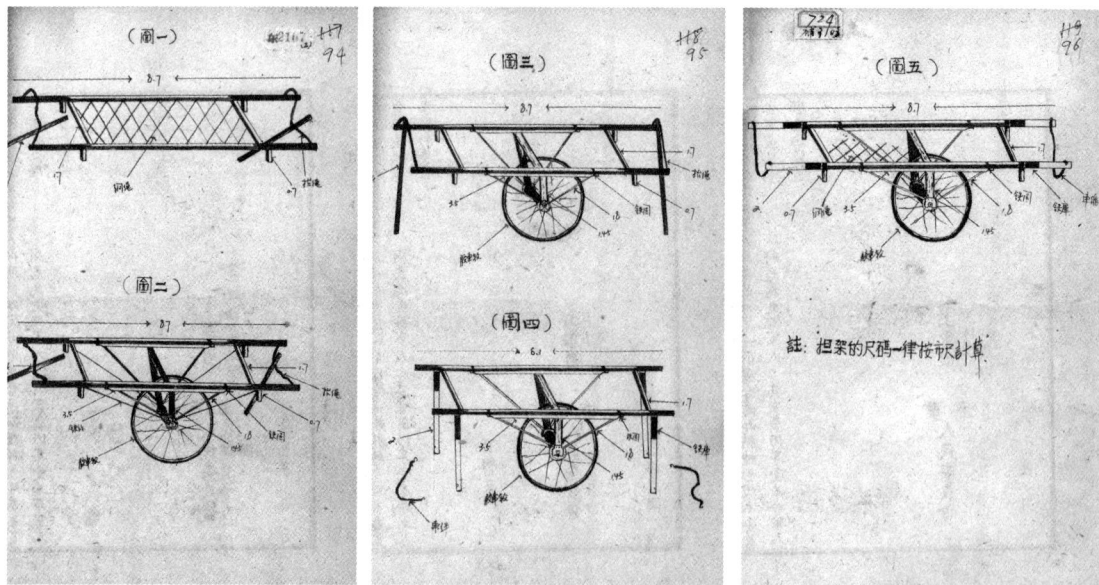

▲ 赵锡奎的担架车设计图纸

怎样抬担架?

一、装

怎样把伤员装上担架床?一先去问伤口在哪儿,征求伤员的意见,怎样抬他好。(一)抬打了小肚子的同志,把被子双着铺在伤员身边,两人四手,伸到他身子底下,打着紧紧扣,慢慢把他挪到被子上,四人抓住被角,绷紧放到床上,伤员还像睡在床上一样。(二)伤在头部要头朝后,要不,走起来张风太大,不好。(三)伤在软肋里,装上床,把伤员半侧半躺,伤口朝上,两边用被子悬上,不把伤口一张一合的。(四)肚子受伤,头垫高点,腿腕里也垫上,伤口不张的慌。(五)要是中部受伤,四个人的胳臂伸到他身子底下,讨着夹膀,腰眼,手勾着手轻轻的抬起来,伏伏的摆在床上。(六)抬一个伤了脊椎骨,仰不得,要爬着,有两个人把胳臂伸到他身上,手勾手,抬起来,再一个人掌着脑袋,一个人扶着脚,放到床上,把肚子底下垫上,骨头就不碰的疼了。(七)要是筋胳里挂花,切记要用手巾,或是套子,夹在胳肘窠里,走起来,胳臂就不磨伤口了。

二、走

怎么抬着走?要走小步,不把担架颠起来,走的时候,慢踏步,不空的慌。走对步,就稳,不对步,就晃。至于绳子的长短,要和两臂相等,两手恰巧能握到担架杆子,担架就稳当了。上坡,后边的往上牵劲,下坡,后边的往后牵劲;上坡,前边弯着腰点,后边的挺身子,担架就平了。因为头重脚轻里重外轻(四人抬)可让身体弱的,力气小的抬脚那头朝外边。走的时候,踏住脚步。拐弯、过岗、上坡下坡前边的要告诉后边人。

三、换

怎么换担架?换床的时候要守着担架,不让来来回回的人们碰着床。换的时候,两个人或四个人,先把伤员抬起来,把下面的担架一撤,赶快送上本站的担架,再伏伏的放下伤员,床换床,两床一并,要是轻伤员,一抬,一游就过去了;重伤的抓起来被子挪过去。

四、防空

怎么样防空?飞机来了别慌,放下不动,爬在床边,劝伤员:"不要紧!"飞机一过顶，抬起来就走。白天走拉开距离，不要连一起走。白天抬，顶先伪装好，飞机一来，抬到树荫凉或房荫凉里；最重要的是不慌不跑。

摘自江淮二分区支前司令部编印《支前手册》，1949 年 3 月 20 日

回忆节选

<h2 align="center">唱着号子抬伤员</h2>

▲ 转运伤员

在转运伤员中，民工们发扬了崇高的阶级友爱精神，视伤员如亲人，无微不至爱护伤员。为了减轻伤员的痛苦，许多民工在接受任务前练习轻步、快步抬担架的动作，反复做实地试验，想方设法减轻伤员的痛苦。同时，他们还琢磨出在各种不同地形上，对各种不同伤员抬放担架的方法，编成担架号子。在运转途中，遇到石头或坑洼时，前头的民工喊一声："路不平"，后面的民工随应一声："高抬脚喽！"遇到上崖下坡，前面的民工喊一声："上崖喽！"后面的民工也相应一声："上崖喽！"随着喊声，前面的民工将担架放低了，后面的民工将担架抬高了，前面的民工喊一声："下坡喽！"后面的民工也随应一声，随即后面的民工又将担架放低了，与前面架起的一端保持平衡。伤员们在担架上既不倒空头，又不滑趄，这种号子前抬传后抬，一抬传一抬，整个队伍使每一台担架都保持平衡，避免了颠簸，减少了伤员的痛苦。在转运过程中，他们还创造出适应各种不同伤员的担架，有床式、棚式、靠背式、升降式、推拉两用式等。在转运途中休息时，他们编小席、草帘子和草枕头，放在担架上给伤员用。有的上面还写着自己编的对联："小草帘，亮光光，祝伤员，早健康。我编草席你打仗，争取全国早解放。"来鼓励伤员与伤病作斗争，争取早日回到前线。他们还把自己的被子、狗皮给伤员垫在身下，脱下

身穿的棉衣盖在伤员身上，自己穿着单衣，顶风冒雪前进。鲁中南临朐县民工，由于将棉衣给伤员盖，有90多件衣服上都留下了伤员的血迹。渤海一专区担架团每次转送伤员时，每副担架伤员的身上总是盖着三四件大袄，民工们只穿一件单褂抬担架。

摘自张劲夫《兵民是胜利之本——忆山东人民对淮海战役的支援》，见《淮海战役》第三册，中共党史资料出版社1988年，第198—199页

资料选编

担架队歌（秧歌调）

青年壮丁力气大，支援前线抬担架，穿山过海不算苦，飞机大炮咱不怕，咱不怕，咱不怕，打败蒋贼安天下。

青年男子精神强，不顾自家闲和忙，积极参加担架队，任务不完不还乡，不还乡，不还乡，为国为民多荣光。

配合主力把敌杀，支前工作我参加，老婆孩子来扯腿，耐心教育说服他，说服他，说服他，没有国来哪有家。

叫声妻子请听言，我去支前你生产，有了困难靠政府，大事小事作模范，作模范，作模范，家里带头数着咱。

行军宿营听命令，上级计划有一定，服从领导和指挥，不准随便乱腾腾，乱腾腾，乱腾腾，不是正派和作风。

大队行军要跟好，不要自己乱胡跑，谁先谁后有次序，掉队落后快快找，快快找，快快找，失路迷途不得了。

飞机大炮没有准，唏哩呼隆吓唬人，只要大家沉着气，藉就地势往下蹲，往下蹲，往下蹲，千万不要乱纷纷。

军队前线把命拼，担架队来随后跟，有了伤员赶快抢，走起路来步要稳，步要稳，步要稳，伤员上面才安心。

对待伤员要和善，有了困难替他办，饥渴冷热常常问，无事就来把他伴，把他伴，把他伴，他的心里才舒坦。

咱们都是庄稼汉，抬起担架上前线，爱护人民的利益，群众纪律订的全，订

的全，订的全，大家遵守定要严。

一进房子大娘叫，未从说话哈哈笑，前来给你添麻烦，希望大娘别作恼，别作恼，别作恼，大家齐心把国保。

屋里打扫要干净，里里外外要整齐，房东一见心欢喜，连连称赞不住声，不住声，不住声，好的印象记心中。

借物送还要按时，使用家具要爱惜，勤借勤还不费难，损失赔偿是正理，是正理，是正理，房东关系才亲密。

群众有活帮助做，不在家来就上坡，挑水担土咱去干，耕搂锄打带收割，带收割，带收割，增加生产群众乐。

组织起来去支前，山南海北聚会全，不分彼此猛力干，万人一心结成团，结成团，结成团，打败蒋贼保田园。

没有任务也别闲，读报学习不散漫，识字解文长知识，在家出外不受骗，不受骗，不受骗，国家大事也能办。

工作完了要游戏，文化娱乐别轻视，说唱弹拉都有益，精神生活得调剂，得调剂，得调剂，恢复疲劳提情绪。

孬种家伙真不该，不该逃跑开小差，谁人没有家和命，就是你的心眼乖，心眼乖，心眼乖，跑回家去吃不开。

完成任务把家还，光荣旗来光荣匾，支援前线立大功，亲戚朋友都喜欢，都喜欢，都喜欢，子子孙孙美名传。

摘自菏泽县淮海战役战史组整理的支前资料，1960 年 6 月

▲ 大批伤员被送往后方　　▲ 将伤员抬下火线

▲ 火线上抢救伤员

▲ 冒飞机轰炸掩护伤员

▲ 涉冰河转运伤员

▲ 翻山越岭转运伤员

▲ 转运线上的妇女担架队

支前报道

艰苦完成任务的模范——沂东担架团

▲ 落在民工担架旁的炮弹碎片

鲁中南沂东担架团开到前方时，正是黄百韬即将消灭，邱、李兵团拼命增援的时候。因为那时担架赶到的还少，他们在阻击方面的转运工作便担负了特别繁重的任务。从 11 月 12 日到 25 日 13 天中，每晚最短路程是往返 80 里，当中还有两次是一晚上运两趟，往返 160 里，4 次上下担架，直到第二天中午才能回来，得不到休息，晚上又得接着出发。在这情况下，民工占半数腿脚都肿了，个别还有肿脸的，但 15 日一夜赶运了两次，16 日晚又有任务时，团里的干部，连翟政委、高团长在内，一律编成了干部担架，自己动手带领民工，这样又完成了任务。他们每个民工在 13 天当中，都走了往返双程不下 1000 里路，干部差不多每人也都参加抬了几天，仅据该团一营统计：全营 13 天中，转运总路程双程 772483 里，平均每人跑路 1090 里，全营有 53 个干部参加抬担架，双程 4209 里。

他们在艰苦的转运中，出现了很多模范事迹：一营四连排长孙振荣，13 天中参加抬运 12 次（按：排长规定不抬担架），往返 482 里，腿肿了叫他休息，他说："咱还能说累，咱要说累民工怎么办？"一连排长陈达是二等荣军，抬担架的不够时他就说："我也算一个。"他抬运路程 720 里，和普通民工相差不多。三连排长杨乐华参加抬送 13 次，担架路过水沟过不去，他怕耽误时间不叫别人脱鞋，自己脱了鞋，到水里找石头放上当桥，并站在水里叫民工扶着他走。一排二班长高振荣，接受任务时就发了疥毒，别人睡着休息，他只能仰在床上，还得使手撑着被子，但是他还是坚持抬担架，别人劝他不去，他说："咱不去谁去？咱是共产党员啊！不去怎么领导群众？"有一次抬到台儿庄，半路上实在不行了，排长替下他来，他已经不能走了，就在路上爬，别人说："你在这里等着吧，我们卸下担架回来抬你回去。"但他到底还是自己挣扎着回去了。三连二排五班郭奎三，是个军属，脚肿得穿不上鞋，他就光穿着袜子抬了一趟，回来袜子磨烂了，又光穿着鞋抬。在这些干部和积极分子的带头推动下，民工们都说："上级不用动员，俺能爬动俺就干。"二营四连李森班只有9个人，每次完成10个人的任务，一营四连九班全班8个人，也每次出两副担架，没少去一次，并且不发怨言。

他们在转运当中对爱护伤员非常注意：一营四连排长郭东余经常对民工说："咱虽然累得厉害，还是稀松的，你看咱抬的伤员同志，到院都得住两三个月，常言'伤筋动骨一百天'，咱要不好好抬，就对不起伤员。"五连班长朱立明是军属，他常对班里说："咱不干谁干？咱儿子也在部队里，抬着伤员还不和抬着自家人一样？"五连六班郭西广在班里说："俺哥参加部队，打兖州挂彩，我虽没看着，但几天看着这些同志就像看见他一样。"他向全班提出："伤员就和咱弟兄一样。"有一次出发碰上下雨，他们全班的被子衣服，都拿给伤员盖，到了八里屯，又叫伤员烤火，伤员都说："你们都湿透了，你们先烤吧，俺别说没湿透，湿着也不能先烤。"一营二连有一次在汴塘接受任务，因医院转移，和团部失掉联系两天，民工自己也吃不上饭，还想办法照顾伤员，有的买东西给伤员吃，有的伤员口部负伤，就找稀饭用竹筒给他灌，把伤员感动得叫了民工的指导员去，亲口嘱咐说："这些民工你回去千万别忘了给他们评功啊。"

在群众关系方面，他们做得也很好，一营在鲁庄子住时，帮群众苫房子，凿磨，搬庄稼，拾草，编席，出粪，说做哪样就做哪样，在这地方才住几天，1营3连6班邵世田，就给房东纺了14两线，四营二连七班因为房东太苦，全班凑了8000多元，给房东买粮食吃，下雪以后，他们又普遍帮助群众扫雪。由于他们艰苦模范完成任务，后勤医院特奖励给他们每个营一面大旗。

摘自华东支前总结委员会编印《人民的力量》，1949 年 11 月 20 日

快速小队

当解放军总攻碾庄黄百韬匪军司令部的那天晚上，胶东招（远）北担架大队的二中队五分队抬了 25 副担架，到野战军 × 师转运所去。第二天早上，因另有任务，其他小队都走了，只留下第一小队，单独担负从师到纵队的转运工作。

从张韩庄到良口要经过运河铁桥，铁桥已被敌机炸得不能通行，靠舢板摆渡，

▲ 胶东招北担架大队二中队五分队荣获的奖旗

而白天为了防空，舢板不能摆渡。一小队队员为了在天明前赶到渡口，所以加快了速度。他们两手扶稳担架杠，疾速划一地移动着脚步，好像一叶小艇驶行在静静的水面上，没有颠簸。

王吉云那个小组抬了一位负伤的解放军营长。他舒服的躺在担架上，听见脚步声好像在奔跑，他把头伸出被外，一阵凉风从他脸上掠过，他诧异得很，当了多年解放军，才第一次睡上这样快的担架，他便注意记下了出发的时间，到目的地他看了看手表，整整走了 40 分钟。他又问了问路程，而路程是 18 里路。他立刻写了一封信请担架队员交给师的卫生处，他向卫生处建议，应该称这个小队为"快速小队"，他把精确的时间记录也写上以作确切的证明。

从此，一小队便正式为"快速小队"了。他们得到野战军东海部队四二支队奖励的一面红色锦旗，上面描着四个鲜明的大字："快速小队"。

人们对于快速小队的时间记录暗地里是表示怀疑的：一个空身人一个钟头最多不过走十三四里路，而他们抬着伤员，还不使伤员有丝毫痛苦，却在 40 分钟内走了 18 里。

当从后王堂向戴士元转运的时候，四小队的小队长说："你们是快速小队，咱倒要看看是怎么个快法，咱一定跟上你。"

按照老方法，他们有秩序地抬起担架，整齐划一挪动脚步，耳边的风便呼呼地响起来了。快速小队转运这趟任务的时候，还额外增加了 1 副担架，而他们小队中却有 4 个病号——两个重一点和两个轻一点的，轻病员、小队长、炊事员都一个顶一个；每副担架 4 个人，他们共是 24 个，不折不扣，连一个替换休息的都没有。

四小队跟在快速小队的后面很起劲，跟了 3 里、5 里，眼看跟到靠 10 里的时候，再也跟不上了。这时候，快速小队却更加快速起来。汗液湿了衬衣，后来连棉衣也浸湿了。46 岁的战月元咬牙咬齿，狠劲的说："我奉陪你们年青的干，奉陪到底。"

快速小队转运两趟 90 多里，完成任务的时候，天刚拂晓，他们睡了一觉，晌午起身吃早晨饭时，还有个别的小队没回来。

因为速度快，所以常常任务要比别的小队繁重一些。从苏庄向后王堂转运的时候，来回 24 里，别的小队转运了两趟，他们却连运了 3 趟，还早一个多钟头回来。当淮海战役第一阶段结束，黄百韬兵团被完全消灭干净的时候，由 26 个担架队员组成的快速小队，共转运伤员 108 名，而一般小队平均转运的仅是 80 名到 90 名。快速小队成绩高出一般小队约 27% 强。因此便又得到野战军东海部队司政机关奖赠"快速小队"红旗一面。

记得在淮海战役开始时，在邳县城北太平庄附近，一里多宽的沂河阻挡在前面，战场便在距离南岸 5 里路远的地方，天空上又有敌人 8 架战斗机在来往飞旋，企图封锁河面。小队从行军的行列当中被调到前面来了，队员曹金殿凭着他支前 3 次的经验，领着一小队走在前面。他们拉开约 20 步的距离，等第一个人走下河床，第二个人才到河边去脱衣服，他们极有秩序而且镇静地开始了抢渡，飞机上的机关炮一梭一梭的向地面扫射，打出的电火光在空中疾驰闪射，在水面上飞溅起一排排水花。但人们在水深齐胸的河水中仍旧继续镇定地前进，而没有受到任何伤害。登岸以后，11 月的寒风吹在被淋着凉水的赤裸裸的身体上，可是连擦干的时间都没有，裹起衣服就跑。一小队的安全渡过，使得后面几个小队减少了很多顾虑。师后勤处的胡宝庆夸奖说："战士过河也不过这样。"

"快速小队"的特色还不仅是不怕艰苦，不怕疲劳，甚至在团结友爱和团结互助上，也能称为好榜样。有一次转运伤员到戴士元时，他们一鼓劲走了 25 里路，到目的地后刚想抽袋烟歇歇，但看见二小队卸伤员不大胆不熟练，就赶忙上去帮助他们。行军小山口歇宿时，他们先找好房子了，三小队赶到还没找上，他们便把好房子让给三小队，自己则挤在两间又矮又小的锅屋里。

许多人都问过快速小队的担架队员们："为什么你们能这样快速呢？"特等功臣小队长王吉辉这样回答他们说："我们首先是平日的生活快，集合快，吃饭睡觉简单，衣服、担架、被子随时随地准备好，要集合扛起就跑。再一个是抬卸伤员快，平日将管担架的，管铺被揭被的，管抬的，谁抬头谁抬脚等都固定好，大家都有了经验了。每抬伤员时，只要问一声：'同志，伤口在哪里？'问清楚了，就用各种不同方法来抬，又大胆，又爽快，从不迁磨，伤员也能减少受苦。再有，抬卸伤员都有秩序，从不抢先，从不推让，一组、二组……挨着来。还有是在路上转运时不休息，管他 20 里 30 里，一股劲到头，扣好到一处替伤员检查伤口的时间，才吸袋烟休息休息。"

摘自《大众日报》1949 年 3 月 2 日

坚如钢铁的胶东招北担架六分队

胶东招北担架队六分队在淮海战役中获得了"钢铁担架分队"的称号。他们是 1948 年 9 月 14 日出来的，11 月 10 日，在邳县前线转运伤员的第二天正午，给敌机发现了目标，即接连投下了 3 枚重磅炸弹，不久，又遭第二次轰炸。傍晚时，跑散的民工集中后，他们又随部队向运河边前进。11 月 13 日，碾庄外围打得很激烈。二更天光景，他们上火线来回抬了两趟伤员，前面有一部分伤员，还需抬一趟，但天已大亮，怕有敌机，后勤科孙科长不敢叫他们去抬，但民工们很坚决地说："不碍，要去这就去。"他们抬下了伤员，回来的路上又遇到 12 架敌机低空盘旋，担架队员迅速地用柳树枝伪装好，盖在伤员身上，依然继续赶路。当敌机俯冲或翻侧时，他们才迅速隐蔽下来。

秦楼战斗的炮火，比以前几次战斗都要猛烈，敌人的炮弹在营包扎所附近的地方爆炸，机枪弹不断飞过头顶，他们敏捷的把伤员抬下。前方战士牺牲奋战的情景，给了担架队员以极大的感动，胆子亦大了许多。

被敌机炸毁了 7 副担架后，在刘培典提议下，他们将节约的菜金北海币 67500 元买了树木，分队部和木匠日夜加工赶制，补足了原数。人数不够，原来 5 人一副的改为 4 人，轻伤的或伤愈的人都自动要求参加。接着，他们开始 400 余里的急行军，随部队追歼逃跑的杜聿明匪部。在永城东北的战场上，过分紧张的追击，分队里多了 8 个病员，炊事班长余通海提早烧好晚饭，便请求指导员允许他上火线；小队长王希贤、李克齐亦补上了缺额。他们先到李庄找营部包扎所，而李庄是在敌人的火力圈内，那里不仅

▲ 胶东招北担架队六分队荣获的奖旗

炮能轰到，甚至步枪也能射到，没有找到包扎所，连一个解放军战士也没有找到。黑夜中，对面的枪声很紧，他们等了一个多钟头，才等到师部派人来带领他们到营部包扎所进行转运任务。

由于这些光辉的功绩，东海部队四二支队特奖予写着"轰不垮，拖不乱，担架越毁越多，从无逃亡的钢铁分队"字样的一面锦旗。

从淮海战役开始到结束，钢铁担架队共运伤员 50 次，计 999 名，其中火线转运的就有 483 名。在大风、大雨、大雪、轰炸、炮击之下，除光荣牺牲 7 人外，143 人全部立了功，这里面有 2 个特等功，8 个一等功，40 个二等功，91 个三等功。

他们从前方凯旋归来时，高擎着野战军赠送的 3 面红旗，在后方庆功大会上又获得华东支前委员会赠送的"坚如钢铁"红旗一面。

摘自《大众日报》1949 年 3 月 5 日

资料选编

徐乃祯烈士忍痛转运，壮烈牺牲

徐乃祯，时年 56 岁，河南省商水县胡吉村人，牺牲时是河南省担架队队员。徐乃祯 16 岁给地主当长工，在 30 多年的雇工生活中，受尽苦难，家乡解放后，他热情地为革命事业辛勤劳动，淮海战役开始时，他积极响应党的号召，报名参加担架队，上级因他年纪太大，多次劝其回乡生产，他说："打敌人我也有一份，我保证完成任务。"担架队出发后，他担任第二线转运伤员任务，为了减少伤员的痛苦，他一贯快走稳抬，经常把自己的棉衣脱下给伤员盖，有时还用自己的磁缸给伤员接大小便，对伤员关怀无微不至，常受上级表扬和同志们的称赞。淮海战

▲ 徐乃祯烈士（1892—1949）

役战斗激烈，转运伤员任务极其繁重，他每夜转运伤员往返 120 余里，加之气候严寒，鞋袜穿破，致使双脚冻伤，领导曾再三动员他入院治疗，他仍拄着木棍，

忍着疼痛坚持转运伤员，直到伤势恶化，寸步难行时，才勉强入院治疗，终因肌体严重受损，医治无效不幸逝世。

编者整理

火线抢救伤员的一等功臣张竹峰

▲ 莒南民工张竹峰曾三次冲上火线抢救伤员，图为张竹峰穿过的鞋

张竹峰曾三次冲上火线抢救伤员，再转到后方。有一次深夜，从邳州转运伤员，途中遭到敌机轰炸，他守着一位伤员不离开，伤员说："张同志，你别管我啦，你赶快隐蔽好吧！"他怎么能忍心离开伤员呢？他说："不怕！我在这里看着你。"当敌机盘旋到担架上空时，他用自己的身体护着伤员，伤员再三要他离开，他却说："我拼上一死也不能再叫你受二次伤。"敌机扔下炸弹，在约 35 公尺的地方爆炸了，弹壳把他的棉袄炸了一个窟窿，他仍坚持守护着战士。战后，被授予"一等功臣"称号。

根据淮海战役纪念馆征集的莒南县支前资料（1960 年）整理

特等功臣杜永发

杜永发，山东掖县海村人，时年 33 岁，中共党员。1948 年农历 8 月 10 日他参加了担架队。

他总是冲在战斗前沿抢救伤员，在密集的炮火前毫不畏缩，炮火激烈伤员运不下来时，他就用自己的身体为伤员遮挡子弹、炮弹，宁愿牺牲自己，也不肯使伤员再次受伤，这样的事有 30 多次。一次他在抬伤员过桥时滑倒，双膝磕破，伤势很重，仍坚持完成任务。回来后领导让他休息，等伤好些再抬，他说："战士都轻伤不下火线，咱这点伤算个啥。"他对伤员十分关心，照顾伤员，无微不至。抬伤员时，重伤员大小便不能行动，他便用自己的喝水茶缸给伤员接屎接尿，不使伤员受半点委屈。抬起、行动和放下时，他保证"轻轻的抬起，行走快如飞，落步比棉轻，放下没有声"，使伤员感觉不到震动，减少颠沛的痛苦。他领到的生活费，舍不得花，省给伤员买烟、糖、火柴等，一个月中只为自己买了一斤盐。伤员见他没穿棉衣，赤着脚，便送他衣袜和鞋等，他坚决不要。伤员十分感动，对他说："我自己的爹娘在这里照顾的也不过这样。""你真是个好人，我一辈子忘不了你。"

抬伤员时，他总挑个子大或胖的抬。有人说："你怎么这样傻，抬小个的伤员省多少力气。"他说："我体格好，就应抬重的，把身体轻的伤员让给体格弱的人抬，这样才能共同完成任务。"抬短途担架时，他总跑到最前面，不分昼夜地抬，往返20里的路程，他一日运过十来次；抬长途担架时，75公里到100公里的路程，他抬的时间占到三分之二，每副担架都是三个人轮换抬，人家抬时他就勤换，他自己抬时，就让人少换。就这样他抬了一个半月，平均两天一趟。

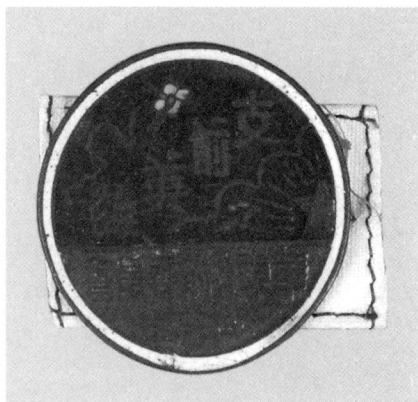
▲ 掖县特等支前功臣杜永发总是用自己的身体为伤员遮挡子弹、炮弹，宁愿牺牲自己，也不愿使伤员再次受伤，荣获华东支前委员会授予的奖章

担架队出发时是秋天，大家都没带棉衣，淮海战役时，已到冬天，由于交通不便，收不到棉衣，杜永发也从不叫苦。捡到国民党兵扔的衣服，他总是让给别的担架员穿，自己的鞋穿破了，袜子磨光了，他就赤脚抬送，脚磨破了仍坚持不懈，从不落后。

战后，杜永发被评为特等功臣。

根据淮海战役纪念馆征集的掖县支前资料整理

钢铁担架员朱正章

朱正章曾被授予钢铁担架队员的称号，他的事迹在民工队中广为流传。"朱正章光荣事迹全团知晓，钢铁担架员的旗帜到处飘"，这是山东莒南县担架团杨伯年连长夸奖朱正章的话。

济南战役时，朱正章就参加了莒南担架团，被选为二营三排副班长。他常想到自己是有5年多党龄的共产党员，是翻身的农民，又是副班长，事事应当带头。济南战役中，该团未担任过大任务，他同大家都很着急。淮海战役开始后，战役发展迅速，民工常常需要紧随部队转运伤员。朱正章的右腿正生疮，疮口有杏子般大，仍坚持与其他担架员一样，紧紧地随着部队追赶敌人。到新安镇南诸葛江时，第一夜转运医院伤员，第二、三两夜转运前线伤员，朱正章一手扶拐棍，一面抬担架，每夜往返40公里，一连三夜不休不眠。炊事员朱正宽要替他抬，怎样也夺不下担架来，指导员胡延琛劝说好一会，才接抬几里路，又被他抢回去。他对伤员的爱护无微不至，节约下钱给伤员买东西吃，600 元买了 2 两白糖，1200元买了两包香烟。转运途中，喂饭喂水，侍候伤员大小便，烧水点烟，都是常事。一次，伤员不愿吃他的白糖和烟，他就偷偷把糖化在水里，非要让伤员喝。他还用捡来的稻草织成草衣盖在伤员身上防空。伤员常被感动地说："我知道你是莒南县的。待我比亲兄弟还好，我好了多打胜仗多抓俘虏报答你。"

在担架团中，他平日挑水最多，带粮最重。全班做饭他总是事先量好，以免浪费。有时饭少些，他就慢慢吃，等大家吃完了，他才放量吃饱。在崇庄时上级指示要带熟给养，他自己半夜起来抱着磨棍推磨，做好了全班的饼。

天气冷了，大家带出来的都是被单，他就领导着全班推豆腐吃豆渣，节约菜金 1 万元，以解决棉被的困难。钱不够买棉花的，朱正章又借出 5000 元，并说："能省出菜金来就还我，省不出来回家再说，回家没有就罢了。"在他的推动下，班里6 人也借出 2500 元，300 元买了 6 斤棉花，缝成 3 条被子，另一民工没钱也没单被，朱正章就拿出自己的被服和他共用。

他经常帮助驻地群众干活，在胡家庄帮群众刨花生，在黄土崖一次为房东割了 3 亩豆子。

朱正章的名字人人说，个个传，评功会上得到运输总站批准为"钢铁担架员"的光荣称号。团部通报全团表扬，他回答团首长葛政委的慰问信说："共产党拉拔咱成人，解放军开辟莒南流了多少血，现在又在前方流血牺牲，咱家中得到翻身太平，现在应当报答。"

摘自《淮海大捷纪实》，中原新华书店 1949 年

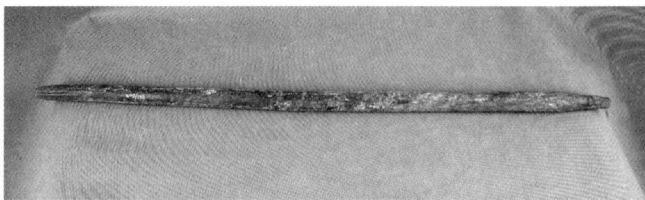

▲ 朱正章用过的拐棍

▶ 朱正章

女英雄李兰贞

李兰贞是淮阴县一个女担架员，33岁，先后4次上前方抬担架都立了功，这一次是她第四次参加支前，第二次立下特等功，被队友们称为"女英雄"。

1948年11月13日，李兰贞和村里的陈义敬、姜干等4个青年壮汉，像过去一样，抬着担架跟随解放军前进，行军200公里赶到前线。在前线服务32天，辗转350公里长途行军，李兰贞表现出了惊人的毅力，组里4个男队员有3个抬担架抬不过她，晚上行军20公里，陈义敬、姜干两人抬一头，她一个人独抬一头。别人问她为什么丈夫没来支前，她说："丈夫身体不如我，我去可以比他多出力。"一路上，她从未掉队。民工李一新想家，她就赶过去劝："你李一新当真不如你二嫂吗？不打倒蒋介石，咱们没太平日子过啊！""咱姓李的不要装矮子。"李一新被打通了思想，说："一定跟上你李二嫂。"本组姜干身上没衣服冻得发抖，她就拿出自己刚做好的一件新褂子借给他穿，姜干感激地说："不完成任务，对不起共产党，对不起李二嫂。"到了驻地，大家很疲劳躺下就睡着了，她却烧茶、弄饭、洗衣服、喂伤员，天刚亮就来扫地挑水、做饭。很多民工鞋子破了没人补，棉裤棉花没人套，她就不休息帮助大家补鞋子、套裤子。新渡区民工知道她爱帮助人，也来找她套棉裤。李兰贞抬伤员，走路时稳健，对伤员亲如兄弟，处处关心，伤员要吃饭，她怕男同志煮饭没味道，一次连煮了20多个伤员的饭，自己拿钱买油盐菜放在伤员的菜里，还给伤员买花生、香烟，伤员感动地说："这位嫂子太好了，就是妈妈也没有这样。"拿出本子写下了她的名字"李兰贞"。

李兰贞住到哪里，就帮群众洗锅盖，扎扫帚，抱小孩。一次住在大王庄，王家房子坏了没人弄，她动员了民工孙宝星、胡三等6人一起搬土和泥，一天就把房子修好，王家感激万分，说："我一百年忘不了你李二嫂的恩。"在赵埝庄上时，19个妇女来看她，她便唱"十里好风光"，"十劝郎"给她们听，扭秧歌舞给她们看，还讲老解放区的翻身情景和土改政策、工商业政策，新区群众听

▲ 女担架队员李兰贞在前线服务32天，辗转700里长途行军，以惊人的毅力坚持完成任务，被队友称为女英雄。这是她穿过的衣服

得入神，有的姑娘偷偷回家拿煎饼小菜给她吃，有户姓左的人家特地让出房子请她住，拉着她说："让客三千里。"

李兰贞不但是个模范担架员，而且又是个模范看护员和模范群众工作者，她名扬淮海与全担架队，在此次评功中，大家一致评她"特等功"。

摘自《江淮日报》1949 年 1 月 9 日

李全德为支前推迟婚期

李全德，莒南县蒋家窑村人，时年 25 岁。淮海战役前夕，父亲选择了 10 月 14 日这一天为他的结婚日，可想到淮海战役就要打响，紧张的支前工作就要到来，他不顾父亲的百般阻挠，自报奋勇参加了担架连。他说："支前是大家的任务，人人有责，结婚是个人的事情。"支前过程中，他曾跟随部队五六夜，夜宿野坡，从不叫苦。经常帮助群众干活，在宿迁驻防时，10 天里给房东挑了 30 多担水，扫天井、垫栏也是经常的事。有时敌情紧张，民工情绪不稳定，他就不厌其烦地安慰

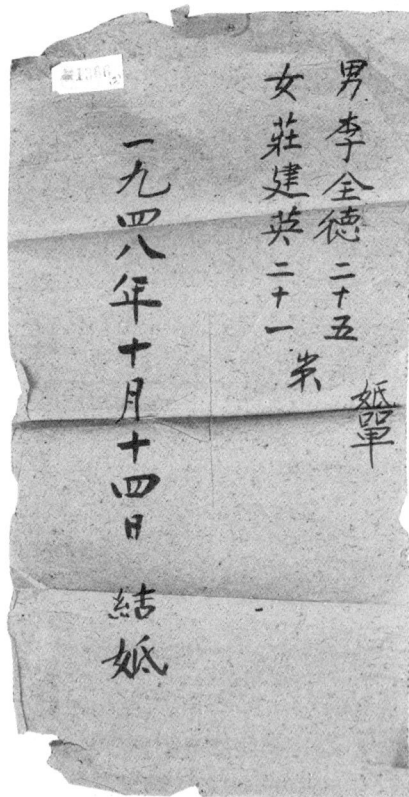

▲ 为了支前，民工李全德多次推迟婚期，图为李全德的婚单

▲ 李全德的全家照（后排右一为李全德）

教育民工，叫他们安心，坚决完成任务。在他的帮助教育下，全班 12 人立大功的 4 人、二等功的 4 人、三等功的 4 人。支前途中，他接连两次收到父亲叫他请假回家结婚的信，都没有动摇他完成支前任务的决心。在他的影响下，原本非要请假回家结婚的民工朱祥，也表示不完成任务不回家。

根据淮海战役纪念馆征集的莒南县支前资料整理

二、热爱伤员

担架队，

几夜不曾睡，

稳步轻行问伤病：

同志带花最高贵，

疼痛可减退？

——陈毅

我们民工同志，好好爱护伤员，

伤员为咱流血，咱为伤员流汗。

为国为民，流血流汗，

伤员为咱，咱为伤员。

——渤海担架队员李省三

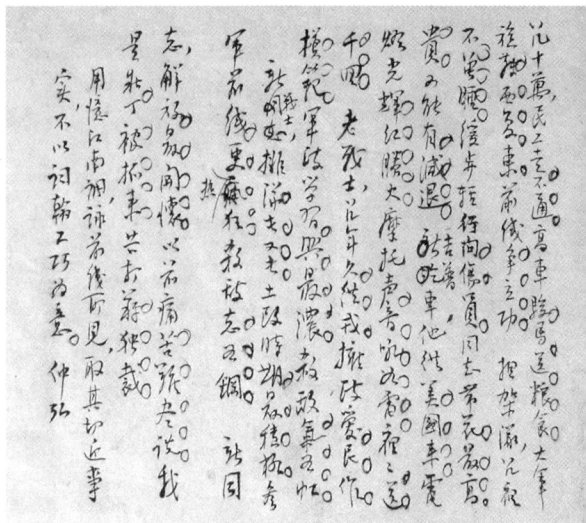

▲ 陈毅《记淮海前线见闻》

支前报道

殷勤照料和热情爱护为人民解放而流血的伤员

在医务人员中，曾出现许多为伤员服务的模范工作者，许多英勇的火线救伤者，许多自觉为伤员输血的人员；在民工担架队中，曾出现许多英勇的搬运伤员的民工，爱护伤员无微不至的民工，为了减少伤员颠簸的痛苦，他们甚至在各种地形上抬着担架前进都要经过详细研究；而医院附近及各处人民，对于伤员们的住宿照料，更加有许多动人的事迹。正是由于伤员、工作人员和人民这样亲密团结，才保证了伤员治疗的效率的提高，保证了伤员大批的迅速痊愈，大批的重上前线，

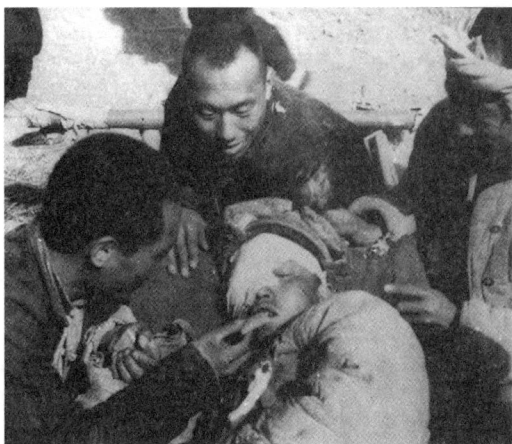

▲ 殷勤照料、热情爱护伤员

▲ 大众日报社论

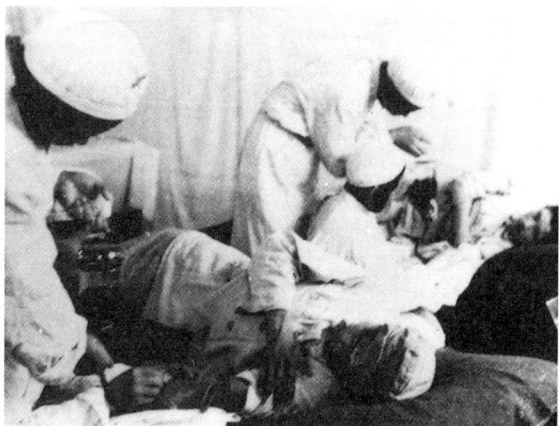

▲ 为伤员输血

▲ 妇女们组织起来为伤员洗血衣

▲ 母女三人为伤员拆洗血衣四十多件

▲ 来自南古山的青妇队做鸡蛋汤慰问伤员

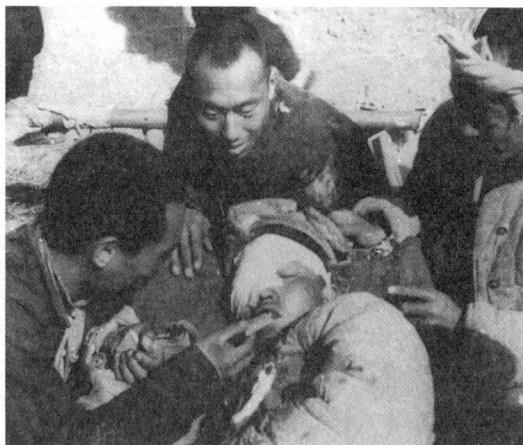
▲ 民工用自己的钱买饼干给伤员吃

▲ 马集群众给伤员送水送饭

▲ 文登县阮上村群众在担架队出征时献出的被褥，曾给 40 多位伤员盖过，上面沾有 20 多名伤员的血迹

保证了人民解放军的最少限度的消耗，保证了军队战斗力的巩固与人民战争的胜利！

摘自《大众日报》1948 年 12 月 14 日

书信选编

解放军战士刘文德伤愈归队后寄给王大爷的感谢信

王俊岐、俊岳大人身体健康：

近来几日你们的生产忙吧，好久未有通信，自离开你处很久，我在二月间通了一封信，不知你是否收见。关于我们现在各方都已痊愈了，希你们不要挂念。我们现在已胜利的渡过长江，将到了上海，现在长江以南解放地区很口不久将来要解放全中国。关于我们在你处住是对不起你们的，现在我们只有在革命当中为人民多服一点务，来对答你们吧。你老人家对人民的忠诚可靠未别可谈。希关于王俊秀在村进一步努力干。

　　见信回信。

　　祝胜利进步吧。

刘文德寄

1949 年 5 月 17 日

▶ 解放军战士刘文德伤愈归队后，为感谢萧县王大爷的悉心照料，寄给王大爷的感谢信

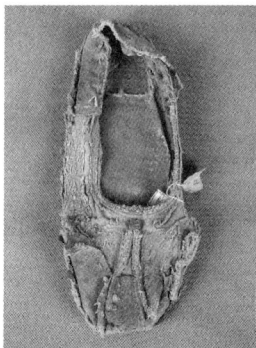

◀ 中野某部战士送给宿县担架员罗大爷的一双鞋，罗大爷穿着它完成支前任务，并将穿剩的一只，留做纪念

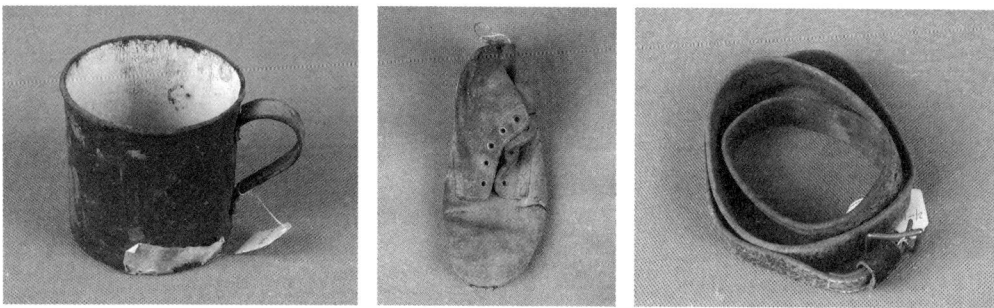

▲ 伤员送给民工的部分纪念品

支前报道

荣誉伤员六三大队杨锦："对我们照顾太周到了！"

11 月 20 日晚上，转运我们的是山东莒南县担架二团二营四连刘献中班，他们将我轻轻的抬上了床，被子盖得好好的抬到了集合场，担架将我放下，刘班长从腰内掏出一包糖对我说："同志吃糖吧？"我很奇怪，问他们哪里来的糖，刘班长笑嘻嘻的解释说："是我们同志节省下来的菜金、津贴费及从家里带来的几个钱，特为给前线同志准备的一点小意思。"我听了大受感动，不好意思吃他们的，我说："为人民服务流血是应该的，是我们的责任，等'来回'（下一次的意思）尽你们的好意吧？"但他们却硬给了我们，异口同声的连说："这也是我们的责任！"这时副班长邱万新同志又端来了一碗放有糖的茶，叫我们几个同志快点趁热喝，并以很关心的话对我们说："夜晚要走路的，免得渴。"

冷风不断刮来，夜很冷，刘班长等二同志脱下了棉袍子盖在老于同志身上，"同志，你冷吧，我把小棉袄给你盖。"但我知道刘班长他仅有一件小棉袄，在我坚决拒绝下，他几次的要从身上脱下来的行动才告制止。一路他们不时的掖紧我的被子，并安慰我说："同志，别冻着！"在休息时，不断传来："同志吸烟吧？我给你点火。"使我无限感动，我很久在脑子里快活舒畅的想着："人民为何爱护他们的儿子——我们。"到宿营时，他们问我："同志，喝茶吧"，我说："不用"。但不一会却端来一碗热气腾腾的茶给我，很久就想喝茶的我，很高兴的接过来，一看碗内有鸡蛋还有红糖，感动得我很久说不出话来……想了半天我只得说："同志，你们对我们太好了！"这时在我的四周也传来了"同志，吸烟吧""快点喝吧"的声音。

第二天，好几个轻伤同志来看我一齐说："抬我们的担架员同志太好了，每只床上都有烟，有糖，床抬得稳稳的，对我们照顾太周到了，看不出他们是担架员还是看护员了！"我对他们说："东西虽少，均是他们按时应得的菜金节省下来的，这种意思更深呀！"小鬼通讯员说："同志，给我们是活生生的教育，我们必须安心休养，重上前线。"大家都异口同声的说："对！"

摘自华东支前委员会编印《支前画报》1949 年 3 月 12 日

手是能洗的

如皋芦巷区民工丁邦芝，抬了一个伤员，带花在胸口，不能吐痰，丁邦芝同志就把手伸出来给伤员吐痰，伤员同志不好意思，不安的说："哪能吐在你手里呢？"他说："你我好比兄弟一样，手是可以洗的！"

摘自《新华日报》1948 年 11 月 30 日

洗屎裤子

伤员担到 × 圩子，天气很热，泰县刘光裕同志抬的伤员泻起肚子来，把大便都屙在裤子里，天晚宿营，下着大雨，大家都准备睡觉，他一人摸到河里去，把伤员同志的脏裤子洗干净，回来后又忙着烧茶给伤员吃。才睡了一觉，上级来了命令："把伤员抬到 ×× 河。"雨后地上又糊又深，路又狭又小，担架不好抬，他便把伤员驮了四五节田，送上了船。

摘自《新华日报》1948 年 11 月 30 日

书信选编

解放军某部 24 名伤员联名写给平邑县担架团的感谢信

你们不分昼夜的抬担架，真是辛苦了！仅向你们致亲切的慰问和敬意，你们二大队六连的同志对我们太好了，本月 8 日夜间天气很冷，半夜连长陈西顶和指导员周传善同志，怕我们害饿，把仅有的 1000 元拿出来买油条给我们吃，二排六班张治林也花了 1200 元。三排长纪富录同志亲自给我们烧水做饭。二排副马纪将同志，每到一地先给我们找房子，该排五班孙永佃同志都是背着我们上下担架床子，张德保、徐文贤两同志脚都有疮，孙富远是 17 岁的青年，他们都不辞劳苦坚持执行任务，冯云干、刘作柱同志端着饭喂我们。你们对我们这样的关心爱护，我们万分感激，我们是永远不会忘记的，我们回到前线后，一定勇敢作战，来报答你们！望你们继续努力。

摘自华东支前总结委员会《济南、淮海、渡江京沪三大战役支援工作总结》，1949年 11 月 30 日，第 102—103 页

九一团全体伤员写给安丘民工的感谢信

亲爱的担架团首长指挥员同志们！

想你们领导下的民工同志们对这次淮海战役的配合是起了多么大作用啊！每个同志都不怕疲劳，不辞辛苦，坚决的救护伤员，尤其昨夜一夜的行军，我们每个伤员同志，见你们那种大公忘私的精神，真使得我们太感动了。的确，昨夜你们对伤员的爱护太好啦！（一）到院每位都能慰问伤员，扶持上下担架。（二）在路上时刻不断的盖被和走起路来都是那样小心。（三）休息时注意起落，使轻重伤员没受到一点痛苦。因好处太多了，无法记出，谨向你们全体致衷心感谢！

九一团全体伤员

摘自华东支前委员会编印《支前画报》，1949 年 3 月 12 日

支前报道

一年来海启妇女模范事例多

海启妇女在过去一年多来的历次战斗中热情服侍伤员，出现很多的模范事例。去年惠和镇及启东区龙镇外围战役中，仅海东区就有 100 多个妇女上医院服侍伤员，692 个妇女做后勤，突击做好 1500 多只麻袋（部队做工事用）和 100 多套衣服，并慰劳鞋子裤子。中心乡在惠和镇战斗中，陈亚芳等 28 个妇女，到病房去服侍伤员，一连 4 天 4 夜没有休息，启东外围扫荡战中该地妇女更有组织的分工，有 54 人参加病房服侍伤员，200 多人替战士伤员洗衣服。50 多岁的蔡家妈妈，下雨天赤着小脚替伤员洗衣，还鼓励别人努力工作。近海村 20 多个妇女配合民兵放哨警戒，11 个妇女为抬伤员，一天没吃饭，也不叫苦。通过几次的战斗以后，妇女的

认识更加提高，6个乡1800多妇女建立了洗衣队，慰问队等组织。去年1月南阳村战斗前，锡范村200多个妇女一天内缝好4000只麻袋，耕南乡妇会主任倪秀兰半夜起来动员30多个妇女，到10多里路的地方去洗血衣。二渤区王圩村妇女还到部队里替战士补衣服补袜子。余里战斗中，富录、六甲、海中等区妇女有组织的轮流服侍伤员。海中通海村妇女徐亚英等9人整夜替伤员缝好5套衣服，五更天时又赶到包扎所看护伤员。在前年夏秋，海启进入全面反清剿时期，当时10多个负伤同志转移至务本乡的第二天清早，聚星、久隆等镇的蒋匪向该地骚扰，到处放火烧房子，浓烟满天，群众都在跑反。妇女黄锦兰、杨连秀等不慌不忙站在要道口，一面侦察情况，一面动员说服跑反青壮，将10多个伤员安然运出敌人的合击圈。民本乡冯家妈妈家里住了9个伤员，她亲热的天天从田里耕种回来，就替伤员洗衣煮饭，一次蒋匪在北埭上烧房子，当时伤员不及抬走，她一面安慰伤员，一面想法掩护，把部队用的蚊帐换了一顶土布帐子，约好要是敌人来，就说是她的儿子，在"扫荡"时被子弹打伤的。那伤员同志万分感激的说："你真是我的亲妈妈，我永远不会忘记你！"

摘自《新华日报》1949年2月15日

三样宝

出门支前三样宝，狗皮褥子蓑衣瓢；

狗皮褥子当被盖，又给伤员顶铺草；

蓑衣遮雨又遮粮，不让军粮受了潮；

小心饭瓢随身带，吃饭喝水少不了。

摘自华东支前委员会编印《支前画报》，1949年3月12日

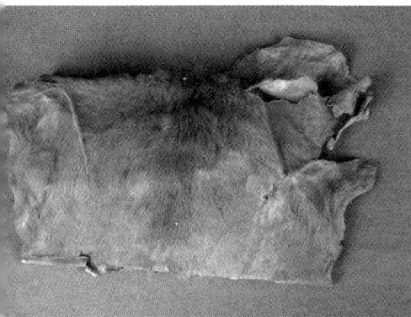

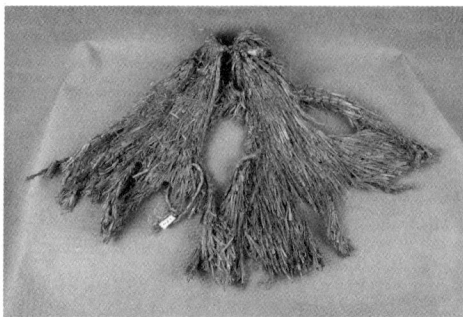

▲ 民工三件宝，狗皮、蓑衣、葫芦瓢

资料选编

特等功臣石连生

石连生是渤海一分区第一担架团二营六连三排八班班长，家住在乐陵城关区。他是个近视眼，在济南战役中，南下从泰安抬着伤员，第一夜里一脚深一脚浅地渡过 20 多条河，翻过十几层山，直走了 70 多里，第二天又抬着走了 130 里才把伤员交到医院。大家都疲劳到极点了，他的两条腿肿得通红，仍爱护伤员。自己背着水壶，又特意用 100 元钱买了一把小勺，歇下时不管是谁抬的伤员，他都去送水给他们喝，伤员不能抬起头来喝，他就用小勺喂给他喝。伤员大便后，他撕下自己棉袍上的棉花给他擦腚。有一次在新解放的一个村庄，老百姓不要我们的柴票，他为了使伤员不挨饿，又不耽误行军，用 500 元钱买了 7 斤柴草给伤员做饭，并用小勺喂给 3 个伤员吃，有一个伤员不愿吃面条，想吃黏粥，他不嫌麻烦又去做黏粥喂给他吃。

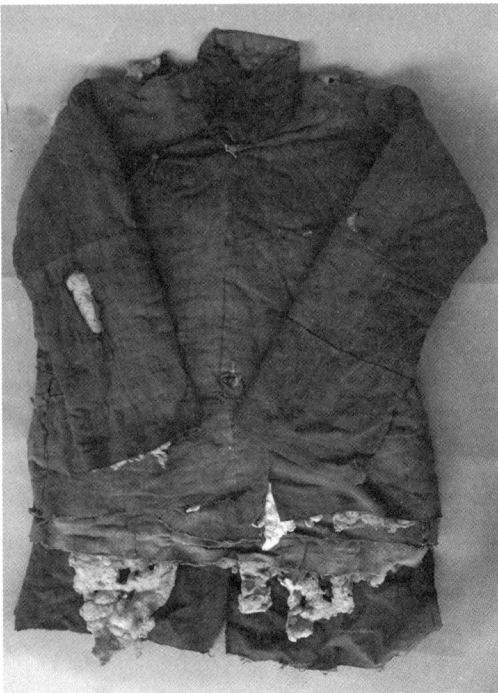

▲ 渤海一分区担架团特等功臣石连生（左）为挽救伤员生命，想尽办法给伤员排除大小便，将棉袍中的棉花撕下来给伤员擦血污，一件长棉袍被撕去半截，右图为剩下的半截

在淮海战役中跟三纵特务团去阻击五军，他们参加火线抢救 5 次，有一次他同 10 副担架到营包扎所去，相距里多路，没有交通沟，暴露了目标，被敌人的密集火力封锁了去路，他们 10 副担架都倒下不能走，约一个钟头以后，敌人的炮火仍是激烈地封锁着，他想：敌人火力无论怎样激烈，也得去抢救伤号。他就爬到和他同来的民工面前说："有上沟可以隐蔽，您没听见吗？子弹嗖嗖的很高打不着人，咱们向前去吧！火力密了咱就卧倒在沟里。"结果 10 副担架被他带上去了 3 副。到了营包扎所没有任务，夜里又回到团卫生处。

济南战役后南下时，他领导全班，写下保证书，盟誓不完成任务不回家，他又说："我许下个愿，咱们都完成了任务到我家去吃包子。"在淮海战役追歼邱李兵团时，有一天夜行军，我二十三团的大车轧响了一个手榴弹，伤了 4 个人，他立刻将一个伤员抢上担架抬着走。在配合中原部队歼灭黄维兵团时，有一天遇到好几架飞机在上空盘旋、扫射、轰炸，把班里张墨升、李依山吓慌了，他说："炸弹不能丢得那么准，不要紧，只要不乱跑就炸不着。"

在淮海战役评功时，他班李依山只评了个三等功，他怕他情绪不高，开了小差，他又将济南战役得的奖品，送给了李依山一双袜子来安慰他。因他对班里的关心教育及时，全班从在家出发到完成任务复员，经 7 个月的长期服务，无一逃亡，并且都立了功。他不但巩固了他本班，而且还帮助了领导上巩固了全连。在济南战役后南下时，他提出向七班挑战，对七班长耿依山说："你看看你那个班，敢向我们班挑战？"激将法激起了七班，七班说："您是百十斤，俺也是百十斤，为什么不敢向你们挑战，今后看！"后来他又向九班挑战。

摘自华东支前委员会政治部《支前快报》，1949 年 1 月 26 日

全心全意为伤员服务的担架员张墨贤

张墨贤，时年 25 岁，山东省乐陵县前张木梁村人，渤海一分区担架团副排长。

张墨贤随华野三纵参加了济南、淮海两大战役，服务 8 个月，行路万余里。

每次来了任务，他都抢先完成。在徐州附近的桃园集村，有一次战斗非常激烈，民工和伤员几百人在掩蔽室里，没有水喝，渴得要命，但谁也不敢到外边去担水，张墨贤想到伤员喝不到水，生命危险，同志们喝不上水，会影响战斗力。为了让伤员和民工喝上水，就冒着枪林弹雨去挑水，回来时被机枪打焦了头发。有一次在徐州西南，一个伸手不见五指的夜晚，张墨贤亲赴火线抢救，距敌之近，喘气

▲ 渤海一分区担架团特等功臣张墨贤（右）曾冒生命危险给伤员打水，这是他用过的水壶（左）

都能听到，但他毫不畏惧，迅速背下 3 名伤员。其中有一个伤员，见张墨贤这样勇敢，要求不到后方医院，就地医治，归队参战。在徐州西南宁子阵村，营里动员一个随军抢救队，张墨贤第一个报了名。在他带动下，郭春臣、张士贤、苏化祥、张恩泽等 17 名队员也报了名，张墨贤任队长。在第一道火线执行任务 20 余天，他们抢救伤员 20 多名，全队无一伤亡。所以一提张墨贤，队员们脑海里就会浮现出一个胆大心细、动作迅速的英雄形象。对同志和伤员，张墨贤亲如兄弟，背伤员上担架，抱着伤员大小便，用自己的棉衣、被褥、毯子给伤员盖上或铺上，是家常便饭。经张墨贤救送的伤员，没有一个渴着饿着的。他的水壶总是装满水，喝完了就四处打水，保证让伤员吃上喝上，张墨贤常说："伤员的痛苦就是自己的痛苦，人家为了人民而负了伤，我们若不好好的照顾，真对不起伤员，也就没有良心了。"

根据淮海战役纪念馆征集的乐陵县支前资料整理

悉心照料伤员的担架员姚如臣

姚如臣是费县马庄担架排排长，1948 年 11 月，他来到了前线。

在王庄的那天下午，担架营接到了经徐州车站转送伤员的任务。这天，西北

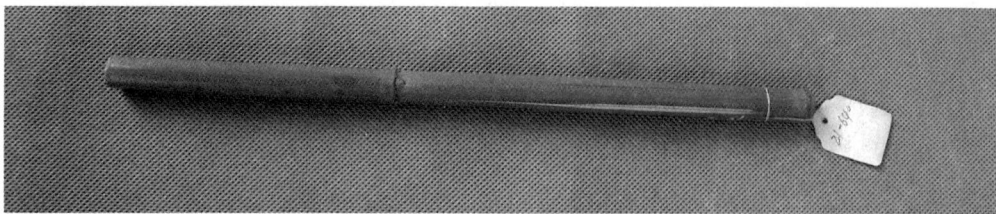

▲ 费县城担架员姚如臣将芦管改造成吸管，以方便伤员躺着喝水

风呼号，雨中加雪，泥水遍地。他把鞋子脱掉只穿着袜子，在泥雪中行军，从下午五点到夜里两点，顺利完成了任务。接着又要转送第二趟。雨雪交加，姚如臣怕冻坏伤员，就把自己的蓑衣脱下，给伤员盖上。有一次转送伤员，伤员王同志的胳膊伤势很重，用绷带捆着，不能吃饭喝水，姚如臣就端着饭碗喂伤员吃，后来他把芦苇割成管子，做成了吸管，一头搁在伤员嘴里，一头插在稀饭里，端在伤员嘴边喂饭，一夜连喂4次。路过胡家庄时，姚如臣正坐在距离担架不远的地方打瞌睡，听到细微的声音传来："姚大爷，我大便。"原来王同志想大便，因伤势严重，手不能扶地，腿不能动，正在担架上挣扎着想起来。姚如臣转眼看到自己的瓢子，心想就用瓢接大便吧！虽说是自己吃饭的东西，也不能叫伤员痛苦啊！想到这里，姚如臣慢慢地抬起伤员，一手掀着伤员的腰，一手端着瓢接屎，整整10分钟，累得姚如臣浑身是汗。伤员气喘吁吁地说："姚大爷，你休息一会吧！"话说了半截，就流下泪来，哽咽着说："你等我伤口好了，早赴前线多杀敌人报答与你老人家对我照顾的关怀。"姚如臣说："我的儿子也在外当兵，我照顾好伤员也等于照顾了自己的儿子。"

根据淮海战役纪念馆征集的费县支前资料整理

模范指导员王奎行

王奎行，费县马蹄河子村人，担架团五营二连指导员。一等功臣。

他率领全连50副担架、260多名民工来到了郯城，接受了转运伤员的任务。第一次行军时，敌机威胁，任务艰巨繁重，大部分民工缺衣少鞋，再加上天气寒冷，个别民工思想动摇了。王奎行根据民工思想，提出新的口号："要想不受二茬罪，不消灭干净敌人决不回家！"通过教育，提高了民工觉悟，民工提出口号"坚决为伤员服务，打垮蒋介石解放全中国"，全连民工信心百倍。白天，受到敌机威胁，不能行军，为了伤员和民工安全只有早行军和晚行军。第一次从岔河到汤头

▶ 费县担架团二连指导员王奎行曾带领 8 名民工三次冲上火线抢救了 16 名伤员，父亲病故也未能回家，坚持完成任务，他经常把自己的狗皮铺在担架上为伤员取暖，用双手和茶缸为伤员接大小便，图为伤员送给王奎行的饭盒

转运伤员 200 余名，只用了半天一夜的时间。当时天气寒冷，大雪纷纷，路难走，雪又深，但无一人叫苦。后来又从炮车连夜赶到汤头转运伤员，一夜行军 50 公里，王奎行提出"轻放、慢抬、走的快、抬的稳"的口号，鼓励大家克服困难，完成任务。炮车一战战斗激烈，伤员下不来火线，王奎行就带领 8 个民工，三次冲上火线，抢救伤员 16 人，又连夜转向后方。有一次过河时，遭遇敌机扫射，其他民工四处隐蔽，王奎行却想办法掩护伤员。当时有位重伤员急需大便，王奎行毫不犹豫地将自己的狗皮铺在担架上面，又用双手给伤员接屎，用自己喝水的缸子给伤员接尿，伤员感动地说："比自己的亲兄弟照顾还好，等伤好后，重返前线多消灭敌人来报答您的热心照顾。"还有一次在邳县桥头，一位排长负了重伤，大小便困难，王奎行用手为伤员接屎。伤员十分感动，临别时排长送给他一个饭盒，作为永久纪念。转运伤员途中，家中传来父亲病故的消息，领导叫他回家看看，王奎行却说："我是一个共产党员，我决心一定打垮敌人，打不垮敌人决不回家，我自己又是一个指挥员，应该带头，应把我悲痛的心情，变成我杀敌支前的决心。"

根据淮海战役纪念馆征集的费县支前资料整理

热爱伤员的蓬莱担架队

蓬莱县担架队第三连，从 1948 年 9 月上旬至 1949 年 4 月初，历时 7 个月，跨过陇海津浦，越过黄河运河，随华野九纵转战苏鲁豫皖四省。在全歼黄百韬兵团、追歼孙元良兵团、围困杜聿明集团时，冲锋陷阵，冒着枪林弹雨，火线抢运伤员，尤其是爱护伤员事迹突出，荣获"热爱伤员"锦旗一面。

碾庄战斗开始后，该队奉命接受了转运伤员的任务。战斗激烈，炮火震天，

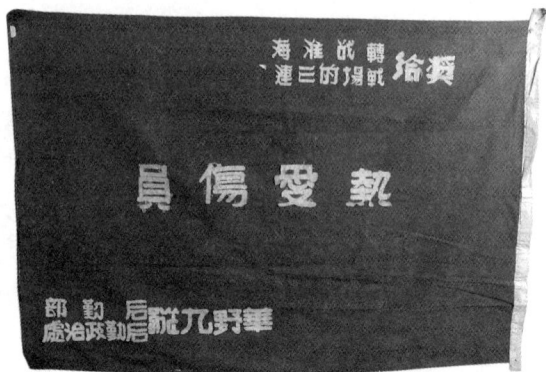

▶ 蓬莱县担架队随华野九纵转战 7 个月，曾强渡 18 道冰河，以一夜百里的急行军速度前进。他们经常用棉袄、烧热的砖给伤病员取暖，用吃饭的碗给伤员接大小便。飞机轰炸时，用麻袋、树枝甚至自己的身体保护伤员，荣获了"热爱伤员"奖旗

三连民工穿过封锁严密的火线，抢救伤员。孙德富、陶永纯两位民工在第一道火线抢救伤员时不幸负伤，民工张焕右连续两次冲上火线将他们背下，全连在往返 40 余华里的途中急速抢运伤员，胜利完成任务。寒冬腊月，北风刺骨，队员们不顾自己寒冷将棉衣脱下来，给伤员盖上，还四处寻找砖块，烧热后为伤员取暖。转运伤员途中，遇到敌机扫射，为不让敌机发现，队员们用麻袋、树枝给伤员伪装隐蔽，不管敌机怎样疯狂扫射轰炸，始终不离担架，给了伤员极大的安慰。有的伤员大小便困难，为减轻伤员的痛苦，队员们普遍地用自己吃饭的碗给伤员接大小便，该连二排许守福就是其中的典型。他荣获了一等功，并在火线光荣地加入中国共产党。后来，队员们又开动脑筋，想出了把向日葵的芯挖空给伤员接小便、用破布片给伤员接大便的办法，伤员感动地说："等我伤好了后，重上前线英勇杀敌，来报答你们对我的耐心照顾，你们真是些好同志，我们的革命工作一定能胜利。"

根据淮海战役纪念馆征集的蓬莱县支前资料整理

支前报道

人民战士的母亲——记一位热爱伤员的劳动妇女

凡是从前线下来经过雪涡（新设县，在安徽永城、涡阳之间）、丹城转运站的解放军伤员，没有一个不感激该区妇女会干事许秀英的。她 38 岁，家住在靠近转运站的一个村庄。伤员从前方转来时，她就提着茶壶在路旁边等候伤员，给伤员

喝水。她听到重伤员呻吟时，总是亲热地去安慰，使他们减少痛苦。伤员脱下血衣和脏衣服，她很快就收集起来去洗。

▲ 雪涡县妇女许秀英无微不至照顾伤员，清洗血衣，喂水喂饭，热情慰问，战士们称她为"人民战士的母亲"。图为许秀英给伤员喂饭用的小勺

她心里想，支援前线光靠一个人不行，要大家都动起来才好。她又想：要叫别人干，就得自己家里人先下手。于是她先劝丈夫参加转运站的工作，天一亮她丈夫就为转运站打水、烧茶、做饭，然后给伤员打扫房子，有信时送信，做得很起劲。她又把 14 岁的儿子送去照顾伤员。然后她就动员全村妇女，把全村的妇女都动员起来参加了转运站的工作。她分配的活她们都抢着去干，连五六十岁的老大娘也不落后。大家忙着为伤员洗血衣、做军鞋、推军面，一天忙到晚。洗血衣冻僵了她们的手，大家说："人家在前方拼命流血，咱受点凉有啥要紧。"许秀英做什么都以身作则走在前面，她在半天里面洗了血衣 20 多件。在她的推动下，头一回，十几个妇女 3 天洗血衣 600 多件，做袜子 30 多双：第二回，十几个妇女一天就洗血衣两小车和一挑子。由于她这样爱护伤员，伤员临走时都要向她告别。识字的人，把她的名字写在本子上，不识字的人也把她的名字念几遍，牢牢记在心里。

许秀英这样爱护解放军的伤员，是因为她靠共产党和解放军获得了翻身，认识了她的利益和解放军分不开的缘故。她以前是没有房子没有地的贫农，过了不少辛酸苦辣的日子。直到当地民主政府建立，实行减租减息时，她才参加了妇女会，向恶霸地主进行清算斗争。但是 1946 年秋天，解放军西调，国民党军队重来，对过去参加过群众团体的劳动人民，实行斩尽杀绝政策，杀了许多无辜人民。许秀英只得带领 6 个幼小的孩子逃难他乡，讨饭过日子。有一次过河，她的一个孩子竟被大水淹死了。该县重获解放后，1948 年 4 月她才回家，回家后，分得了十几亩地，自己又动手开了十几亩荒地，从此，她才开始建立起自己的家业。

许秀英对民主政府的工作，一贯是积极地参加，去秋该区进行参军运动时，她曾送 40 多岁的丈夫去参军，因为丈夫老了没验上，她又送 16 岁的儿子去参军，又因为儿子小了也没验上，许秀英急得没办法，终于劝她的一个亲戚参加了解放军。许秀英的丈夫是一个忠诚老实的生产能手，终日不声不响地做活，今年秋收时，他的一亩半地砍了 25 捆高粱穗子。现在许秀英的名字在丹城区的农民中没有一个不知道的。

摘自《中原日报》1949 年 1 月 2 日

许秀英

丹城区里许秀英，
翻身支前女英雄，
她家靠近转运站，
热心招待伤员扬了名，

许秀英好比一只雁，
身受过冰天雪地寒，
国民党暴政赛虎狼，
抓丁征粮又派款，
弄断脊梁饿断肠，
还不清鳖孙们的冤孽账，
破房子坟地都卖完，
领着孩子们去逃难，
许秀英饿得头发落，
孩子们饿得梆梆干，
三儿雨天去讨饭，
头一晕淹死在河里边，

解放军打走了国民党，
许秀英重又回家乡，
民主政府来帮助，
翻身运动火烧天，
分田地、搞生产，
许秀英领导群众干，
时间只有八个月，

一家人有了吃和穿，
许秀英热爱共产党，

徐州大战捷报传，
消灭敌人万万千，
男女老幼忙支前，

许秀英门前安下转运站，
牛车往前方送的麦子面，
胜利物资运回还，
好比娶儿媳办喜事，
许秀英忙得翻了天，

她劝丈夫放下庄稼活，
到站上打扫房子把信传，
十岁小儿听她劝，
也欢天喜地做了招待员，

自家带头起模范，
村中妇女好动员，
许秀英说上三句话，
磨面烧茶抢着干，
一天做袜子八十双，
三天洗衣服六百件，

半夜三更伤员到，
许秀英提着茶壶问一遍，
然后又忙着去喂饭，
把平日省下的油盐钱，
给伤员买来白馍和鸡蛋，

轻声安慰着伤员们：

"吃啥喝啥尽管说，

要把我看作姐妹般"，

伤员们感动的流下泪，

日记本上记下许秀英，

临别深深施一礼：

"大嫂呵，

伤好了我们还要上前方，

捉来个蒋介石你看看！"

摘自《开封日报》1949 年 1 月 11 日

资料选编

一切为了伤员

1948 年 11 月 12 日，围歼黄百韬兵团激战之中，我军某部战地医院由前方转移到了单县终兴庄杨菜园等 7 个村庄。没有地方住宿，缺乏生活用具。怎么办？工作组党支部研究决定，发动群众解决医院困难。医院随即召开群众大会进行动员，向群众讲述了当前国内外形势及战士们拼命流血奋勇杀敌是为了全国人民早日过上幸福生活的道理，大会指出："现在他们负了伤，住在我们这里，党号召大家要全力以赴支援医院，这是一个光荣的任务。"

听到号召后，会场立刻沸腾起来，当场就形成了报房子、献用具的热潮。只经过一昼夜的时间，就腾出来房子 1400 余间，捐献了各种用具，群众积极协助医院，妥善地安置了伤病员。

此后，男女老幼齐动手，家家户户齐上阵，自觉地投入到了为医院服务、为伤员服务的工作中。在党支部领导下，他们组织了慰问组、磨面队、运输队、妇女洗衣队、喂饭组，提出了"白天干，黑天干，不怕苦，不怕难，全心全意为伤员"的口号。

大雪纷飞，寒风刺骨。村公安员王福元带领 50 名运输队员到周围集市上买粮买菜运柴草。有一次，他带领运输队到 15 里外的高娄集买白菜，途中大雪纷飞，道路泥泞，别说推运这么多白菜，就是空着手行走也非常吃力。可是大家为保证伤员的蔬菜供应，没有表现出丝毫畏难，顶风冒雪把 4000 斤白菜按时送到了医院。就这样，一趟又一趟，接连 3 个月，共运粮、菜、柴达 45 万斤，保证了伤员吃粮和烧柴的供应。

村里有个 20 岁的姑娘朱启兰，一个 11 岁的小姑娘闫素真。医院住到本村后，她们就主动要求护理伤员。闫素真一天到晚忙着端茶送饭，时时不闲，不嫌疲倦。朱启兰一天到晚守护照顾伤员。有一位伤员伤势很重，不能坐起来吃饭，她就给伤员喂饭，伤员一次吃不多，就改为一天喂 4 次饭。喂饭时，她总是耐心地劝伤员多吃一些，3 个月来天天如此，顿顿如此。有的伤员由于伤口疼痛，经常蹬被子，她就不厌其烦地给伤员盖上。她还经常给伤员端屎接尿，上药换衣，有时弄得自己身上到处是血也不嫌脏。她经常劝慰伤员说："同志多吃点东西，安心的养伤，伤好了好再去打敌人。"在朱启兰、闫素真她们耐心精心的护理照顾下，先后有 5 名伤员，恢复了健康，重返前线。

霍英大娘是村里的妇女会长。在医院驻进本村后，她昼夜不息，奔忙不停，带领大家积极为医院服务。有一次她带领 30 名妇女拿着鸡蛋、红糖、江米、油条、麻花等礼物到医院去慰问，她亲切地安慰伤员："孩子们多吃点东西，安心休养，伤很快就会好的，你们需要什么，只要说出来，一定给你们办到。"有的

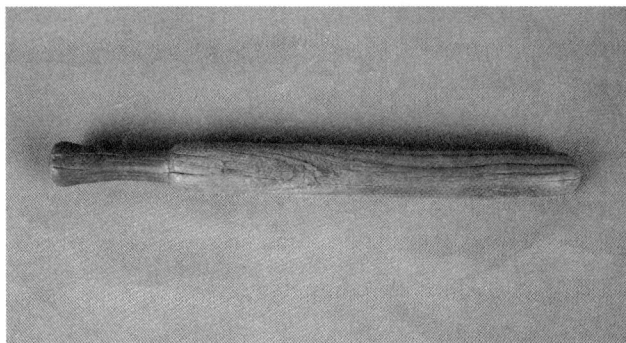

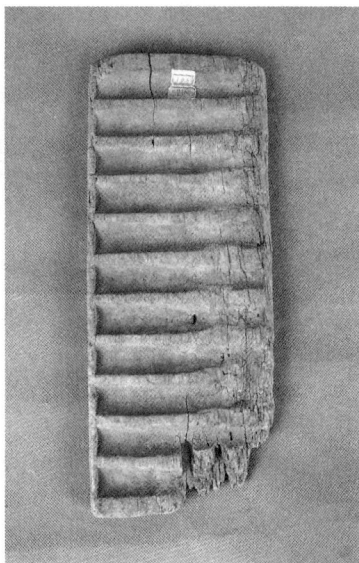

▲ 霍英大娘掀起了"捐献一把粮"活动，曾一下午收集豆子 50 公斤，鸡蛋 60 个，做成豆汁喂伤员，群众称她"伤员的老妈妈"。图为霍英大娘给伤员洗衣服用过的棒槌和搓板

▲ 闫素真，时年 11 岁，她经常用这个瓦罐（右）给伤员送水送饭

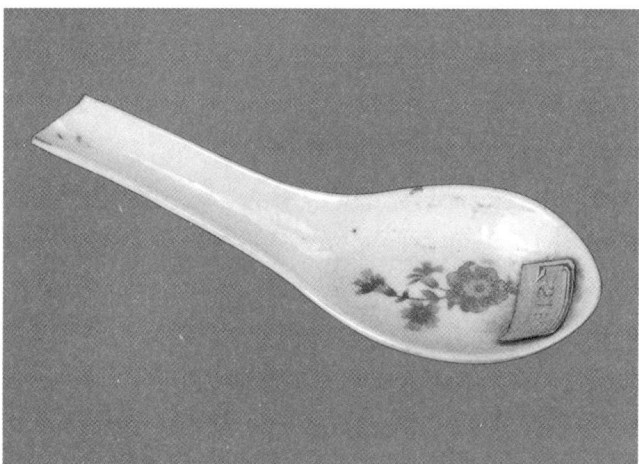

▲ 朱启兰，时年 20 岁，她不分昼夜守护伤员，照料伤员，经常用小汤匙给伤员喂水和喂饭

伤员感动得叫她"霍妈妈"，并说："我们永远忘不了霍妈妈，一定听你老人家的话……"她还带领大家围在井台或冰洞旁给伤员洗血衣。大雪纷飞，河水结冰，她不顾天冷水凉带头砸开冰，第一个把手伸入冷水中。有一次正在洗血衣，一位首长走来，看见霍英大娘的手冻得发紫，便劝她回去暖和一下，她对首长说："战士们为我们受了伤，我们受点冻算什么。"为使伤员吃上有营养的东西，早日恢复健康，霍英大娘还在群众中掀起"捐献一把粮运动"。她挨门挨户深入各家做动员。一个下午时间，就收到群众捐出的豆子 100 余斤，鸡蛋 60 个。霍英大娘做成豆汁和豆腐给伤员吃。因为她对伤员特别关心，群众都称呼她为"伤

员的老妈妈"。

　　住在时集的20多名重伤员中有十余名治疗无效，牺牲在了医院，为了安葬烈士，医院派人到处买棺材，可是差三四副，怎么也买不到。村农会长张钦堂召开了群众大会，在会上讲述了给烈士买棺木的困难，号召群众支援。话还没说完，张大娘就把自己留下送终的"喜板"捐出来，并叫她的儿子张德进把"喜板"送到了医院。当医院派人给她送钱时，她坚决不收。部队领导去访问她，她说："我家得到好日子过不能忘了恩人。过去我家3口人只有3亩地，整年吃不饱穿不暖，还受地主的气，现在共产党和毛主席来啦，打走了罪恶滔天的敌人，斗倒了地主，我分了房子又分了5亩好地，全家的生活一天天好起来，那种吃糠咽菜的日子一去再不复返了。这是党的领导，是战士们的鲜血换来的。这套'喜板'叫烈士占了，是很应该的，我不能要钱。"

根据淮海战役纪念馆征集的单县支前资料整理

第十二章　人民的慰问

　　解放区各级党组织、人民政府无限关怀子弟兵，纷纷组织慰问团，热情慰问解放军指战员和参战民兵民工。慰问信雪片似的飞到前线，送到前方的慰劳品堆积如山。据不完全统计，仅华东人民慰问团的慰问袋就多达1531件，慰问信达10万封。人民的慰问和期望，极大地鼓舞了前线指战员的战斗意志和将革命进行到底的必胜信念。

华东局成立慰问参观委员会及淮海前线慰问团

伟大的淮海战役，已全部获得胜利而结束，为慰问前方将士和通过春节贺年，预祝他们南渡长江收复京沪获得更伟大胜利，特发起有组织的慰问慰劳前线部队，并作如下规定：

一、成立华东慰问参观委员会。以郭子化、袁仲贤、李林、胡立教、宋裕和、王子光、孟东波、沈兰之、贺致平等九同志为委员。郭子化同志为主任委员，袁仲贤同志为副主任委员，王子光、孟东波同志分任正副秘书长，统一筹备全部慰问慰劳工作。在委员会下设秘书、文娱及总务三股，进行日常工作，以李凯亭同志为秘书股长，陆万美同志为文娱股长，沈兰之、侯林冀同志为正副总务股长。办公地点暂设华东军区政治部。

二、准备成立淮海前线慰问团，由华东局、军区司令部、军区政治部、省府、财办、工会、农委、妇委、青委、后勤司令部、华大等单位，各派代表二人参加。

三、各直属党的组织，在党内外进行淮海战役获得全部胜利和在这基础上争取全国胜利的教育，发动以机关和个人名义向前方写慰问信（个人的慰问信最好以自己认识的指战员、报纸上看到的战斗英雄模范或模范连、营、团为具体对象）。并收集各机关单位已经捐献慰劳品，其未捐献的单位不再号召捐献，于本月20日前汇交华东慰问参观委员会。

摘自华东局《关于慰问参观前方部队的通知》，1949年1月15日

▲ 华东人民慰问团奔赴淮海前线前的合影

▲ 华东人民慰问团代表与华野八纵"飞虎班"勇士的合影

支前报道

华东慰问团抵达淮海前线举行隆重慰问大会

华东后方党政军民各机关团体前线慰问团，由总团长郭子化带领，日前到达华东野战军司令部、政治部驻地，并开始进行慰问。该团是由鲁中南、胶东、渤海、济南、徐州、潍坊、昌潍、济宁及华中等9个分团组成，内文工团、平剧团十余个，共千余人，慰劳品据不完全统计：锦旗166面；现款85000万元；慰问信10万封；日用品22000件；被服452件；药品29种，229件；文具9种，4000件；食品26种，1200斤又770件；鸡鸭猪羊海味蔬菜33种,25400斤又2900件；慰问袋1531件（各地现仍纷纷来电报告捐献慰劳物品）。

1月31日，在华野指挥部驻地，隆重的举行慰问大会，华野军政首长、慰问团均全体参加，大会在愉快、兴奋、紧张、活泼的气氛中进行，锦旗遮满了会场的幕布，在雷鸣般的掌声、口号声和悠扬雄壮的军乐中，举行赠旗仪式：郭团长代表华东后方党政军民献旗，粟裕副司令员代表华野接受。红绸锦旗上显目地衬出"将革命进行到底"7个黄色大字，全场掌声雷动。华东野战军代表席中口号响起："感谢华东党政军民对前线的伟大支援！"郭团长代表华东局讲话：首先说明慰问团是代表华东后方全体人民的，接着介绍华东后方人民受淮海战役伟大胜利的欢欣鼓舞，及对前线将士英勇奋斗的钦佩与感谢的热烈情绪；又介绍后方生产情绪的高涨，及紧张支前情况，引证在中途和复员民工的谈话，都表示"回家过年，休息休息，收拾收拾，还要随军渡江"，所有后方的人民和自华东局以下的机关团体，从思想到行动，一致做打过长江去的准备，要求将人民这些表现传播到连队去，同时要将前线指战员的英勇奋战创造的奇迹，和新的作风都带到后方去，好好学习，共同进步。郭子化说："在野战军全体同志配合兄弟部队打过长江去时，华东后方同志与广大人民将决心如支援淮海战役一样的努力支援你们解放全中国。"继由华东军区代表王子光向华野全体指战员致敬，并要求对后方提出意见，以便后方更好的提高支前工作，密切配合前方，更有利于及早渡江南下。山东省政府代表马保三副参议长讲话时，首先表示对淮海大捷的祝贺，继指出淮海战役的伟大胜利，打下了全歼国民党军的有力基础，这一胜利应受到人民的感谢，由于连续胜利鼓舞，后方稳定，人民生产情绪高涨，都自觉自愿地支前，特别是踊跃参军，并郑重的提出保证加强今后的拥优工作。马副议长最后表示欢送部队渡江南下，解放全中国。参加全国劳大的工人代表孙纲，以肯定干脆的语气提出保证：要加紧工业特别是军事工业生产，要增加产量，提高质量，满足部队需要，加强建设，恢复交通，解放军打到哪里，铁路修到哪里。山东省农会代表管戈讲话时说：由于战争的胜利，使农民生活改善，今年过年都吃上肉，都吃上饺子，这都是部队的奋战给与人民的幸福，应受到人民衷心感谢，并保证今后更加紧农业生产，供给部队食用不缺。

最后，华野副司令员粟裕将军，在热烈的掌声、欢呼的口号声中起立讲话：对华东后方人民的爱戴与慰问，表示兴奋和感谢，他着重指出淮海战役的胜利除了毛主席的领导英明，朱总司令的指挥卓越，和华东局的正确领导外，便应归功于华东后方人民和各机关团体，因为后方用大批人力代替了近代化的交通运输，适应了战争需要，虽在敌人重点进攻之后，遭受残酷摧残与损失，仍能坚决的节衣缩食积极支前，才取得胜利，这应记大功。后方无论过去、现在都支付了很大代价，将来也还要支付很大的代价。粟裕将军郑重严肃的表示：今后前方只有更积极加倍努力，迅速消灭任何敢于顽抗到底、不愿按照毛主席八项条件实行真正的民主和平的国民党反动派，来答谢后方人民。并代表华野向华东后方党政军民各机关团体的慰勉，除表示崇高谢意外，并要求慰问团不要光鼓励，还要多批评，因为华野是人民自己的部队，是自己的子弟兵。粟副司令员结语时，勉励全军以后要更好地完成任务，爱护人民利益，遵守政策、纪律，目前应努力准备向江南大进军，以回答广大人民和后方同志的热望和爱护。讲话完毕，由华东军政直属文工团、胶东胜利剧团、华野文工团演出节目助兴。

摘自《大众日报》1949 年 2 月 8 日

支前总结

华东慰问团第一分团工作总结

第一，组织机构之产生及大变化

在接到华东局关于组织华东前线慰问团工作的通知后，昌潍地委即根据这一指示精神进行讨论筹备工作，并规定秦崑同志具体执行，经过一周的积极准备，于 1 月 25 日正式成立华东前线慰问团昌潍分团，同时指定秦崑、吴中智二同志分任正副团长，当天即出发赴济南，与其他各地分团会合，昌潍分团的成员计包括：

正式代表 16 人，事务勤杂人员 11 人，合计 27 人。

在 16 个代表中包括：地委 1 人，昌潍司令部 1 人，专员 1 人，昌乐、安丘、潍县、寿光、益都、益临每县 1 人，城关区公所 1 人，昌乐中学 2 人（内学生代表 1 人），工商干部学校 3 人（内学生代表 1 人）。

在事务勤杂人员中包括：会计 1 人，上士 1 人，炊事员 2 人，其他则为警卫、通讯人员。

为了进行工作的便利，在组织领导上我们采取了下列办法：

行政上划分了 3 个组：组设正副组长，直接受正副团长的领导，16 个代表分编 2 组，另一个由勤杂人员组成。

在党内建立了支部，以行政小组作基础，划分 3 组，党的小组，支委由秦崑、吴中智、郑明石、陈阅千、张忠良共 5 人组成，并以秦崑为支书，统一领导党政工作。在开始出发时，参加慰问团工作的同志抱有到外边欢逛看景的思想，是一种不十分重视的态度，及到济南看到总团发出的对部队讲话要点，又经过座谈讨论则逐渐消除了这种思想。

后来又根据工作的发展，实际的需要，增设秘书 1 人，协助正副团长处理日常的行政事务等工作。

从昌潍出发时计携带慰问物品，统计如下：

大小锦旗	14 面
慰问金	101305600 元
慰问信	718 封
牙刷	317 把
毛巾	56 条
手套	1 副
袜子	3 双
短裤	1 条

昌潍分团到了徐州与总团汇合后，为便于工作，由总团决定将各地区之分团一律按一、二、三、四等给序编列，昌潍分团为第七分团，并带有鲁中南文工团、

胶东国防剧团、济宁青年服务团共 3 个剧团，受领任务赴第三野战军七兵团进行慰问工作。

第二，慰问的收效与检讨

除了在徐州市由总团负责向华野总部进行一次较隆重的慰问，对徐州附设的伤兵医院进行慰问外，我们第一分团到了七兵团，根据当时部队缩短整训时间，积极准备南下之具体情形，我们在工作方法上采取了分头并进行自上而下逐渐深入，即是将第一分团又折为二支，一支由鲁中南慰问团带鲁中南文工团组成一个分团赴 22A，我们（昌潍）与济宁分团带国防剧团组成一个分团赴 23A 慰问，原计划在每个军作 10 次较大的慰问，组织 10 次晚会，约需 10 天时间，后因部队任务紧迫，我们临时变更原来计划，采取代表会议的办法进行慰问，即是由每个连队（机关伙食单位）选举代表 2 人到军部集中进行，如此既节省时间又为普遍（指单位），但其缺点则不能普及到每个人，县各代表回去传达大会精神时容易与原意有出入，除了召开各师、团、营、连代表大会进行具体慰问外（在部队则称欢迎大会），又以团为单位，集中各营连代表举行座谈会，根据经验这一座谈会的形式与收效都是较好的。

从 1 月 30 日与总团汇合进入工作到 2 月 20 日工作结束，计 20 天时间，在这期间除必要的不可缺少的行军工作耽误的时间 ×× 天外，共进行工作 13 天，组织晚会 7 次，座谈会 1 次，详细列表如下：

晚会时间	单位对象及人数	演出节目	演出者	注
2 月 3 日	卫生部直属伤兵医院约 1000 人	解放	潍坊剧团	有民工 200 人
2 月 10 日	七兵团兵团部约 5000 人	解放	鲁中南文工团	
2 月 12 日	七兵团后勤部约 3000 人	解放	鲁中南文工团	有群众约 1000 人
2 月 13 日	七兵团后勤部约 5000 人	三世仇	国防剧团	有群众约 2000 人
2 月 15 日	23 军直属队约 1500 人	解放	国防剧团	
2 月 16 日	23A 师、团、营、连代表约 1500 人	三世仇	国防剧团	
2 月 17 日	随军民工团胶东第三团约 3000 人	国防剧团济宁服务团		

在上述活动中，我们一方面介绍了后方生救、拥参、支前群运、群众情绪等情况，解除了前方战士对后方的某些疑虑，使他们更安心于为人民而战斗，另一方面提出了后方党政军民对前方部队之要求与希望，而又起了督促与鼓励作用，换得部队同志一致表示继续战斗，解放全国的杀敌决心，并且也加强了前方战士的整体观念、群众观念、责任观念，密切了前后方的联系，如在小组座谈中，当我们介绍了后方各种情况之后，有许多战士代表说："后方老百姓经过了敌人重点进攻，非常困苦，但你们在后方领导生产救灾，解决了老百姓的苦难，并且后方老百姓又能出这样大的人力物力支援前线，我们再不好好干就对不起后方老百姓。"正因如此，在小组座谈中各部队战士代表除口头向我们表示坚决打过长江解放全国老百姓的态度外，并都要求要写保证书给我们，也已有写出来交给了我们，要我们带回后方，表示他们的决心。有的新解放战士反映，过去在蒋军里死了没人管，可是参加了解放军，战斗打得好还立功，受到上级和同志们的尊敬，打完了仗，后方又马上派代表来看我们，真是光荣，只有今后好好的干来表表我的心情。当我们要离开二十三军时，该军从上到下都一致的表示他们一定有决心有信心打过长江，解放全国，完成党给予的光荣任务，并要我们将此决心带回告诉后方同志与群众。这些都证明了我们的慰问工作在华东局的正确领导指示下，是起到了鼓励士气，巩固部队，配合工作，密切前后方联系的作用。

摘自昌潍专区《慰问团第一分团工作总结》，1949 年 2 月 20 日

支前报道

中原慰问团抵前线慰问两大野战军

【开封讯】中原人民慰问团已于 7 日抵达前线某地，晋谒军区诸首长致敬。所携之全部慰劳品，已在 8 日分别献赠中原、华东两大野战军，由各部供给机关点收，再运赴前线转发。活跃于战地的电影制片人员，并拍摄该团各种活动影片。军区政治部于 9 日特举行盛大的欢迎晚会。该团团员于 10 日分成两大组，分别转往前线，向胜利结束淮海战役的两大野战军指战员，亲致慰问。

摘自《中原日报》1949 年 1 月 17 日

▲ 中原人民慰问团到前线慰问

▲ 中野首长与慰问团代表，前排右起王之光、王一亭、张际春，后排右起马少波、李达、陈斐琴

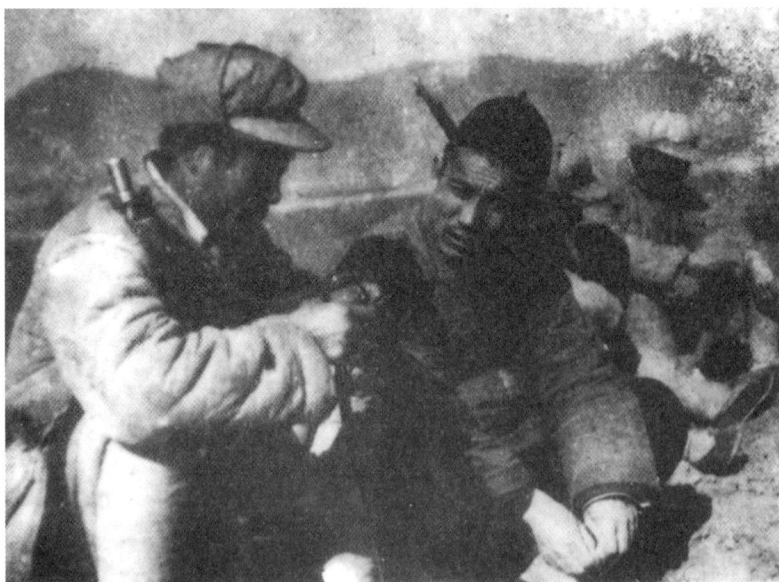

◀ 中原人民慰问团商界代表访问战斗英雄陈德全

▲ 群众自编自演歌舞剧，慰问伤员

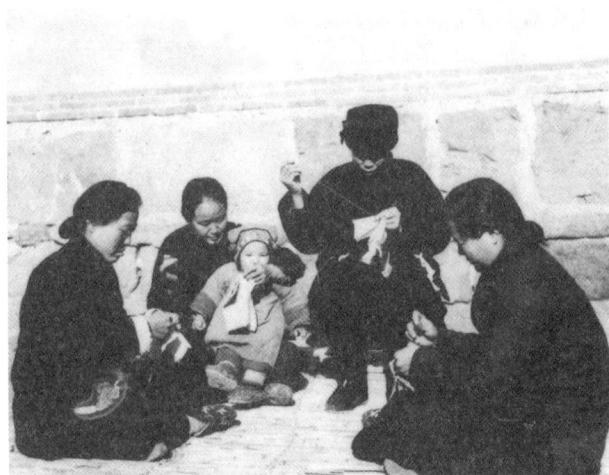

▶ 山东妇女缝慰问袋

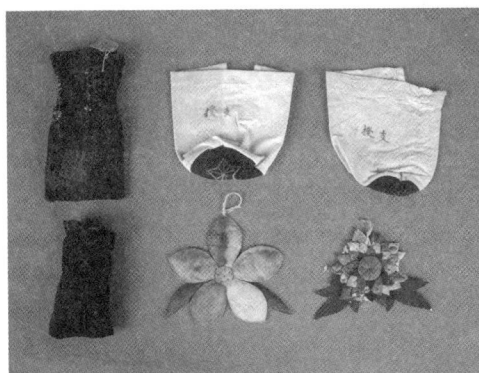

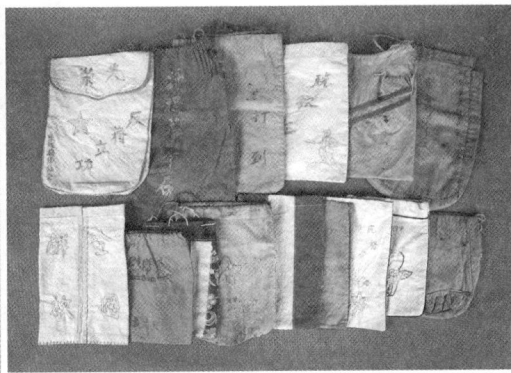

▲ 华东人民制作光荣花、烟荷包、茶缸套等慰问前线将士。据不完全统计，仅华东人民慰问团的慰问袋就多达 1531 件，慰问信达 10 万封

▲ 郑州市人民政府献给中野
　某部的锦旗

▲ 老大娘带着礼品慰问部队

◀ 群众抬着礼物慰问部队

▶ 徐州文亭街群众把慰
　问品送到区政府

济北县开展募捐活动慰劳伤员

伟大的淮海战役已彻底胜利结束，在作战中光荣负伤的战士，是人民的功臣，在旧年应当进行慰劳，以鼓励他们的情绪，重回前方，特作如下指示：

一、有重点的进行募捐，决定一区、四区、三区、二区、五区，进行募捐，在这些区也不要普遍的募捐，而是在无灾或灾轻的村中，进行有掌握的募捐。在募捐上，不限制数，完全出于自愿，不允许有任何强迫，平均摊派。

二、募捐要有掌握的进行，区里抽出 1 个或 2 个干部，结合村中好的积极分子，组成 3 人至 5 人的募捐组，亲自到村去募捐，不完全依赖村干，不在村干会上布置，各区直接将慰劳品交到募捐小组，由募捐小组入账，严禁村干部因此而浪费，任何干部亦不得动用该项慰劳品之任何一点东西。

三、在募捐中，必须贯彻对群众的拥军教育，说明主力的功劳，伤员为人民流了血，人民应当向他们慰问。提高群众的爱护主力的观念，单纯募捐，不向群众动员，结果形成强迫是应当禁止的。

四、在干部中要号召为伤员献礼，进行爱护伤员的教育，回忆伤员的功劳，在旧年关，干部亦应进行对伤员的慰劳，在干部中号召旧年劳军的热情，干部所献之慰劳品，亦列名登记。

五、古历 12 月 27 日，各区派代表，携带慰劳品，到一区路庙集合，由县代表一块赴医院进行慰劳。村子里也可向伤员写慰问信。

六、任何机关，在年关不许接受群众的礼物，否则以贪污论。

望各区具体研究执行，并与古历 12 月 28 日将执行总结报县委。

摘自济北县委《年关慰劳伤员的指示》，1949 年 1 月 18 日

淄博特区慰问伤员宣传口号

向前线光荣受伤的同志致敬！

慰问解放军伤员同志们，我们要加紧支援前线！

慰问解放军伤员同志们，我们要好好优待军烈家属！

在前线英勇杀敌牺牲流血的伤员同志们最光荣！

爱护解放军伤员，优待解放军家属！

慰问伤员同志，我们要争取淮海战役彻底胜利！

学习前线将士英勇杀敌的精神！

打到南京去，活捉蒋介石！

解放军是人民的军队，解放军伤员同志们是为人民受了伤！

无敌的人民解放军万岁！

慰问伤员同志们，我们要保证好好转运，使伤员同志们不受冻、不挨饿！

为人民受伤最光荣，人人都尊敬！

祝伤员同志们安心休养，使身体早日恢复健康！

解放军不流血，我们就不能得到解放！

解放军是恩人，他五次解放了我们淄博人民！

摘自淄博特区博山市商会印制的《淄博特区慰问伤员标语口号》，1949 年

资料选编

泗水县姐妹团踊跃支前

▲ 泗水县姐妹团精心缝制慰问袋

淮海战役时，泗水县一个偏僻的山村——大厂村 186 户 825 人，80% 以上的男青壮年随军支前，在家的 121 名妇女和 62 名姐妹团员以及部分年老体弱的农救会员、12 岁左右的儿童团员担负了全村的生产和拥军支前任务。

62 名姐妹团员在支前运动中大显身手，在团长宋传荣的领导下，不仅配合妇救会完成了生产碾米等任务，并且用灵巧的双手和诚挚的心情，自觉

积极地绣制了 80 个慰问袋，65 个烟荷包，40 个钢笔套，40 个缸子套，所用的布料针线，全部是自己购买或自己捐献。为了表达个人的心意和鼓舞战士的斗志，在慰问袋和缸子套上，她们还精心绣上了自己最心爱的花卉图案和"英勇杀敌"、"军民一家"、"冲锋在前"、"人民功臣"、"为人民立功"等字样。

姐妹团员们还坚持上午学文化，晚上学政治，天天如此，不曾间断。当时的学习条件很差，教师不固定，没有课桌，书本也不齐全，但这些都没有淡漠她们的学习热情，她们自编歌谣："树荫底下当课堂，草地一坐就听讲，没有课桌拿着看，没有书本抄着念，手当笔，地当纸，比我强的是老师，今天写明天念，学好文化不费难。"宋传英、孙继芳、孙友英等团员虽然学的字不多，但在前方胜利消息的鼓舞下，给前方指战员写慰问信达 100 余封。

根据淮海战役纪念馆征集的泗水县支前资料整理

支前报道

郑州市各界发起新年祝捷劳军

【新华社郑州 1 日电】郑州市各界发起新年祝捷与劳军运动。这个工作的筹备委员会包括市职工筹委会和各机关学校、工商部门等 34 个单位，由宋市长和市职工筹委会刘主任分任正副主任委员。筹委会决定在元月上旬派慰问团赴淮海前线慰劳解放军。邮局工人并且预订了很多元旦创刊的《中原日报》，准备举行义卖劳军。

摘自《群众日报》1949 年 1 月 4 日

开封市慰劳品初步统计数字

【本报讯】本市自 12 月 24 日发动新年劳军运动，至 31 日止，一周来广大的工人、贫民、学生、教职员、工商业者及各机关团体干部勤杂人员，都卷入了运动的热潮，出现了无数踊跃劳军的范例（详情本报已有陆续报道）。市府自 28 日起收到陆续不断送来的慰劳品，秘书处物品堆积如山，各学校亦纷纷冒雪踏泥将慰劳品送往文教局。据初步统计，计有慰劳金中钞 1489166 元，北币 96250 元，边币 16000 元，金戒指 2 只，银元 9 块，大小铜元 26812 枚，慰劳袋 32515 个（内装各种物品未计），慰问信 81540 封，日用品（包括牙刷、牙膏、肥皂等）19171 件，书籍文具 5271 件，香烟 11219 包，各种食品 663 件又 893 斤，其他棉花、秋粮、煤共计 2613 斤半，以上物品除慰劳金外，已打成 250 大包，将由本市慰劳团携往前线。

摘自《开封日报》1949 年 1 月 4 日

对话录

（记者）注：一二·九全市游行，人山人海，各界人士男女老少无不欢天喜地，庆祝徐州解放；在历史上开封是破天荒到处可以听到新鲜的议论、生动的对话，我把自己听到的记录下来了，所以叫"对话录"。

慰劳袋

丈：解放军打胜仗，大家有好处，人家都慰劳前方，咱呢？

妻：我想做个装牙刷肥皂的袋子，送前方好不好？

丈：对！我看有些女学生就做了，叫"慰劳袋"……

妻：是不是太小气了？

丈：中！表示咱的心意嘛。可用你顶好的布做，上边好好绣上花，把咱们的名字也绣上。

开个大会庆祝

甲：……下午不到 4 点钟，就开始一个挨一个顺着整个街筒，跟流水一样，一直到天黑——

乙：你猜！要是排成队能排到商丘。

甲：不止！排成单行只排到商丘我给你打个赌！

乙：咱不抬杠，人山人海的，谁也数不过来！

甲：这是头一回，明年开会人能排到南京上海武汉……

甲、乙：明年全国解放了，全国的老百姓都排起来开个大庆祝会！

亲百姓如父母，亲解放军像骨肉

男：人真算多，过去过大年初一也没有今天喜欢！

女：哼！你说过去弄啥！那队伍政府跟现在比比……

男：真想不到……

女：这不奇怪，解放军处处为老百姓，亲老百姓如父母，老百姓自然也亲解放军像骨肉，大家亲到一堆了，谁不喜欢！

男：我看蒋介石不喜欢……

女：老蒋喜欢的是钱，压迫人，老百姓解放了，哪有他喜欢……

摘自《开封日报》1948 年 12 月 11 日

书信选编

热情洋溢的慰问信

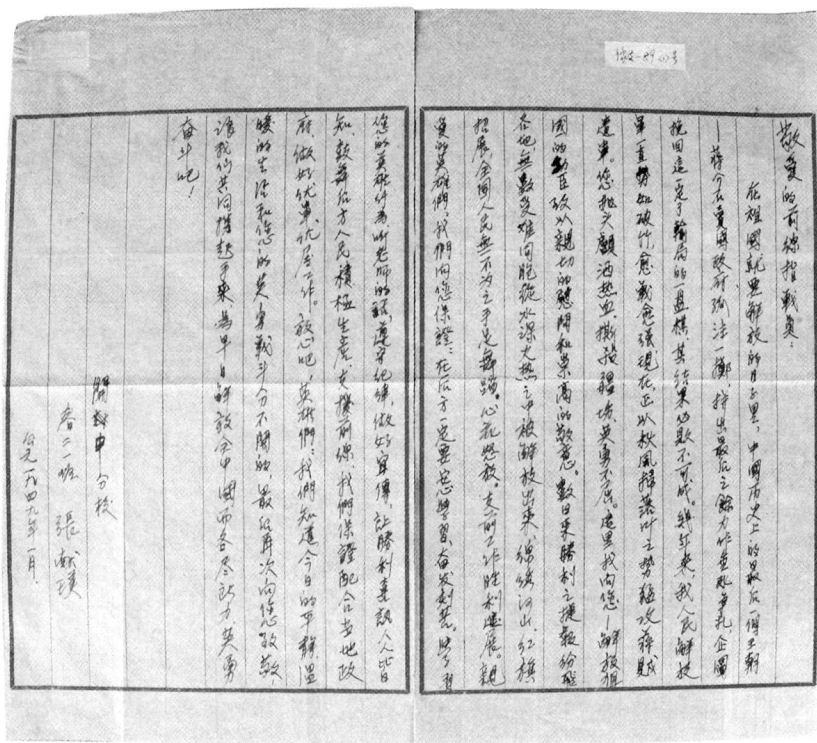

▲ 开封市中学生张献璞写给前线将士的慰问信

华东慰问团 1949 年 1 月 15 日致淮海前线全体参战民工的慰问信

淮海前线全体参战民工同志们：

这次淮海战役，我军以两月零两天的时间，彻底全部干净的歼灭了蒋匪军 5 个兵团 22 个军，共 55 个师，60 多万人，这是空前的伟大胜利！这一伟大的胜利，是由于毛主席、朱总司令英明的领导，人民解放军的英勇奋战，后方军民积极的支援前线，也包括由于你们热烈参战支援前线而得来的。我们谨以至诚向你们致亲切的慰问。

你们为了保卫人民翻身的胜利，为了争取全国人民的解放，自觉自愿的奔赴前线，不顾饥寒风雨，冰天雪地，跋山涉水，驰骋千里，运粮运弹药，抢救伤员，保证了大兵团作战中充分的供应转运力量。这是你们一切为了前线、一切为了胜利、艰苦奋斗、高度支前热情的具体表现。同志们：你们辛苦了！

你们在为战争服务的过程中，受到了伟大革命战争的锻炼，把战场当作了学校，有许多同志光荣的入了党，有许多同志被提拔为各级干部，在政治上有了飞跃的进步。你们是经得起锻炼和考验的。你们在支前中创造了许多英勇模范故事。如像莒南等处民工，虽然两天一夜只吃了一顿饭，但是坚决不吃车上推的白面，鲁中南二分区运粮民工，虽在途中遭受敌机3次袭扰，仍然坚决的按时送到目的地，藏马莒南子弟兵团抢运伤员，一夜跑130里，胶东莒南担架队，期满了还坚持继续服务，并且还有杰出的运送伤员的淮阴女英雄李兰贞，莒南钢铁担架员朱正章带病抬担架。其他像普遍的开展立功运动，渤海一分区荣获主力奖旗34面，同时学会了密切的联系群众，到处宣传胜利消息，并且很多同志坚决表示："部队打到哪里，就支援到哪里。"你们这种革命精神，是伟大的，高尚的。

空前伟大的淮海战役，是光辉的全部胜利了，但是我们还要将革命进行到底，继续歼灭残余的蒋匪，争取今年根本打倒国民党反动统治，使山东、华中解放区更加巩固，全国人民民主幸福更快的实现。只要大家团结一致继续努力，我们就一定能争取全华东、全中国的解放，获得真正的独立、自由、民主与和平。

同志们！你们的家庭和生产，后方当尽力照顾和帮助，希望同志们在前线上不要挂念家里，安心继续为前线服务，愉快的工作，配合前线部队彻底的消灭残余敌人，我们要打到南京去，活捉蒋介石和一切战犯，为彻底解放全华东、全中国而努力。希望同志们在服务期满后，带着胜利的荣誉回到家乡来。

敬致

春节贺礼！

华东后方党政军民各机关团体前线慰问团

华东慰问团1949年1月25日致淮海前线指战员的慰问信

亲爱的淮海前线参战部队指战员同志们：

我军在具有伟大历史意义的淮海战役中，以排山倒海的威力，坚决彻底全部干净消灭了蒋匪嫡系主力5个兵团，22个军，56个师，共60余万人，胜利的完成了"全歼蒋匪主力于江北"的光荣任务。

这一伟大胜利，是由于毛主席、朱总司令的英明领导，和淮海前线全体同志们的坚毅英勇与灵活机动、连续作战，所得来的结果。这样大规模的作战中，发挥了高度的集中的统一性、组织性与纪律性，特别是坚决的执行了党的政策，取得广大群众积极配合与支援，充分表现了人民军队特有的优良品质。

这一伟大胜利，还标志着开展了军事民主，高度发扬了所有指战员的积极性、创造性，如像创造了两人俘敌二百的茅克明、黄树章，英勇机智的张忠班，英勇善战的英雄连长张春礼式的战斗英雄，以相等兵力30分钟全歼苗庄守敌1个营，1小时全歼黄匪主力团等模范战斗单位，有力的说明了人民军队是新型的、不可战胜的力量。

你们不仅光荣的完成了党中央交付的淮海战役作战任务，不仅缩短了全华东解放的过程，而且大大的鼓舞和兴奋了全国人心，奠定了将革命进行到底的雄厚有力的基础。我们谨代表华东后方全体党政军民机关团体及全体人民，以欢欣鼓舞的无限热情，衷诚地向你们致祝贺与慰问之忱。

同志们！淮海战役的胜利，是空前的伟大的胜利，但是国民党反动派残余势力还在江南，企图作最后的挣扎。党和毛主席教训我们必须把革命进行到底，渡江南进，不管战犯要什么"求和"诡计，玩什么阴谋花样，我们只有一个意志，如果国民党反动派不接受毛主席提出的八个条件，实行真正的民主的和平，就毫不犹豫地将全国残余匪军，坚决彻底全部干净予以歼灭！争取革命在全国范围内彻底胜利！同志们！继续我们紧张的战斗准备，在毛泽东胜利的旗帜下，继续前进！前进！

我们后方全体党政军民，正在以百倍努力加紧提高生产，充足军需军食，努力拥军，切实帮助军属、荣军，克服生活生产困难，动员参军，升级壮大主力，动员归队，组织大批后备力量，源源开赴前线，加强巩固后方治安，积极恢复交通，努力建设，组织坚强的远征民工队，以充分的人力物力，全力以赴地支援前线，配合军队前进，彻底打垮国民党的反动统治，为在全国范围内，建立无产阶级领导的、以工农联盟为主体的中华人民民主共和国的总目标而奋斗到底。

时值新春佳节，并祝同志们愉快健康。

华东后方党政军民各机关团体前线慰问团

刘伯承、邓小平暨中原野战军全体指战员 1949 年 2 月 16 日给华东后方党政军民各机关团体同志的感谢信

华东后方党政军民各机关团体同志：

在过去两年半的人民解放战争中，我们除了不断的得到华北和中原人民的直接支援外，并且不断的得到华东人民的直接支援，所以我们不断的取得胜利。此次你们选派代表组织慰问团，携带礼物，不辞劳苦，远道来到中原慰问中野，并带来华东人民对中野的宝贵指示和希望。此种厚意，中野全体指战员，无不深深感激，并时时记在心里，以为完成目前的整训工作和迅速向江南进军的一种督促。

慰问团的同志们到达此地后，即分头到各单位去慰劳，并深入到战士中，伙房里，与炊事员及战士谈话，征求他们对后方的意见，其中还访问了许多华东籍的战士。这种深入下层和对战士的关切，指战员无不深受感动。慰问团的同志们，不仅给我们演出了许多富有教育意义的戏剧，还给我们介绍了许多华东人民热烈生产支前、优军安置荣誉军人的事迹和经验，也给中原野战军全体同志无限的安慰和鼓励。兹赠送照片、刊物一部，作为我们对华东人民的工作报告和纪念，请收。慰问团的同志来此，我们的招待很不周到，并致歉意。

此致
人民的敬礼！

刘伯承、邓小平暨中原野战军全体指战员

豫皖苏各界 1949 年 1 月给淮海前线将士的慰问信

中原人民解放军、华东人民解放军诸首长暨全体指战员同志们：

豫皖苏区各界人民以万分兴奋的心情庆贺你们淮海战役胜利结束，在这次有决定全国胜利意义的决战中，是由于诸首长的正确指挥和全体同志的英勇善战，先后连续的歼灭了大量的敌人，使革命战争的最后全国胜利越来越近。你们的丰功伟绩，将永远为人民歌颂，谨代表豫皖苏区各界人民向你们衷心致敬，向光荣负伤的同志致热情的慰问，向为人民事业光荣牺牲的英雄们致无限的悼念。豫皖苏全体人民于热烈庆祝全区获得解放之际，更热烈预祝即将到来的全国革命胜利；以决心全力地支援前线，踊跃参军壮大自己的军队，大力巩固和建设解放区，保证前方的供应，以助勇敢的人民解放军，把革命战争进行到底，实现全国人民的彻底解放，并祝你们再接再厉，迅速打过长江，消灭一切国民党匪军，把胜利的旗帜，插遍全中国。

豫皖苏区各界慰问团

鲁中南区 1949 年元旦给伤病员的慰问信

同志：

1949 年来到了，我们在欢腾庆祝伟大胜利年的元旦，敬向你们致以热诚的慰问。

回忆过去，1948 年的春天，我们这个地区还是处在蒋匪残暴掠夺的困境，成百万人民有土地不能安稳的耕种，有家园不能安稳的生活，地武民兵天天在战斗，广大人民天天过着逃反的日子，在狂风冰雪中，广大人民在痛苦中将希望寄托在人民解放军身上。果然不久，春季战役开始了，周张、淄博、潍县、泰安、兖州一连串的解放，广大人民在死亡的边缘上得到拯救，农村中春耕麦收，城镇工商业，一切人们，都在从来没有的高涨情绪下，积极扩大生产。秋冬战役接连发展，济南、徐州相继解放，胜利越来越大，目前淮海战场上正连续地进行着对取得全国胜利起决定作用的大规模围歼战，蒋匪反动统治的时间只有一年左右了。

亲爱的同志们！我们十分清楚，这些胜利是在党中央英明领导下，在历次战役中，你们奋不顾身的与敌人搏斗负伤流血，或以忘我的工作精神积劳成疾而得来的。

元旦良辰，我们热烈响应地委号召，自愿地节约每人一天的菜金，并有些单位献出自己节约的伙食，更有许多同志把自己的津贴捐献出来，兹特奉上本币1000 元，借示慰劳之敬意，希望你们安心休养，早日恢复健康，重回战斗岗位，为迅速彻底消灭蒋匪军，解放全中国而共同努力，专此敬祝，新年健康。

鲁中南区地委、鲁中南军分区全体指战员、
鲁中南区专署暨所属太莱历章四县全体党政工作人员

开封市一名小学生写往前方的慰问信

英勇的前方将士们：

你们不怕风、不怕雨、不怕严寒和冰雪，为了我们被反动势力压迫的老百姓，流着热血，拼着头颅，在前线英勇的作战，很快的解放了东北，解放了华北，解放了中原，这连续胜利的消息，真使我们高兴！尤其是"徐州解放的消息"传来之后，全开封市的同胞们，都鼓舞起来、动员起来了。妈妈听说徐州解放了，就赶紧去准备给你们做鞋子的工作；爸爸听说徐州解放了，就赶紧去做街头宣传的工作；小弟弟听说徐州解放了，就拍着小手跳来跳去，最后他又找出他平日储蓄的钱，要去给你们买糖果。我呢？高兴得也不知做什么好了，便拿起笔来，写这么一封信，在这信中我放着一个最热诚、最真挚和含有无限感谢的心，来向你们致敬。

开封市立一小一个小学生

第十三章　支前民众中的英模群体与先进个人 ①

　　淮海战役中，亿万解放区人民积极投身支援前线的热潮，543万民工千里远征，随军转战。他们筹集物资，转送粮弹，抢救伤员，赶修工事，艰苦忘我，服务前线，涌现出许多优秀集体和个人，还有很多干部、民工、民兵为支前工作献出了宝贵的生命，为战役胜利作出了不可磨灭的贡献。淮海战役中人民群众支援前线的英雄壮举和爱国奉献的伟大精神，将同人民解放军的辉煌战绩一同载入史册，彪炳千古！

▲ 淮海战役纪念馆展出的支前民工照片

---

① 本章依据淮海战役纪念馆所藏的支前立功奖旗、功劳证（或立功证）及文字资料整理而成。这些资料大部分是20世纪50年代末、60年代初淮海战役纪念馆向社会征集来的，虽不能全面反映淮海战役中人民支前的功绩，但编者努力把这些珍贵的历史资料整理出来，希望用这种方式表达对以他们为代表的支前英雄们的敬意。

第一节　红旗谱

本节记录了支援前线的民工团体和个人荣获的 90 余面奖旗的内容、授予单位和获奖单位，系依据淮海战役纪念馆所藏支前奖旗及其文物卡片上的登记信息整理而成。

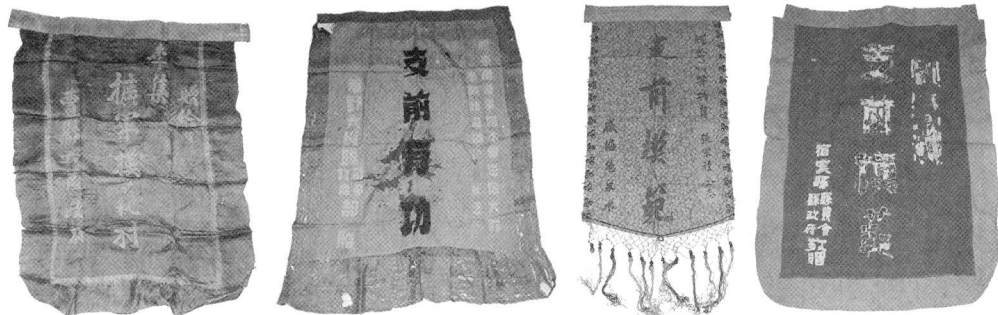

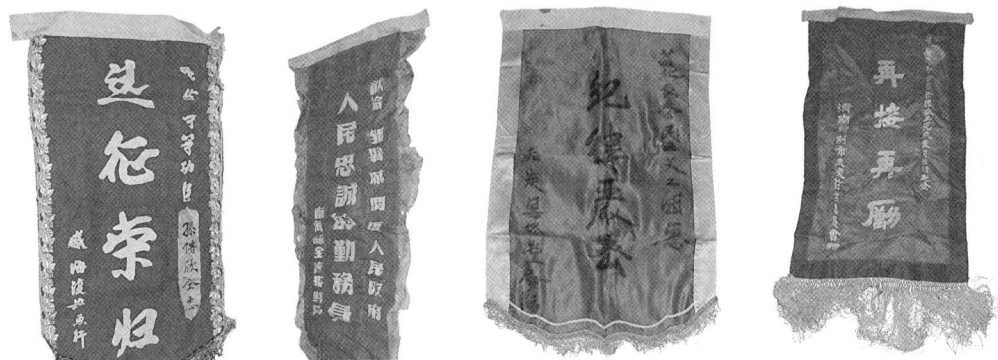

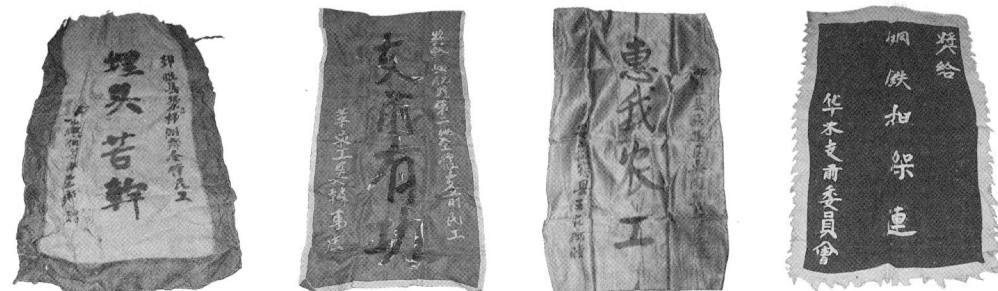

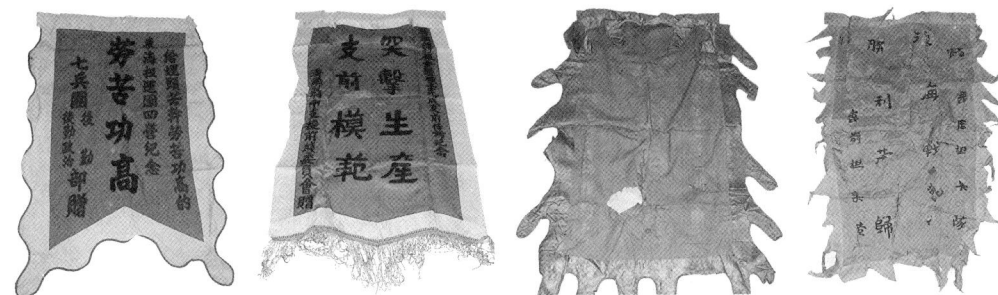

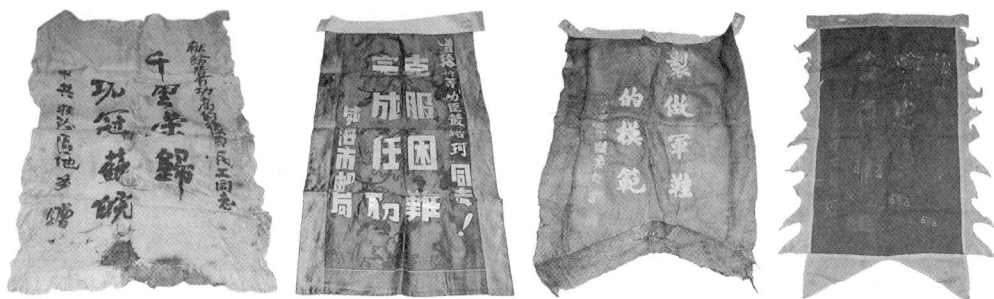

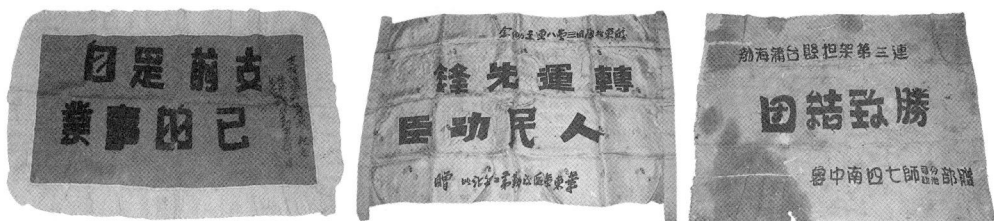

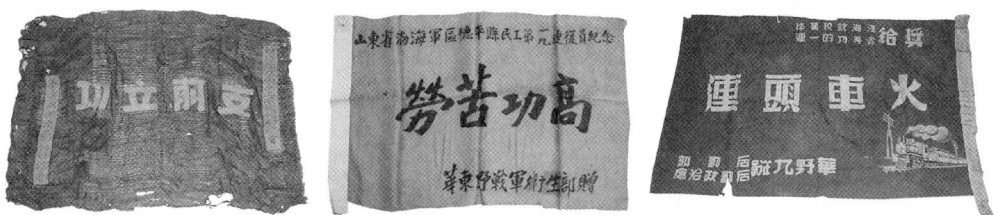

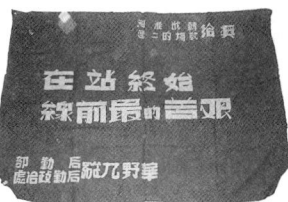

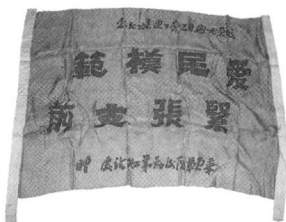

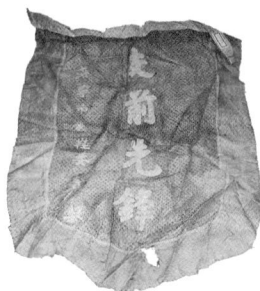

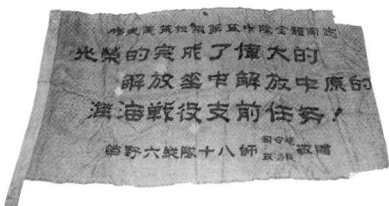

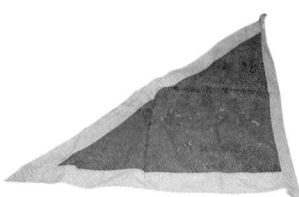

淮海战役中人民支前立功单位（个人）荣获奖旗一览表

按淮海战役纪念馆奖旗登记顺序排列

立功单位（个人）	奖旗内容	授予单位
江苏滨海县五□区泥螺乡民工队	艰苦奋斗	滨海县五□区支前司令部
山东费县担架连	模范担架连	华东支前委员会
山东德平县民工三团一、九连	劳苦功高	华野卫生部
山东招远县金岭公社汪家村担架队	你们是建国的基石，革命的源泉	招远县委
山东胶东民工运输大队二中队三小队	火线立功	华野十纵二十九师八十七团司令部
山东胶东北海担运团一营一连	火车头连	华野九纵二十七师某部
豫皖苏区中牟县龙王庙村民工	支前是自己的事业	豫皖苏区第五行政区后勤司令部
山东北海担架团三营八连	转运先锋	华东军区后勤第二兵站
冀鲁豫区鄄城县陈良村民兵	战斗模范	鄄城县人武部
山东济南市宝丰面粉公司	突击生产，支前模范	济南特别市支前委员会
山东费县崮口区担架营	支前模范	华野六纵卫生部第一队全体伤员
山东临朐县城隍村130名做军鞋妇女	支前立功	华东总部、卫生部、供给部
山东泰西县挑工团	千里冰雪，完成任务	华东支前委员会
山东潍纺市中学全体同学	胜利完成任务	潍坊临时医院
山东曹县六区李集村	扩军模范村	不详
山东海阳县第一挑工大队	讨蒋远征，胜利归来	华野八纵供给处
山东招北县担架队十二分队	火线之光	华东支前委员会
山东北海蓬莱担架团四中队	淮海前线立功劳	华野六纵十七师司令部

立功单位（个人）	奖旗内容	授予单位
山东五龙县泽口区小车运输中队	模范运输中队	华东支前委员会
山东东海担运团一营	支前有功	华野七兵团后勤部、政治部
山东黄县城北区黎玉运输队第二中队队员胡建文	你是救命的活菩萨 民夫榜样 妙手成春	乳山县育黎区西纪村王树庭
山东招北县民工姜永言	功臣千古，流芳百世	招北县委
山东威海县民工车方新	为人民立下功劳	威海民工庆功大会
山东威海县民工丛培珂	克服困难，完成任务	不详
山东北海担架团三营八连	艰苦中顽强转运	华野九纵后勤部政治处
山东汶上县康驿公社支前小车队	优胜小车队	华东支前委员会
山东招远县纪山公社曹家庄担架小队	快速小队	华东支前委员会
山东费县担架四连	艰苦为伤员	华野九纵后勤部政治处
山东渤海一分区担架团庆云县民工队	模范担架连	华东支前委员会
山东莱阳县民工四大队	亲如家人	宿县孙庄群众
山东济宁市居民杨玉仁	支前先锋	华东支前委员会
山东海阳县龙山区第一批支前民工	忠勇支前	海阳县龙山区区公所
山东莱东县富水区南务村担架队炊事员吴唤民等四同志	吃苦耐劳，为民服务立功	安徽蔡圩村群众
山东文登县民工王书湘	永远是人民的功臣	威海县胜利鱼行
山东文登县白鹿区担架排	淮海战役，胜利荣归	华野十三纵二十四师某营
山东北海蓬莱担架第五中队	光荣的完成了伟大的解放华中、解放中原的淮海战役支前任务	华野六纵十八师司令部
山东平邑县陈毅担架队	陈毅担架队	华野三纵司令部
山东日照县民兵	勇敢抢救	华野二纵六师十八团司令部政治处
山东莱阳县支前民工	支前有功	华野六纵司令部政治部
山东浦台县民工担架团一营三连	团结致胜	鲁中南四七师司令部政治部
江苏宿迁县民工担架团	支前光荣	华野医院

（续表）

立功单位（个人）	奖旗内容	授予单位
山东西海民工团三营一连	抢运模范	山东军区卫生部第五医院
山东海阳县曹市乡民工	支前模范	海阳县农会
山东日照县范大娘	人民的母亲	日照县评功委员会
山东海阳县运输大队二中队三分队	模范担运排	华东支前委员会
山东胶河县障北、台西区民工	光荣支前，消灭蒋匪	胶河县委
邳睢县张集区吴园乡民工二连	惠我农工	安徽宿县王庄乡
山东栖霞县民工担架三营七连	爱民模范，紧张支前	华东军区后勤第二兵站处
山东黄县担运团二营	运粮先锋	华东支前委员会粮食部储运处固镇粮站
山东黄县担架队六连	积极运转	华野九纵后勤部政治处
山东高密县支前民工大队一中队	模范担架连	华东支前委员会
山东济南面粉公司	再接再厉	济南特别市支前委员会
淮海区地委复员民工	千里荣归，功冠苏皖	淮海区地委
山东招北担架队二中队六分队	坚如钢铁	华东支前委员会
山东招北县民工傅家均	你是干群大团结的模范	招北县委
山东海阳县挑工二中队一分队二排	模范担运排	华东支前委员会
山东平邑县民工担架营	你们劳苦功高，你们光荣再光荣	华野一纵司令部政治部
山东济宁市纸店街居委会	积极制作军鞋，保质保量模范	济宁市军鞋制作委员会
山东招北担架队十二分队第一组	抢救模范	招北担架队三中队部
山东胶河县支前冠军连第二排	支前光荣	胶河县政府
山东民工张宗礼	支前模范	威海县德聚永
山东济宁民工杜光美	支前先锋	济宁市
某部担架营一连二排	火车头排	华野九纵二六师后勤处
山东济宁市冰窑街居委会	积极制作军鞋	济宁市军鞋制作委员会
山东民工张政荣	远征荣归	威海县仁昌盛
山东西乡常备民工模范排	胜利回归	湖垛镇茶□业工会
江苏兴化县第二批民工	支前有功	华东工委办事处

（续表）

立功单位（个人）	奖旗内容	授予单位
邳睢县张集区柳湖乡民工	埋头苦干	宿县王庄乡
山东掖县担架队三中队十二分队四小队	模范小队	蒙山县薛庄区前毛沟村
山东邹县民工党培秸	人民忠诚的勤务员	南海部
苏北常备民工文工团	纪律严密	嘉定县娄堂镇
山东平邑县运输团二营三连一排排长高启文	英雄榜样	华野三纵司令部
山东济宁市济阳区胜利街	制作军鞋的生产模范	济宁市军鞋制作委员会
山东胶东民工第六团第二营部	领导有方	宿东县宿北区王场乡两半秦村村民
山东栖东县民工担架三营七连	优秀干部	宿县符离镇杨圩村
山东昌邑县民工王长兴、付春松、孙日风等人	铁的纪律	不详
江苏沭阳县民工荣沛传	为民立功	沭阳县韩山区区委
山东海阳县小纪区民工一连	支前优胜	华野八纵六十四团司令部政治部
山东东海担运团四营	劳苦功高	安徽省群众
山东济宁市济阳区前进街先进街道	以实际行动表现爱国	山东济宁市军鞋委员会
山东莒南县民工胡言琛	钢铁担架连	华东支前委员会
山东蓬莱县民工担架二连	始终站在艰苦的最前线	华野九纵后勤部政治部
山东栖东县民工担架三营七连	艰苦有功	华野九纵后勤部政治部
山东东海担运团四营	劳苦功高	华野七兵团后勤政治部
山东荣成县常备民工六团一营	领导有法	安徽宿县张乐庄
山东济宁塘子街居委会	完成军鞋任务，供应国防需要	济宁市军鞋制作委员会
山东济宁纸店街做军鞋五小组	制做军鞋的模范	济宁市军鞋制作委员会
山东民工孙传欣	远征荣归	山东威海县复兴鱼行
山东荣成县长备民工六团一营二连	团结友爱	安徽符离镇玉帝庙保洼北张家村
山东蓬莱县民工三连	热爱伤员	华野九纵后勤部政治部

第二节　人物志

本节记录了 53 位支前先进人物的事迹（按人物的姓氏笔画排序）。他们中有热爱伤员如亲人的担架队员，忍饥耐寒运送物资的挑运队员，夜以继日赶做军鞋、加工军粮的后方群众，有民工队长，地方干部，有支前功臣模范，也有普通的支前群众……他们是千千万万无私支援前线的人民群众的代表，为淮海战役的胜利作出了不可磨灭的贡献。本节资料均来自山东、河南、江苏、安徽、河北等地上世纪 50 年代末、60 年代初成立的淮海战役战史组或资料组提供的支前材料。

1. 丁士修

丁士修，山东诸城人，中共党员，民工连连长，一等功臣。他带领的民工连 165 名民工，立功者 157 人，荣获苏北兵团政治部授予的"支前冠军连"称号。

为激发民工支前热情，丁士修经常编一些歌谣。从本县出发时编了《五更里》："一呀一更里，月儿弯又弯，月光送我们上前线，消灭不了蒋介石，誓不把家还。"到陇海路南马棚接受任务时，他又编了一首《四季歌》："夏季里来暖洋洋，支前的人儿到战场，不怕千山和万水，送炮弹打老蒋……"他还经常组织诉苦大会，采用回忆对比的方法启发民工思想觉悟。

丁士修认识到搞好民工生活是完成任务的重要保证。因此，在 7 个月的支前中，每逢住下，他都事先把民工安排好，自己再睡，经常夜间起来给民工盖被。在东仁庄休息时，全连住得很分散，相距约 1 里路左右。一天晚上，忽降大雨，丁士修冒着大雨到各排检查房屋情况。1948 年秋天疟疾病流行，全连最多一天病倒 38 个民工。为完成任务，他带头帮助有病民工背行李。民工普遍反映说："我们的连长对咱比自己的父母还关心。"

战役最紧张的时候，天降大雪，道路泥泞，汽车不能行驶，运炮弹全依靠肩挑。

这时丁士修首先脱下鞋来，赤着脚带领民工向前线运送炮弹。由于日夜运送炮弹操劳过度，到陈家桥一带累得吐了血。领导发觉后，动员他入院治疗，但他为了完成炮弹运送任务，一直坚持到完成任务才光荣复员。

每住一村，他都教育民工要做到"三不走"，即水缸不满不走、院子扫不干净不走、借物还不清不走。休整时，组织民工帮助群众干活。在东仁庄他组织民工帮助群众打了20多个苫子。

立功会上，丁士修荣立一等功。全连165名民工，立功者157人，占95%，其中一等功臣7名、二等功臣51名、三等功臣99名。他所在的连荣获苏北兵团政治部授予的"支前冠军连"称号。

2. 丁其聚

丁其聚，山东平邑人，时年45岁，平邑县民工二团二营三连连长，一等功臣。他率领120辆小车，跟随华野一纵行动，连续三昼夜向火线运弹药八趟，保证了战场的需要。

淮海战役前，县里组织民工队，丁其聚主动报名，他说："我保证在此次支前中立大功，坚决完成党所交给的光荣任务。"在他的带动和影响下，不少青壮年报名参加了民工队。丁其聚率领120辆小车，跟随华野一纵行动，担任往前线运送粮草和弹药的任务。他们不怕艰难和天寒，连续三昼夜火线转运弹药八趟，满足了战场需要。碾庄战斗胜利后，部队转进徐州附近继续战斗，运输团跟随部队继续前进。因前线战斗激烈，天气寒冷，再加上运输任务艰巨，部分民工情绪低落，不愿意继续支前，产生了回家的思想。丁其聚采取广泛教育、个别交谈的办法，并充分发挥积极分子作用，千方百计做好民工工作。在他的努力下，大家克服了困难，民工队得到了巩固，民工情绪得到了控制，圆满完成了运输任务。

3. 于学

于学，山东海阳人，时年 28 岁，挑运队员，特等功臣。

于学一贯工作积极，不畏艰苦。挑运炮弹时，总是主动挑重担，把轻担子让给别人。队员祁立亭扭坏了脚，于学就主动和别人一起帮他挑。

他机智勇敢，吃苦耐劳，自始至终起到了骨干带头作用。一次，前线急用手榴弹，他在夜间一个人先扛运了两趟手榴弹到前线，后又带领 8 名民工扛运手榴弹。行至中途，前进壕沟被部队挤得满满的，实在无路可走，敌人炮火又急，壕沟既难上又危险，趁着敌人火力稍有一点空隙，他便爬到壕沟顶部跑步抢运。在他带领下，挑运队及时完成了任务。还有一次，他扛着一箱炮弹穿过敌人的封锁线，趁着敌人火力减弱的瞬间，他勇敢地冲过封锁线。运送炮弹的空隙，还帮助部队挖壕沟。解放军事务人员到某村催粮食未完成任务，他自报奋勇到村里催粮食，向群众说明支援军队的重要意义和暂借粮食的原因，结果完成了五大牛车的催粮任务。

4. 于学清

于学清，山东荣成人，时年 51 岁，中共党员。他带领群众开展拥军优属工作，深入村民家中动员参军。

1948 年 12 月，解放区发起了参军运动。这次动员参军任务非常繁重，所以尽管于学清所在村的青年参军比例比别村高，区里还是适当分配了任务。于学清当即表示：一定完成党交给的光荣任务。就在村里动员参军的紧急时刻，村里收到了前方牺牲的 5 名烈士的名单，群众思想产生了波动。于学清立即召开了支部会，讨论动员参军任务如何完成。会议决定大力宣传国际国内的胜利形势，做到家喻户晓。此外，他还带领群众开展拥军优属工作，发动群众给烈军属搬泥、推粪、挑水、推磨、拾草、扫院子，提高烈军属的政治地位和生活待遇。于学清亲自深入村民家中，推磨、挑水、垫栏、扫院子，一边干活，一边宣传形势和任务。有一次，他来到村民于学礼的家里干活，于学礼的妻子察觉了于学清动员他儿子参军的目的后，说："你再甭到俺家来，不管说什么俺儿子也不去参军。"于学清并不气馁，用今昔对比的方法启发她的觉悟。他说："咱们的日子一天天好起来，国民党反动派是不甘心死亡的，咱们为了彻底翻身当家做主，能等着别人干而自己享受吗？更清楚一点说，你愿意重过旧社会的生活呢，还是想继续过太平日子？"经过教育，于学礼夫妇的思想逐步提高，后来主动要求于学清替她儿子到区上报名。在于学礼妻子的带动下，村里又有 5 名青年自愿报名参军。

5. 马中灿

马中灿，河南鄢陵人，时年 46 岁，民工小队长，一等功臣。

1948 年 10 月，上级党委号召动员群众抬担架支援淮海战役，作为村长的马中灿第一个报了名，还写了一封决心书。当时，部分群众受国民党军抢拉壮丁充当炮灰的影响，加以当地刚解放不久，群众对党的民工政策认识不足，所以人心惶惶。马中灿不但第一个报了名，还向群众解释，打消了不少群众的疑虑。

马中灿担任民工小队长，该小队有 120 名民工，20 副担架。他和大家一起抬担架，并且处处走在前面。第一次的转运任务，是要把 20 名伤员从马古堆送往白山集。他把民工分成小组，组长各负其责。他还根据伤员的伤势采取了很多减少伤员痛苦的办法，如：重伤员就要求民工走得慢一点，轻放轻起等。遇到雨雪天气或衣服单薄的伤员，他就把自己的衣服脱下盖在伤员身上。

一次正值深夜，敌机飞来了，投下照明弹，机枪乱扫，马中灿立即把自己带的担架全部隐藏到大树下面，结果没有发生事故。一次碰到一位伤得很重的伤员，伤员不断呻吟，马中灿耐心地安慰着伤员，还跑到二里外向老百姓借来茶杯，烧了开水，一点一点喂伤员喝。一次听到伤员哼声不止，马中灿想他肯定是饿了，就想法到村上烧了一点稀饭。喂饭时伤员摆手拒绝，马中灿说："你为我们打仗，受了重伤，决不能再受饿。困难再大我们想法也得搞点稀饭吃。"还有一次抬一位叫王文治的伤员，伤情甚重，啥饭都不想吃，马中灿就把临出发时舅舅给他的两个鸡蛋拿出来给伤员吃，伤员感动得流着眼泪说："我一辈子也忘不了您，伤好以后要给你们去信。"

马中灿不仅对伤员关心，对本队民工也体贴备至。每次住下，都会问大家累不累，并给大家烧水洗脚，帮忙做饭，睡下后还经常看一看大家是否盖上了被子或棉衣。有时同志们问他怎么这样积极，他说："解放军啥都不要，为咱大家拼死拼活，咱尽这一点力量应该的。"

战役中，马中灿共转送伤员8次，圆满完成支前工作，在全专区召开的庆功表彰大会上被评为一等功臣。

6.马永章

马永章，山东平邑人，时年35岁，平邑县运输团二营三连一排木工，被华野七纵和华东支前司令部评为一等功。

为保证运输工具安全和顺利完成运输任务，平邑镇动员了一位姓韩的木工参加运输团。韩师傅是马永章的师傅，得知这一消息后，马永章主动提出代替年迈的师傅去支前，得到了批准。

队伍出发前他总是认真检查车辆，长途运输到了驻地还要再检查一遍，发现问题及时修理。每辆小车他都做了两到三副的备用车身和车轴，以保证任务顺利完成。他还经常帮助兄弟连队修理车辆。无论何时何地，总是车在人在，车到哪里人到哪里。

曹八集战斗中，运输队随军追击敌人，突然一辆车子断了轴。那天正好是夜晚，他立即跑到老乡家里借来油灯，把小车突击修好，保证了运输任务的完成。一次夜间，运输连前往兵站送面粉，返回途中，遭遇敌机。敌机施放了照明弹和炸弹，他带领的30辆车子被冲散。这时，马永章沉着勇敢，重新把30辆车子组织集合好，第二天安全到达目的地。还有一次也是夜里，在徐州附近，他带领20辆小车送肉食和面粉，因道路泥泞车子不能推，他带头光着脚抬着车子走，坚持完成了任务。

转运伤员时，他总是仔细地把伤员背上小车，把自己的皮坎肩脱下来给伤员包脚，问长问短，关心备至。

战后，马永章被华野七纵和华东支前司令部评为一等功。

7. 马明文

马明文，河南鄢陵人，时年19岁，陈店区马桥乡民工队长，一等模范。他带领25副担架，150名民工，苦战45天，跋涉400多公里，日夜护送伤员。

淮海战役刚开始，马明文就积极响应党的号召，第一个报名参加了担架队，担任陈店区马桥乡民工队长。他带领25副担架，150名民工，苦战45天，跋涉400多公里，日夜护送伤员。马明文吃苦在前、事事为人的精神为所有民工树立了榜样。每次出发前，他都会在最后面看看民工丢东西没有，群众有什么反映没有。等走一段路时，他又走在行军队伍的前边给民工领路。在路上，他跑前跑后问左问右，不时地问民工冷不冷，累不累。每到达休息地点，他总是先安排好民工休息，给伤员和民工找房子住，做饭吃。同时，还不断鼓励民工，进行战斗胜利后大家过幸福日子的教育。不论民工有什么困难和问题他都耐心地一一解决。民工们在他的带动下，个个精神振奋，情绪饱满，纷纷表示：为支前工作坚持到底，淮海战役不获全胜，决不回家。

马明文总是把伤员当作亲人一样照顾。他经常教育民工护送伤员要轻起、轻落、慢抬，在危险的情况下，要掩护伤员，保证伤员安全。在马明文的8次护送任务中，他每次都不怕苦不怕累，帮助伤员解大小便，给伤员端吃端喝，对伤员照顾得无微不至。在护送伤员的途中，听到敌机的扫射声，马明文总是立即指挥民工将伤员抬到树林子里，再将自己的棉衣脱下来盖在伤员身上，以免伤员的白色被子暴露目标。在他的带动下，民工们都纷纷脱下棉衣，趴在伤员身上掩护伤员。马明文对大家说："伤员为我们受了伤，流了血，现在就是死，也要首先保证伤员的安全，决不离开。"伤员们感动得流下眼泪："您对我们的关心使人一辈子难忘，乡亲们！今后一定要为你们报仇，不消灭蒋介石决不罢休。"由于马明文爱护伤员胜于爱护自己，舍己为人，一次又一次地安全护送伤员，出色地完成任务，多次受到上级表扬。

战后，马明文带领 150 名民工光荣返乡，在豫皖苏第五分区后勤司令部召开的庆功表模大会上，马明文被誉为"支前工作中的一面红旗"，荣获支前"一等模范"的光荣称号。

8. 孔庆一

孔庆一，河南夏邑人，时年 40 岁，一等模范。天寒地冻，他在水里走路，鞋磨得没了底，腿冻得像紫萝卜一样，但从来没有叫过苦。

孔庆一跟随四支队去宿县抬担架，那时是严冬天气，西北风像小刀一样刺人，大雪纷飞，真是数九寒天，滴水成冰。有一天，北风刮得特别大，天气也阴得厉害，解放军在四十铺与敌人交上了火。这个镇子有几百户人家，住得非常紧凑，敌人已构筑工事，躲在里边顽抗。镇子虽被团团围住，但一时不易突破。这时孔庆一一马当先，扛着梯子直往城墙上扑去，战士们紧跟着匍匐前进。敌人发现后对他进行了密集的射击。他机智灵活，左躲右闪，棉袄被打穿了两个窟窿，所幸未打到身体。他把梯子竖在寨墙上，战士们立即奋勇冲锋，攻进了城里。北风仍然刮着，天空飘起了雪花。这时孔庆一已是满身泥水，棉袄棉裤都结了冰，走起来哗哗直响，但他并未感到冷和苦，回来时还哼着小曲，唱着胜利的凯歌："打得好来打得好，打得好……"这次战斗后，他被评为一等模范民工。

在支前日子里，敌人的飞机每天不断扫射，夜间照明弹四起，随时都有牺牲的可能。有一次担架队和运粮车正往前线奔走，被敌机发现，对他们进行了扫射和轰炸，大车被炸毁了，牛腿挂在树梢上，有些胆小的民工害怕了想回家，孔庆一就给他们解释说："解放军在前线和敌人拼命流血为了谁？还不是为了我们彻底翻身，人家拼刺刀都不怕，咱在后面抬伤员怕什么？任务还没有完成，咱要是跑回家去能对起谁？"经他这样一说，大家都异口同声地说："老孔你放心吧，保证坚持到底，不完成支前任务决不回家。"他除了负责转运伤员外，还要到前线给战士们送米、送面，为了不使敌机发现目标，都是夜里来，夜里去，整夜都不休息。天寒地冻，在水里走路，鞋被磨得没了底，腿冻得像紫萝卜一样，但他从来没有说过苦。他说："战士们在前方拼命流血，咱这点苦算啥，保证部队走到哪里，我们跟到哪里，叫前方的战士吃饱喝足。"

攻克宿县后评选模范时，大家一致推选他为一等模范，领导颁发给他一枚银质奖章，把他的模范事迹在大会上进行了表扬。孔庆一胜利完成了一个月零五天的支前任务，这期间他共抬伤员 18 名，到前线送米送面 22 次，其中面 400 公斤，米 150 公斤，直接参加战斗两次，他所在的支队共运伤员 82 名，送米面 180 次，面 3500 公斤，米 1000 公斤。

后来召开庆功会时，孔庆一又被评为一等模范。

9. 牛天德

牛天德，山东平邑人，时年 27 岁，平邑担架团二营五连连长，荣立一等功。

牛天德带领全连民工随十九团行动，担负抢运伤员的任务。运河战斗中，炮火极其激烈，有的担架队员心存恐惧，不敢前往火线。此时，牛天德奋不顾身，带头冲上火线。在他的影响下，担架队积极勇敢，火线抢运，连续几昼夜没有停歇。一次，转运伤员时，距离医院 15 公里，他一夜转运了两趟。转运途中，他爱护伤员，无微不至照顾伤员，用自己的缸子给伤员喝水、盛饭。战后被评为一等功。

10. 王从先

王从先，山东招远人，中共党员，招北担架队十二分队队长。获得华东支前英雄奖章和特等功臣荣誉称号，他领导的担架十二分队荣获华东支前委员会"火线之光"奖旗。

1948 年，王从先带领招北担架十二分队随军南征，支援淮海战役。腊月里，北风呼号，担架十二分队在王从先的率领下，在风雨交加、伸手不见五指的夜里前进。炊

事员老王受过伤，身体孱弱，还背着一口大锅，一小时的行军中，滑倒了七八次。王从先发觉后，把锅从老王手里夺下来，背在自己肩上，而他身上已经有帮别人背的 15 公斤东西了。到高桥时，炊事员考清才找了三、四户人家，才找到做饭的锅。看到这种情形，王从先及时教育队员，要爱护群众，教育群众，提高群众，并带领队员帮助群众干活、扫街、扫院子、担水、割豆子、种麦子，还提出在劳动中不干哑巴活的口号，教育队员要边干边宣传党的政策，开展"民爱民"活动。通过活动，密切了民工与当地群众的关系，关门的把门打开了，藏东西的也把东西拿出来了，困难也解决了。

太平庄战斗中，部队被壕沟阻挡，难以前进。情况紧急，急需木杆、门板架桥。王从先接受了运送 80 条木杆、40 副门板的任务。战斗打得极其猛烈，在接近火线约一里时，整个战场火海一般，子弹嗖嗖地飞。王从先大喊着："同志们！战士都不怕流血，难道我们怕死吗？桥架不起来，流血的战士会更多，跟我来！"在他的带动下，队员们匍匐在地上，背着门板、木杆，穿梭在枪林弹雨中，及时将材料运到前线，架好了木桥。

完成任务后，王从先又带领担架队继续急速前进，抢运伤员。一条十几丈宽的大河横在面前，河水冰冷刺骨，3 架飞机在低空来回盘旋，封锁着河面。战斗就在不远的南岸，无法架桥，队员们急得团团转。这时，王从先发现了一条小木船，无桨也无帆。怎么办？此时，前面的枪炮声响得更急了，王从先大喊："同志们，前面一定会有受伤的战士……跟我来"，随即脱下衣服跳入河水，他指挥队员们上了船，自己则和其他人一起一次又一次把队员推到河对岸。河水中，他的腿似刀割针扎一般，但他毫不在意，一直坚持到最后一批，低头看时，腿上结了一层冰，队员们感动地说："这样勇敢的队长，找不到，保证他走到哪里我们跟到哪里。"

1949 年 1 月，最后的总攻即将打响。王从先接到一封信，写道："同志们！今天晚上执行决战，战士都立大志，不怕牺牲流血，就怕你们支援不上去。"王从先向队员们宣传了信的内容，带领大家发誓："战士打到哪里，我们支援到哪里，战场上有咱一个伤员，都不下火线，哪怕是战士的一只脚，也要把它找回来。"他把队员的决心，向团部王政委作了汇报。王政委来信说："你们能支援上，红旗一定在你们队里飘。"这封信鼓舞了队员们，更鼓舞了王从先。想到晚上的决战，伤员会增多，想到队里只有 25 副担架，他就发动大家想办法做担架。他们到临村借来轿杆、木头和工具，又发动队员把自己的腰带和捆行李的绳子解下来，攀成了 20 副新担架。在他带动下，队员们还把自己的被子铺在担架上。担架做好了，王从先和队员们摩拳擦掌，等待出发的命令。晚上 8 点，总攻开始了，战斗越打越激烈，战场被炮火织成了一个火网。王从先率领队员从火线抢运伤员。当发现我突击队向突破口冲去，他毫不犹豫地带着二、三小队随战士们一起冲了进去，一面命令队员抢救伤员，一面指挥队员参加战斗。当发现王政委被炮弹炸伤了腿时，他冒着猛烈炮火背着王政委转移，还把自己的棉衣脱下来，盖在王政委身上，不到一个小时，就赶到了医院。王政委躺在担架上，听到奔驰的脚步声，一阵凉风掠过，王政委感动地说："我当了十多年兵，受过几次伤，躺在这样好的担架上，还是第一次呢。"

这就是处处事事以身作则、不怕牺牲、带领担架队完成任务的王从先。战后，他不仅自己获得华东支前英雄奖章和特等功臣的荣誉称号，他领导的担架十二分队也获得华东支前委员会奖给的一面红旗"火线之光"。

11. 王仲专

王仲专，山东莒南人，时年 27 岁，担架队员，二等功臣，服务前线 134 天，圆满完成任务。

王仲专关心伤员如兄弟，常用自己喝水的茶缸给伤员接大小便，把自己的棉袄脱下给伤员盖，自己穿着单衣坚持抬担架，还经常把菜金节省下来，买烟和糖给伤员吃。一天夜里，突然下起了雨，为不让伤员的被子淋湿，他跑了四五户人家，找来席子给伤员盖上，伤员很受感动。一位姓刘的伤员对王仲专说："等我养好了伤，要多消灭敌人，来报答您对我的关心。"

12. 王明仁

王明仁，山东沂源人，时年 26 岁，中共党员，民兵二营三连一排排长，荣立一等功。

王明仁第一次执行任务是在安徽省蚌埠一带，装卸从船上运来的道木，修补津浦铁路。王明仁是二营三连一排排长。他以身作则，带头苦干，带领全排 48 名民兵奋战了一夜，完成了搬卸任务。有一次，搬卸道木时，突然天降大雨，有的民兵怕淋湿衣服受冷，想暂时停止，他一面对大家进行教育，一面带头行动，跑上船仓，搬运木头，衣服湿了仍不停止工作，在他的带动下，大家都挺身而出，按时完成了任务。

在安徽省官庄，他带领民兵担任火车站查票、检票等警卫工作。那里距离敌人只有 20 公里，敌机每天数次袭扰轰炸，有的地方一天被炸三次，票房也被炸坏了。他反复对民兵进行思想教育，鼓励安慰他们，并充分发挥党员、团员作用，带领大家坚持完成任务。

王明仁十分关心同志，真正做到了和民兵同吃同住同劳动，每次劳动他都冲在最前面，时常对同志问长问短，了解情况，解决问题。民兵赵友忠行军中患了病，王明仁发觉后立即扛起他的东西，搀扶着他前进。民兵尚庆厚病了，王明仁就搬过去和他住在一起，细心地照顾他。民兵杨希纯饭量大，时常吃不饱，王明仁就将自己的饭让给他吃。大家都很受感动。民兵赵友忠说："咱排长真好，我病好了一定多做工作，报答他！"

王明仁坚决执行俘虏政策，对俘虏不但不打不骂，还经常教育他们，发现问题及时处理。有一次，他发觉民兵杨希纯买俘虏的钢笔和毯子，立即教育并制止。

13. 丛培珂

丛培珂，山东威海人，中共党员。特等功臣。随军转战五个半月，长途跋涉 2 千公里，完成了转运粮食 900 公斤、弹药 6000 公斤、锅贴 2250 公斤等支前任务。

行军途中，丛培珂总是帮这个拿东西，帮那个背行李。雨雪交加，道路泥泞，他总是关心地扶起这个，拉起那个。队长伤口复发了，寸步难行，丛培珂就发动大家抬着队长走。别人都替换着抬，只有他一气抬了三昼夜。别人休息了，他却依然忙碌，安慰队友，问饥问寒，并拿出理发工具，给大家理发刮脸。队员们一致说："丛师傅，是刚强的人。"

一天黄昏，担架队行进到碾庄附近，忽然发现一个精神失常的陌生人，经过丛培珂仔细盘查，得知是逃跑的敌人，三个民工齐动手，抓住了这个陌生人，并从这个少校军官那里得到了很多情报。

碾庄战斗时，丛培珂冲在最前沿，一发炮弹在他身旁爆炸，他应声倒在山坡上，被泥土掩埋，当同志们赶来将他扒出来时，他说的第一句话是："同志们，不要管我，完成任务要紧啊！赶快运炮弹，管敌人个饱。"不多久，他就挑起炮弹，再次投入战斗。他七昼夜如一日，废寝忘食，精神焕发，斗志昂扬。别人运炮弹挑两箱，他总是挑四箱以上。腰累坏了，扁担挑断了，队长一再动员他下火线，他说："共产党、毛主席领导咱翻了身。国民党、反动派又夺我们的生命，我还活着，我是共产党人，坚决尽到我的一切力量，支援我们自己的军队，取得最后的胜利！"他在缺少工具的情况下，带病坚持把弹药扛上了火线。战场上，丛培珂缴获了敌人一条扁担，用这根扁担，他继续挑炮弹 500 余箱，炸药 5000 余公斤，锅贴 2000 余公斤，粮食 725 公斤，其他 1500 公斤，抬送伤员 6 名。

丛培珂还是爱护群众的楷模。每到一地，他都严格遵守群众纪律，空手进去，空手出来。他还发动民工给群众打扫庭院和街道，帮助群众搬庄稼、挑粪、挑水、割草和修理农具等。每次移防都做到三不走：房东水缸不满不走，借物不还不走，卫生搞不好不走。每次离开驻地，群众都恋恋不舍，远送道别。

14. 冯兆珠

冯兆珠，山东平邑人，时年 24 岁，一等功臣。随军转战 3 个多月，行程 2500 多公里，曾连续 31 个夜晚为火线运送弹药，每次都出色地完成了任务。

冯兆珠第一个报名参加了常备民工运输团，推着小车前往战地运输粮弹。正值三九寒天，冰封大地，连日风雪交加，平地积雪近三尺，他勇敢地接受了从平邑县黄草坡向永城运送面粉的任务。他推着装有 400 斤面粉的小车在

有半尺深泥水的湖地小道上前进，滑倒了，爬起来再推，车轮不转，就拼尽全身力气在泥上滑着走。为躲避敌机轰炸，他们开始是日宿夜行，后为保证 10 天内运到目的地，他们加快了速度，不顾敌机轰炸，昼夜前进。遇到敌机轰炸，冯兆珠总是不离车子左右，卧在车边，随时准备扑灭可能燃起的火焰。他下定决心：只要人在，保证把物资送到战场。每次轰炸过后，他都第一个起来前进。在地冻三尺、雨雪交加的天气里，他常累得满头大汗，衣服湿透。车一停，身上的衣服即成冰冻，与肌肉粘连在一起。有时为了抢时间，接连几天吃不上饭，喝不上水，得不到休息，他也毫无怨言。20 天时间，推着 200 公斤重的面粉车，行程 150 多公里，终于提前 5 天完成运输任务，是到达永城某后勤部的第一辆运输车，受到了上级的表扬。

到达永城后的第二天，还没来得及休息，他又积极要求参加火线运输队，推起小车往返在长达 18 公里的运输线上，给战士们运送给养。白天，飞机不间断地轰炸，为保证安全，他就白天帮助战士挖堑壕，黄昏开始运输。雨雪天气，在羊肠土路上行走都极其困难，更何况要推两三百斤重的小车！再加上空中敌机轰炸和地面大炮轰击。他连续 31 个夜晚不间断地为火线运送弹药给养，每次都能出色地完成任务。

冯兆珠随军转战 3 个多月，行程 2500 多公里，走遍了淮海战场，为参战部队运输了大批炮弹与给养。每到一处还积极宣传党和军队的政策，教育群众，协助领导教育和巩固民工，从而保证了本村参加支前的十余名民工无一逃亡。

15．石凤德

石凤德，山东平邑人，时年 50 岁，是平邑县运输团年龄最大的民工，一等功臣。他总是吃苦在前，享受在后，别的车子推 100 多公斤，他推 150 到 200 公斤。

在峄县执行任务时，石凤德手上和背上都生了疮，手臂红肿，送医院治疗后医生要求他休养几天后再执行任务。连里领导动员他留下来，他却说："那不行，要休养就不上前线来啦，在家休养不行吗，任务这样紧，我能留下吗，日本鬼子来了把我弄得人财两空，把房子给拆了当汽车厂，多少年连住的

地方都没有，解放了才有地方住，蒋介石又不想让住，我非得亲眼看到把他消灭了才能休息……"领导批准他留下了，但不让他推小车，他也不同意，仍和大家一样推车。

完成这次运输任务后，运输队又接受了把伤员转送后方的任务。一路上，他爱护伤员就像爱护自己的孩子一样。天气寒冷，就把自己的棉衣脱下给伤员穿，见到伤员还冷又把自己的内衣夹袄脱下给伤员包脚，伤员感动地说："谢谢你啦老大爷，我早日返火线，请你把名字、地址告诉我……"

在距离蚌埠西北十多公里的地方，上级抽调8辆小车到火线送子弹。石风德主动报名参加。在接近火线时，因车子目标太大不能前进，有的民工不愿去，他说："部队没子弹怎么能打胜仗，风险再大我们也得去！不能推咱就扛上去！"说完，带头扛起一箱子弹。在他影响下，其他民工也都勇敢地扛了上去。完成任务后，他又提议："咱们不能空着回去，得把伤员背下推回去再推点战利品枪支。"在他倡议下，8辆小车回去时又推回4车伤员和4车枪支。

整个支前过程中，他总是吃苦在前，享受在后。别的车子推100多公斤，他推150到200公斤。住下时别人休息，他主动打水做饭，打扫卫生，做饭没柴烧，就去拾柴禾。他的行动影响了全连的民工，在群众中树立了很高的威信，连指导员常通过他来团结和教育民工。

16．刘全昌

刘全昌，河南许昌人，时年42岁，担架队员，一等支前模范。他和队员们一起坚持17天，运送伤员24人，运送白面2500多公斤。

刘全昌对待伤员如同亲兄弟。转送途中，有的伤员要喝水，他就耐心给伤员解释，负重伤的人不能喝水。背送伤员时，刘全昌表现得更为突出。前线到医院相距6公里，他不到3天时间就背了24名伤员。途中休息时，他总是将伤员的头放在自己腿上，让伤员好好休息。运送粮食时，刘全昌每天都要往距离前线15里的地方送面3至5次，每袋面重达50斤，每次他都背两袋。简陋的条件再加上敌人飞机轰炸，有的民工思想开始动摇，想返回家乡。刘全昌就耐心

对大家进行说服教育。看到有的民工的鞋子磨破了，不能行走，他就把自己省吃俭用从家中带去的钱给大家买鞋，先后买了 6 双鞋。

庆功大会上，刘全昌被评为一等支前模范。

17．刘明显

刘明显，山东海阳人，时年 24 岁，中共党员，海阳县民工挑运一连排长。

刘明显一贯积极勇敢，为消灭敌人，不怕牺牲。围歼黄百韬兵团时，上级指示他带领 50 名民工送炮弹到前线，运送时他总是以身作则，上火线冲在最前面，返回时让队员先行。一位战士连连称赞说："我当了 9 年兵从未见过这样的民工，如此坚决地完成任务。"

他关心队员生活，积极帮助队员解决伙食问题，对兄弟排也经常给予协助。渡沂水河时，水深 3 到 5 尺，河宽 3 里，冰天雪地，为帮助身体不好的队员过河，防止炮弹受潮，他连续往返 4 次帮助队员把炮弹扛过河。

18．匡爱国

匡爱国，山东胶县人，时年 31 岁，中共党员，班长，一等功臣。

匡爱国 1948 年 8 月 12 日支援前线并担任班长，1949 年 5 月复员回家。在解放军攻占黄口车站时，他带领全班担任运送子弹的任务，在敌人的截击中，匡爱国带领全体民工，经过一天一夜的艰苦努力，终于圆满完成任务。他支前数月如一日，无论白天、黑夜、阴雨天，只要出去，总要检查几遍物资。支前工作中，他积极热情，任劳任怨。在徐州车站装卸军用品，时间短、任务重，经过全班六七天的奋战，终于完成了任务。他的行为，符合华东支前委员会关于支前民工的八项标准，在全团庆功大会上侯政委亲自授予他"一等功臣"称号，并发奖状一张、步枪一支、手榴弹二枚。

19. 朱永兰

朱永兰，江苏宿迁人，时年18岁，大兴镇姐妹团团长，大兴区支前大队第一中队副队长，荣立一等功。她亲自推车拉车，经七夜跋涉，跑坏四双鞋，赤着脚在冻土和烂泥中行走，坚持不懈。

1948年10月25日（农历），朱永兰随同中队长李永祥、徐乃良率领民工370人，小车350辆，担负运送大米35000斤的任务。他们从宿迁县倪家渡出发，刚出发时天降小雨，行至睢宁忽降大雪，敌人的飞机还终日沿途轰炸扫射，为避免损失，他们只能在夜间行动，这些都增加了运输的困难。但朱永兰和队员们一起冒风雪，踏泥泞，不畏艰难，风雨兼程。朱永兰亲自推车拉车，日夜行走，所带的四双鞋全都跑坏了，她就赤着脚在冻土上和烂泥中行走，脚冻肿了，仍坚持不懈。到了驻地，由于支前民工众多，村庄住满了，她就住在猪圈和牛棚里，从没有怨言。他们经高作、睢宁、桃园、鱼桥、大四留、符离集、房山头、古绕县至黄桥，终于走完了长达四百里的风雪淤泥荡，将35000斤大米送到了前线。朱永兰荣获了一等功。

20. 朱吉廷

朱吉廷，山东胶南人，时年34岁，胶南担架连第八班班长，荣立一等功。战斗激烈时他曾经一夜转运伤员8次，接连三天三夜没睡觉。

朱吉廷非常热爱伤员，把伤员看成是亲兄弟一样。他认识到伤员负伤以后，担架队员就是他的保护者、温暖者、救命者，多抢救一个伤员就等于多拯救一条生命。因此在战役中，他表现得英勇顽强，机动灵活。在台儿庄和闫庄转运伤员时，有位伤员身负重伤，转运途中又遭遇了敌机轰炸。这时，朱吉廷没有退缩，他坚持用自己的身体遮住伤员的身体，对伤员说："同志，你别难过，有我就有你，你为人民，为祖国负了伤，我保证把你送到医院去养好你的伤。"伤员感动地说："同志，你们是哪儿来的，是山东省的吗？我养好伤一定回到前方替牺牲的同志们报仇，来报答你们对我的爱护和关怀。"战斗激烈时他曾经一夜转运伤员8次，接连三天三夜没睡觉。一路上，他总是先抬重伤员，从家里带来的一床毯子，他自己从来没披过一次，总是盖在伤员身上。

朱吉廷对同志们团结友爱，不顾天气寒冷，总把自己的夹袄让给同伴张德山穿，被单给马金锡垫肩，还用自己的包袱皮给同志们做了个米袋。无论到什么地方，他都让同志们在屋里睡，自己在门口睡。就这样，在他带领下，全班圆满完成了上级交给他们的抢运伤员任务。

战后，朱吉廷被评为一等功。

21. 朱茂奎

朱茂奎，山东掖县人，中共党员，担架队分队长，特等功臣。面对水流湍急，宽150米的河流，他奋不顾身，跳下水去，率领其他队员一起将120余名伤员转送过河。

尽管是三等残废军人，他仍报名参加了担架队，被任命为分队长。半个月的急行军后，他和他的担架队来到了碾庄。正值解放军围歼黄百韬兵团之际，担架队接受了4次运送任务，行程100余公里。为迅速将伤员转移到目的地，他们黑夜里行军，大雨里行军，日夜兼程，马不停蹄，往返五昼夜，圆满完成了任务。运送途中，朱茂奎总是把伤员冷暖挂在心上，关心伤员伤口如何。

一次行军中，担架队被一条河挡住了去路。河宽150米，水流湍急，没到肩头，河底泥泞，布满石子，一不小心，就会被冲走。朱茂奎当即脱下衣服，挺身而出，跳下水去，率领其他队员一起将120余名伤员一名一名地用头顶过去。

遇到粮食不足的情况，朱茂奎就召开党员会，动员党员不要先吃，先给队员吃。长途跋涉，队员们鞋子破了，生病了，困难重重。得知有些人想跑回家，朱茂奎就赶紧召集会议，对大家说："我们是一时的艰苦，不是长久的。部队作战，咱们多流汗。解放军打仗为了谁？都是为了咱们穷光蛋。老乡们，你们回想一下，国民党进攻的时候，我们不要好了疮疤忘了痛。"朱茂堂不但经常做宣传教育工作，还用自己的钱买来麻线给大家缝鞋，买来剪刀，让大家互相理发。

朱茂堂用自己的实际行动影响着大家。队员们排除困难，不辞劳苦，坚决完成了支前任务。评功会上，朱茂堂被评为特等功臣，许多队员被评为功臣，在这些功臣中，有5名同志经朱茂奎介绍成为中国共产党党员。

22. 吴德义

吴德义，山东平邑人，时年39岁，平邑担架团二营五连担架员，模范担架员。

战斗十分激烈，伤员不断增加，跟随华野七纵行动的担架队少数民工不敢接近火线抢救伤员，吴德义带头冲上火线，一鼓作气抢背了五六名伤员。在他的影响下，又有20名民工深入火线抢救伤员。有一位姓韩的排长受伤了，伤势很重，别人不敢去抢救，吴德义不顾炮火激烈，将韩排长背下了火线。这次战斗中吴德义共抢救了10名伤员。战后被评为模范担架员。

23. 宋毓寿

宋毓寿，山东掖县人，特等功臣。

宋毓寿带动全村青年报名支援淮海战役。他们渡过大河，翻越高山，奔赴前线，经几天行军来到蒙山县，大队准备在此休整几天。休整期间，他们主动帮助村民搞生产。宋毓寿参加的是运输队，可队里10个人只有9辆小车。他说："这样吧，你们每人1辆，没有小车我来挑。"村长找来粪筐和一根扁担。小车一天推18趟，他得挑23趟。提前大半天完成了任务，当地群众很受感动。

夜行昼宿几天后，他们赶到了陇海路以南的古邳镇，正值解放军围歼黄百韬兵团之际，伤员多，任务重。队里要求担架减员，5人担架改成3人抬。一路上同志们要他换下歇一歇，他说："换上换下多麻烦！"30公里的任务别人换 3 次，他一个人抬到底。宋毓寿照顾伤员也是模范。休息时间别人去抽烟，他却去照顾伤员。伤员渴了他急忙去烧水，伤员饿了他挨门逐户去找稀饭。每次过河他都不让伙伴们脱鞋，用抬担架的扁担把他们担过河，这些事情在他身上很平凡，有人问他这样干累不累，他说："先苦才有后来甜。"

24. 张仁安

张仁安，山东海阳人，挑运队小队长，特等功臣。他不分昼夜挑运炮弹，历时三个半月，平均每天运 7 次，每次重 40 余公斤。

张仁安工作积极，经常主动联系部队找活干，部队对他们小队非常信任，常把站岗送信、保管弹药的工作交给他们小队。张仁安经常教育队员要爱护保管好弹药，夜间宿营也常检查队员挑的弹药是否盖好，以防止弹药受潮。

队里的任务十分紧急，有时需要不分昼夜的运输。一次，行走到吴沟时正赶上敌人打炮，小队一时与部队失去联系，张仁安就主动去找部队，并且一面走，一面把倒伏的军用电线杆埋好，不但及时联系上了部队，还埋好不少电线杆。还有一次，部队急需"六〇"炮弹，可是他们挑的是炸药，他们就放下炸药，挑上"六〇"炮弹赶赴前线，不间断地连送了好几次。

有一次早饭后，他带领 5 名队员往战地送弹药，没走多远，敌人的排炮又打了起来，打得很急，压得他们抬不起头来。别的队员提出，炮火这样急，恐怕难以完成任务，不如把弹药搁在壕里先回去。听到队员的话后，张仁安一面鼓励队员，一面教育队员，坚持完成任务，小队副在执行这次任务中被炮弹打掉手指，在他的鼓励下，包扎好后又继续支前，坚决不在卫生所休养。最终张仁安和 5 名队员顺利完成了任务。他荣立特等功。

25. 张同胜

张同胜，山东掖县人，担架小队队长，荣获"支前英雄"、"模范队员"称号，荣立特等功。

战役第一阶段，张同胜带领小队完成了3次长途转送伤员的任务，路程都在45公里以上，其中一次路程达80公里。有一次，运送伤员途中，遇到了阴雨天气，又没吃上饭，张同胜也没发牢骚没叫苦，仍一心一意为伤员着想。雨不停地下，路黏地滑，伤员不住地呻吟。张同胜的衣服被雨淋透，鞋底也被泥水拔掉，他穿着湿淋淋的衣服，光着脚走路，冷得厉害，仍将自己的被子盖在伤员身上。就这样抬着担架走了一夜，直到东方升起了太阳，才得以休息。休息时，别的队员去吃饭，他却先去给伤员弄吃的，还用自己的钱给伤员买来鸡和香烟。民工对张同胜说："你这种军民一家的思想，真值得我们学习。"

还有一次，他抬了一名国民党军士兵，看到其他同志不满意，就耐心做工作，直到大家转变了认识。一名解放军伤员听到后对这个国民党军伤兵说："我们的民夫对你们仇视，是因为你们对待人民狼心狗肺。由于我们的俘虏政策好，因此民工对待你和我们没有两样，民夫怕你冷，将自己的被子给你盖上，他们一路上够辛苦了，如果他们不这样照顾你，你能活到今天吗？"被抬的国民党军伤兵很受感动，完全了解了我们的俘虏政策。

张同胜在全分队树立了榜样，兖州评功时，被评为特等功，并荣获"支前英雄"和"模范队员"的光荣称号。

26．张伯高

张伯高，山东沂水人，时年29岁，中共党员，沂水县荆山区民兵连第一排排长，一等功臣。在他带领下，一排3个月共押送俘虏2180名，没有出现一次逃亡现象，全排被评为团模范排。

张伯高吃苦耐劳，不怕艰难，带领全排35名民兵，圆满完成了看押俘虏的任务。

永城战斗中，他曾6天未睡，一天半没吃上饭，坚持按时完成任务。一次，全排押解260名俘虏向后方转移。桥梁被毁，他带领民兵排冒着零下13度的严寒，破冰涉过一米多深的河水。张伯高往返4趟，在水里泡了半个小时，衣服和肉冻在了一起，但他没叫一声苦，带领全排坚决完成了任务。

他认真执行俘虏政策，总是教育全排按指示押解俘虏，并对俘虏进行教育，全排在他带领下3个月共押送俘虏2180名，没有出现一次逃亡现象。复员时全排被评为团模范排，张伯高也被评为一等人民功臣。

27. 张砚青

张砚青，山东诸城人，时年42岁，诸城县常备民工运输大队二中队三小队副小队长，荣立一等功。他带领6辆木轮小车12名队员，随华野六纵担任运送粮食任务，连续三昼夜没有休息，把粮食送到火线。

战役中，张砚青带领6辆木轮小车12名队员，随华野六纵担任运送粮食的任务。他不顾生死，冒着风雪，冲破敌人的炮火，翻山越岭把粮食送到了前线。阻击邱、李兵团时，他带领小队连续三昼夜没有休息，把粮食送到火线。一次，向徐州运送粮食经过费县时，遇到敌机轰炸扫射，他没来得及隐蔽，被敌机炸弹震昏，队员们把他抬进附近的村庄，醒后他的第一句话是："队员们受没受到损失？"接着起来继续工作，大家动员他休息，他却说："只要我有一口气，保证部队有粮食吃。"在他带动下，大家加速赶路，第二天晚上就把粮食送到了徐州。他不但带领小队积极完成运粮任务，每到一村，还帮助群众打扫院子、挑水和收割庄稼。

28. 张背

张背，河南通许人，时年31岁，荣立特等功。夜里趟着泥运面，人家都是一趟扛一袋，他每趟挑4袋。

1948年农历十一月，民工队到达小介沟后，听张县长说前方给养跟不上，张背就主动提出去运送给养。此时天降大雪，从小介沟到顺天集运面，白天有敌人飞机不敢

运，只能夜里趟着泥运面，每天每人 2 至 3 趟。人家都是一趟扛一袋，扛两袋的也不多，他每趟一般要扛 4 袋，共扛面 33 袋，光荣完成任务。返回到通许县后被评为特等功。

29. 张维礼

张维礼，山东莱阳人，时年 56 岁，中共党员，特等功臣。支前 5 个月，历经 4 省，行程万里。

1948 年 9 月，张维礼听到上级动员村民支援淮海战役的消息后，虽超龄，仍积极报名，他说："打蒋介石，解放全中国人人有责，干别的我不行，支援前线是我的责任，别看我的年纪大，如果推小车你们小伙子哪一个我也敢和你们比一比。"就这样，他参加了支前小车队。除和队员一样推车拉车外，他还担负小车队的事务工作。到达宿营地后，他总是顾不上腰痛腿酸，给队员们筹水备饭，常无法按时休息。为躲避敌机轰炸扫射，民工队大多选择在晚上行军。冬季多风多雪，道路泥泞，一路上困难重重。有时几昼夜得不到休息，民工推着车子也会疲倦地睡着，稍有不慎就翻倒在沟里。这种情况下，张维礼经常帮别人拿东西，减轻别人的负担，有一次他甚至推了相当于 3 辆车推的东西。还有一次，道路泥泞，桥梁被炸坏，他就赤脚在刺骨的冰水中，一夜完成两次运输任务。后来，连下三天大雪，在雪深过膝的夜里，他不知跌了多少跤，翻了几次车子，磕破了几次胳膊，仍继续前进，从不叫苦，民工们都称他是老英雄。遇到粮食柴草供应不上，上级号召民工节约粮柴支援部队时，他总是积极响应号召，并带动大家趁休息时间拾草。为节约粮食，他曾冒着敌机轰炸扫射的危险，到离驻地 20 余里的和集买菜，有力支援了部队。

30. 李志保

李志保，河南项城人，时年 29 岁，特等功臣。

李志保积极响应党的号召，带头报名参加支前担架队。他所在的范集区担架队共有 120 副担架，600 人，担架队经槐店、涡阳往亳州东 9 公里的地区接受任

务，路过槐店时一部分队员想回家，李志保发现这一问题
后及时和队员进行了谈话。有的队员以挑不动为名，把面
扒给了李志保。李志保身担 45 公斤面，仍坚持完成了任
务。到了柳集，担架队只剩下 27 副担架 162 人。当时人
少任务多，别的队员抬伤员换班休息，他不换班。这时担
架队员的思想更为混乱，都害怕到前线去。领导坐下来宣
传支援淮海战役的伟大意义，李志保为了稳定担架队员的
思想，帮助领导进行个别动员，给队员讲自己解放前的生活，想尽办法提高大家
的积极性和觉悟。支前途中，李志保总是精心照顾伤员，把自己带的被子拿出来
给伤员盖，日子久了，被子变成了黑色。

黄维兵团被消灭后，部队领导奖给李志保一支枪，担架队也都各自回家了。
在战场上每人都拾了很多子弹，途中边走边打，到家后就把余下的子弹都出售了。
可李志保却把在战场上拾的 190 发子弹，一粒不少的都挑回了家。路上有人说："40
天了，还不赶快回家，还挑些那家伙。"挑到家后别人劝他卖掉，他却把子弹都分
给民兵，留着维护治安打敌人用。1949 年元旦，县里召开项城县支援徐州会战胜
利担架队庆功表模大会，李志保被选为大会委员，同时被评为特等功臣。

31. 李继才

李继才，山东沂水人，时年 32 岁，中共党员，特等功
臣。

李继才所在的担架团随华野一纵行动。围歼黄百韬兵
团时，他两次深入火线抢救伤员。在将伤员转移到后方医
院途中，天降大雨，伤员的衣服被淋湿，李继才把自己的
棉被、棉袄盖在了伤员身上。行军时他还经常用自己的茶
缸给伤员接大小便。被评为特等功臣。

32. 杨兴田

杨兴田，山东日照人，中共党员。他带领担架连，抢救伤员，运送弹药，参加
大小战斗 30 余次，带领民工队，在距敌 100 米，严密火力封锁下，一夜之间挖出深

1米、宽1米、长2500米的交通沟。荣立二等功。

杨兴田十分注重民工的思想教育和对弹药的管理。针对大部分民工害怕弹药爆炸的心理，杨兴田反复进行教育。他告诉大家："弹药虽是爆炸物，可只要管得好，就能避免意外爆炸。"他还教民工掌握弹药管理知识。这样就消除了民工的恐惧心理，保证了任务的完成。

宋家庄战斗中，部队正在全力围歼敌人1个营，弹药由民工负责运送，可连续两次都因民工情绪不安和敌人的火力封锁，没能送上去。在这紧急关头，杨兴田接受了任务。他立即召开连、排、班长和党员参加的紧急会议，进行了政治动员，研究了作战技术，使全连民工在思想上树立了完成任务的信心。他对大家说："任务越艰巨，我们越光荣。"民工们也一致表示："坚决完成任务，打垮蒋介石，解放全中国。"随后，他们扛起弹药，冲破了敌人的火力封锁，及时把弹药送到了阵地。

陈庄战斗中，杨兴田带领民工队，在距敌人100米，严密的火力封锁下，一夜之间挖掘出深1米、宽1米、长2500米的交通沟。解放军正是利用这条交通沟，接近敌人，隐蔽自己，完成歼敌1个团的任务。

33. 肖淑善

肖淑善，山东沂水人，时年40岁，中共党员，担架团某排排长，特等功臣。

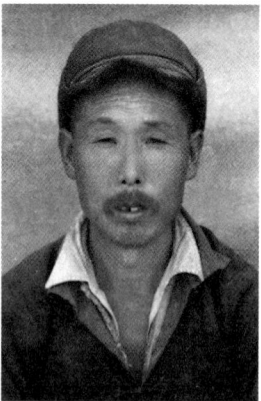

肖淑善带领全排36人，6副担架，有一次一昼夜向后方医院转运伤员两次，行程70公里。他还带领全排在一次战斗中到火线背伤员7次。在萧县用担架运炮弹时，途中遇上敌机，他果断指挥，及时隐蔽，民工和炮弹都未受到损失，被临时记功一次。他还经常对全排民工进行爱护伤员的教育。凡他带领的民工，对伤员都十分关心。战役结束后他被评为特等功臣。

34. 苏照时

苏照时，山东日照人，日照担架团三营四连二队队长，一等功臣。他率队支前 3 个月，该队荣获集体二等功和模范队的光荣称号，荣获华东支前委员会、华野二纵、师部和十七团授予的锦旗 4 面。

"出夫支前立大志，淮海战场创伟绩；
寒冰刺骨架浮桥，枪林弹雨在阵地；
夜送门板二十次，天大的困难挡不住；
要问这是哪一个，模范队长苏照时。"
这是广大民工对苏照时的赞语。

1948 年 5 月，苏照时出夫支前，任日照担架团三营四连二队队长，全队 36 人，淮海战役时被编为华野二纵六师十七团辎重队，担任一线运送弹药的任务。

整个战役期间，苏照时英勇顽强，不怕困难，总是在关键时刻挺身而出。围歼黄百韬兵团时，十七团担任侧击徐州增援之敌的任务，战斗进行到第三天，部队被一条河阻住了去路，河水很深，河面没有桥，敌人在对岸架设了严密的火网，上级命令该队架桥。苏照时接受任务后，立即带领全队，扛着竹杆、木棒奔向河岸。对面一串子弹射来，副队长许言高和另一个同志负了伤，见到这一情形，有的民工退缩了。苏照时见状，立即召开紧急会议进行动员，并和同志们一起研究了架桥的方法。会后，他第一个跳下水去，全队在他的带动下，都积极投入了战斗。就这样，在部队掩护下，在刺骨的深水中，经过奋战，他们架好了 3 座桥，使部队顺利通过，胜利完成了阻击任务。

围歼杜聿明集团时，敌人组织了七次突围，均被击退，眼看前沿阵地上的弹药快要打完，敌人又开始了第八次突围，在这紧急关头，苏照时带着已经三昼夜没有休息的辎重队，冒着敌人的激烈炮火，及时把弹药送到了五连阵地，使我军转危为安，打退了敌人的第八次突围。总攻发起后，该队又担任了向前沿阵地运送门板构筑工事的任务。解放军从下午到第二天上午，一昼夜攻克 20 多个村庄，该队即运送物资 20 多次。一次运送途中，遭到敌人炮火阻击，苏照时的大衣被燃烧弹击中，身上起了火，他立即将棉衣脱掉，不顾危险扛起门板继续前进，一直坚持到战斗结束。

在苏照时的率领下，辎重队冒枪林弹雨，艰苦奋斗3个月，胜利完成支前任务，荣获集体二等功和模范队的光荣称号，荣获华东支前委员会、华野二纵、师部和十七团授予的锦旗4面，苏照时被评为一等功臣。

35. 迟作孝

迟作孝，山东海阳人，时年22岁，中共党员，副小队长，一等功臣。

行军时，迟作孝总是帮助体弱的同志拿东西；到达终点，就帮炊事员烧水，给民工洗脚，关心队员住宿。他接受任务异常坚决，并极力克服困难想法完成。有一次急送一批炮弹到部队，途中路过封锁线时被敌人发现，敌人立即集中火力截击民工运输。在疯狂火力封锁下，迟作孝率领民工扛着炮弹爬行，并率先扛起两箱"八二"迫击炮弹，组织民工趁敌人炮火间隙，及时把炮弹运到前线，保证了战斗胜利。

还有一次，迟作孝带领3名民工去安徽萧县执行任务，正巧碰上部队作战，他马上带领3名民工参加了战斗。激战中，他的手负伤了，仍坚持和部队一起作战。他说："早消灭一个敌人，战争便会早日结束。"部队首长数次动员他离开阵地包扎，他总是说："我们的任务还没有完成，战斗还没有胜利，挂这么点彩不要紧，敌人不消灭我坚决不下火线。"一直到战斗取得胜利后，他才转入医院治疗。在医院时，他一刻也不肯休息，经常帮助护士挑水打饭，伤口还没痊愈就请求归队，最后提前归队接受了新的任务。

评功大会上，民工一致认为他事迹突出，对完成支前任务发挥了很大作用，经华东支前委员会评定为一等功臣，并授予支前奖章1枚。

36. 陈久睦

陈久睦，山东栖霞县人，时年30岁，华野四纵担架队队员，特等功臣。为了架桥，他脱掉棉衣，在深达一丈冰冷刺骨的河水中，坚持了4个多小时。

"保土地，卫国家，表决心，去支前，完不成任务不复员"，这是陈久睦出发时的誓言。此后，他跋山涉水，背井离乡，转战在淮海战役前线。

一次行军，路遇大河，桥梁已被炸毁，新修的桥由于踩踏的人太多，已倒塌不能通行。在此紧急关头，陈久睦想："如果今晚过不去大河，白天被敌机发现，不仅要遭受不应有的损失，恐怕对整个战斗也不利"。想到这里，他第一个报名下水架桥。11月的天气，寒冷刺骨，水深流急，又是黑夜，任务极其艰巨！但他毫不犹豫地跳到河里，在他影响下，队长杨福海和其他两名担架队员，也踊跃下水架桥。他们脱掉棉衣，把绳子的一头拴在腰间，另一头拴在木杆上，在深达一丈的河水中，在冰冷刺骨的河水中，搏斗了4个多小时，终于用木杠、门板将桥架好，使部队和担架队顺利通过。当他们完成任务回到岸边时，已冻得全身麻木，不省人事，醒来之后，陈久睦的嘴里仍叨叨着："队伍过河了吗？"

至今，陈久睦的腿上，还遗留着被冻伤的疙瘩。

37. 陈元德

陈元德，河南永城人，时年46岁，支前模范。他组织了24副担架，将120名伤员安全转送到后方。他还组织了368人，扛米20万公斤，满足了前方需要。

陈官庄战斗中，陈元德组织了24副担架，奋不顾身走上前线，救护了24名伤员。转运伤员时，仅用5天时间，就将120名伤员全部安全转送到后方。他认为解放军是人民的子弟兵，对待伤员就要像对待自己的亲兄弟一样。12月间，寒风刺骨，大雪覆盖整个大地，陈元德照样给伤员送饭，送茶，扶着伤员小便，并把自己的棉衣和被子给伤员盖。不管战斗有多激烈，都冒着生命危险抢救伤员，遇到困难，总是千方百计克服，想方设法完成。一次在护送伤员途中，遇到一个敌人，陈元德立即拿起木棒，走到敌人面前，大喝一声："不许动，缴枪不杀！"敌人看陈元德没有带枪，想抵抗，但被陈元德制服。转送粮弹时，路积大雪，运送粮米的车

辆不能行走，陈元德就发动群众到30多公里外的砀山扛米，他一共组织了368人，每人都扛了30公斤，共扛17次20万公斤，满足了部队需要。战后，陈元德被评为支前模范。

38. 孟广训

孟广训，河南睢县人，时年27岁，中共党员。

孟广训跟随解放军支前，从没掉过队，从没叫过苦，从没叫过累。把伤员从前线送到后方，再从后方到前线，一天不知跑多少趟，夜以继日，几天没吃饭就紧紧腰带。他冒着枪林弹雨救助伤员，直到淮海战役结束才返回长岗。

在家乡的各项工作中，他从没落后过或中游过，在和敌人的斗争中，立场坚定从未动摇过，完成任务又快又好。

39. 范义芳

范义芳，山东无棣人，担架队排长，特等功臣，支前英雄。

范义芳在担架队担任联络工作。行军时，为不走弯路，他总是走在担架队前面，用"粉子面"打好路标，遇到困难，他总是坚决克服。一次，担架队向台儿庄行进，一路上需要渡过好几道没有桥梁的河流。天气寒冷，许多河面结了冰。为不让大家冒险渡河，范义芳自己先踏破刺骨的寒冰，试探水的深浅，再让担架渡过，就这样，一夜渡过了好几道河。陇海路执行任务时，我军日夜作战，民工连续执行任务，已有几夜没有睡觉。别人休息了，范义芳仍不顾疲劳，到10公里外的地方买菜。回来路上还遭遇了敌机。范义芳担任排长后，带领全排冒着敌机的巡回扫射和大炮的不断轰击，圆满完成从萧县往黄庄医院送药品和伤员转院的任务，往返10余里，全排人员及物资均未遭受损失。在接受了转运重伤员的任务后，他提出"伤员为国流鲜血，我们为国运伤员，血肉关系比弟亲，好好爱护理应当"的口号。转运途中，范义芳多次用自己喝水的缸子给伤员接小便，用自己的手给伤员接大便，还经常将自己的衣服和被子盖在伤员身上。他的群众工作做得也很出色。每到一个新区，就向群众宣传政策，给群众担水、扫院子，以自己的实际行动感化群众，受到群众的好评。

范义芳后来被评为特等功臣，荣获华东支前委员会授予的支前英雄称号，获奖章1枚，三八式步枪1支。

40. 金学增

金学增，山东平邑人，回族，时年27岁，中共党员，平邑县运输团二营三连一排排长，特等功臣，该排被评为支前模范排。

1948年农历十月初六，金学增带领一支由回汉两族群众组成的运输排，共40人、19辆小车，跟随部队担负运送子弹、炮弹、枪械、粮草和抢救伤员的艰巨任务。

出发前，区政府召开全区欢送支前民工大会。党委提出"保护胜利果实，把住南大门，全力支援淮海战役，解放全中国"的号召。金学增代表全排在大会上表示：不怕苦，不怕难，解放军为我们流血，我们为解放军流汗，不完成支前任务，决不把家还。

该排跟随华野七纵行动。过龙五河时，河水结冰，又无桥梁，运输排踏冰渡河，金学增第一个带头下水，带动大家完成运送弹药、面粉的任务。杨家围子战斗中，高启文、金学增带领15辆小车担任运送5车面粉、10车子弹的任务。通过一个兵站时，敌人丢下了照明弹，民工队被冲散，他们快速将队伍集合起来，继续赶路。战斗极其激烈，部队伤亡很大，需要深入火线抢救伤员。民工心里都很害怕，金学增就反复动员教育，经过动员，全排全部报名上火线抢救伤员。没有担架，他们就把面粉卸下来，用小车推伤员，一辆小车可以推两名伤员。金学增抢救的是一名身上多处负伤的重伤员，他用自己的毛衣、被子给伤员盖好、包好。后来伤员写信表示感谢，信中写道："运输营是亲人，感谢救命的恩人。"

战后，金学增荣获华东支前司令部授予的特等功称号，该排被评为支前模范排，另有5人荣获一等功，22人荣获二等功，12人荣获三等功。

41．柳作良

柳作良，山东栖霞人，时年33岁，栖霞县担架运输队队员，特等功臣。

碾庄战斗中，为保证前线伤员药品供应，在沂河岸上，他接受了运送药品的任务。沂河上只架有一座不结实的索桥，通过时要探步前进，十分危险。但他毫不畏缩，在极端困难的运输条件下坚持过河，接着徒步9公里，把药品快速送到前线医院。

对待伤员，他爱护备至，常用自己喝水的茶缸为伤员接小便，用自己的衣服为伤员取暖御寒。为及时把伤员运到安全的地方治疗，他走起路来总是既快且稳，唯恐加重伤员痛苦。他整天不辞辛劳，不顾个人安危往返前线运送伤员的行为，鼓舞着全队的民工。

42．胡义明

胡义明，山东沾化人，中共党员，运输队班长。转战5个月，曾夜行百里不掉队，趟河10条不脱鞋。荣立特等功。

1948年农历八月初三从家乡出发，随华野十纵二十九师八十七团转战5个月。行军中曾一夜百里不掉队，趟河10条不脱鞋。别人休息时，他忙着给同志们做饭，上级发了鞋他总是先让给别人穿。他用自身言行启发和教育着全班同志。全班12名民工始终团结友爱，无一逃亡，圆满完成了任务。他在前线抢救伤员，英勇机智，不怕牺牲。小李庄战斗中，夜逢小雨，他带头3次上火线抢救了3名伤员，被连队记小功两次。他爱护伤员，用自己的缸子为伤员接小便，寒冬腊月里将自己的棉衣脱下来给伤员盖，感动的伤员流泪致谢。后被华东支前委员会评为特等功。

43．郝茂堂

　　郝茂堂，山东招远人，时年24岁，中共党员，招远支前担架大队九分队一小队队长。从团部前往距离20公里的师部抬伤员，其他小队一夜抬5趟，他率领的小队却以每小时10公里的速度一夜抬了6趟，还提前半小时返回，荣立特等功，并被授予"支前英雄"称号。

　　郝茂堂经常对队员进行思想教育。担架队出发时接到的任务是"支援解放济南城，服务时间3个月"。可是仅仅20天，济南就解放了。这时上级布置了新的任务："立即支援解放徐州，担架队服务时间延长到6个月。"消息传来，个别同志嫌时间长、任务重，对完成任务缺乏信心与决心。郝茂堂立即召集本队队员，反复讲述支前是为了保家、保田、保卫胜利果实，解放劳苦大众，不打垮三大敌人，家乡好不了的道理。他还多次组织座谈会，通过辩论，提高大家的认识，最后全体队员一致表示："海可枯、石可烂，不灭敌人心不甘，革命必须干到底，不彻底胜利不归还"。

　　郝茂堂和队员同甘共苦，以身作则。有水先让伤员喝，再让队员喝，最后才轮到自己。有房让给别人住，有饭先让别人吃。一次，在梁山头村宿营，住处少，他把队员们安排在屋里，自己却冒着严寒风雪，睡在屋外房檐下。过沂河时，水深过腹。队员徐学道个子矮小，郝茂堂一只手搀扶着他过河，另一只手还帮一个队员拿着棉衣。

　　郝茂堂的小队还总是提前完成任务。一次，从团部往师部抬伤员，距离20公里，其他小队一夜抬5趟，他们却以每小时10公里的速度一夜抬了6趟，还提前半小时返回。还有一次，小队随解放军追击逃敌，空中飞机在扫射，地下炮火在轰击，小队以每小时10公里的速度前进，两顿饭没能供应上，郝茂堂就在村里买了20斤大葱给队员吃，一直坚持冲在其他担架队的前面，完成了抢救伤员的任务。

　　他带领的小队被评为支前模范队，郝茂堂荣立特等功，并被授予"支前英雄"称号。

44. 倪维恒

倪维恒，时年36岁，江苏宿迁人，中共党员，特等功臣。他一个人护理13名伤员，其中3位重伤员不能吃饭，他就用芦苇管子喂给伤员吃。

倪维恒关爱群众。每到驻地，总是主动帮助当地群众干农活，挑水，扫地，不辞劳苦。他照顾伤员无微不至，曾经一个人护理过13名伤员，其中3名重伤不能吃饭，他就用芦苇管子喂给伤员吃。他还主动向群众借澡桶给伤员洗澡，背伤员看戏，用自己喝茶的碗给伤员接小便。有一次，一名伤员因伤重不能起床和身体周转，便盂不能放进身下，他就用自己的手为伤员接大便。伤员十分感动，一再表示："早日出院重上前线再立奇功。"

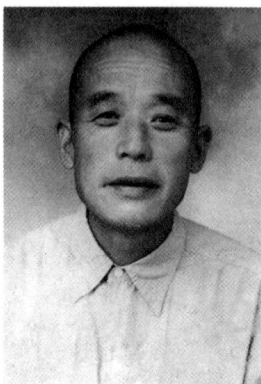

45. 夏哑巴

夏哑巴，河南项城人，时年28岁，一等功臣。从火线到后方30公里的路程，他一口气来回背了5位伤员。

支前开始时，夏哑巴找到干部，"叭叭"地比划着报名，但未被批准。后来夏哑巴的母亲又找到干部，坚持给儿子报名，他这才正式加入担架队。

一次夜战，敌人的枪炮子弹如暴雨般袭来，照明弹照得阵地如白昼一般，火线抢运伤员的担架队员们犹豫不前。为带动大家救出伤员，夏哑巴独自一人冲上了火线，从火线到后方30公里的路程，他不断往返，共背回5位伤员，并且照顾得很周到。消息传开后，人人都说：夏哑巴真是支援淮海战役的英雄豪杰。1949年元旦，项城县支援徐州会战胜利担架庆功表彰大会召开，夏哑巴被评为一等功臣。

46. 徐吉荣

徐吉荣，山东栖霞人，时年36岁，特等功臣，支前英雄。

抬送伤员时，徐吉荣总是抬得快且稳，想尽一切办法安慰伤员，使伤员少受痛苦。他亲自为伤员接大小便，问长问短，嘘寒问暖。当伤员对他表示感谢时，他总是说："没什么，只要你少受痛苦，俺从心里高兴。"每当有的同志有松劲情绪时，他便做起动员工作，他经常说的一句话是："解放军的苦比咱多得多，咱不好好干没有话说。"

47. 崔明章

崔明章，山东沂沅人，时年29岁，中共党员，沂沅担架团一营一连指导员，一等功臣。

战役中，崔明章带领全连130名民工，30副担架，跟随解放军某部抬伤员。有一次，经过四昼夜的行军，担架连抵达关河。河水深一尺半，宽200公尺，河面结了一层薄冰。大部分民工连续行军，异常疲劳，见到这一情景，一致要求休息，天亮再出发。崔明章想：过河吧，民工不愿意，不过吧，任务紧急，等到拂晓或天明过河会遭敌机轰炸。这种情况，只有以身作则，带头渡河才能完成任务。于是，他第一个跳下了水，虽然北风呼呼，冰块刺腿，他渡河的决心丝毫没有动摇。渡过河后，他又返回来，教育动员民工渡河。许多民工看到他这种精神，十分感动，纷纷表示：指导员能过，我们也能过。最后全连130名民工全部顺利通过。他后来被评为一等功臣。

48. 常鸿坤

常鸿坤，河南鄢陵人，时年27岁，支前小队长，率10副担架，60名民工，护送伤员，荣获"二等模范"称号。

淮海战役动参时，常鸿坤第一个报名参加支前工作。工作中，他以身作则，常对民工进行说服教育，给民工讲解护送伤员的重大责任，教育民工要爱护伤员，渴了给伤员弄茶，饥了立即做饭，注意采用轻起落慢行走的办法，免得伤员疼痛。在常鸿坤的带领下，该队 60 名民工对伤员照顾得都很好。民工赵树林说："常鸿坤说得很对，咱既然来了，坚决把伤员护送好，跟自己的亲兄弟一样，甚至爱护伤员比爱护自己的眼睛还重要。"

就像队员说的那样，常鸿坤爱护伤员比爱护自己的眼睛还重要。护送伤员途中，他总是跑前跑后问候伤员，渴不渴，饿不饿，解手不解手，民工走得快不快。一次护送中，天色灰暗，下着蒙蒙细雨，任务紧，不能休息，常鸿坤抬的伤员饿了，他毫不犹豫的从口袋里掏出钱来买了 5 根麻花，还烧了一碗开水，将麻花泡了泡，慢慢地扶着这位伤员，喂他把麻花吃了。伤员掏出钱来给常鸿坤，被他再三拒绝了。有一次护送中，有一位伤员，是许昌五女店人，胳膊受了枪伤，不能随便移动，但下肢没什么问题。行走中他怕累着民工，想下床走一段路，让民工休息休息、歇歇肩膀。常鸿坤和队友赵树林怕他走动时会震伤，发生疼痛，拒绝了这位伤员的再三请求。还有一次护送伤员时走了 30 多公里路，天刚亮不久，敌机在上空进行扫射，常鸿坤立即领着民工将伤员抬到隐蔽地方。为了不暴露目标，他把自己的棉袍给伤员盖在身上，民工们在常鸿坤的带动下，纷纷脱下自己的上衣盖在伤员的白被子上，这样避免了暴露目标。敌机过后，将伤员安全地送到病房时，伤员感动地流出了眼泪说："您对我真好，如果伤治好我重返前线，一定踊跃杀敌，报答你们对我的亲切关怀。"

在马士堆住时他还亲自给群众担水扫地、锄草、喂牲口、干杂活，不拿群众一针一线，该村的群众都夸他们跟解放军同志一样。由于常鸿坤支前坚决，任务完成得好，爱伤员胜于爱自己，服从领导听指挥，不怕艰难困苦，淮海战役结束后，在庆功表模大会上，他荣获"二等模范"的光荣称号。

49. 曹金殿

曹金殿，山东招远人，时年 23 岁，担架小队文教委员。

邳县战斗中，面对冰冷刺骨的河水，曹金殿毫不犹豫地脱下衣服，涉水抢渡；碾庄战斗中，小队长王吉会提出："把 5 个人抬的担架改为 4 个人抬，腾出的人再

另做一副担架抬。"曹金殿当即把自己的腰带和捆行李的
绳子拿出来，带动大家献物献计。打碾庄那一夜，曹金殿
和队员一起在火线上转送伤员，有的队员抬3次，有的队
员抬4次，而曹金殿抬了5次。最后一次，正当拂晓，寒
气逼人，曹金殿抬着一位营长，走到一条大河前面，敌
机不断地扔着炸弹，曹金殿想："战士们为人民流血牺牲，
我们苦一点怕什么，转运伤员走得越快，就越能减少伤员
的痛苦。"随即带领其他队员高举起担架迅速渡过了这条险
要大河。共用了40分钟，行走了9公里路，把营长送到了野战医院。还有一次，
一位战士火线负伤，上级动员担架队火线抢救这位伤员，曹金殿第一个报了名。
此时，飞机不停地在空中盘旋，等飞机飞走再抢运伤员只怕来不及，曹金殿忽然
想起听过的防空常识，急忙折些树枝捆绑在担架杆上，做了帽子戴在头上，又绑
了一些在背上，急速前进。刚到火线附近，飞机又出现了，不断地扔着炸弹，一
时间整个战场硝烟弥漫。曹金殿见情况紧急，4个人一齐行动目标太大，容易被敌
机发觉，就叫了另一个队员一起跑到工事前，把这位伤员抬放到担架上，使这位
伤员安全离开了火线。

50. 萧从魁

萧从魁，山东海阳人，挑运四连连长，特等功臣。他
率领全连132人，胜利完成支前任务，荣获四面奖旗。

支前过程中，萧从魁总是以身作则，遇到艰苦任务，
能够带头完成。曾带领全队一晚上涉过水深4尺以上的大
河4条。无论走山路或过大河，他总不忘扶持年老体弱或
有病的队员，帮助队员挑运物资。他还经常对队员们进
行细致深入的教育，要队员们遵守群众纪律、注意防空。支前途中曾遭遇敌机数
次扫射，在他的指挥下，没有一名队员受伤。每次运输任务，都能及时完成。他
被大队评为特等功。他率领的挑运连132人，胜利完成支前任务，荣获4面奖旗。
第一面奖旗是因民运工作做得好，帮助群众搞生产荣获，第二面是帮助军队锄马
草，华野四纵赠送的，此外还荣获了钢铁运输连锦旗两面。

51. 蒋克增

蒋克增，山东海阳人，挑运队员，特等功臣。

蒋克增吃苦耐劳，不怕困难。冰天雪地里，常肩挑重担行军。过沂河时，自己掉在河里，水深过腰，棉衣全部湿透，也不叫苦，还鼓励大家克服困难。在他带动下挑运队及时完成了任务。

他团结队员，爱护队员，经常帮队员缝补衣服，共絮棉裤20余条。

他还是遵守群众纪律、爱护群众利益的模范，经常在休息时间帮助群众干农活。

52. 臧书文

臧书文，河南许昌人，时年19岁，一等支前模范。

1948年底，他接受了抬送伤员的任务。前后方相距10公里，他与其他几名队员每天往返3次，25天共运送伤员95名。臧书文亲自转送了8名伤员。他对待伤员比亲人还亲。伤员上担架时，他总是慢慢地将伤员放在担架上，枕头垫好，被子盖好。他还亲自服侍伤员解大小便。伤员口渴时，他就用勺子一勺一勺地喂伤员喝水，伤员感动地说："你对我这样好，我真是没有什么说的，只有好好休养，早日恢复健康奔向前方，多杀几个敌人来报答老乡了。"

庆功会上，臧书文被评为一等支前模范。

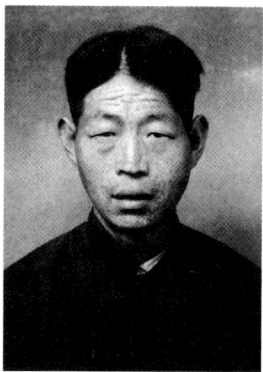

53. 魏凤兰

魏凤兰，山东莒南人，时年19岁，中共党员，荣立二等功。

魏凤兰不怕脏和累，照顾伤员无微不至。一次，一位伤员躺在担架上无法动弹，因行军时间较长，口渴难忍。为减少伤员痛苦，魏凤兰想了种种办法，伤员都没能喝上水，最后他用嘴给伤员喂水。伤员感动地说："你是我的好弟弟，我养好了伤，多杀敌人，咱们好过太平日子。"还有一次，一位伤员吐血很厉害，他就用手伸到被子里把吐的血、痰接出来，防止伤员夜里受冻。每到下半夜，天凉了，他就把小袄脱下来给伤员盖上御寒，自己穿着单衣执行任务。他经常节省下菜金，买糖和烟给伤员吃，有一次买了5000元（北海币）的饼给伤员吃，伤员很受感动。在从邳州向北转送伤员时，他和队员们每夜转运45公里，连续9夜，从不叫苦叫累。

莒南碾淮海战役
二等功臣魏凤兰同志

他还十分重视群众工作，一有空就帮房东干活。住在滕县小岔河村的6天时间里，他号召队员们给房东割了2亩豆子，拾粪18筐，担水55担。

后来魏凤兰被评为二等功，并光荣地加入了共产党。

第三节 功臣榜

淮海战役期间，涌现出许多支前功臣和支前英雄，各级支前机构颁发给他们各种立功证和功劳证作证。淮海战役纪念馆在20世纪50年代末、60年代初向社会各界开展广泛的文物征集工作，获得热烈响应。许多参加淮海战役的民工和群众捐献了自己荣获的立功证、功劳证。本节中，编者依据淮海战役纪念馆所藏支前立功证、功劳证及其文物卡片上的登记信息，整理出这份淮海战役支前功臣榜（按立功者姓氏笔画排序）。由于受当时条件的限制，在这些记载中，有些人名、地名信息可能有出入，但是已经难以一一考证。对此，编者一律不作改动，以尽可能铭记这些英雄的功绩而不使之埋没。

姓　名	籍　贯	立功情况
丁士修	山东胶河县	一等功
丁子明	山东庆云县尚堂区中丁村	特等功
丁必正	不详	支前功臣
丁其聚	山东平邑县西皋村	一等功
丁爱祥	山东五莲县高泽乡	二等功
于天佑	山东东栖县亭口区寨里于家村	一等功
于中芹	山东文登县侯家区南庄村	四等功
于中勤	山东文登县南辛村	二等功
于从光	山东垦利县永安乡	三等功两次
于文江	山东诸城县	一等功
于为可	山东五莲县许孟乡	二等功
于永善	山东海阳县大山区辛安村	特等功
于圣和	山东淄川县龙泉区东立山村	二等功
于尚文	山东招远县罗山区大郝家村	三等功
于尚文	山东招远县罗山区郝家村	三等功
于明珠	山东垦利县永安区刘家屋村	二等功

于 学	山东海阳县龙山区后店村	特等功
于胜基	山东滨县张官区相公庙村	二等功
于凌海	山东潍坊市临时医院三分院院长	二等功
于海亭	山东平南县挑河区于家村	二等功
于祥文	山东招北县罗山区大郝家村	三等功
于盛河	山东淄川县龙泉区东立山村	二等功
马义山	江苏阜东县三岔乡	一等功
马玉杉	山东临朐县盘阳区辛寨村	二等功
马玉彬	山东临朐县	二等功
马永章	山东平邑县第一区平邑七村	一等功
马廷奎	山东临朐县城区	三等功
马庆禄	山东昌南县北孟区马家庙村	一等功
马克成	山东垦利县永安区	二等功两次
马连奎	山东临朐县城区陈家上庄	三等功
马明文	河南鄢陵县陈店区	一等功
马景泗	平原省	劳动模范
马德俊	山东临朐县	三等功
王□底	山东垦利县永安区西十四村	三等功两次，二小功两次
王大旺	河南鄢陵县前曹村	三等功
王万英	不详	特等功
王广文	山东汶山县	人民功臣
王子明	山东莱芜县圣井区圣井村	二等功
王子忠	山东广饶县	三等功
王云荣	山东泗水县	三等功
王中专	山东莒南县涝坡区大庄村	二等功
王风周	山东日照县	二等功
王风琪	山东博兴县店子区李村	三等功
王心云	山东招远县罗山区大郝家村	三等功
王心云	山东招远县罗山区郝家村	三等功
王以礼	山东淄川县萌山区萌水村	三等功

王玉生	山东费县	二等功
王玉生	山东费县城关古泉庄	二等功
王世平	山东莒南县大店区郭家埠墩村	一等功
王世俊	山东寿光县南丰区芦家营村	三等功
王本达	山东沾北县闫家乡徐庙村	三等功
王丙友	不详	三等功
王占魁	山东掖县西北章村	一等功
王生寿	山东招北县罗山区大郝家村	三等功
王汉翠	山东日照县芦山区黑涧村	三等功两次
王 礼	山东安丘县南部区崔巴峪村	二等功
王训德	山东平东县	三等功
王永生	山东平度县城厢区战家町村	二等功
王永生	江苏东关县富余区兴和乡兴南村	三等功
王永昌	山东临朐县龙响店子村	一等功
王永盛	山东平北县城厢区战家町	二等功
王永森	江苏海门县	三等功
王民选	山东博突县兴张村	二等功一次，三等功两次
王加云	山东平东县	三等功
王光元	山东淄川县昆仑区磁村	三等功
王先民	山东海阳县大山区瓦罐窑村	一等功
王竹善	山东平东县	三等功
王传森	山东垦利县永安区后二十五村	三等功
王伏春	江苏阜宁县	一等功
王延秀	山东临朐县城区高垣墙村	二等功
王汝金	山东高密县方平区前沙沟村	三等功
王汝金	山东高密县方平区腾家村	三等功
王纪胜	山东淄川县商河区石埠村	一等功
王进禄	山东高密县方平区西张戈庄村	二等功
王志清	江苏南通县	三等功
王秀明	山东沂南县青驼区丁家沟村	二等功

王佃和	山东	三等功
王佃和	山东沂中县城郊区黄泥崖村	三等功
王怀德	山东平东县	三等功
王宏申	山东淄博市	小功两次
王妙亭	（在潍坊市临时医院为伤员服务）	三等功一次、大功一次
王述斌	江苏泗阳县卢集公社小谷集	二等功
王金田	江苏如东县栟丰区	四等功
王泽干	山东乐陵县三区大张村	特等功
王泽千	山东乐陵县城西大张家村	特等功
王泽铃	山东乐陵大张家	特等功
王泽铃	山东乐陵县	一等功
王治盛	山东招远县勾山区大尹格庄	二等功
王官良	山东平东县	三等功
王建兴	山东费县马庄区西岗口村	二等功
王春杰	山东昌北县城区南隅村	一等功
王春荣	山东沾化县新华区徐庄	二等功
王荣坦	山东淄川县昆仑区磁村	三等功
王奎行	山东费县	一等功
王星台	山东安丘县郚山区冷家山村	三等功
王贵喜	山东滨县张集区铁匠村	三等功
王思贤	山东平邑县	一等功
王思贤	山东平邑县二区下小峪	一等功
王思盛	山东平度县	二等功
王复海	江苏如东县岔南区笔杨乡张烈村	四等功
王修善	山东平东县洪兰区洪兰村	三等功
王恒正	山东临朐县	三等功
王振寰	不详	功劳证
王桐凤	山东平度县两目区杨家庄	二等功
王家力	江苏射阳县	特等功
王家立	江苏射阳县四明区塔村	特等功

王家敖	江苏射阳县四明区得胜乡	小功一次
王继盛	山东淄川县商河区石埠村	一等功
王常富	山东泗水县七区南铺子村	三等功
王章五	山东莒县寨礼区家课庄	四等功
王章武	山东莒县家课庄	四等功
王清喜	山东滨县一区家村（今惠民县）	一等功
王淑增	山东文登县	一等功
王淑增	山东文登县侯京区侯家村	一等功
王　梁	河南通许县双庙区	特等功
王景中	山东利津县宁家区	三等功
王敦奎	江苏睢宁县	一等功
王道中	山东淄川县	二等功
王道忠	山东淄川县龙泉区渭头河村	二等功
王锡昌	江苏海门县镇东村	四等功两次
王福田	江苏如东县岔南区笔杨乡五连村	四等功
王福春	江苏阜宁县新沟区沿河乡葛桥村	一等功
王福春	江苏阜宁县薛庄大队	一等功
王福奎	山东文登县	二等功
王福奎	山东乳山县浪暖区	二等功
王福洪	山东平度县云山区小河子村	特等功
王福海	江苏如东县岔南区毕杨乡	四等功
王福第	山东垦利县永安区十四村	三等功两次
王殿兴	山东垦利县永安乡	三等功两次
王殿兴	山东垦利县新泰区日村	三等功两次
王增宽	山东平东县仁兆区周家屯村	三等功
王德文	山东安丘县郚山区乔家宅子村	三等功
韦考方	江苏竹庭县芦阳区韦家岭村	小功一次
韦利银	江苏如东县马北区马杨乡	四等功
车方新	山东威海市港西区	三等功
牛健方	山东五莲县	二等功

毛凤章	山东海阳县龙山区宣疃村	二等功
毛凤章	山东海阳县里店区里店乡	二等功
毛凤彰	山东海阳县里店区宣岭村	一等功
毛文公	山东平东县仁兆区毛家庄	三等功
毛正快	山东平东县仁兆区毛家村	三等功
毛林钦	山东平东县仁兆区毛家村	二等功
文士桂	山东沂北县韩王区麦子峪村	二等功
文士桂	山东沂北县韩王区麦子峪村	三等功
孔庆功	山东五莲县街头乡	二等功
孔祥吉	山东日照县芦山区孔庄子村	三等功两次
邓修领	江苏阜宁县	二等功
左群和	山东垦利县河滨区前左村	三等功
石太其	江苏如东县井安区田季乡	四等功两次
石太琪	江苏如东县	四等功
石昌水	山东淄川县蓼河区上庄村	二等功
石佩玉	山东平西县古庄区马戈庄	三等功两次
石京峰	山东平西县古庄区马戈庄村	三等功
卢瑞文	山东潍坊市临时医院医务室长	三等功
叶洪兹	山东海阳县	二等功
田宗运	山东胶河县障北区东公村	二等功
田厚德	山东苍山县吴家沟	三等功两次
田原盈	山东赵铸县大炉区	二等功
史文章	山东临朐县吕厘店村	三等功二次
史永生	山东招远县张画区史家村	二等功
史永盛	山东招远县张画区史家村	二等功
史兆春	山东昌北县青乡区史家庄	一等功一次，三等功两次
史兴顺	不详	二等功
史学海	山东招北县张画区史家村	二等功
史春志	山东招北县张画区史家村	二等功
史春志	山东招远县张画区史家村	二等功

史洪文	山东招北县张画区史家村	二等功
史焕民	山东招北县张画区史家村	二等功
史森声	山东昌北县青乡区史家庄	二等功
白永祥	山东日照县芦山区战家沟村	三等功两次
白迺阁	山东昌北县城区上台村	一等功
仝北斗	山东垦利县永安区西三村	二等功
丛昌英	江苏如东县汤园区丛坝乡艮江村	"三个好"奖
丛培珂	山东威海县凤林区羊角埠村	特等功
冯允安	山东临朐县	二等功
冯光杰	山东滨县木土店区大唐村	三等功
冯兆珠	山东平邑县	一等功
冯爱梅	山东滋阳县仁美庄	一等功
冯家彬	江苏阜宁县	二等功
边风刚	山东滨县一区边家村	三等功
边到红	山东淄川县龙泉区国家庄	二等功
边道宏	山东淄川县龙泉区国家庄	二等功
邢云恒	山东文登县里岛村	一等功
邢云恒	山东昆仑县虎山区里岛村	一等功
邢宗禄	山东乳山县崮山区曹家庄村	三等功
邢增禄	山东乳山县崮山区曹家庄	三等功
毕可堂	山东昆仑县套河区神格庄	一等功
毕环渠	山东昌北县城区中台村	三等功两次
毕明德	山东垦利县河滨区	二等功
毕荣法	河南中牟县冉区龙王庙村	三等功
毕树林	山东文登县	二等功两次
毕庶林	山东昆仑县套河区双石村	二等功两次
曲同福	山东垦利县民丰区李王村	二等功
朱士和	江苏泗阳县	二等功
朱士洪	江苏阜东县二区云庄村	一等功
朱子恒	山东淄川县商河区西河村	三等功

朱正章	山东莒南县桑庄区岔河村	一等功
朱必余	江苏如东县枡丰区	三、四等功
朱光田	山东沂水县城关毛家窑村	二等功
朱廷箱	山东费县	一等功
朱纪廷	山东胶南县	一等功
朱茂元	山东莱芜县圣井区圣井村	一等功
朱茂奎	山东掖县	特等功
朱思荣	山东平南县三合山区社家屯村	二等功
朱润远	山东费县马庄	三等功
朱善付	山东滨县马店区官庄村	三等功
朱善甫	山东滨县马店区官元村	三等功
朱德训	山东淄川县商河区西河村	三等功
朱鹤友	江苏如东县马北区林明乡	一等功
朱鹤有	江苏如东县马兆区林民乡丰得村	一等功
乔尚富	山东泗水县	三等功
乔明海	山东垦利县永安区东九村	二等功
伊茂栋	山东高青县丁夏区大国庄村	三等功两次
庄立云	山东商河县乐陵镇五里毛家村	一等功
刘九庆	山东五莲县	三等功
刘士思	山东滨县	三等功
刘广仁	江苏阜宁县	二等功
刘广仁	江苏阜宁县吉沟大队	二等功
刘广仁	江苏阜宁县新沟区毛弯乡岗村	二等功
刘子吴	山东安丘县柘山区何家沟村	三等功
刘子顺	山东胶南县宝山区大窗洛子村	一等功
刘子顺	山东胶南县联防上庄	一等功
刘子高	山东安丘县拓山区何家沟村	三等功
刘天贵	山东垦利县永安区前二十五村	二等功
刘天桂	山东垦利县永安区二十五村	二等功
刘元功	山东淄川县龙泉区	三等功

刘元祥	江苏如东县十五大队	三等功
刘云明	山东胶南县	二等功
刘中甫	山东招北县罗山区侯格庄	二等功
刘长吉	山东平北县龙山区陡沟村	三等功
刘风石	山东招远县	三等功
刘风石	山东招远县罗山区朱范村	三等功
刘凤吉	山东平西县新河区孔家村	三等功
刘凤同	山东招远县罗山区朱范村	三等功
刘玉田	山东滨县相口区口村	三等功
刘玉兰	山东诸城县	一等功
刘玉华	山东滨县口杨村	三等功
刘玉庆	山东淄川县崔军区南丰村	二等功
刘玉春	江苏沭阳县	三等功
刘世方	山东博兴县索镇区家茅托村	二等功两次
刘丕青	山东平北县云山区河甲村	二等功
刘东春	山东垦利县河滨区辛庄场村	二等功
刘东海	江苏沭阳县	三等功
刘汉兴	山东临朐县米山区郭家岭子村	三等功
刘汉奎	山东临邑县兴隆区小辛村	三等功
刘永孝	山东滨县马店区东村	三等功两次
刘考成	江苏沭阳县	三等功
刘而学	山东垦利县永安区二十村	三等功
刘先恩	山东平度县云山区河甲村	三等功
刘伟周	山东安丘县郚山区张家沟村	二等功
刘行朋	江苏射阳县吴滩区合利乡	二等功
刘会川	山东滕县龙阳区张庄村	一等功
刘兆祥	江苏射阳县	小功一次
刘庆昌	不详	二等功
刘兴胜	山东泗水县星村区	二等功
刘守连	山东安丘县寿山区周家寿山村	二等功

刘作仟	山东泗水县	三等功
刘希禹	山东招北县十区朱范村	三等功
刘若胜	山东安丘县郚山区陈家沟村	三等功
刘述德	山东高密县方平区	二等功
刘国均	山东海阳县小纪区杏家庄	特等功
刘国贤	江苏如东县掘马区虹元乡三元村	四等功
刘明贤	山东胶东区海阳县小纪区新庄头村	特等功
刘明贤	山东海阳县小纪区新庄村	特等功
刘明彦	山东日照县	二等功
刘金亮	山东垦利县永安区二十一村	一等功
刘京有	山东太西县二区双村	三等功
刘京奎	山东临邑县兴隆区小辛村	三等功
刘京魁	山东临邑县兴隆区小辛庄	三等功
刘建付	山东招远县	三等功
刘建府	山东招北县罗山区朱范村	三等功
刘建福	山东招北县罗山区朱范村	三等功
刘相友	山东日照县芦山区徐沈马庄村	二等功
刘相训	山东平东县	二等功
刘相有	山东日照县芦山区徐沈马村	二等功
刘树德	山东高密县方平区逄戈村	二等功
刘映敦	山东安丘县下坡区窝涧村	一等功
刘品三	山东滨县	三等功
刘香廷	山东滨县相国区口梓村	二等功
刘振山	山东临朐县	三等功
刘营敦	山东安丘县下坡区窝涧村	四等功
刘惠川	山东滕县七区张家庄村	一等功
刘景业	山东昌北县城区辛郭村	一等功
刘景有	山东太西县二区双村	三等功
刘景常	山东高密县方平区	二等功
刘道宣	山东淄川县萌水区前坡村	三等功

刘登鸟	山东利津县	三等功
刘登銮	山东利津县徐王区林子村	三等功
刘锡久	山东淄川县萌山区萌水村	二等功
刘锡佐	山东招北县金华区冯山店冯家村	特等功
刘殿津	山东安丘县郚山区陈家沟村	三等功
刘德官	山东垦利县河滨区夹河村	二等功一次，三等功二次
刘镜长	山东高密县方平区西张戈庄村	二等功
刘镜常	山东高密县方平区张哥村	二等功
齐广如	山东	二等功
齐明海	山东淄博垦利县永安区东九村	二等功
齐思修	山东昌邑县马渠区龙街村	二等功
齐选民	山东胶高县姜庄区付家口子村	三等功
齐宣民	山东胶高县姜庄区付家口子村	三等功
闫兆故	山东垦利县永安区前二十五村	双一等功
汤福泉	江苏如东县岔南区民主乡	四等功
祁永国	江苏阜宁县	二等功两次
许友清	山东安丘县拓山区何家沟村	三等功
许延珍	山东日照县芦山区许家湾村	三等功
许国贤	江苏东南县吕四区合坦乡三恒村	四等功
孙元进	山东招北县金岭区山家村	二等功
孙长寿	山东海阳县大山区海头村	特等功
孙方彬	山东垦利县永安区十方里村	三等功
孙方斌	山东垦利县	三等功
孙立奎	山东垦利县永安区东义合村	二等功
孙永才	山东胶高县姜庄区东老屯村	三等功
孙兆思	山东淄川县昆仑区焦庄	三等功
孙兆顺	现泰安市东山沧生产队队长	二等功
孙汝合	山东招北县金岭区山家村	二等功
孙汝和	山东招北县金岭区	二等功
孙守长	山东惠民县	二等功

孙克后	山东平邑县一区一联防八埠村	支援前线模范
孙连仲	山东济阳县城关区郑家村	二等功、小功各一次
孙其友	江苏阜东县条洋乡	人民功臣
孙其友	江苏滨海县	三等功
孙林泉	山东昌北县	三等功
孙京考	山东乳山县堕崮山区白沙滩村	二等功
孙学德	山东牟平县	双一等功
孙学德	山东牟平县下雨村	双一等功
孙宝令	山东昌邑县马渠区王家村	一等功
孙建升	山东平度县仁兆区	二等功
孙树森	山东五莲县许孟乡	二等功
孙贵树	山东昌邑县马渠区沙岭子村	二等功
孙炳同	江苏如东县	二、三等功
孙振廷	山东淄川县商河区董家村	三等功
孙振亭	山东淄川县商河区董家村	三等功
孙健升	山东平度县	二等功
孙祥铃	山东日照县	一等功
孙继明	山东胶高县姜庄区东老屯村	二等功
孙鸿运	山东昌邑县马渠区王家村	一等功
孙智信	山东平东县仁兆区小五道口村	一等功
孙德成	山东淄川县昆仑区大海眼村	二等功
牟立志	山东垦利县河滨区西宋村	三等功
纪多法	山东益寿县龙泉区板桥村	二等功
纪多德	山东益寿县龙泉区板桥村	二等功
纪国良	山东莱阳县团旺镇南团旺村	支前英雄
纪荣华	山东寿光县丰城区板桥村	三等功
纪荣和	山东胶县张耀屯村	二等功
孝　衍	山东滨县	三等功
花成盛	江苏如东县	"三个好"奖
花兆庆	江苏如东县	三等功

严步岩	江苏启东县二号区觉作乡得元村	三等功
芦文汇	山东日照县芦山区寺后村	一等功
苏纯法	河南尉氏县永兴乡双庙区苏刘村	三等功
苏昭时	山东日照县	一等功
杜开学	山东日照县芦山区黑涧村	二等功
杜文喜	山东临沂市葛沟村	三等功
杜平法	山东高密县夏庄区杜家官庄	三等功
杜芳田	山东安丘县郚山区于家沟村	二等功
杜茂修	山东乐陵县第一区五里米家村	二等功
杜振山	江苏沭阳县	一等功
李士新	山东垦利县永安区二十八村	二等功
李子正	山东胶南县	三等功
李升堂	山东垦利县永安区二十五村	三等功
李长太	山东昆仑县文山区城西村	三等功
李乐和	山东安丘县	一等功
李乐修	山东日照县	二等功
李成功	山东淄川县萌山区长远村	三等功
李成训	山东安丘县南郚区石庙子村	三等功
李光禄	山东淄川县龙泉区入村	三等功
李先禄	山东淄川县龙泉区农村	二等功
李合顺	山东胶高县姜庄区李家常村	二等功
李合顺	山东高密县	二等功
李　庆	山东寿光县臧台区孙板村	三等功
李　庆	山东益寿县东七区	三等功
李阳春	山东潍南县张营区李家村	三等功
李步来	江苏阜宁县	一等功
李时森	山东垦利县永安区二十八村	二等功、三等功
李秀全	山东莱芜县香山区纸房村	一等功
李秀岗	山东垦利县永安区第一村	二等功
李兵甫	江苏沭阳县	三等功

李怀栋	江苏泗阳县	二等功
李坤成	河南鄢陵县陈店区任营乡新庄村	人民功臣
李国甫	山东莱芜县	二等功
李明度	山东垦利县河滨区五庄	二等功
李忠孝	山东潍南县张营区李家村	三等功
李学正	山东太西县二区双村	三等功
李学政	山东太西县二区双村	三等功
李学清	江苏启东县吕四区合堤乡三丰村	四等功
李绍德	舟嵊要塞区	二等功
李春原	山东垦利县永安区后二十五村	二等功
李奎竹	山东平东县洪兰区北村	二等功
李思明	山东潍坊市	三等功
李思明	山东潍南县张营区大张营村	三等功
李品贞	山东文登县邹山区三庄村	四等功一次、三等功两次
李俊山	山东昌邑县马渠区郭疃村	二等功
李俊峰	山东惠民县张集区东家坊村	三等功
李俊峰	山东滨县张集区	三等功
李炳坤	山东垦利县河滨区小高村	二等功
李洪木	山东广饶县中李村	一等功
李洪孟	山东招北县	三等功
李洪盆	山东泗水县三区管理村	三等功
李洪藻	山东招远县	二等功
李起亮	山东垦利县永安区五村	一等功
李桂生	山东招远县	二等功
李桂吉	江苏泰州县	三等功
李桂吉	江苏泰兴县蒋西区	三等功
李高成	山东荣成县城山区小西庄村	一等功
李准炳	山东无棣县车镇区大李村	一等功
李海涛	江苏如东县	三等功
李鸿孟	山东招北县	三等功

李维炳	山东无棣县车镇区大李村	一等功
李道广	山东滨县相口区李果者村	三等功
李福亲	安徽太和县	一等功
李殿杰	山东安丘县凌河区于林村	一等功
李增琪	山东寿光县南丰区李家村	三等功
李德顺	山东滨县八区颜家村	一等功
杨一亭	山东平北县洪山区撞上村	三等功
杨士林	江苏启东县	三等功
杨士海	山东惠民县马杨村	一等功
杨少雨	河南尉氏县永兴乡双庙村	特等功
杨文龙	山东莱芜县莲花池村	二等功
杨玉兰	山东胶南县	三等功
杨玉孝	山东淄川县龙家区大土屋村	三等功
杨世海	惠城区钓马杨村	一等功
杨兴田	山东日照县	二等功
杨兴田	山东日照县	二等功两次
杨明山	山东垦利县永安区	一等功
杨洪文	山东垦利县河滨区銮家屋子村	二等功两次
杨振玉	山东平北县洪山区撞上村	三等功
杨清松	山东平度县洪山区撞上村	二等功
杨鸿文	山东垦利县河滨区乐家屋村	二等功两次
杨瑞评	山东平度县洪山区撞上村	三等功一次、四等功一次
肖如发	江苏如东县尊三乡黄详村	四等功
肖如法	华中九分区担运团直属连	四等功
肖继衍	山东垦利县永安区西兆峰村	一等功
吴长林	河南尉氏县永兴乡刘前庄	三等功
吴公成	江苏如东县栟茶区	二、三等功
吴心善	山东济北县	一等功
吴以法	江苏如东县城东区万灵乡	三等功
吴以法	江苏如东县城东区万林乡	四等功两次

吴功成	江苏如东县栟茶区	三等功
吴永利	河南尉氏县砂乡	二等功
吴式省	山东莱芜县	二等功
吴老三	江苏海门县林东乡桥西桥	四等功
吴兆彬	江苏海门县	一等功
吴国光	江苏启东县	四等功
吴学田	河南通许县双庙区	三等功
吴稚明	江苏启东县海复区复南乡	四等功
吴增成	江苏滨海县	三等功
邱宝田	江苏阜东县五凤区	三等功
邱桂田	山东平邑县	一等功
何传生	山东滨县	三等功
何俊叶	江苏泗阳县中杨区杨集村	二等功
何通	江苏射阳县	一等功
邹以富	不详	三等功
邹年力	山东莱山区北埠铺村	一等功
邹年利	山东牟平县莱山区北埠村	一等功
邹炳昭	山东文登县	三等功二次
邹得化	山东平东县运河区王家村	二等功
冷合美	山东平度县徐福村	一等功
辛守治	山东安丘县郚山区小郚山村	三等功
辛宏元	山东安丘县郚山区小郚山子村	二等功
沈元良	江苏启东县	三等功
沈汉忠	江苏启东县	人民功臣
沈汗初	江苏启东县海复区复南乡	一等功
沈守忠	山东安丘县南郚区沈家庄	二等功
沈孝砚	山东安丘县南郚区沈家庄	一等功
沈忠相	江苏启东县海复区合堤乡路东村	四等功
沈保余	江苏阜宁县	一等功
宋玉英	山东垦利县河滨区宋家村	二等功

宋玉俭	山东垦利县永安区青垞子村	三等功
宋立深	山东胶高县夏庄	三等功
宋立深	山东高密县夏庄区夏庄村	三等功
宋训政	山东文登县	一等功两次
宋训政	山东文登县靖海区里山村	一等功
宋西三	山东垦利县河滨区五庄	一等功
宋传洪	山东淄川县商河区董家村	三等功
宋勋政	山东石岛市靖海区立山村	一等功两次
宋家修	山东蒲台县史口区沙窝村	二等功
宋彬正	山东	三等功
宋瑞兰	山东日照县芦山区后崖村	二等功
宋瑞楷	山东日照县庐山区后崖村	三等功两次
宋福山	山东垦利县河滨区二十一户村	二等功两次
初玉花	山东莱西县河头店区大沟子村	一等功
初惺吾	山东诸城县相州区相州六村	一等功
迟作孝	山东海阳县龙山区从上村	一等功
张夕德	山东	三等功
张丰亭	山东胶高县胶莱区小高村	四等功
张夫梅	山东莒南县涝坡区小草岭后村	一等功
张长礼	山东淄川县	三等功
张仁安	山东海阳县龙山区埠峰村	特等功
张仁安	山东海阳县里店区埠峰村	特等功
张凤山	山东惠民县	人民功臣
张凤泉	山东泗水县三区冯家庄	一等功
张文祯	山东莒县	三等功
张玉生	山东威海县里口区桃园村	二等功
张玉兴	山东招北县罗山区西庄头村	二等功
张玉兴	山东招北县罗山区西柳家村	二等功
张玉亭	山东潍南县张营区李家村	二等功
张玉祥	山东垦利县永安区十七村	二等功

张正坤	江苏滨海县	三等功
张可道	山东临朐县城区北关村	一等功
张丕善	山东招北县罗山区东中庄头村	三等功
张生玉	山东威海县	二等功
张立贤	山东淄川县昆仑区西楼村	二等功
张立堂	江苏灌云县	二等功
张永志	江苏宿迁县唐湖区	三等功
张永贵	山东沭阳县章柴区	二等功
张永莪	山东日照县	二等功
张永莪	山东日照县芦山区战家沟村	二等功两次
张加安	山东胶高县夏庄区小纪庄	三等功
张光达	山东博兴县	三等功
张同彩	山东胶南县铁山区韩家庄	一等功
张同彩	山东胶南县铁山区韩家庄	一等功
张则敬	山东诸城县	二等功
张传礼	山东自彦县	三等功
张传孝	山东泰西县第二区双村	一等功
张延廷	山东惠民县	三等功
张华桂	山东胶高县	三等功
张兆谨	山东临朐县城区仇家庄村	三等功
张庆照	山东平东县和平区南埠村	三等功
张红安	山东海阳县龙山区埠峰村	特等功
张寿富（现名张海）	江苏建阳县（现建湖县）沟圩区	一等功
张志凡	江苏盐东县方强区太平乡	小功两次
张志云	江苏海门县	三等功
张连	山东滨县相口区贾家村	三等功
张伯高	山东沂水县	一等功
张希友	山东日照县庐山区后崖村	三等功两次
张希动	山东日照县庐山区后崖村	二等功
张希暂	山东日照县庐山区后崖村	三等功两次

张林和	山东寿光县丰城村	三等功
张　杰	山东掖县后坡区后坡村	一等功
张明德	山东招远县勾山区大尹格庄	一等功
张明德	山东招远县勾山区大尹格庄	一等功
张金玉	山东招北县罗山区东中庄	三等功
张金恕	山东招北县罗山区东中庄头村	二等功
张学立	江苏阜宁县	二等功
张宗礼	草庙区西武林村	人民功臣
张政荣	山东威海市港西区夏庄	特等功
张砚青	山东诸城县城南区	一等功
张　背	河南通许县双庙区南户岗村	特等功
张保仁	山东惠民县双刘家村	一等功
张信远	山东胶南县	三等功两次
张洪玉	山东平东县	三等功
张振东	山东滋阳县六区仁美庄	二等功
张桂廷	山东招北县罗山区西柳家村	三等功
张家安	山东高密县夏庄区小纪庄	三等功
张继安	山东五莲县洪潍乡马安	一等功
张维礼	山东胶东县	特等功
张维清	江苏宿迁县大兴区	二等功
张琪寿	山东胶高县夏庄区五龙庄	二等功
张智彬	不详	五星功臣
张道园	山东博兴县店子区利街村	三等功
张　溱	山东潍南县张营区李家村	三等功
张肇禄	山东高密县井沟区前田庄村	二等功
张增寿	山东平度县洪山区张家庄	二等功
张增奎	山东垦利县	三等功
张墨材	山东安丘县郚州区张家沟村	大功一次，小功一次
张墨林	山东安丘县郚山区张家沟村	三等功
张德友	山东五莲县街头乡	二等功

张德亭	山东文登县白鹿区初村	二等功
张耀桐	山东惠民县张集东家坊	三等功
张耀堂	山东昌邑县	三等功
陆凤岐	江苏海门县海南区廷东乡打刘村	四等功
陈大有	江苏兴化县	三等功
陈久睦	山东栖霞县苏家店区	特等功
陈广海	山东汶山县	人民功臣
陈友付	江苏如东县	三等功
陈友昌	江苏启东县海复区兴明乡能昌村	四等功
陈文江	山东平度县云山区八里庄村	一等功
陈本宽	不详	四等功
陈永富	江苏如东县	三等功
陈永富	江苏如东县掘长区四桥乡沙桥村	三、四等功
陈廷法	江苏沭阳县	一等功
陈会文	山东安丘县部山区石汪崖村	一等功
陈庆海	山东济北县	二等功
陈孝仁	山东平南县崔家集区杨召村	大功一个半
陈孝仁	山东平度县崔家集	三等功
陈志英	江苏东南县富余区兴和乡兴南村	二等功
陈连元	山东马家庄子	三等功
陈连元	山东无棣县小山区马家村	三等功
陈连元	山东无棣县小山区马家村	三等功
陈　英	江苏东南县	四等功
陈国民	不详	一等功
陈国民	江苏海门县	一等功
陈国民	江苏海门县	四等功三次
陈绍贤	山东郯城县	一等功
陈树云	江苏宿迁县	三等功
陈洪镜	山东阳信县泙湖区陈家营村	二等功
陈耿荣	山东昌潍人民医院	人民功臣

陈耿荣	山东潍坊市临时医院医务主任	二等功
陈逢禄	山东临朐县	三等功
陈常培	山东日照县	二等功
陈焕连	江苏沭阳县	二等功
陈登云	山东垦利县河滨区	三等功
陈德立	江苏阜宁县	一等功
邵书禾	山东平度县崮山区汉军寨村	三等功
邵炳昭	山东文登县马山区北马村	三等功二次
武书吉	山东平度县两目区武家庄村	三等功
武传士	江苏沭阳县	二等功
武瑞凤	山东平度县两目区武家庄村	二等功
范长清	山东广饶县史口乡范家村	三等功
范玉兰	山东广饶县史口乡	二等功
范伟然	山东日照县	三等功
范芳禹	山东滨县一区范家村	三等功
范佃元	山东淄川县蓼河区仇西南村	三等功
范宝营	山东蒲台县史口区范家村	二等功
范得春	山东滨县	三等功
林召子	山东昆仑县林村区林村	一等功
林荣发	江苏启东县海复区甫南乡	四等功
林 昭	山东昆仑县林区林村	一等功
林 强	山东文登县医务工作者	三等功
枣鸿钦	河南鄢陵县	三等功
卓维同	江苏宿迁县顺河区新庄乡	三等功
昌松山	江苏如东县栟茶区凌河乡	三等功两次
罗友清	山东临淄县	三等功
罗锦春	江苏滨海县	二等功
季广玉	江苏灌云县董集区	二等功
岳芳三	山东垦利县	三等功
岳李岭	江苏阜宁县	三等功

周一林	山东垦利县永安区二十八村	二等功
周士科	山东临朐县南流区周家庄	三等功
周义安	山东沾化县西五区齐家村	一等功
周进三	山东滨县张官区相公庙村	二等功
周宋民	江苏宿迁县	三等功
周现公	山东费县	三等功
周林洞	山东胶南县	三等功两次
周贤志	江苏如东县	四等功
周贤志	江苏如东县栟丰区	四等功两次
周国栋	山东乐陵县	一等功
周宗还	江苏宿迁县	一等功
周绍栋	山东淄川县昆仑区焦庄村	三等功
周顺高	江苏如东县路华乡心中村	四等功
周洪和	江苏淮安县临浯区山西村	一等功
周维杨	江苏如东县栟丰区	四等功两次
周慎高	江苏如东县掘场区如平乡	四等功
周德合	江苏淮安县临浯区周家响水埝村	一等功
郇树魁	山东淄川县蓼河区南仇村	二等功
郑子芹	山东寿光县	三等功
郑怀成	山东安丘县夏坡区土山村	二等功
郑金贵	山东莱芜县	一等功
郑金贵	山东莱芜县香山区温家村	一等功
郑荣德	山东安丘县南郜区崔巴峪村	三等功
郑首奎	山东乳山县	一等功
郑淮升	山东五莲县松柏区前长城岭村	二等功
郑勤溪	山东安丘县夏坡区土山村	一等功
单士成	江苏阜宁县	二等功
单仪廷	山东胶县城南区北辛置村	一等功
单怀吉	江苏阜东县獐沟区二渡村	四等功
单忠太	江苏东南县富余区兴和乡兴南村	四等功

单　岭	山东滨县	三等功
房延物	山东日照县芦山区汪沟村	三等功两次
房运吾	山东日照县芦山区石汪沟村	三等功两次
房克喜	山东日照县芦山区石汪沟村	三等功
房宝堂	山东日照芝山区石汪沟村	二等功两次
房保蓁	山东日照县芦山区	三等功
孟昭荣	不详	人民功臣
孟昭胜	江苏竹庭县孟区董湾村	大功一次
赵云平	山东惠民县	三等功
赵云平	山东滨县张集区梧桐赵村	三等功
赵凤武	山东垦利县民丰区联合村	二等功两次
赵汉清	山东费县岐山区下庄村	二等功、三等功各一次
赵庆昌	山东寿光县周柳区毕家村	三等功、小功各一次
赵汝礼	山东沾化县新华区赵家庄村	二等功
赵如全	山东费县	二等功
赵如全	山东费县崮口区周家村	二等功
赵怀志	山东滨县张集区瓦刀赵村	三等功
赵其康	安徽泗宿县金镇区	人民功臣
赵明旭	山东胶南县辛安区南辛安村	三等功
赵保和	山东垦利县永安区东十四村	一等功
赵振兴	山东太西县二区双村	三等功
赵振海	山东惠民县	三等功
赵　祥	不详	三等功
赵银平	山东胶县艾山区后芦村	一等功
赵清汉	山东费县岐山区下庄村	二等功
赵瑞琳	山东淄川县龙泉区饮马村	三等功
赵殿仲	山东肥城县刘家庄	二等功
赵德仁	山东沂南县东平区界湖村	二等功
荣学芝	山东文登县	二等功
荣宝绅	徐州机务段	一等功

胡云厚	河南中牟县岗王区小胡村	特等功
胡怀宝	山东济宁市	运粮模范
胡宝珠	山东寿光县南丰区李家庄村	三等功
胡建文	山东黄县城北区涧村	特等功
胡春山	山东莒南县桑庄区胡堰上村	一等功
胡彦庚	江苏沭阳县	三等功
柳文林	山东海阳县榆山区下虎龙头村	二等功
柳华山	山东高密县方平区后西旺村	三等功
柳作良	山东栖霞县	特等功
钟会深	江苏淮安县孙孟区中子村	二等功
钟志和	江苏淮安县孙孟区中子村	三等功两次
钟清田	江苏淮安县孙孟区中子村	三等功
信家珍	山东寿光县南丰区信家桥村	三等功
侯招福	山东平南县亭口区侯家村	二等功
侯绍杰	不详	五星模范
侯绍杰	不详	人民功臣
施　达	江苏启东县中兴乡连夜村	四等功
施宏恩	江苏宿迁县	一等功
姜玉秀	山东滨县姜家村	三等功
姜廷文	山东昌北县城区中台村	二等功
姜守志	河南沈丘县	四等功
姜守铭	山东平北县云山区大宋格村	三等功两次、二等功一次
姜克诗	江苏沭阳县	一等功
姜言廷	山东昌北县	三等功
姜茂新	山东新华制药厂	四等功
姜修明	山东平度县云山区宋格庄村	二等功
姜洪起	山东海阳县小纪区汪格庄	特等功
宫本玉	山东昆仑县林村区赤金泊村	二等功
姚如川	江苏睢宁县魏集区夏村	一等功
姚　旺	江苏阜宁县	二等功

姚　旺	江苏射阳县吴滩区	二等功
秦玉现	山东利津县	三等功
秦兴信	山东临沂县驼秦家庄子	一等功
秦志高	江苏海门县	二等功
秦树升	山东临邑县兴隆区小辛村	三等功
袁兆扑	山东淄川县	三等功
袁良弟	山东滨县五区袁风楼	三等功
袁辉义	山东淄川县商河区袁家村	三等功
袁辉信	山东淄川县商河区袁家村	三等功
袁德均	河南通许县双庙区	三等功
袁德钧	河南尉氏县永兴乡杜柏村	三等功
聂化森	山东淄川县昆仑区徐雅村	三等功
聂在顺	山东垦利县永安区北益和村	一等功
聂在顺	山东垦利县永安区北益和村	三等功
聂培增	山东寿光县南丰区	三等功
贾奎远	山东淄川县商河区金马村	三等功
夏有金	山东高密县井沟区前茔村	二等功
夏培增	山东寿光县南丰区夏家店子村	三等功
顾三虎	江苏如东县	四等功
顾元芳	江苏东南县吕四区一堤乡守法村	一等功
顾　生	江苏南通县奇石区西平乡育民村	一等功
顾银甲	江苏涟水县	人民功臣
顾得美	江苏如东县景安区黄上村	四等功
顾德玉	江苏如东县	二、四等功各一次
钱朝加	江苏启东县二效区合作乡	四等功
铁汝林	江苏阜宁县	三等功
倪胜元	江苏启东县	三等功
徐乃云	山东日照县芦山区战家沟村	三等功两次
徐　义	山东掖南县马区雷沟村	三等功
徐之琪	山东招远县罗山区柳家村	二等功

徐之富	江苏如东县	三等功
徐子清	山东滕县十三区刘家庙村	三等功
徐文光	山东平度县云山区王埠村	二等功
徐可敬	山东淄川县商河区贾村	三等功
徐立功	江苏如东县掘马北区虹元乡	三、四等功各一次
徐吉永	山东栖霞县塔山村	特等功
徐芝淇	山东招远县罗山区柳家村	二等功
徐兴周	山东五莲县	二等功
徐志祥	江苏如东县	三等功
徐启臣	山东招北县罗山区东柳家村	三等功
徐昌伯	江苏如东县	三、四等功各一次
徐明交	山东日照县芦山区徐家沈马村	三等功
徐明恒	山东日照县	三等功两次
徐金清	山东胶高县夏庄区五龙庄	三等功
徐朋弘	山东日照县芦山区徐沈马庄村	三等功两次
徐朋交	山东日照县芦山区徐沈马庄村	三等功
徐朋勋	山东日照县芦山区徐沈马庄村	三等功
徐法贤	山东临邑县耿刘区耿刘村	二等功
徐建邦	山东招北县罗山区西柳家村	三等功
徐建国	山东招远县	二等功
徐奎友	江苏灌云县潘滩区	二等功
徐洪成	山东平南县崔家集区杨召村	三等功
徐真桂	江苏涟水县盐西甫南乡	二等功
徐桂莲	山东平东县洪芝区姜家埠	三等功
徐　益	山东掖南担架二中队四分队队员	人民功臣
徐家山	山东文登县	一等功、二等功各一次
徐继英	山东栖霞县塔山村	三等功
徐继英	山东栖霞县塔山村	特等功
徐敏太	山东沂中县东里区曹宅村	一等功
徐登兆	江苏滨海县	三等功

徐增荣	江苏沭阳县	特等功
翁桂清	江苏太兴县蒋西区野庄	三等功
翁桂清	江苏泰州县	三等功
逢焕道	山东藏马县寨里区下村	二等功
逢增祥	山东胶南县环海区王家村	三等功
栾诗寿	山东招北县罗山区冯家村	三等功
高天宝	山东招北县罗山区宋家庄	三等功
高月代	山东日照县芦山区前高庄村	三等功两次
高文善	山东平邑县崇崮区南岔村	一等功
高书光	山东平西县新河区高家村	二等功
高玉德	山东博兴县寨郝村	三等功
高庆孟	山东淄川县商河区法家村	三等功
高启文	山东平邑县一区毛家岭村	人民功臣
高学颜	山东西海区昌北县城区上台村	一等功
高树谦	山东昌邑县永安区	二等功
高修里	山东垦利县	三等功
高度兴	山东日照县清山区高村	二等功
高振师	山东日照县	二等功
高都兴	山东日照县芦山区前高庄村	二等功
高凌久	山东莒南县	二等功
高景增	山东无棣县车镇区中高村	一等功
高锡安	江苏泗沭县板桥村	小功两次
高锡珂	山东昌北县柳疃区东高村	三等功
郭太昌	山东垦利县河滨区洽村	一等功、三等功二次
郭长宽	江苏滨海县	二等功
郭玉田	山东临朐县	三等功
郭玉高	江苏涟水县盐西区普南乡	三等功
郭永廷	山东日照县芦山区许加洼村	三等功两次
郭如乔	江苏阜宁县	二等功
郭法升	山东平南县三合山区北郭家村	二等功

唐建华	江苏如东县	三、四等功各一次
唐建华	江苏如东县	四等功
陶成乾	山东平东县南村镇桃园村	一等功
陶鸣武	山东平南县亭口区西袁家村	三等功
陶福田	山东五莲县许孟乡	二等功
桑华之	山东寿光县南丰区李家庄	三等功、小功各一次
黄秀清	江苏启东县吕四区头补乡薛家村	四等功
黄青春	山东海阳县大山区黄家庄村	二等功
黄国相	江苏启东县海复区	二等功
黄品祥	江苏东南县吕四区四堤乡	四等功
黄桂春	江苏阜宁县	二等功
黄锡昌	江苏东南县六甲区正东村	四等功四次
萧从魁	山东乳山县港里区指挥村	特等功
曹元山	不详	三等功
曹文好	江苏灌云县	三等功
曹志安	江苏阜东县獐沟区大兴乡	一等功
曹怀章	山东垦利县	三等功
曹张金	江苏如东县	四等功
曹张金	江苏如东县岔南区长港村	四等功
曹金殿	山东招远县金山区曹家庄	特等功
曹景昌	山东泗水县孙徐区黄家庄	一等功
副水涛	江苏海门县富余区王浩乡	四等功
龚正祥	江苏东南县海西区坚决乡凤凰村	四等功四次
龚正祥	江苏海门县	四等功
常成富	山东高密县井沟区	二等功
常成福	山东高密县井沟区前茔村	二等功
常洪书	山东淄川县蓼河区北刘征村	二等功
常鸿坤	河南鄢陵县	二等功
崔公显	山东平西县新河区崔家村	三等功
崔凤昌	山东滨县	二等功

崔风阁	山东平度县青杨区苏村	二等功
崔甲成	山东滨县李杨区大崔家村	三等功
崔伦堂	山东寿光县南丰区崔家庄村	二等功
崔兴富	山东陆兴县索镇区苏王庄村	小功两次
崔步栋	江苏阜宁县新沟区东滩村	一等功
崔佃章	山东临邑县	一等功
崔明章	山东沂源县鲁村区安平庄	一等功
崔学良	山东垦利县	二等功
崔冠经	山东寿光县南丰区崔家庄村	三等功两次
崔等宾	山东平度县云山区李家场村	一等功
崔照俭	山东日照县芦山区战家沟村	二等功两次
崔照简	山东日照县	二等功
崔慎武	山东淄川县商河区彭家村	三等功
崔聚到	山东平邑县	人民功臣
鹿文张	山东高密县方平区上口村	二等功
章友英	江苏沭阳县汤涧区汤涧乡	人民功臣
章昭宾	江苏沭阳县	三等功
阎兆故	山东垦利县永安区前二十五村	一等功两次
梁中和	河南鄢陵县丁庄乡吕梁村	三等功
梁风傲	山东莒县	二等功
梁锦生	江苏海门县富余区大板村	一等功
彭海涛	江苏海门县六甲区刘浩乡浩北村	四等功
葛才高	江苏省沭阳县	二等功
葛太昶	江苏省阜宁县	三等功
葛兴钿	江苏如东县栟丰区陆窑村	四等功
董庆胜	山东广饶县	三等功
董兴祥	山东昌邑县马渠区郭疃村	二等功
蒋玉福	山东海阳县	三等功
蒋克增	山东乳山县方里港区翁家埠村	特等功
蒋克增	山东海阳县	特等功

蒋明和	江苏如东县	四等功
蒋朋和	江苏如东县景安区景南乡	双四等功
蒋标田	江苏	一等功
惠汝申	山东日照县芦山区徐沈马庄村	三等功
惠汝志	山东日照县芦山区	三等功
惠汝信	山东日照县芦山区惠家庄	二等功
惠汝深	山东日照县芦山区徐沈马庄村	三等功
喻福如	江苏如东县	四等功
程公田	山东安丘县拓山区何家沟村	三等功
程文祥	江苏如东县	三等功
程殿臣	山东安丘县拓山区西古庙村	三等功
傅兴德	山东昌邑县马渠区王家村	一等功
傅修华	山东平西县官庄区拉塔官庄村	三等功
傅修华	山东平西县官庄区拉塔官庄村	二等功
傅家均	山东招远县	人民功臣
焦宝斋	山东平度县官庄区拉塔官庄	三等功
鲁张五	山东安丘县郡山区鲁家哨村	三等功
鲁庚智	山东官庄区鲁家村	二等功
温希峰	山东无棣县车镇区车镇街村	一等功
温启明	江苏射阳县沄南区	二等功
温德周	山东招远县金岭区山汪家村	特等功
谢丁元	江苏海门县	四等功
谢长武	江苏阜宁县	特等功
谢世民	山东无棣县小山区韩赵村	三等功两次
谢占沾	山东无棣县城关区贾家村	一等功
谢乐升	山东日照县芦山区谢家沟村	二等功
谢乐长	山东日照县芦山区谢家沟村	三等功
谢乐兴	山东日照县	二等功
谢吉占	山东无棣县城关区贾店村	一等功
谢廷美	山东安丘县郡山区闭门山村	一大功、一小功各一次

谢廷美	山东安丘县郚山区闭门山村	三等功
谢明云	山东无棣县小山区韩赵村	三等功两次
谢忠仪	山东平度县云山区河岔村	二等功
甄丙和	山东平度县	二等功
路复安	江苏阜宁县	三等功
窦安慰	山东临朐县城区窦家洼村	二等功两次
窦怀邦	江苏竹庭县谷阴区宫庄	二等功
窦宏恩	山东	二等功
臧加平	山东诸城县林家村小寨村	二等功
管光荣	江苏宿迁县	三等功
管怀干	江苏如东县	四等功
管怀轩	江苏如东县掘场区四桥乡德群村	四等功
谭庆芝	山东济南天桥区济南汽车运输公司	二等功
谭洪瑞	山东垦利县永安区五村	二等功
禚尔荣	山东高密县方平区	三等功
翟新德	山东临朐县	三等功
樊宗岐	河南中牟县	一等功
滕连玉	山东昆仑县葛家区南于村	一等功
滕连玉	山东昆仑县葛家区南于村	一等功
滕 胡	山东北招县拾区潘家村	二等功
滕振玉	山东招远县	二等功
滕镇玉	山东招远县罗山区潘家集村	二等功
潘忠高	山东西栖县苏家店区杨家桥村	一等功
潘学礼	山东胶河县障北区郭家村	一等功
潘学礼	山东诸城县郭家村	一等功
薛大鹏	安徽省铜陵市	二等功
薛子敬	江苏阜宁县	一等功
薛成忠	山东胶南县隐珠区广城村	三等功
薛会全	山东莒南县大店区薛家道口村	一等功

薛其庆	江苏阜宁县	二等功
戴领瑞	山东青岛市	二等功
鞠昌同	江苏如东县	三等功
鞠思海	山东昆仑县葛家区万格庄	一等功、二等功

第四节　烈士录

本节记录了193位为支援淮海战役壮烈牺牲的民工、民兵和群众的姓名、年龄、籍贯、牺牲地等信息，主要依据为淮海战役纪念馆烈士名录册上的登记。这193位远非淮海战役支前烈士的全部，而且由于这些信息主要是20世纪50年代末、60年代初登记的，有些人名地名信息可能与实际略有出入，但是已经难以一一考证。为了铭记烈士的名字和事迹，编者尽可能依据馆藏资料原貌逐条列出，并按烈士姓氏笔画排序如下。

丁继文，23岁，山东单县王土城人，担架队民工，于河南虞城牺牲。

乜友功，45岁，山东莒县王标村人，莒县担架团担架员，1948年10月于徐州牺牲。

马世培，44岁，山东日照县刘家沟村人，担架队民工，1948年12月于□迁县牺牲。

马振业，21岁，山东鄄城县闫什口刘坊人，民夫，1948年12月20日牺牲。

王长海，53岁，山东临邑县小赵家人，民工，1949年1月于安徽张集村牺牲。

王长海，53岁，山东临邑县赵村人，临邑民工团民工，1948年12月于徐州张集遭飞机轰炸牺牲。

王公才，31岁，山东费县石田庄人，运输队队员，1948年11月于安徽八里集牺牲。

王玉忍，42岁，山东莒县龙山公社王标村人，莒县担架团担架员，1948年10月于徐州牺牲。

王玉坤，26岁，山东莒南县狮子口村人，大店运输团五营三连三排三班班长，1948年12月19日于安徽萧县朱大楼村遭敌机轰炸牺牲。

王平，17岁，山东苍山县周□沟人，赵镈县运输队运输员，1948年12月于淮海战役中牺牲。

王付田，42岁，山东费县道坑人，运输团三营民工，1948年于徐州东牺牲。

王永庆，河南太康县城关镇王经贤村人，担架队队员，于淮海战役中牺牲。

王吉安，20 岁，山东沾化县杏行村人，民工，于徐州南二十里牺牲。

王吉亭，35 岁，山东沾化县陈镇毛家巷大滩人，民工，于安徽青龙集牺牲。

王同成，28 岁，山东临邑县夏口村人，兵团民工指导员，1948 年 12 月于徐州张集牺牲。

王同成，28 岁，山东临邑县夏口街人，民工，1949 年 1 月于安徽萧县遭飞机轰炸牺牲。

王合如，29 岁，山东蒙阴县城关解家沟人，民工，1948 年 11 月于碾庄牺牲。

王庆生，28 岁，山东苍山县固庄人，民兵担架连民工，1948 年 11 月牺牲。

王兴周，35 岁，山东莒县王标村人，莒县担架团担架员，1948 年 10 月于徐州牺牲。

王兴查，35 岁，山东莒南县园岭东村人，民工担架队担架员，1948 年 11 月 25 日于永城双沟村牺牲。

王兴谦，山东黄县风邑区大草屋人，担架团民工。

王守训，35 岁，山东苍山县宋庄村人，担架团副营长，1948 年 12 月于山东苍山县宋庄村牺牲。

王佃俊，36 岁，山东苍山县圩子村人，担架队民工，1948 年 11 月牺牲。

王法文，42 岁，山东莒南县小官庄村人，华野二纵担架四营四连二排二班担架员，于睢宁县张家集遭敌人袭击牺牲。

王学义，18 岁，山东蒙阴县新李家庄村人，模范民工，1948 年 10 月于永城牺牲。

王俊学，50 岁，山东城武县大王村人，运输队民夫，1948 年 12 月于安徽宿县牺牲。

王桂山，45 岁，山东德州市人，1948 年 11 月 10 日牺牲。

王留所，19 岁，山东单县王土城人，担架队民工，于河南虞城牺牲。

王培端，33 岁，山东沂水县西官庄人，担架团民工，1948 年 10 月于徐州附近牺牲。

王敏山，46 岁，山东平度县东袖鱼人，平南县民工运输队队员，1948 年 12 月于山东临沂牺牲。

王焕章，28 岁，山东莒南县李家宅子人，子弟兵团队员，1948 年 10 月 15 日于山东郯城大埠遭敌机轰炸牺牲。

王寄亭，42岁，山东沾化县沿河三村人，轮战营民工，1948年12月28日于南徐州战斗中牺牲。

王善忠，32岁，山东沂源北石血人，担架队民工，1948年12月10日于安徽萧县五庙村牺牲。

王道胜，38岁，山东惠民县桂花街人，二营一连一排队员，1948年9月于山东肥城牺牲。

尹修启，安徽亳县双沟区大吴庄人，亳县支前运输队队员，1948年于安徽双浮镇牺牲。

尹洪才，49岁，山东费县木厂村人，费县担架连担架员，1948年于黄江牺牲。

石级殿，28岁，山东莒县夏庄公社后石屯村人，担架员，1948年11月于徐州牺牲。

龙永吉，山东平阳县六区东子顺村人，民工队副连长，1948年10月牺牲。

付秋吉，51岁，山东苍山县赤土门村人，担架团民工，1948年12月于山尺县义山乡茂山树遭敌机轰炸牺牲。

白红汗，30岁，山东城武县白楼村人，担架队民工，1948年11月24日于徐州九里山救伤员牺牲。

乔忠玉，20岁，山东苍山县南楼村人，赵铸县担架连担架员，1948年12月于碾庄牺牲。

任忠奎，43岁，山东鄄城县梁堂村人，民夫，1948年11月12日牺牲。

庄永奎，40岁，山东高密县呼家庄乡后下口人，平度县民工小队长，1948年10月于徐州牺牲。

庄秀春，35岁，山东苍山县西口阳人，担架队民工，1948年11月于徐州牺牲。

刘文喜，26岁，山东日照县土山河村人，日照县担架团担架兵（民兵），1948年12月于河南永城县大会村牺牲。

刘立同，25岁，山东沂水县刘店子人，民兵，1948年12月牺牲。

刘任泽，29岁，山东日照县石血新村人，日照县小车运输队民夫，1948年12月于火埠遭敌机轰炸牺牲。

刘兆元，30岁，山东城武县刘小楼村人，支前担架民工，1948年12月于安徽宿县牺牲。

刘兆轻，38岁，山东苍山县旺庄人，担架连民工，1948年12月于山东台儿庄西南病死。

刘庆明，30 岁，山东沂水县上窑村人，担架团民工，1948 年 10 月牺牲。

刘金山，53 岁，山东梁山县拳铺村人，运输队民工，1948 年 11 月 28 日于安徽砀山牺牲。

刘荣欣，24 岁，山东曹县三罗集公社齐家庄人，民兵班长，1948 年 10 月于徐州刘家村牺牲。

刘思玉，23 岁，山东苍山县北斜村人，民兵担架连民工，1948 年 11 月于邳县查河遭敌机轰炸牺牲。

刘思生，25 岁，山东费县新庄公社王家苗坡村人，担架连跟老五团担架员，1948 年 10 月于泥河遭飞机轰炸牺牲。

刘保印，河南内黄县卜城乡装村人，民夫，于淮海战役中牺牲。

刘保谋，22 岁，山东花县五〇公社五〇管理刘口人，1948 年 11 月牺牲。

刘海付，河南内黄县卜城乡装村人，民夫，于淮海战役中牺牲。

刘喜先，43 岁，山东平度县小洪沟人，平南县民工运输队队员，1948 年 11 月于徐州牺牲。

刘景祥，48 岁，山东莒南西自旄村人，运输团小车队炊事员，1948 年 12 月于安徽萧县遭敌机轰炸牺牲。

刘德昌，42 岁，山东费县朱田公社久太庄人，担架三团三连二排民工，1948 年于安徽梁集子牺牲。

闫西友，36 岁，山东平邑县桥甲庄人，担架队民工，1948 年牺牲。

闫汝玉，38 岁，山东平邑县车庄人，担架民工，于碾庄牺牲。

闫连三，54 岁，山东广饶县司田村人，民工，1949 年于安徽肥县牺牲。

江公祥，29 岁，山东莒南县泉子村人，运输团小车队民工，1948 年 11 月 12 日于安徽柳叶村牺牲。

祁学瑞，28 岁，山东海阳县野鸡夼村人，山东海阳县担运团运输分队炊事班副班长，1948 年 12 月牺牲。

许传俭，38 岁，山东日照县人，日照县担架团排长，1949 年 7 月于龙海路集子村遭敌弹轰炸牺牲。

许学思，35 岁，山东单县单集大队西代庙人，担架队民工，1948 年 11 月遭敌人机枪袭击牺牲。

孙儿春，30岁，荷泽专区人，1948年12月于山东潍县牺牲。

孙开修，山东平西景县南孙庄人，于安徽宿县牺牲。

孙文海，32岁，山东蒙阴县罗圈崖村人，民兵，1948年11月20日于徐州牺牲。

孙龙树，42岁，山东惠民县大孙家人，淄博专区排长，1948年12月于徐州小黄山牺牲。

孙龙树，42岁，山东惠民县孙家村人，二营四连一排排长，1948年12月于小荒山牺牲。

孙承武，33岁，山东莒南县北石城村人，担架团五营一连指导员，1948年11月11日于陈家楼遭敌机轰炸，后经治疗无效牺牲。

孙保同，21岁，山东平邑县吴家庄人，担架一团二营民兵，1948年于魏家楼战斗牺牲。

严金生，江苏如东人，民工，1948年于淮海战役中牺牲。

苏考忠，35岁，山东单县谢集公社苏庄人，运输队民工，1948年12月于安徽砀山县城西北门牺牲。

苏廷爱，29岁，山东郯城县芦戈庄人，于安徽李明庄牺牲。

杜树亭，35岁，山东莒南许口公社汀水前村人，子弟兵团队员，1948年10月于山东郯城大埠遭敌机轰炸牺牲。

李太平，22岁，山东广饶县碑寺公社贾家村人，班长，1948年于徐州东牺牲。

李友志，河南永城刘河乡陈官庄帝藏庙人，河南永城刘河乡陈官庄帝藏庙民兵队民兵，1948年12月10日牺牲。

李月田，37岁，山东沂源县东河南人，沂中担架常备连通讯员。

李玉发，32岁，山东莒南县历家泉村人，陆军粮站第三分站交通员，1948年11月于河南永城县口子村牺牲。

李汉宗，43岁，山东沾化县韩家村人，民工运输员，1948年10月于徐州东北台儿庄东牺牲。

李永清，49岁，山东平度县李家埠村人，平度县民工，于山东潍县牺牲。

李华安，22岁，山东临邑县小李家人，临邑民工团民工，1948年12月于徐州张集牺牲。

李全祥，22岁，山东曹县大寺村人，担架员，1948年11月于江苏大王庄牺牲。

李兴鲁，31岁，山东郯城县大港头村人，担架连民工，1948年于睢中县火石庙村牺牲。

李芳采，43 岁，山东苍山县大李沟村人，运输队民夫，1948 年 11 月于安徽萧县牺牲。

李明山，31 岁，山东德州市人，通信员，1948 年 11 月 10 日牺牲。

李春长，45 岁，山东平邑县范家台人，担架队队员，1948 年于山东郯城县马头村牺牲。

李洪义，19 岁，山东单县耿刘庄人，砀山县大队班长，1948 年 10 月于安徽砀山牺牲。

李培胜，24 岁，山东莒南县李家宅子人，子弟兵团队员，1948 年 10 月于山东郯城大埠遭敌机轰炸牺牲。

李鹤生，28 岁，山东莒南县许口村人，子弟兵团队员，1948 年 10 月于山东郯城大埠遭敌机轰炸牺牲。

杨大廷，22 岁（32 岁），山东沾化县富国公社杨家庄子人，民工，于河南永城县魏老庄牺牲。

杨小六，19 岁，山东单县王土城人，担架队民工，于河南虞城牺牲。

杨凤琴，30 岁，山东单县王土城人，担架队民工，于河南虞城牺牲。

杨伯俊，27 岁，山东苍山县石良村人，担架团营长，1948 年 10 月于铜山县双沟村遭敌机轰炸牺牲。

杨守治，28 岁，山东安丘县闫家河村人，平度县民兵通讯员，1948 年 12 月于徐州牺牲。

杨续论，20 岁，山东单县李堤口村人，砀山县县大队班长，1948 年于华山县李庄牺牲。

肖四臣，56 岁，山东单县谢集公社苏楼人，运输队民工，1948 年 11 月 18 日于山东杨黑楼牺牲。

时继法，24 岁，山东单县终关大队郭楼人，九团二营班长，1948 年 11 月于安徽萧县牺牲。

吴万杰，44 岁，安徽亳县河东公社吴庄人，安徽亳县东湖镇镇长，1948 年 12 月于东湖镇牺牲。

吴公宽，29 岁，山东平邑县野家坡人，常备担架队民工，1948 年于淮海战役期间失踪。

吴希太，24 岁，山东沂水县西明生人，民兵，1948 年牺牲。

吴继磊，22 岁，山东单县程庄人，八团班长，1948 年 12 月牺牲。

吴德荣，31 岁，山东莒南县东书院人，担架一营一连二排三班担架员，1948 年 12 月 22 日于安徽萧县牺牲。

邱佃乐，23 岁，山东安丘县丘家庄人，平度县民兵，1948 年 11 月于安徽宿县牺牲。

何应俊，37 岁，山东德州市人，1948 年 11 月 10 日牺牲。

何金中，30 岁，山东德州市人，排长，1948 年 11 月 10 日牺牲。

汪公祥，山东莒南县团林人民公社前泉子头村人，山东莒南县团林乡支前战斗队队员，1948 年 11 月 12 日于安徽柳叶村牺牲。

张风祥，55 岁，山东苍山县单（卓）庄村人，运输队民夫，1948 年 11 月遭敌机轰炸牺牲。

张文虫，江苏如东人，民工，1948 年于淮海战役中牺牲。

张玉忠，24 岁，山东郯城县前高庄人，邳县武工队（民兵）队员，1948 年于胡集牺牲。

张四启，56 岁，山东郓城县西张楼人，支前民工队民工，1948 年 12 月 3 日于城武县城牺牲。

张廷先，36 岁，山东临邑县清凉店村人，临邑民工团民工，1948 年 12 月于徐州张集牺牲。

张守财，28 岁，山东蒙阴县城关张保村人，民工，1948 年 11 月于碾庄牺牲。

张连玉，42 岁，山东惠民县张尹村人，二营二连二排队员，1948 年 10 月于枣庄渡河时遭敌机轰炸牺牲。

张宏生，江苏如东人，民工，1948 年于淮海战役中牺牲。

张茂桂，23 岁，山东日照县上菜庄人，日照县担架团担架兵，1948 年 11 月于魏楼牺牲。

张林祥，26 岁，山东高唐县梁庄人民公社夏庄村人。

张明科，21 岁，山东单县单集大队西代庙人，担架队民工，1948 年 11 月遭敌机枪袭击牺牲。

张保德，41 岁，山东费县朱田公社石沟村人，担架三团三连二排民工，1948 年于安徽梁集子牺牲。

张恒修，23 岁，山东沂水县枣林庄人，民兵团长，1948 年 11 月牺牲。

张继德，41 岁，山东单县孙六公社单集大队东张留人，担架队民工，1948 年 11 月遭敌人机枪袭击牺牲。

张继臻，21 岁，山东单县谷瓦房人，九团班长，1948 年 11 月于安徽萧县豆泺窝牺牲。

张富生，江苏如东人，民工，1948 年于淮海战役中牺牲。

陈月德，43 岁，山东莒南文町公社陈家岭村人，运输团三营三连八班运输员，1948 年 10 月 30 日于徐州大店遭敌机轰炸牺牲。

陈玉廷，50 岁，山东沾化县小陈村人，垦利民工团民工，1948 年于淮海战役中牺牲。

陈庆和，19 岁，山东临邑牛角店村人，兵团班长，1948 年 12 月于徐州张集牺牲。

陈雨亭，39 岁，山东沾化县建设乡郭西村人，民工，于徐州牺牲。

陈明忠，42 岁，山东安丘县闫家河村人，平度县民兵，1948 年 12 月于徐州牺牲。

陈恒政，37 岁，山东沂源县悦庄北石血人，担架队民工，1948 年 12 月 10 日于萧县五庙村牺牲。

陈常爱，32 岁，山东日照县袁家庄人，日照县担架兵（民兵）。

陈淑民，29 岁，山东日照县陈家村人，民夫，1948 年 12 月于徐州牺牲。

陈富盛，江苏如东人，民工，1948 年于淮海战役中牺牲。

武传封，45 岁，山东沂源县北石血人，担架队民工，1948 年 12 月 10 日于萧县五庙村牺牲。

武芪相，44 岁，山东沂源县北石血人，担架队民工，1948 年 12 月 1 日于萧县五庙村牺牲。

苗立堂，安徽濉溪县孙陈集人，支前担架队队员。

苗景贵，安徽濉溪县孙陈集人，支前民工。

郁有树，27 岁，山东莒南县石东囗村人，莒南民工大队后勤部民工，于河南永城杨楼集遭炸弹袭击牺牲。

岳启增，30 岁，山东平邑县岳家村人，担架队民工，1948 年于战斗中牺牲。

郑诺，38 岁，山东沂水县郑家营人，担架团民工，1948 年 12 月于江苏牺牲。

孟广文，30 岁，山东单县王土城人，担架队民工，于河南虞城牺牲。

孟宪道，35 岁，山东惠民县吴家村人，四营三连一排排长，1949 年 1 月于毛村车站牺牲。

赵义根，20岁，山东苍山县三里王村人，赵铸运输队班长，1948年11月于徐州牺牲。

赵居洪，57岁，山东高密县柏城乡故献村人，平度县民工，1948年10月牺牲。

胡正左，40岁，山东博兴县胡家村人，民工，1948年于徐州牺牲。

姚文斗，27岁，山东安丘县闫家河村人，平度县民兵通讯员，1949年1月于徐州牺牲。

姚如江，28岁，山东苍山县赵楼村人，民兵担架团班长，1948年12月于邳县沙窝战斗中牺牲。

袁新合，25岁，山东单县苏楼人，运输队民工，1948年11月25日牺牲。

聂风礼，48岁，山东莒南县大河南村人，莒南民工大队四团一连民工，1948年于安徽萧县油坊遭敌机轰炸牺牲。

贾留实，25岁，山东广饶县贾家村人，民工，1948年于徐州牺牲。

徐乃祯，57岁，河南商水县胡吉村人，河南民工担架队担架员，1949年1月20日牺牲。

徐心田，62岁，山东单县姜庄人，担架班班长，1948年11月于徐州北遭敌人打伤抬回家后牺牲。

徐丙善，57岁，山东郯城县双槐树人，担架连保管员，1948年于徐州牺牲。

徐树卿，52岁，山东花县民义村人，1948年12月牺牲。

徐洪勋，40岁，山东沂源县翟庄乡东店子人，担架队民工，1948年12月于徐州牺牲。

高玉朋，23岁，山东沂水县南朱保人，担架团民工，1948年10月牺牲。

高玉琪，42岁，山东蒙阴县人，民工，1948年11月牺牲。

高世根，34岁，山东单县高志家人，担架队民工，1948年11月牺牲。

高全忠，26岁，江苏宿迁县徐庄村（桃园区村）人，江苏宿迁县运输团中队长，1948年于安徽古饶集牺牲。

高纪允，44岁，山东莒南县高家沟人，二纵运输团二营一连一班民工，1948年10月12日于江苏窑湾牺牲。

高法山，22岁，山东莒南县西官庄人，子弟兵团队员，1948年10月于山东郯城大埠遭敌机轰炸牺牲。

高宗章，44 岁，山东平度县大杨召人，平度民工运输队队员，1948 年 12 月于河南房老家村牺牲。

郭风兰，38 岁，山东临邑县芦双庙人，临邑民工团民工，1948 年 12 月于徐州张集牺牲。

郭风贵，38 岁，山东临邑县双庙村人，民工，1949 年 1 月于安徽张集村牺牲。

郭庆昌，36 岁，山东平邑县杨沐庄人，民兵连民兵，1948 年牺牲。

郭新春，39 岁，山东城武县东徐庄人，担架队民工，1948 年 11 月于朱集车站牺牲。

黄玉林，42 岁，山东单县黄岗公社人，民兵战士，1948 年 11 月于河南下邑县铁道北牺牲。

黄洪山，46 岁，山东单县学关庄人，担架队民工，1948 年 11 月牺牲。

黄登狱，27 岁，山东梁山县小路口公社后于口村人，支前运输队民工，1948 年 11 月 26 日于郝桥牺牲。

曹风采，25 岁，山东高唐县梁村人民公社韩庄大队曹庄村人，1948 年 12 月于双堆集村附近牺牲。

曹永福，27 岁，山东沂水县左家庄人，担架队民工，1948 年牺牲。

曹更相，46 岁，山东单县曹庄人，送粮队民工，1948 年 12 月 30 日于杨楼牺牲。

曹庚夏，42 岁，山东单县谢集公社曹庄人，运输队民工，1948 年 12 月 2 日牺牲。

崔衍圣，39 岁，山东寿张县张秋公社沙沃管理区尚闸村人，1948 年 10 月 14 日于徐州北十八里牺牲。

康乃起，42 岁，山东郓城县赵楼人，支前民工队民工，1948 年 12 月牺牲。

梁废法，27 岁，山东平阴县张场村人，民工担架团连长，1949 年于龙海路南牺牲。

董新如，52 岁，山东城武县大董庄人，运输队民工，1948 年 11 月于江苏大沙河牺牲。

韩春溪，40 岁，山东沂水县东河北人，民兵常备担架团连长，1948 年 10 月于徐州附近牺牲。

程玉建，36 岁，山东日照县殷家庙村人，日照县担架团担架兵，1948 年 12 月于八义集战斗中牺牲。

程连瑞，21 岁，河南范县吴口大队刘口村人，1948 年 12 月于徐州附近牺牲。

程效和，22 岁，山东单县程庄人，九团战士，1948 年 11 月 17 日于河南考城县牺牲。

鲁一海，54 岁，山东莒南县大店公社鲁官村人，大店小车运输营民工，1948 年 12 月 15 日于河南永城遭敌机轰炸牺牲。

鲁敬玉，山东黄县风邑区高家村人，担运团民工，1948 年 11 月于江苏睢宁占城王家楼牺牲。

楚安春，35 岁，山东平度县徐戈庄人，平南县民工运输队队员，1948 年 10 月于辛安镇牺牲。

裴仲德，24 岁，山东平邑县古路沟人，担架队指导员，1948 年牺牲。

谭子林，24 岁，山东惠民县北镇人，四营一连一排班长，1948 年 11 月于行军中牺牲。

谭子林，24 岁，山东惠民县北镇南村人，淄博专区班长，1948 年 11 月牺牲。

缪三盛，江苏如东人，民工，1948 年于淮海战役中牺牲。

薛明西，29 岁，山东安丘县薛家庄人，平度县民兵，1948 年 11 月于尧湾牺牲。

薛振法，27 岁，山东安丘县薛家庄人，平度县民兵连长，1948 年 11 月于碾庄牺牲。

薄于龙，37 岁，山东日照县薄家口子村人，日照县担架队民工班长，1949 年 1 月于江苏永城牺牲。

附录 1　淮海战役支前区域党政机构一览表

中共鲁中南区委员会	书记	康　生
鲁中南区行政公署	主任	李乐平
中共渤海区委员会	书记	张　晔
渤海区行政公署	主任	王卓如
中共胶东区委员会	书记	向　明
胶东区行政公署	代主任	汪道涵
中共华中工作委员会（直接领导苏北区）	主任	陈丕显
华中行政办事处	主任	曹荻秋
中共江淮区委员会	书记	曹荻秋
中共豫皖苏中央分局	书记	宋任穷
豫皖苏行政公署	主任	吴芝圃
中共豫西区委员会	书记	张　玺
豫西区行政公署	主任	李一清
中共冀鲁豫区委员会	书记	潘复生
冀鲁豫区行政公署	主任	潘复生

附录 2　淮海战役支前机构一览表

华东支前委员会

政治部

粮食部

人力部

民站部

财政部

交通部

人武部

俘管部

第一前方办事处

第二前方办事处

评功复员委员会

鲁中南支前委员会

政治部

粮食部

民站部

民力部

渤海支前委员会

政治部

粮食部

民力部

供应部

运输部

华中支前司令部

政治部

民力动员部

财粮部

参谋处

前方办事处

豫皖苏后勤司令部

办公室

前方办事处

后方临时支前委员会

豫西军区支前司令部

民工部

供应部

救护部

办公室

冀鲁豫战勤总指挥部

秘书处

供给部

动员部

河北战勤指挥部

说明：

1. 苏北、江淮两区淮海战役支前工作由华中支前司令部直接领导。

2. 胶东区淮海战役支前工作未设专门机构，由区党委、行署直接领导。

附录3 淮海战役人民支援前线主要数字统计

民 工 543万 其中：随军民工22万人

           二线转运民工130万人

           后方临时民工391万人

担 架 206000副

大小车 881000辆

挑 子 305000副

牲 畜 767000头

船 只 8539只

汽 车 257辆

粮 食 43476万斤（实用数）

      96000万斤（筹运数）

说明：

（1）根据山东省、苏北行政区民工类别划分：随军常备民工一般随军服务时间为两三个月以上；二线转运民工一般服务时间为30天以上；后方临时民工一般服务时间为10天左右。

（2）民工、牲畜数以出工一次或完工一次计算。

（3）冀鲁豫行政区出动畜工1200万个，因统计单位不一致，未计在牲畜总数内。

（4）粮食实用数为43476万斤，为华东支前总结委员会1949年11月公布数；粮食筹运数为96000万斤，为各行政区为淮海战役筹运粮食统计数。

附录4　淮海战役支前区域图

淮海战役支前区域图

图　　　　　例

▷ 战役发起前支前领导机关位置

▷ 第一阶段支前领导机关移动位置

▷ 第二阶段支前领导机关移动位置

▷ 第三阶段支前领导机关移动位置

—··— 行　政　区　划

——— 专　署　区　界

◎ 敌　人　被　歼

北

博平　聊城

阳谷

南乐　朝城　寿张

内黄　清丰　观城　范县　8　梁山　2

9　汤阴　濮阳　鄄城　郓城

浚县　滑县　冀　黄　巨野

淇县　4　东明　荷泽　鲁　定陶　城正

汲县　长垣　考城　5　曹县　豫

延津　兰封　民权　商城

阳武　封邱　开封　郑州　陈留　杞县　宁陵　商丘

原武　中牟　尉氏　睢县

陇　新安　孟津　汜水荥阳　京　豫　通许　1　柘城　亳县

陕县　渑池　洛阳　1　巩县　新郑　长葛　5　鄢陵　扶沟　太康　鹿邑

阌乡　灵宝　洛宁　宜阳　伊川　4　密县　临颍　西华　淮阳　皖　2

7　卢氏　豫　嵩县　3　西　临汝　5　禹县　许昌　汉　周口　豫皖苏　界首

栾川　郏县　襄城　西华　商水　7　项城　槐店　太和

鲁山　宝丰　叶县　区　铁　上蔡　4　临泉

南召　2　舞阳　西平　路

西峡　6　方城　汝南　8　新蔡

淅川　内乡　镇平　南阳　正阳　息县

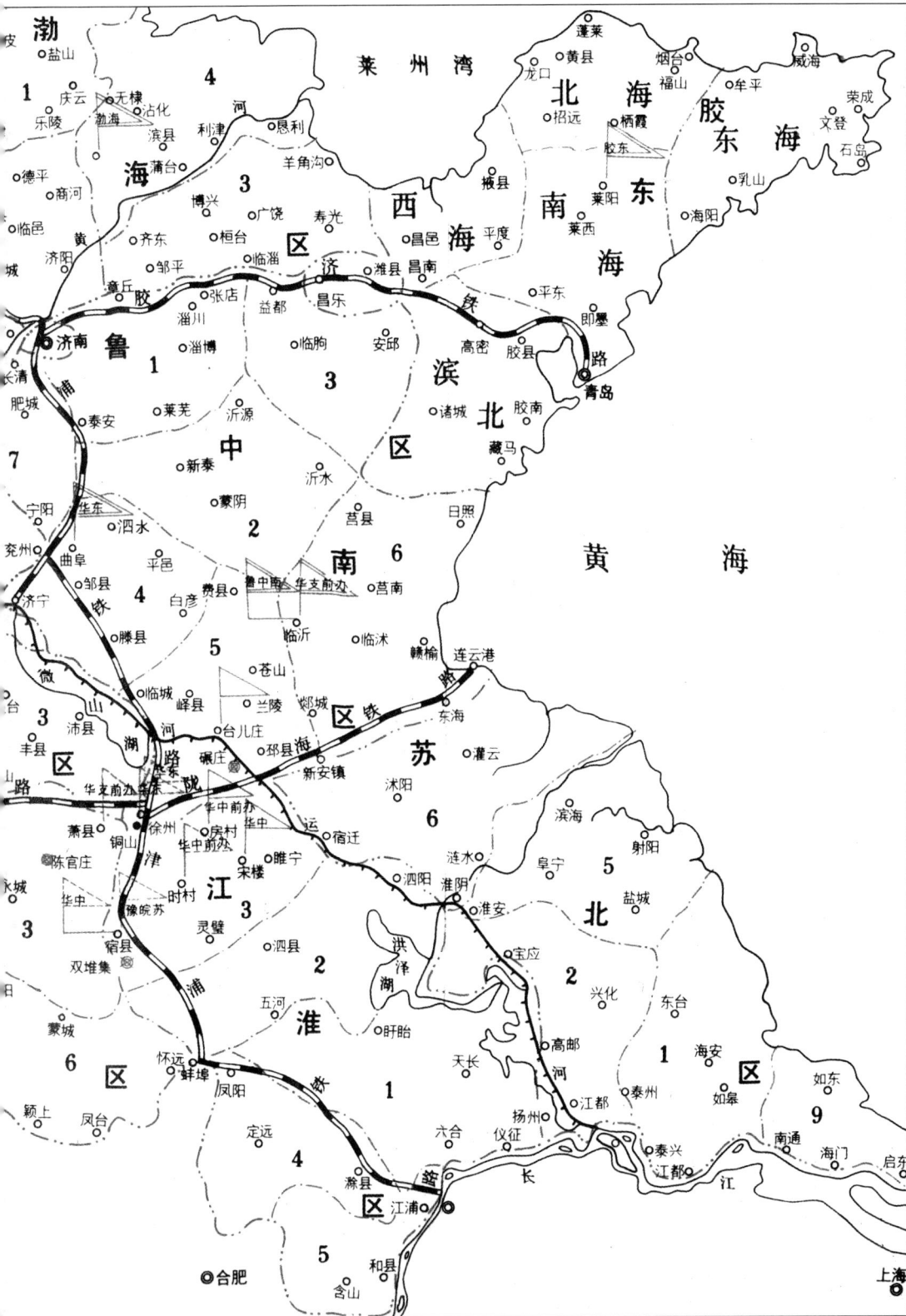

附录5　淮海战役兵站民站支前线路示意图

淮海战役兵站民站支前线路示意图

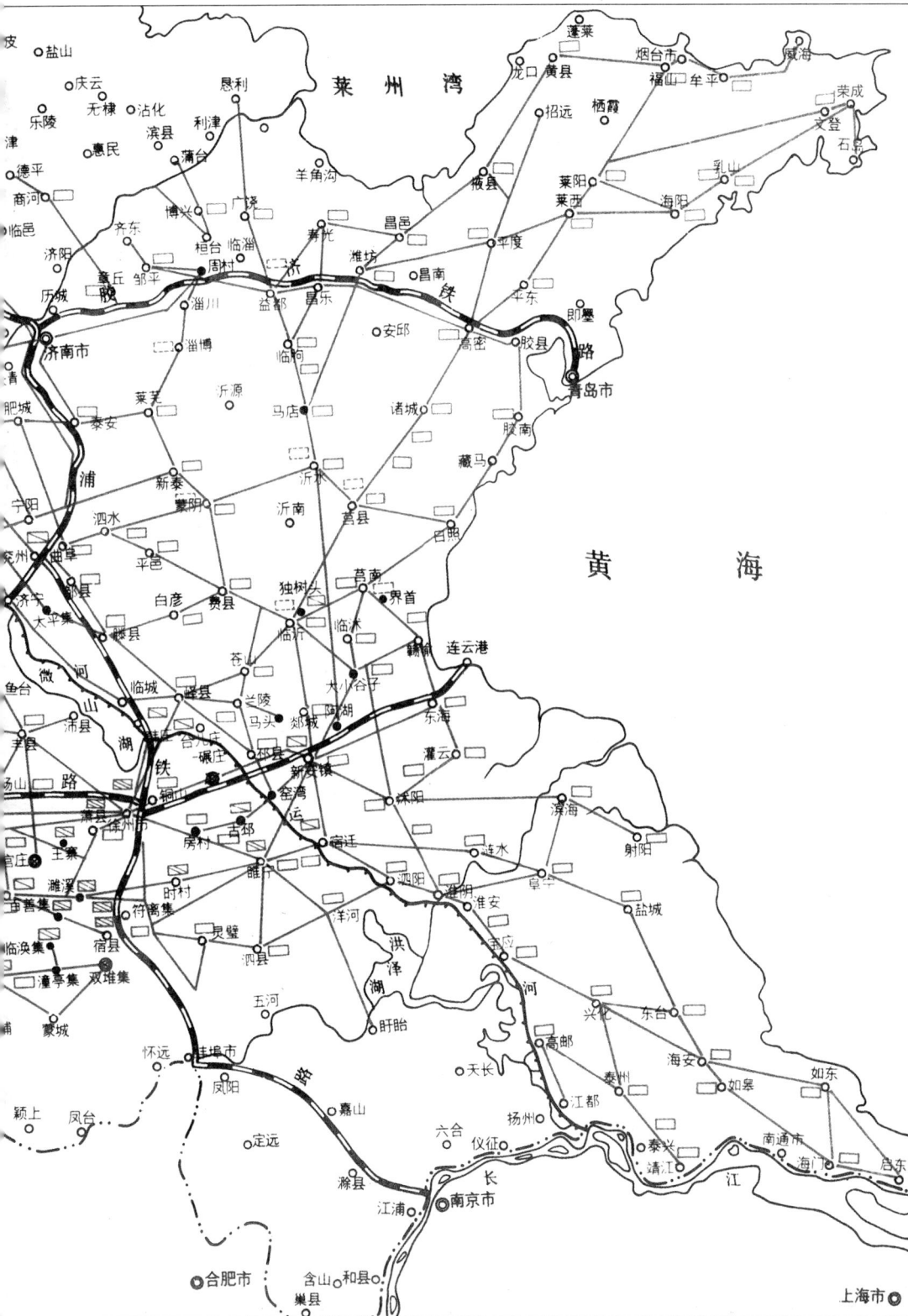

附录6 淮海战役粮弹被装屯置示意图

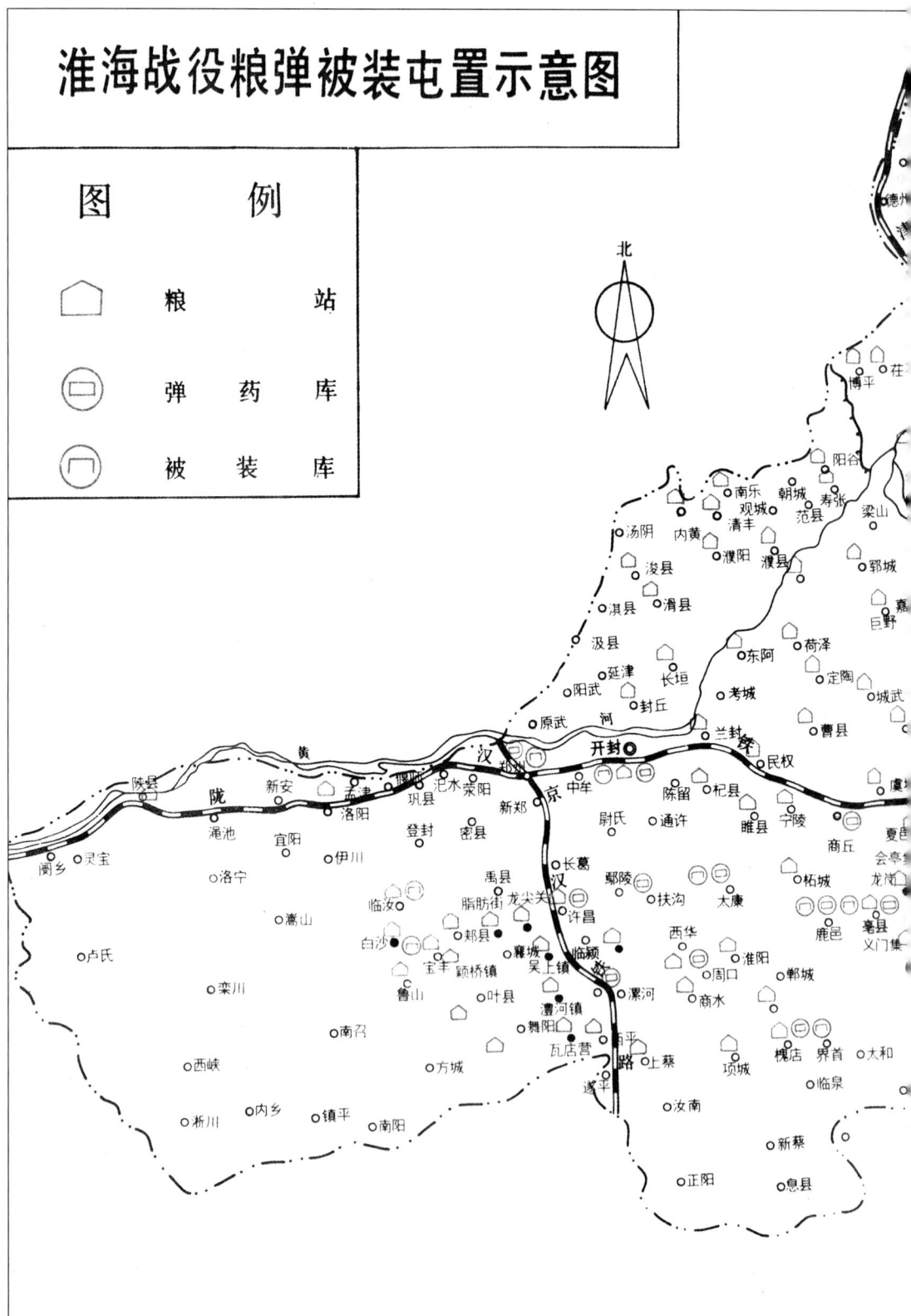

淮海战役粮弹被装屯置示意图

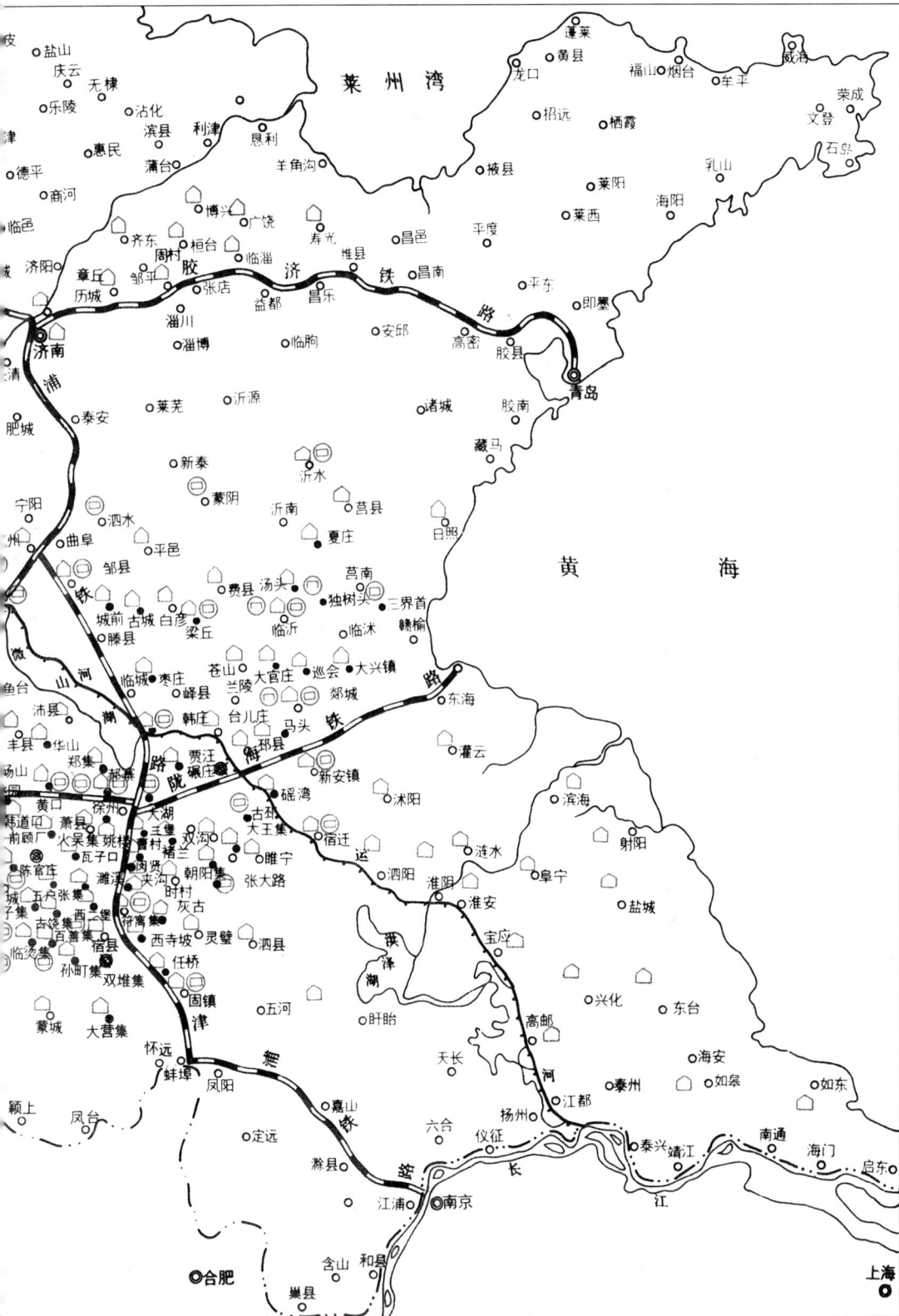

附录 7　淮海战役医院伤员转运站示意图

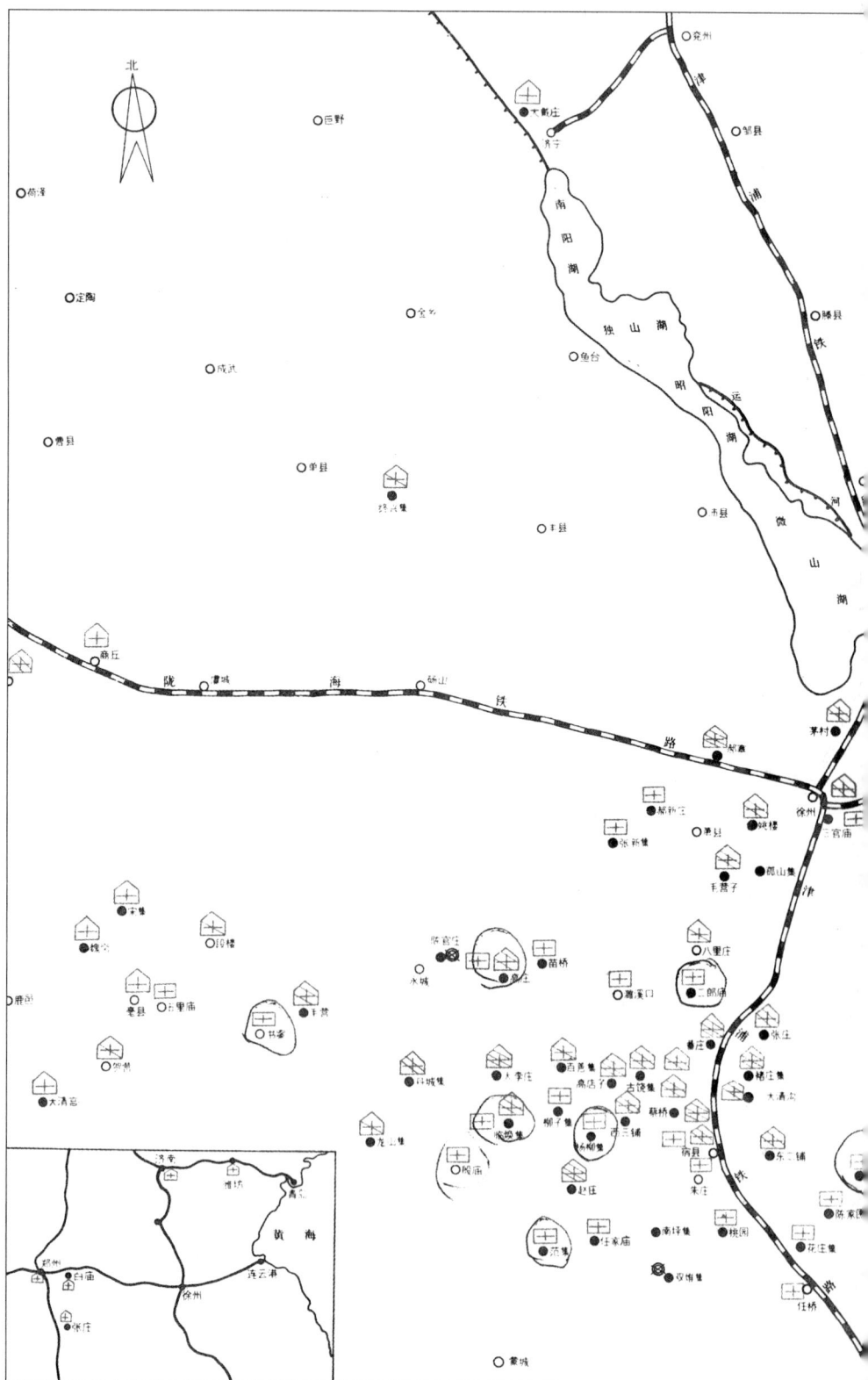

淮海战役医院伤员转运站示意图

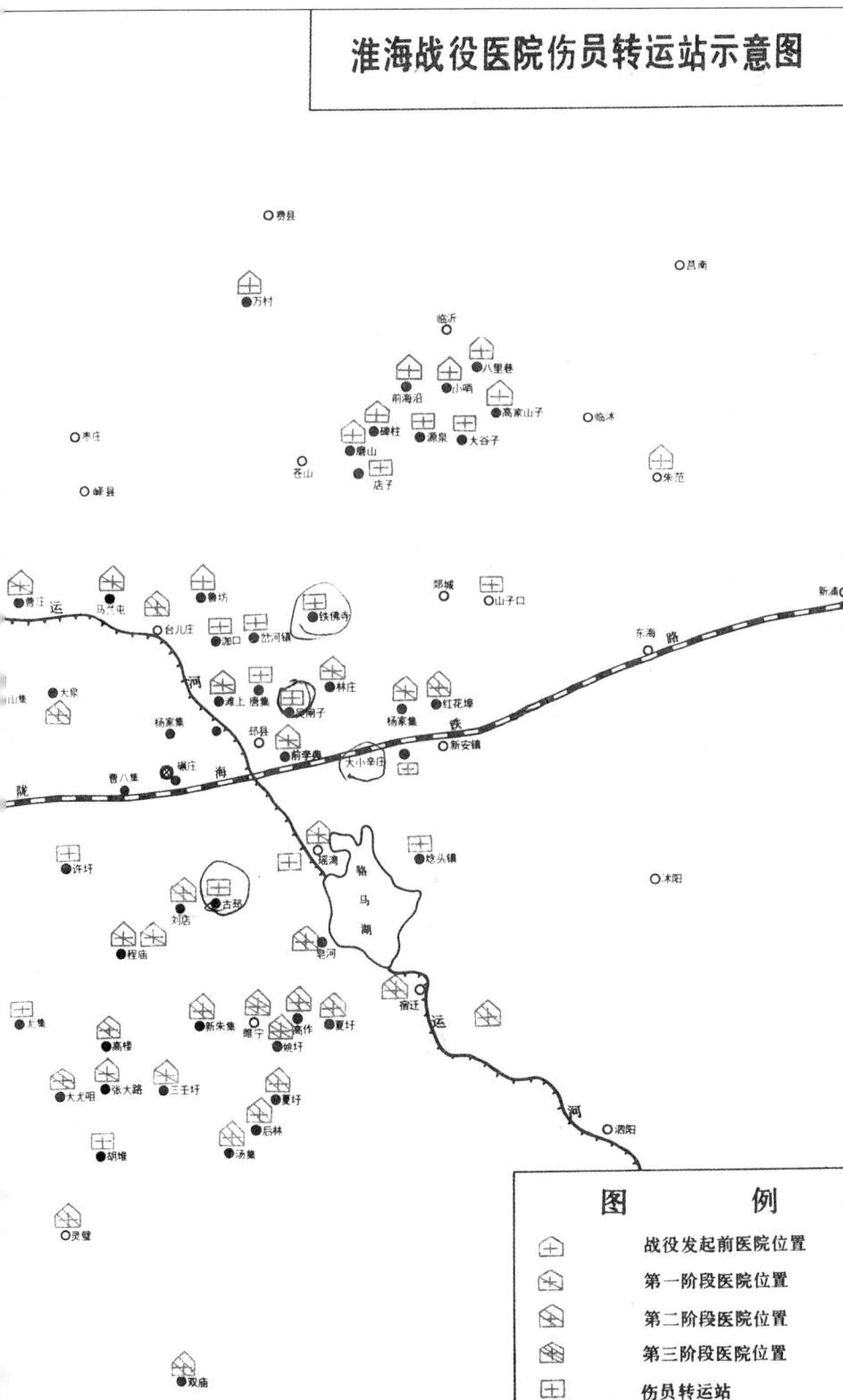

图 例

⊞	战役发起前医院位置
⊞	第一阶段医院位置
⊞	第二阶段医院位置
⊞	第三阶段医院位置
⊞	伤员转运站